웹툰, 만화, 일러스트레이션 제작을 위한

클립 스튜디오

한글판

이상화, 홍지혁 지음

HB 한빛미디어 Hanbit Media, Inc.

지은이

이상화

청강문화산업대학교 만화콘텐츠스쿨 교수, 이학박사, 일러스트레이터

제24회 대한민국 신미술대전 대회장상, 일러스트레이션 부문 대상 수상. 7회의 개인전과 70여회의 단체전 개최. 디자인 기업 인디 기획실장과 메모스픽쳐스의 이사 역임. KBS, SBS 방송타이틀 디자인 프로젝트 진행(LG트윈스, 엠넷, 레모나 등의 CF에 참여하는 등 미디어아트 분야에서 활동).

홍지혁

웹툰 그림작가

만화, 캐릭터 디자인, 일러스트, 편집디자인 등 다양한 분야에서 활동.

미소녀 일러스트레이션부터 웹툰까지

웹툰, 만화, 일러스트레이션 제작을 위한 클립 스튜디오

초판발행 2017년 4월 17일

지은이 이상화, 홍지혁 / **펴낸이** 김태헌

펴낸곳 한빛미디어(주) / **주소** 서울시 마포구 양화로 7길 83 한빛미디어(주) 실용출판부

전화 02-336-7129 / **팩스** 02-336-7124

등록 1999년 6월 24일 제10-1779호 / **ISBN** 978-89-6848-353-0 13000

총괄 임규근 / **책임편집** 전정아 / **기획 · 편집** 장용희

디자인 최연희

영업 김형진, 김진불, 조유미 / **마케팅** 박상용, 송경석, 조승모, 변지영 / **제작** 박성우, 김정우

이 책에 대한 의견이나 오탈자 및 잘못된 내용에 대한 수정 정보는 한빛미디어(주)의 홈페이지나 아래 이메일로 알려주십시오. 잘못된 책은 구입하신 서점에서 교환해 드립니다. 책값은 뒤표지에 표시되어 있습니다.

한빛미디어 홈페이지 www.hanbit.co.kr / 이메일 ask@hanbit.co.kr

저자의 말

즐거운 작업속으로 Go Go!

'만화와 일러스트레이션을 그릴 때 도움이 될 만한 제대로 된 지침서는 없을까?' 하고 고민하다가 지혁이와 함께 '그래, 우리가 만들어 보자!'고 결정했습니다. 이 책은 클립 스튜디오를 처음 접하는 분들도 쉽게 이해하고 실습할 수 있도록 구성했습니다. 배우는 입장에서 궁금한 부분, 가르치는 입장에서 알려줘야 하는 부분도 적당히 녹여 내어 그림을 그리는 감각과 스킬을 동시에 올릴 수 있도록 했습니다. 예제를 실습하다 보면 어느새 자신감을 얻은 모습을 발견하게 될지도 모릅니다. 그림은 노력을 배신하지 않습니다. 끊임없이 고민하고 노력하다 보면 반드시 눈에 보이는 발전이 있을 것입니다. 잘 그리고 싶은 마음에 조급해 하거나 서두르지 말고 조금씩 꾸준하게 노력하면 실력은 반드시 일취월장할 것입니다. 꾸준한 낙서와 관찰, 호기심이 여러분을 더욱 발전시킬 것입니다.

이 책이 나오기까지 도움을 주신 한빛미디어 관계자와 장용희 님, 사랑하는 홍지혁 작가님, 청강문화산업대학교 만화콘텐츠스쿨 교수님들께 감사드립니다. 항상 가족과 엄마를 응원해 주는 우리 민서, 창헌이에게 더없는 사랑과 고마움을 전합니다. 여러분들의 미래에 행복만이 가득하길 진심으로 기도합니다. 감사합니다.

- 이상화

나만의 방식을 만드세요!

이 책이 나오기까지는 굉장히 오랜 시간이 걸린 것 같습니다. 학교에 다닐 때 클립 스튜디오가 처음 나왔고 이렇다 할 튜토리얼이나 지침서가 없어 만화 컷 하나를 만드는 데 온종일 끙끙대며 고민했던 것이 계기가 되어 이 책을 만들기 시작했습니다. 클립 스튜디오는 만화를 그리는 데 있어서 최고의 프로그램입니다. 컷, 효과선, 퍼스자(투시자) 등 만화 작업에 최적화되어 있는 도구들이 많고 일러스트레이션에도 사용하기 좋은 도구(붓, 펜, 스프레이, 연필 등)가 있어 작업하기 편리합니다. 이 책은 여러분이 차근차근 따라 하기 편하도록 기본 세팅, 페이지 작성부터 시작해 세세한 작업 내용을 하나하나 순서대로 설명합니다. 하지만 이 책에서 제시하는 내용은 여러 가지 작업 방식 중 제 손에 익은 방법, 제가 편하게 그리는 방식을 선택해서 구성한 것입니다. 여러분들은 이 책에서 설명하는 내용을 익히고 난 후, 인터넷이나 커뮤니티 등에서 더 좋은 작업 방식을 찾거나 직접 다른 도구들을 활용해 자신만의 작업 방식을 만들어가길 바랍니다.

마지막으로 이 책이 나오기까지 도움을 주신 한빛미디어 관계자분들과 이상화 교수님, 주변에서 조언을 아끼지 않은 많은 분들께 감사 인사를 드립니다.

- 홍지혁

목차

CHAPTER 01 처음 만나는 클립 스튜디오

CHAPTER 02 투톤 컬러로 그리는 미소녀의 옆모습

목차

CHAPTER 04 상당한 실력을 갖춘 무기를 든 미소녀

CHAPTER 05 실전! 웹툰 그리기

목차

CHAPTER 06 만화 그리기 전 꼭 알아두어야 할 캐릭터와 색

CHAPTER 07 배경을 그릴 때 꼭 알아두어야 할 공간 연출과 색

클립 스튜디오 어렵지 않아요!

이 책으로 클립 스튜디오를 하나씩 정복해보아요!

이 책은 클립 스튜디오를 처음 만나는 초보자를 위해 구성되었습니다. 미소녀 일러스트레이션이든 웹툰이든, 원하는 그림을 그리기 위해 클립 스튜디오의 기본 기능을 다양하게 활용할 수 있는 방법을 알려줍니다.
특히 심화 메뉴나 어려운 기능을 사용하지 않고 기본 도구를 이용하여 완성도 있는 그림, 특히 매력적인 미소녀를 그리는 방법을 처음부터 완성까지 자세히 알기 쉽게 알려줍니다.

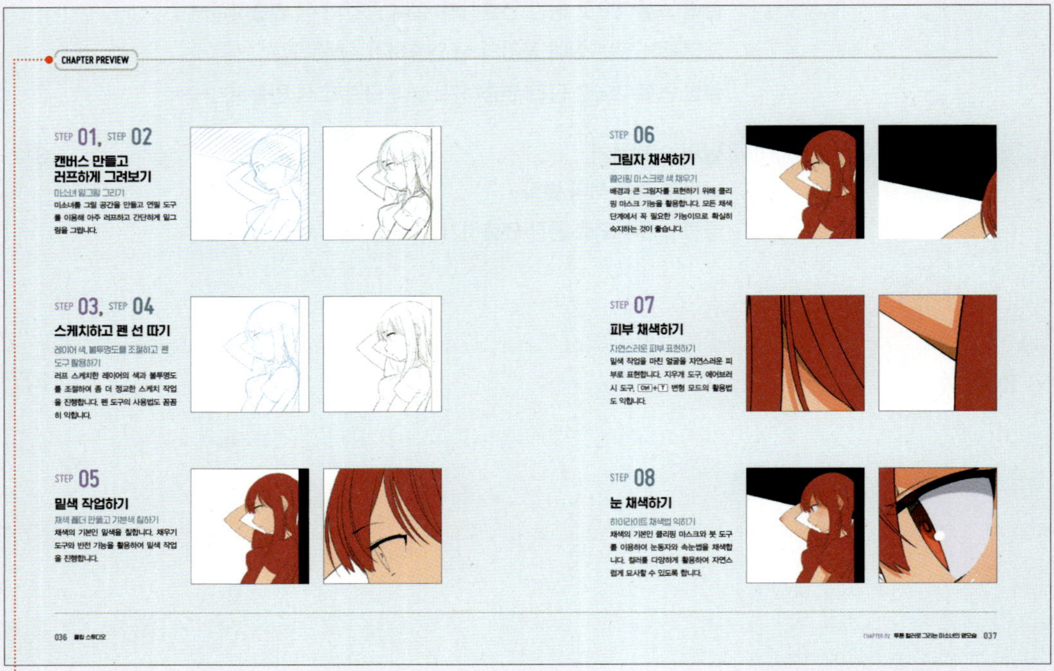

CHAPTER PREVIEW

STEP 01, STEP 02

캔버스 만들고 러프하게 그려보기

미소녀 밑그림 그리기

미소녀를 그릴 공간을 만들고 연필 도구를 이용해 아주 러프하고 간단하게 밑그림을 그립니다.

STEP 03, STEP 04

스케치하고 펜 선 따기

레이어 색, 불투명도를 조절하고 펜 도구 활용하기

러프 스케치한 레이어의 색과 불투명도를 조절하여 좀 더 정교한 스케치 작업을 진행합니다. 펜 도구의 사용법도 꼼꼼히 익힙니다.

STEP 05

밑색 작업하기

채색 폴더 만들고 기본색 칠하기

채색의 기본인 밑색을 칠합니다. 채우기 도구와 반전 기능을 활용하여 밑색 작업을 진행합니다.

STEP 06

그림자 채색하기

클리핑 마스크로 색 채우기

배경과 큰 그림자를 표현하기 위해 클리핑 마스크 기능을 활용합니다. 모든 채색 단계에서 꼭 필요한 기능이므로 확실히 숙지하는 것이 좋습니다.

STEP 07

피부 채색하기

자연스러운 피부 표현하기

밑색 작업을 마친 얼굴을 자연스러운 피부로 표현합니다. 지우개 도구, 에어브러시 도구, Ctrl+T 변형 모드의 활용법도 익힙니다.

STEP 08

눈 채색하기

하이라이트 채색법 익히기

채색의 기본인 클리핑 마스크와 붓 도구를 이용하여 눈동자와 속눈썹을 채색합니다. 컬러를 다양하게 활용하여 자연스럽게 묘사할 수 있도록 합니다.

036 클립 스튜디오

CHAPTER 02 투톤 컬러로 그리는 미소녀의 옆모습 037

CHAPTER PREVIEW

해당 CHAPTER에서 그릴 미소녀의 완성 과정을 단계별로 자세하게 설명합니다. 그림만 보고도 어떤 과정을 거쳐야 하는지 이해할 수 있습니다.

초보자를 위한 세심한 배려

클립 스튜디오를 처음 배우는 독자를 위해 꼭 알아두어야 할 기본 기능은 바로바로 설명합니다. 설명만 읽어도 막힘없이 예제를 실습할 수 있습니다.

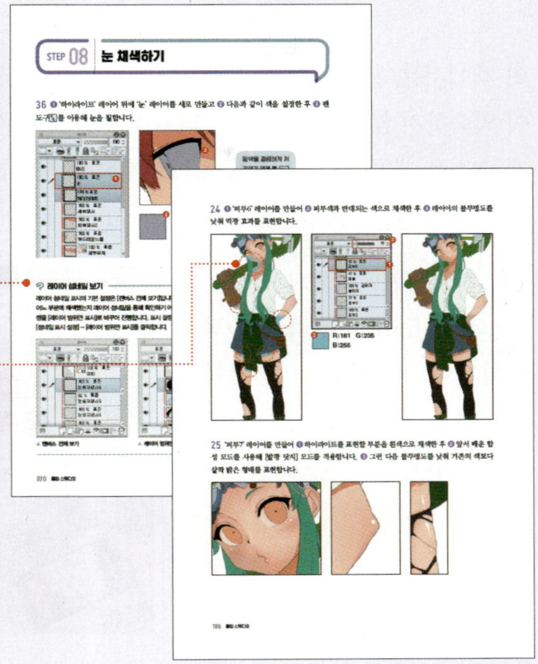

자세한 지시선

초보자인 독자 옆에서 함께 그림을 그리듯 친절하고 꼼꼼하게 설명합니다. 지시선만 보아도 이해할 수 있을 만큼 매우 직관적입니다.

배운 기능을 활용한 4컷 만화

미소녀 예제에서 배운 기능을 활용한 4컷 만화를 확인할 수 있습니다. 앞서 배운 내용을 활용하면 본인이 원하는 효과를 일러스트레이션이나 만화에 적용할 수도 있습니다.

다양한 응용작 감상하기

클립 스튜디오로 다양한 응용작을 감상합니다. 아직 클립 스튜디오가 익숙하지 않은 입문자들이라면 다양한 응용작을 감상한 후 자신의 그림 표현 능력을 끌어올려보세요.

예제 소스 활용하기

이 책에서는 실습을 수월하게 진행할 수 있도록 클립 스튜디오 예제 소스를 제공합니다. 손 그림이 익숙하지 않은 입문자 혹은 타블렛이 없거나 좀 더 쉽게 기능 실습을 하고 싶은 분들을 위해 예제 소스를 제공합니다. 예제 소스를 저장해놓은 후 필요할 때마다 꺼내 활용하세요.

01 한빛출판네트워크 홈페이지(www.hanbit.co.kr)로 접속합니다. 메인 화면 오른쪽 하단에 있는 [자료실] 버튼을 클릭합니다.

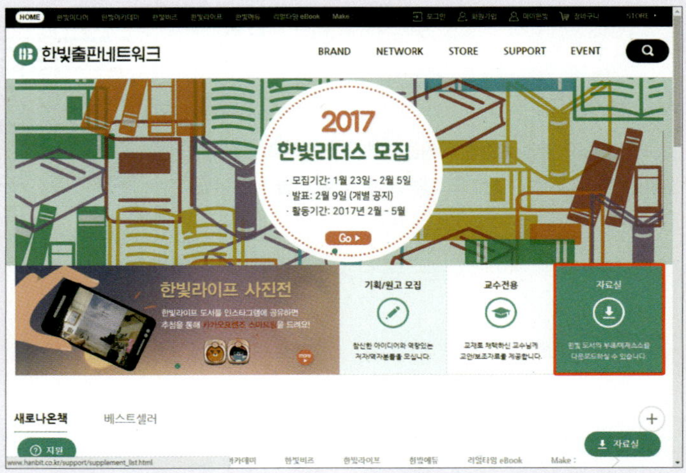

02 검색 창에 도서명을 입력한 후 도서 검색을 합니다. 아래에 표시되는 도서명을 클릭하고 [다운로드] 버튼을 클릭하여 예제 소스를 다운로드하고 압축을 풀어 사용합니다.

시작하기 전에

클립 스튜디오(CLIP STUDIO PAINT)는 일본 셀시스에서 개발한 소프트웨어로 만화나 일러스트, 애니메이션을 위한 세계 최고의 페인팅 도구입니다. 만화(주로 흑백 만화)를 위한 프로그램인 코믹 스튜디오(Comic Studio)의 후속 버전으로 흑백 만화는 물론 컬러 만화, 웹툰, 일러스트 등 만화 제작 기능과 디지털 채색 등 다양한 기능을 가진, '그림만을 위한' 프로그램입니다. 특히 포토샵이나 일러스트레이터, 페인터보다 만화 제작에 있어 매우 효율적인 기능과 편리한 도구가 많고, 정식 한글판까지 발매된 시점이라 앞으로 클립 스튜디오 국내 사용자들은 점점 늘어날 것으로 생각합니다.

클립 스튜디오, 무엇을 써야 할까?

클립 스튜디오를 사용하려는 입문자들은 대체 어떤 프로그램을 사용해야 하나 고민이 많습니다. 앞서 이야기했듯 클립 스튜디오는 처음 코믹 스튜디오로 시작하여 망가 스튜디오(코믹 스튜디오 영문판), 일러스트 스튜디오(일러스트용), 클립 스튜디오 등으로 불리지만 사실상 모두 같은 프로그램이라고 생각하면 됩니다. 클립 스튜디오는 PRO, EX, DEBUT 세 종류의 버전이 있습니다.

먼저 PRO는 만화와 일러스트에 필요한 모든 기능이 완벽하게 갖춰져 있는 전문가용 버전입니다. 움직이는 일러스트를 만들 수는 있지만 여러 페이지를 하나의 작품으로 관리하거나 3D 모델 및 2D 데이터 변환, 여러 페이지가 있는 작품 인쇄 및 내보내기 기능을 사용할 수 없습니다. 가격은 49.99달러입니다. 웹툰이나 일러스트를 가볍게 시작해볼 분들이라면 PRO 버전을 사용해도 좋습니다.

▲ 클립 스튜디오 PRO

EX는 페이지 관리 도구와 같은 만화 제작에 필요한 모든 기능을 갖춘 클립 스튜디오 최고급 버전입니다. 전문가용 애니메이션 제작 기능도 갖춰져 있어 고급 기술과 기능을 활용할 분들에게 추천합니다.

▲ 클립 스튜디오 EX

DEBUT는 만화, 일러스트 제작에 필요한 기본 기능만 갖춰져 있는 표준 버전이나, 비매품입니다. 이벤트나 프로모션을 통해 배포되었습니다.

▲ 클립 스튜디오 DEBUT

각 버전의 자세한 기능 차이는 클립 스튜디오 공식 사이트(www.clipstudio.net/kr/functions)를 참고하시기 바랍니다.

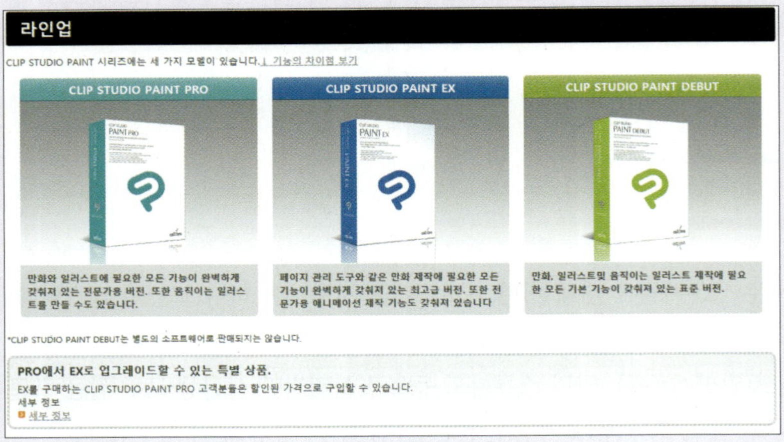

클립 스튜디오 무료 체험판 설치하기

클립 스튜디오는 무료로 사용해볼 수 있는 무료 체험판과 비용을 지불하고 사용할 수 있는 구매자용으로 나뉘어져 있습니다. 무료 체험판은 누구나 쉽게 다운로드하여 사용할 수 있으며 윈도우(Windows)용과 맥(Mac Os X)용이 있습니다. 클립 스튜디오를 사용할 컴퓨터 OS에 맞추어 다운로드하면 됩니다.

01 ❶ 클립 스튜디오 공식 사이트(www.clipstudio.net/kr) 메인 화면에서 [무료 체험판]을 클릭합니다. ❷ 무료 체험판을 다운로드할 수 있는 페이지로 이동하면 자신의 컴퓨터 OS에 맞는 [다운로드]를 클릭합니다. 여기서는 윈도우용에 맞추어 진행합니다.

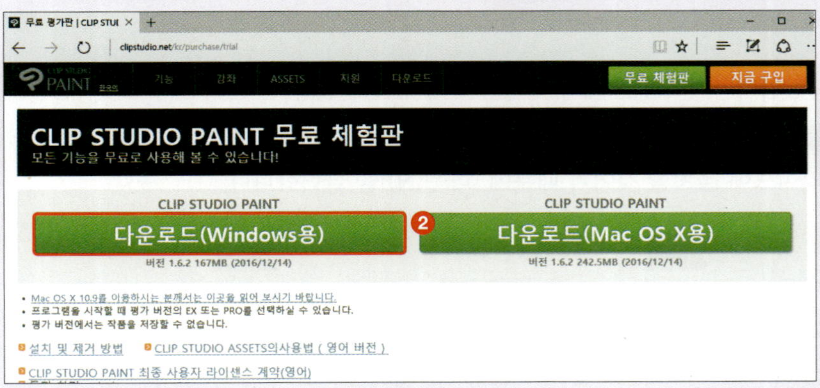

02 ❶ 다운로드 팝업창이 나타납니다. 설명문을 읽어본 후 [Start Download]를 클릭합니다. ❷ 응용 파일을 다운로드할 방법을 선택한 후 [저장]을 클릭합니다.

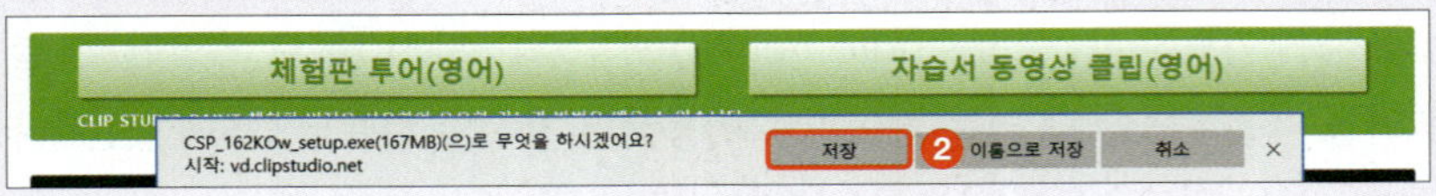

03 ❶ 바탕화면을 살펴보면 다운로드한 응용 파일을 확인할 수 있습니다. 파일을 더블클릭하여 실행한 후 ❷ 설치 준비 대화상자가 나타나면 [다음(N)]을 클릭하여 설치를 진행합니다

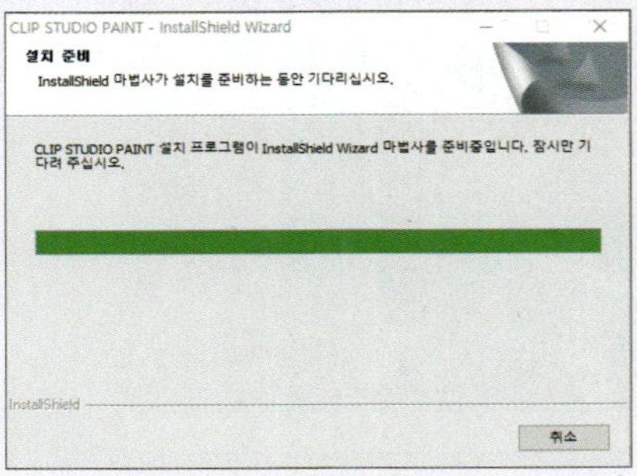

04 ❶ 사용권 계약 사항입니다. [사용권 계약의 조항에 동의합니다(A)]를 클릭한 후 ❷ [다음(N)]을 클릭합니다. 파일을 설치할 폴더를 변경하고 싶다면 [변경]을 클릭하여 위치를 지정하면 됩니다. ❸ 여기서는 C 드라이브에 설치할 것이기 때문에 [다음(N)]을 클릭합니다.

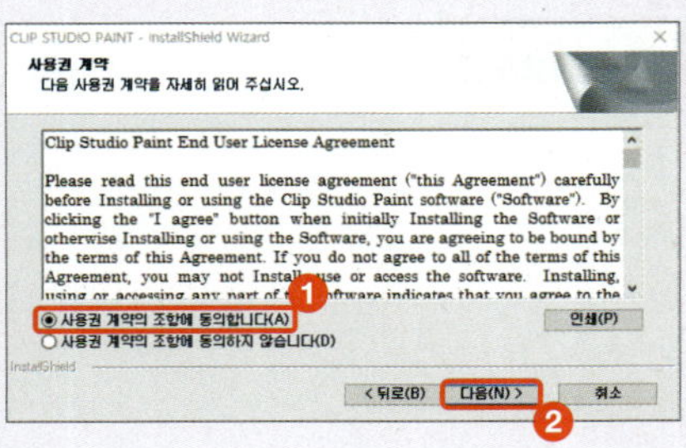

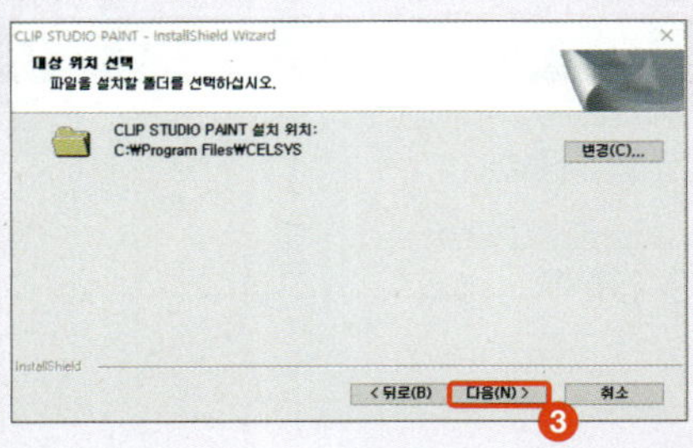

05 ❶ [설치(I)]를 클릭하고 모든 설정을 마치면 ❷ [완료]를 클릭해 클립 스튜디오 무료 체험판 파일을 설치합니다.

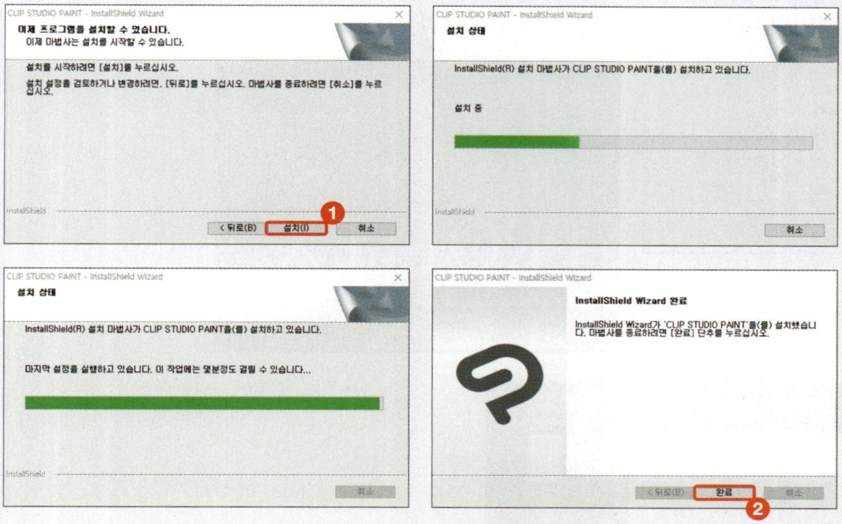

클립 스튜디오 무료 체험판 실행하기

01 ❶ 앞서의 과정을 마치면 바탕화면에 클립 스튜디오 실행 아이콘이 생성됩니다. 더블클릭하여 실행합니다. ❷ 라이센스 인증 대화상자가 나타납니다. 여기서는 무료로 사용할 체험판을 이용할 것이기에 [체험판 사용]을 클릭합니다.

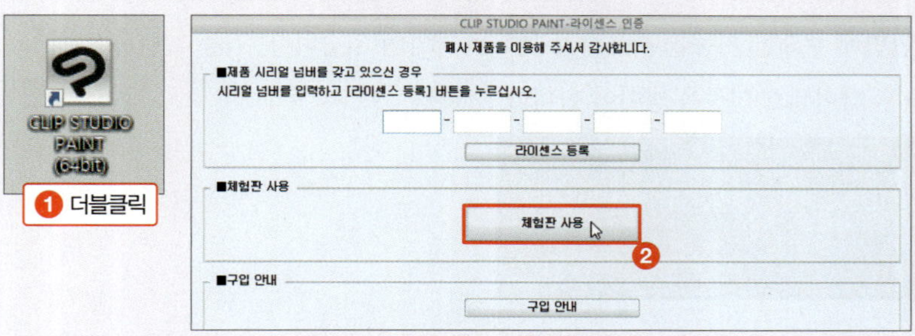

02 ❶ 기능이 제한된 상태로 기동된다는 메시지의 대화상자가 나타나면 [기동]을 클릭합니다. ❷ 체험할 제품을 선택할 수 있는 대화상자가 나타나면 [EX]를 클릭하고 ❸ [OK]를 클릭합니다. ❹ 클립 스튜디오가 실행되며 바로 작업을 시작할 수 있습니다.

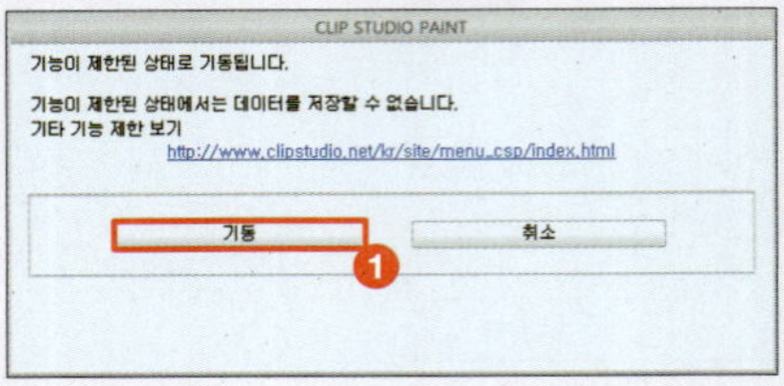

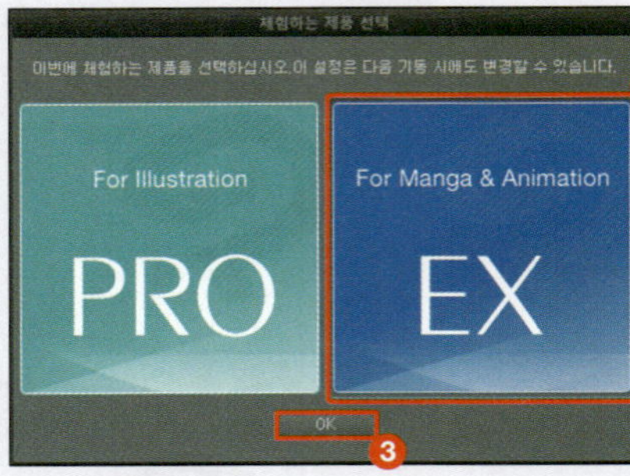

클립 스튜디오 체험판의 기능 제한 | 클립 스튜디오 체험판은 클립 스튜디오의 기능을 기간 제한 없이 무료로 이용할 수 있는 반면에 주요한 기능을 사용하지 못하는 제약이 있습니다. 기능 제한을 없애려면 프로그램을 구매한 후 라이센스 인증을 받아야 합니다.

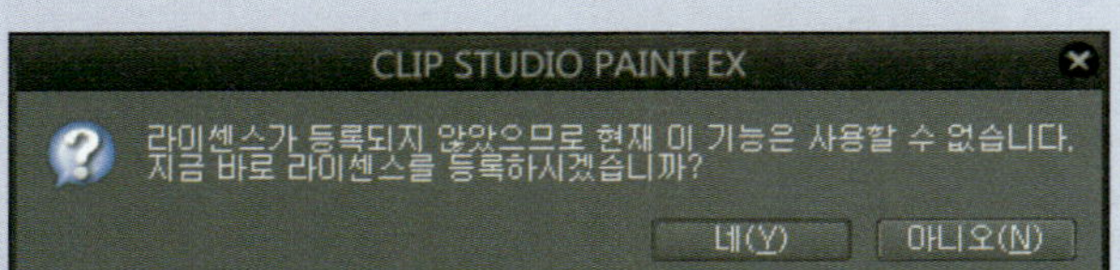

체험판에서는 저장 및 다른 이름으로 저장, 복사, 잘라내기, 붙여넣기 기능이 비활성화됩니다. 자주 이용하는 기능이기 때문에 위 기능을 사용하려면 클립 스튜디오 프로그램을 구매하여 사용하는 방법을 추천합니다. 기능 제한에 대한 자세한 내용은 클립 스튜디오 공식 사이트(www.clipstudio.net/kr/purchase/trial)에 접속하여 확인하세요.

클립 스튜디오 구매하고 라이센스 등록하기

01 ❶ 클립 스튜디오 공식 사이트(www.clipstudio.net/kr) 메인 화면에서 [지금 구입]을 클릭합니다. ❷ 귀하의 장바구니 화면으로 이동합니다. 제품 이름과 수량, 단가를 확인한 후 ❸ 개인 정보와 결제 방법을 선택합니다. 여기서는 신용카드, 미국 달러를 선택하였습니다. ❹ [다음]을 클릭합니다.

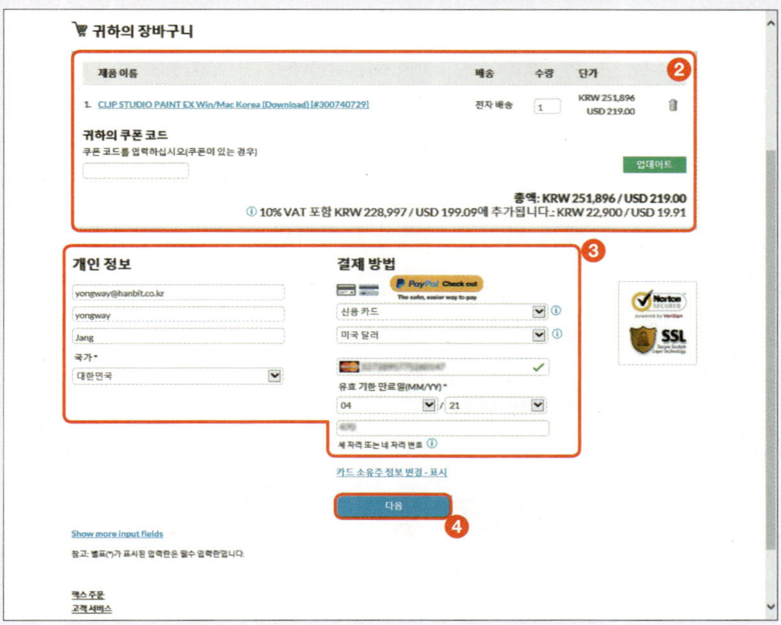

> **TIP** 개인 정보에서 입력해야 하는 메일 주소는 차후 클립 스튜디오를 사용할 수 있는 라이센스(시리얼 넘버)를 전달받는 계정입니다. 틀리지 않도록 유의하며 입력합니다. 신용카드 번호는 꼭 해외 결제가 가능한 것으로 입력합니다. 페이팔(PayPal) 계정을 갖고 있다면 페이팔 계정으로 결제할 수 있습니다.

02 앞서 입력한 데이터를 확인합니다. 대금 청구 주소와 배송 주소, 결제 옵션 등을 확인한 후 [지금 구입!]을 클릭합니다.

TIP 클립 스튜디오는 한 번 결제로 평생 사용할 수 있는 라이센스를 받습니다. 200달러가 넘는 금액은 다른 그래픽 툴에 비해 저렴하게 느껴질 수도 있지만, 학생들에게는 부담스러운 금액이기도 합니다. 가끔 클립 스튜디오 공식 사이트에서 할인 이벤트가 열리기 때문에 해당 기간을 노려 좀 더 할인된 금액으로 구입하는 방법도 있습니다.

03 결제가 완료되고 앞서 입력한 메일로 제품 시리얼 넘버가 도착하면 라이센스 인증을 진행합니다. ❶ 바탕화면에 클립 스튜디오 실행 아이콘을 더블클릭합니다. ❷ 라이센스 인증 대화상자가 나타나면 시리얼 넘버를 입력한 후 ❸ [라이센스 등록]을 클릭합니다.

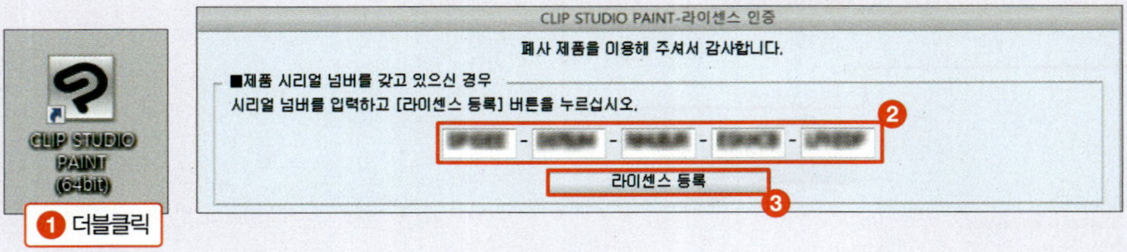

04 라이센스 인증을 마치고 여러 단계를 거친 후 [OK]를 클릭해 인증을 마칩니다.

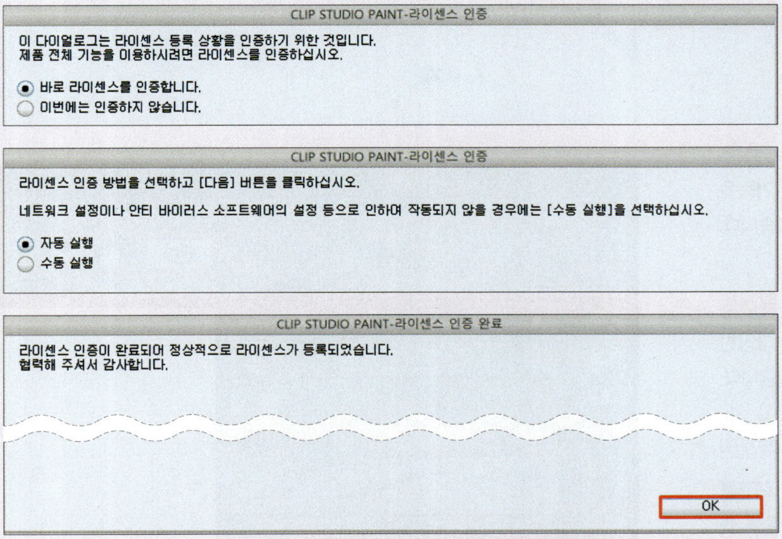

프로그램 설치 시 유의사항 | 클립 스튜디오를 설치할 때 반드시 시스템 관리자 권한으로 컴퓨터에 로그인해야 합니다. 또한 프로그램 설치 전에 모든 프로그램을 종료하는 것이 좋습니다. 설치하고 제거에 관한 내용은 클립 스튜디오 공식 사이트의 설치 및 제거 가이드를 참고하세요.

클립 스튜디오 기본 화면 구성

메뉴

클립 스튜디오의 전반적인 기능을 설정, 조작할 수 있습니다.

도구 팔레트

그림을 그리는 데 필요한 다양한 도구가 있습니다.

보조 도구 팔레트

도구 팔레트에서 사용할 도구를 선택하면 그 도구의 하위 도구들을 볼 수 있습니다.

도구 속성 팔레트

보조 도구를 선택하면 도구의 속성을 세밀하게 조절할 수 있습니다.

브러시 크기 팔레트

현재 선택한 브러시(붓이나 펜 등의 그리기 도구)의 크기를 조절할 수 있습니다.

컬러써클 팔레트

색을 선택할 수 있습니다.

캔버스 탭

캔버스를 표시한 탭입니다. 캔버스 하나당 한 개의 탭이 생성됩니다.

내비게이터

지금 작업하는 캔버스를 전체적으로 보여줍니다. 확대, 축소, 반전 등 그림 그릴 때 유용한 기능을 사용할 수 있습니다.

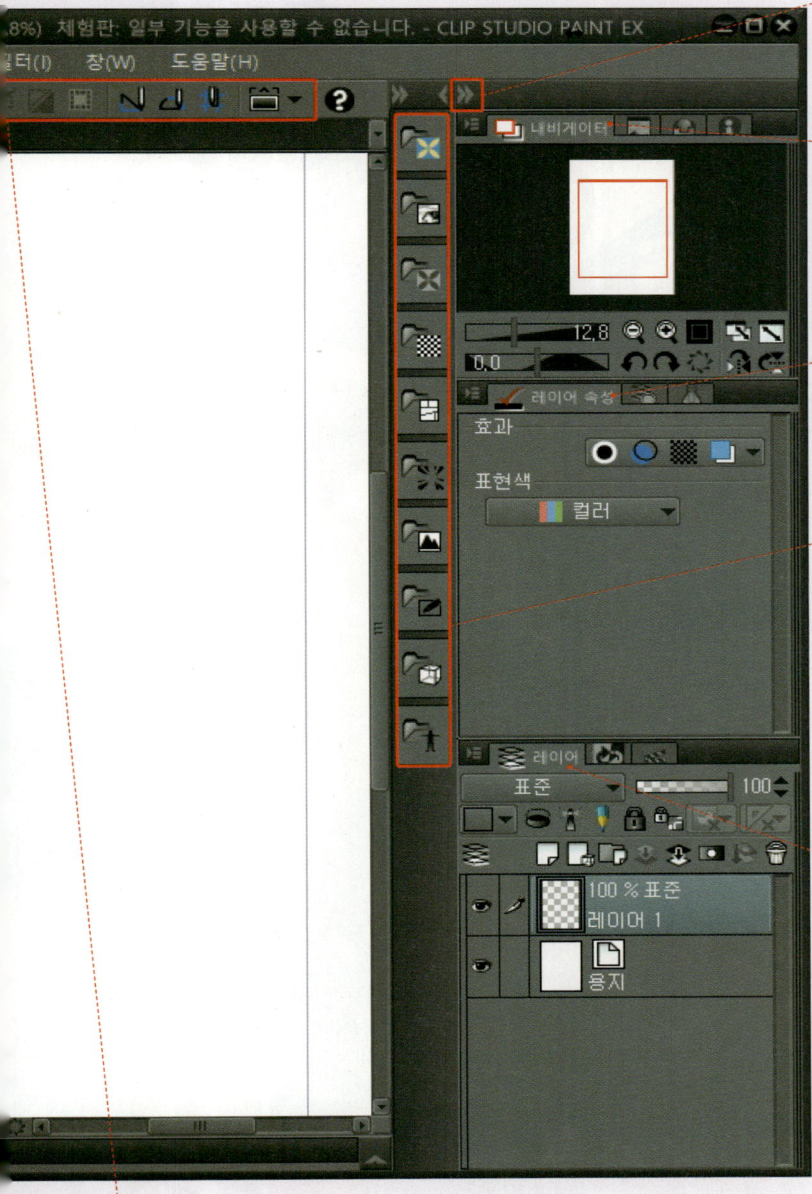

>> 메뉴 표시

클릭 시 자세한 메뉴가 나타납니다.

내비게이터 팔레트

캔버스를 미리 볼 수 있습니다. 이미지의 한 부분을 크게 확대해서 작업할 때 전체 이미지를 확인할 수 있어 편리합니다.

레이어 속성 팔레트

지금 작업하고 있는 레이어, 혹은 선택한 레이어에 다양한 효과를 적용할 수 있습니다.

소재 팔레트

다양한 소재를 활용할 수 있습니다. 저장된 소재도 있지만, 클립 스튜디오 에셋(Asset)에서 무료로 다운로드하여 사용할 수도 있습니다. 클립 스튜디오의 가장 큰 특징이며 2D, 3D, 포즈, 컷선, 인물 등 다양한 요소를 활용할 수 있습니다.

레이어 팔레트

현재 캔버스에서 사용하는 레이어를 보여줍니다.

커맨드 바

자주 사용하는 기능을 단축키처럼 등록해놓고 사용할 수 있습니다. 초기 작업 환경에서는 볼 수 없습니다. 커맨드 바 기능을 활용하려면 이 책의 167페이지를 참고하세요.

CHAPTER

01 처음 만나는 클립 스튜디오

클립 스튜디오는 만화를 그리는 데 아주 효율적인 프로그램입니다. 더욱이 한글 버전이 출시되어 쉽고 빠르게 기능을 익힐 수 있게 되었죠. 자, 이제 매력적인 미소녀를 그리기에 앞서 여러분과 함께할 클립 스튜디오의 활용 방법에 대해 알아보겠습니다.

STEP 01 클립 스튜디오를 사용해야 하는 이유

클립 스튜디오는 만화나 일러스트, 애니메이션을 위한 세계 최고의 페인팅 도구입니다. 앞서 클립 스튜디오의 버전, 무료 체험판 설치와 실행, 라이센스 구매 및 등록, 기본 화면 구성까지 알아보았습니다. 여기서는 클립 스튜디오가 만화를 그리는 데 얼마나 탁월하고 유용한 프로그램인지, '클립 스튜디오를 사용해야 하는 이유'에 대해 좀 더 알아보겠습니다.

깔끔하고 쉽게 완성하는 펜 선

그림을 그릴 때 가장 중요한 것이 바로 펜 선입니다. 클립 스튜디오에서는 펜 선을 깔끔하게 그을 수 있는 벡터 레이어와 벡터 펜 선을 지원합니다. 벡터 펜 선은 캔버스를 지나간 정보를 모두 저장하여 선을 재가공하고 잘못 그린 선을 쉽고 빠르게 수정할 수 있습니다. 또한 캔버스를 확대하거나 축소해도 선이 깨지지 않아 출판 만화는 물론이고 웹에서도 자유자재로 활용할 수 있습니다.

다양한 브러시와 패턴

요즘 인기를 끄는 웹툰 트렌드는 이전의 출판 만화와는 달리 매우 화려한 색감과 다양한 스타일이 주를 이룹니다. 또한 게임 분야의 컨셉 아트, 캐릭터 일러스트 등도 무척 높은 수준을 자랑합니다. 이는 강력한 디지털 작법의 결과인데요. 클립 스튜디오는 수채, 유화는 물론 다양한 브러시, 패턴, 3D 소재를 제공합니다. 이를 활용하면 좀 더 수준 높은 그림을 완성할 수 있습니다.

반복 작업을 줄이는 도구

만화를 구성하는 대부분의 효과는 펜 도구만으로도 완성할 수 있습니다. 그러나 펜 도구 외에도 특수 자(Ruler)나 톤(Tone), 톤 그라데이션(Tone Gradient) 등의 도구를 활용한다면 좀 더 만화적인 효과를 확실하게 표현하는 것은 물론 반복 작업을 줄일 수 있어 매우 효율적입니다.

STEP 02 클립 스튜디오 팔레트 알아보기

클립 스튜디오를 사용하는 사용자들에게 작업 화면은 낯설지 않을 것입니다. 이미 포토샵이나 일러스트레이터와 같은 그래픽 툴을 다뤄본 경험이 많은 분들일 테니까요. 그러나 클립 스튜디오는 '만화 제작'에서부터 출발했기 때문에 다양한 팔레트와 툴이 만화에 최적화되어 있습니다. 또한 만화를 그리는 데 필요한 기능의 대부분을 갖추고 있어, 세부 메뉴와 기능을 찾는 작업이 꽤 번거롭습니다. 그러나 대표적인 팔레트를 이해하면 세부 메뉴와 기능을 찾는 작업이 힘들지 않을 것입니다.

소재를 그리는 데 도움이 되는 데코레이션 팔레트

데코레이션이라는 말 그대로 다양한 효과를 연출할 수 있는 팔레트입니다. 주로 배경을 그릴 때나 캐릭터의 복장 등을 표현할 때 사용하면 좋습니다. 효과/연출, 그물망/모래, 복식, 모양, 꽃, 초목, 인공 풍경, 자연 풍경, 괘선 메뉴가 있습니다. 이 책에서는 예제를 실습하며 괘선 메뉴를 사용했는데요. 자세한 내용은 213페이지를 참고하세요.

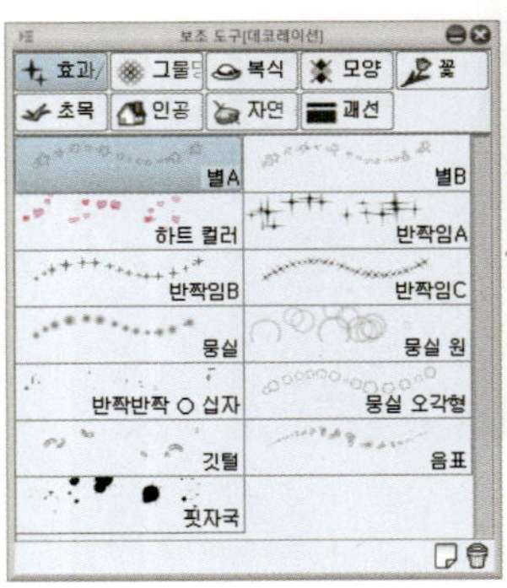

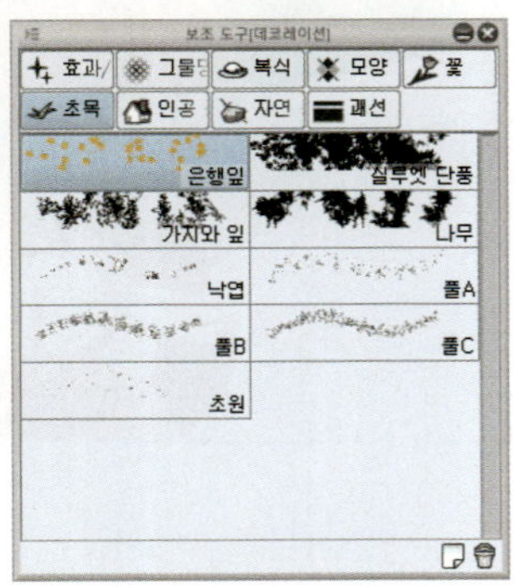

컷을 그릴 때 도움이 되는 컷 테두리 팔레트

컷 테두리 도구는 도형 툴 중 하나로 만화의 컷선을 만들 때 사용합니다. 컷을 작성할 때는 직사각형 컷, 꺾은선 컷, 컷 테두리 펜 메뉴가 있고, 컷 테두리를 나눌 때는 컷 폴더 분할, 컷선 분할 메뉴가 있습니다. 이 책에서는 예제를 실습하며 컷선을 만들었는데요. 자세한 내용은 224페이지를 참고하세요.

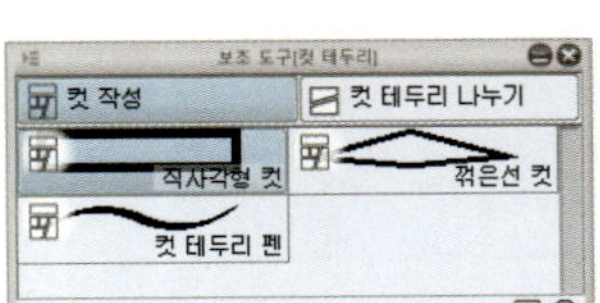

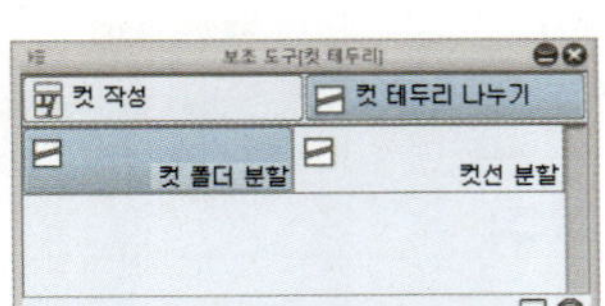

STEP 03 작업 환경 설정하기

클립 스튜디오를 처음 사용한다면 기본으로 설정된 작업 환경을 사용해도 좋습니다. 그러나 작업을 하다 보면 자신이 사용하기 편한 환경으로 변경하는 것이 효율적일 수도 있습니다. 도구, 옵션, 속성 등이 포함된 팔레트는 프로그램 화면 곳곳으로 이동할 수 있습니다. 작업 환경을 새로 설정하려면 각 팔레트의 탭을 클릭한 채 원하는 곳으로 옮긴 다음 작업 환경을 새로 저장하면 됩니다.

나만의 작업 환경 설정하기

01 ❶ 팔레트 탭을 클릭한 채 드래그합니다. 팔레트가 마우스를 따라 움직이면 팔레트를 원하는 곳으로 옮깁니다. ❷ 사용하기 편하게 배치합니다.

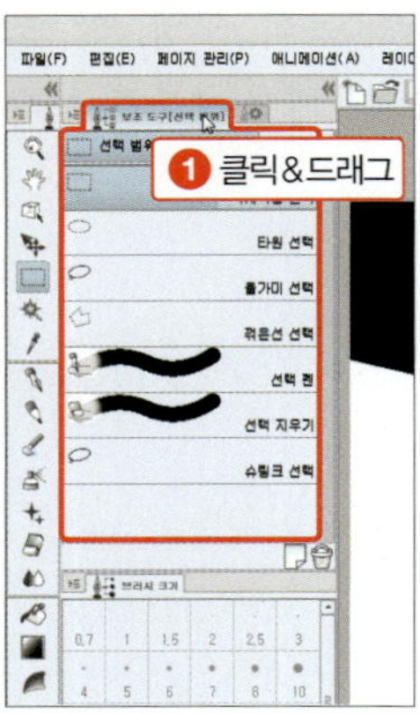

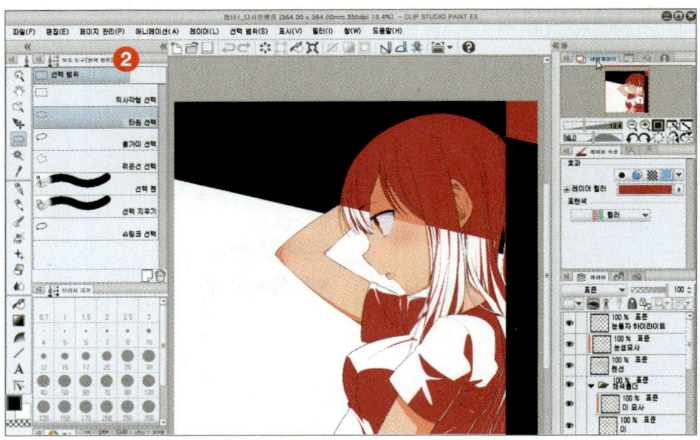

02 팔레트를 원하는 대로 배치했다면 ❶ 메뉴에서 [창] – [워크스페이스] – [워크스페이스 등록]을 클릭합니다. ❷ 워크스페이스 등록 대화상자가 나타나면 원하는 이름을 입력하고 ❸ [OK]를 클릭합니다. 여기서는 '내작업'으로 입력했습니다.

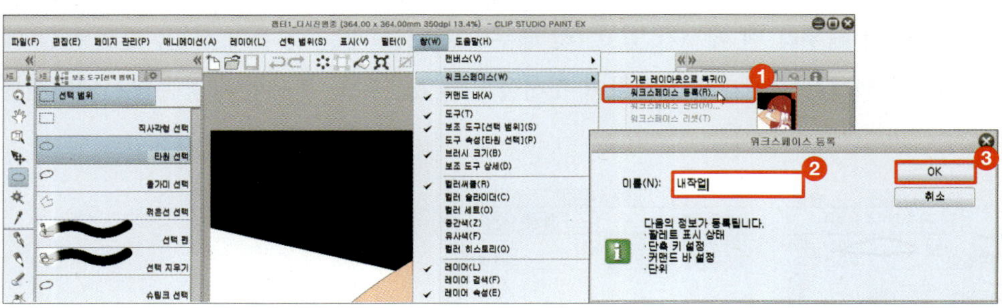

03 ❶ [창] – [워크스페이스]에서 앞서 설정한 [내작업]을 클릭하면 언제든지 내가 설정한 '내작업' 환경을 불러와 작업할 수 있습니다. ❷ 작업 환경을 되돌리고 싶다면 [창] – [워크스페이스] – ['내작업' 리셋]을 클릭하면 기본으로 설정된 작업 환경으로 되돌릴 수 있습니다.

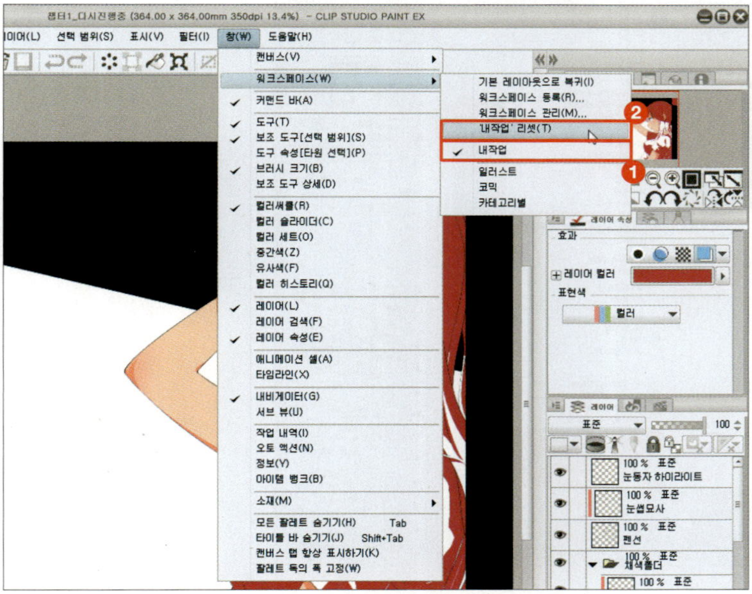

사용하지 않는 팔레트 숨기기, 표시하기

04 ❶ 레이어 팔레트 앞의 설정 버튼을 클릭한 뒤 ❷ [레이어 팔레트 숨기기]를 클릭합니다. 레이어 팔레트가 사라집니다. 이때 같은 팔레트 독에 있는 팔레트를 표시할 수도 있습니다. ❸ 숨어 있는 팔레트를 다시 보이게 하려면 ['팔레트 이름' 팔레트 표시하기]를 클릭합니다. 보이지 않던 팔레트가 나타납니다.

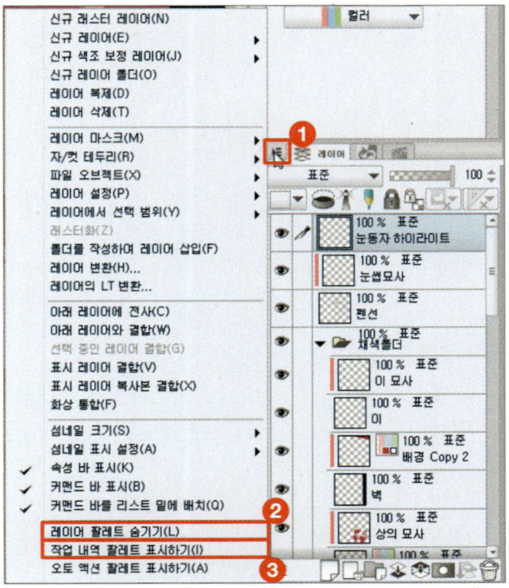

TIP 팔레트 독 | 2개 이상의 팔레트가 겹쳐 있는 패널을 팔레트 독이라 합니다.

팔레트 불러오기

05 팔레트를 실수로 삭제했거나 불러오고 싶은 팔레트가 있다면 [창] 메뉴에서 표시하고 싶은 팔레트 메뉴를 클릭해 불러옵니다.

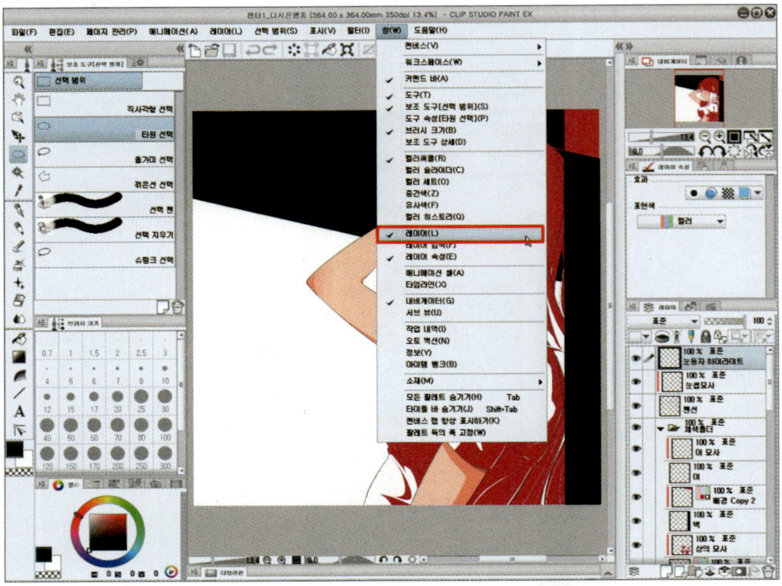

TIP 팔레트 메뉴 앞에 있는 ☑ 표시는 현재 해당 팔레트가 활성화된 상태라는 뜻입니다.

STEP 04 편리한 작업을 돕는 환경 설정

그림을 시작하기에 앞서 유용하게 활용할 환경 설정 방법을 조금 더 살펴보겠습니다. 환경 설정(Preferences) 메뉴에서는 클립 스튜디오의 전체적인 시스템과 컬러, 사용하는 단위(mm, cm, inch) 등을 세밀하게 설정할 수 있습니다. 하나씩 읽어 보고의 필요에 따라 설정을 바꿔보세요.

환경 설정 대화상자 불러오기

❶ [파일] – [환경 설정]을 클릭합니다. ❷ 환경 설정 대화상자가 나타납니다. 도구, 태블릿, 인터페이스 등 자신이 원하는 환경을 자유롭게 설정할 수 있습니다.

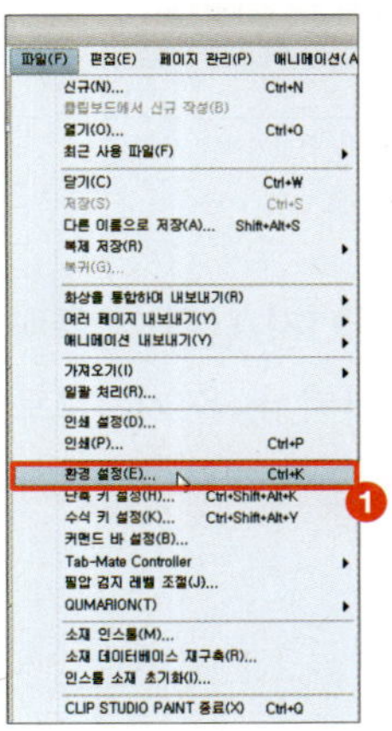

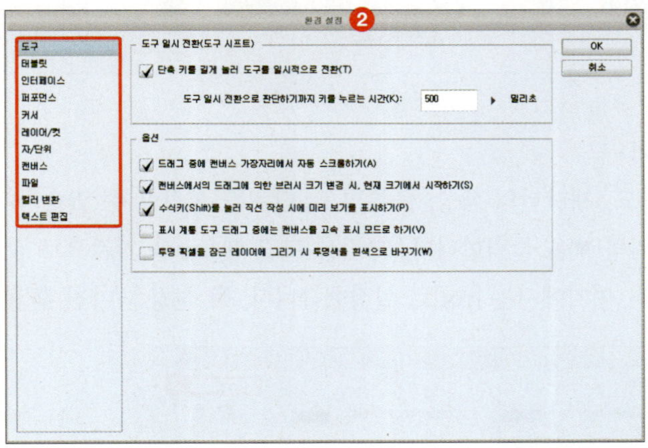

실행 취소 횟수 설정하기

실행 취소 횟수를 넉넉히 설정해보겠습니다. ❶ 환경 설정 대화상자에서 [퍼포먼스]를 클릭합니다. ❷ 그런 다음 실행 취소 횟수를 '100'으로 입력하고 ❸ [OK]를 클릭합니다.

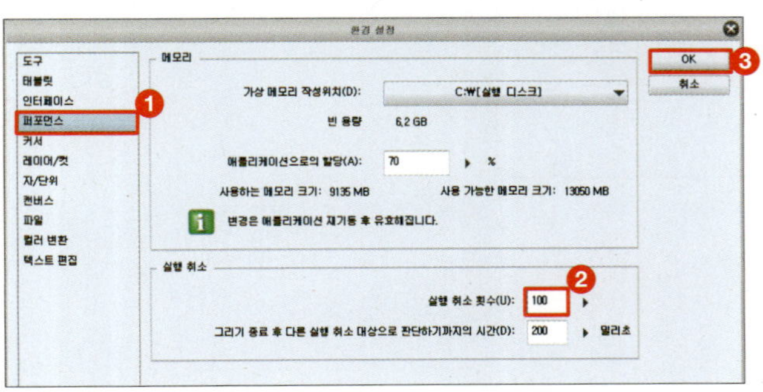

실행 취소 횟수

그림을 그리며 실수를 했을 때 방금 실행한 행동을 되돌리는 작업, 즉 실행 취소(단축키 Ctrl+Z)의 횟수를 의미합니다. 설정 횟수를 늘리면 늘릴수록 컴퓨터 내의 메모리를 잡아먹겠지만, 작업을 하다 보면 한참 전으로 돌아가고 싶어질 때도 잦습니다. 따라서 해당 횟수는 최소 80이상으로 설정하는 것이 좋습니다. 작업 도중에 Ctrl+Z를 누르면 이전 작업으로 돌아갑니다. 반대로 실행 취소 이전으로 돌아가려면 Ctrl+Shift+Z를 누릅니다.

▲ 작업 중인 그림

▲ 실수로 그린 선

▲ Ctrl+Z로 실행 취소한 모습

작업 단위 설정하기

캔버스의 자, 그리드, 재단선의 색상, 불투명도, 단위를 설정할 수 있습니다. ❶ [자/단위]를 클릭한 후 ❷ 길이 단위의 ▼을 클릭합니다. 그림을 그릴 때 cm를 기준으로 작업할지 px을 기준으로 작업할지 정합니다. 여기에서는 [px]로 설정했습니다. ❸ 설정을 마친 후 [OK]를 클릭합니다.

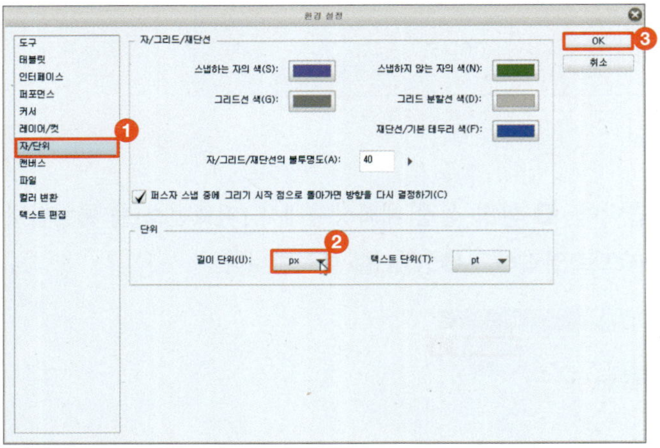

내비게이터의 중요성

내비게이터는 캔버스 안의 그림 전체를 볼 수 있는 팔레트입니다. 그림을 그리다 보면 디테일한 작업을 위해 일부분을 확대하는 경우가 많은데, 그럴 때도 전체 그림을 살피는 것은 매우 중요합니다. 아무리 훌륭한 디테일이라 하더라도 전체적인 균형이 맞지 않으면 오히려 나쁜 결과로 나타날 수 있기 때문입니다. 메뉴에서 [창] – [내비게이터]를 클릭해 실행합니다.

▲ 내비게이터 팔레트 기본 환경

기본 팔레트의 크기가 작으므로 팔레트를 밖으로 꺼낸 후 확대해서 사용합니다. 캔버스의 구석구석을 자유롭게 축소, 확대하며 작업할 수 있습니다. 혹시 듀얼 모니터를 사용한다면 내비게이터 팔레트를 서브 모니터에 옮겨 작업하세요. 작업 환경이 훨씬 쾌적해집니다.

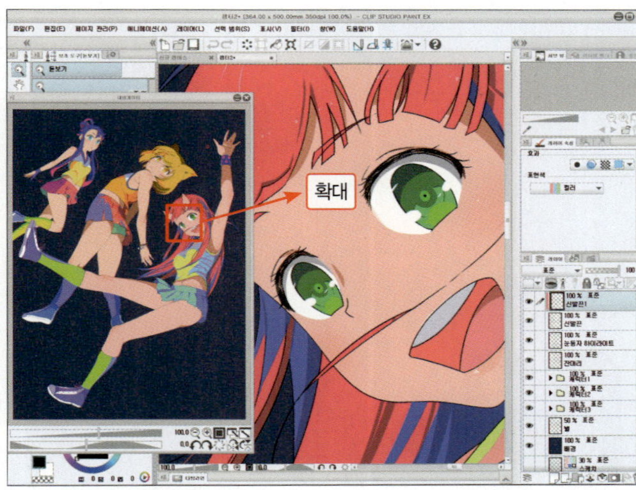

▲ 내비게이터 팔레트 확대 환경

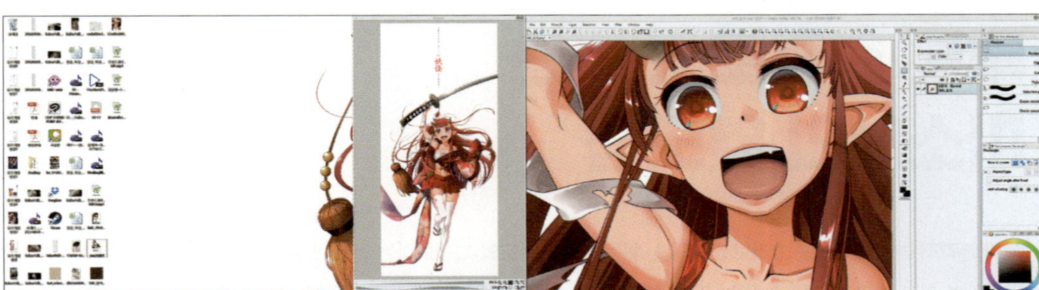

▲ 듀얼 모니터 환경

CHAPTER

02

투톤 컬러로 그리는 미소녀의 옆모습

이제 본격적으로 미소녀를 그려보겠습니다. 처음부터 고난도의 그림보다는 클립 스튜디오의 기본 기능을 활용하여 쉽고 빠르게 그릴 수 있는 미소녀를 그려볼 텐데요. 클립 스튜디오의 기본 기능을 숙지하고 더 나아가 그림을 채색하는 순서도 익혀보겠습니다.

CHAPTER PREVIEW

STEP 01, STEP 02

캔버스 만들고 러프하게 그려보기

미소녀 밑그림 그리기

미소녀를 그릴 공간을 만들고 연필 도구를 이용해 아주 러프하고 간단하게 밑그림을 그립니다.

STEP 03, STEP 04

스케치하고 펜 선 따기

레이어 색, 불투명도를 조절하고 펜 도구 활용하기

러프 스케치한 레이어의 색과 불투명도를 조절하여 좀 더 정교한 스케치 작업을 진행합니다. 펜 도구의 사용법도 꼼꼼히 익힙니다.

STEP 05

밑색 작업하기

채색 폴더 만들고 기본색 칠하기

채색의 기본인 밑색을 칠합니다. 채우기 도구와 반전 기능을 활용하여 작업을 진행합니다.

STEP 06

그림자 채색하기

클리핑 마스크로 색 채우기

배경과 큰 그림자를 표현하기 위해 클리핑 마스크 기능을 활용합니다. 모든 채색 단계에서 꼭 필요한 기능이므로 확실히 숙지하는 것이 좋습니다.

STEP 07

피부 채색하기

자연스러운 피부 표현하기

밑색 작업을 마친 얼굴을 자연스러운 피부로 표현합니다. 지우개 도구, 에어브러시 도구, Ctrl+T 변형 모드의 활용법도 익힙니다.

STEP 08

눈 채색하기

하이라이트 채색법 익히기

채색의 기본인 클리핑 마스크와 붓 도구를 이용하여 눈동자와 속눈썹을 채색합니다. 컬러를 다양하게 활용하여 자연스럽게 묘사할 수 있도록 합니다.

CHAPTER PREVIEW

STEP 09

머리 채색하기

투톤 컬러 포인트 살리기

지금 실습하고 있는 미소녀의 포인트인 투톤 컬러를 살려 머리를 채색합니다. 클리핑 마스크와 Ctrl+T 변형 모드를 활용합니다.

STEP 10

상의 채색하기

지우개 도구로 자연스러운 그림자 표현하기

레이어 색을 변경하고 상의를 채색합니다. 그런 다음 지우개 도구로 자연스러운 그림자를 표현하여 상의를 채색합니다.

STEP 11

볏과 치아 채색하기

디테일을 다듬어 미소녀 완성하기

클리핑 마스크와 하이라이트 표현을 이용해 볏과 치아를 채색합니다. 세부 묘사를 통해 미소녀의 완성도를 높여 실습을 마무리합니다.

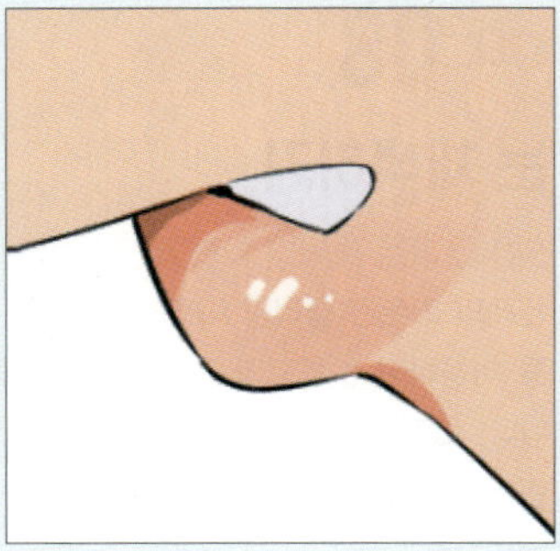

STEP 01 캔버스 만들기

01 미소녀를 그리기에 앞서 그림을 그릴 공간을 만들어보겠습니다. ❶ [파일] – [신규]를 클릭하여 캔버스를 만듭니다. ❷ 신규 대화상자가 나타나면 적당한 크기의 폭, 넓이, 해상도를 설정하고 ❸ [OK]를 클릭합니다. 여기서는 정사각형 모양의 캔버스로 설정했습니다.

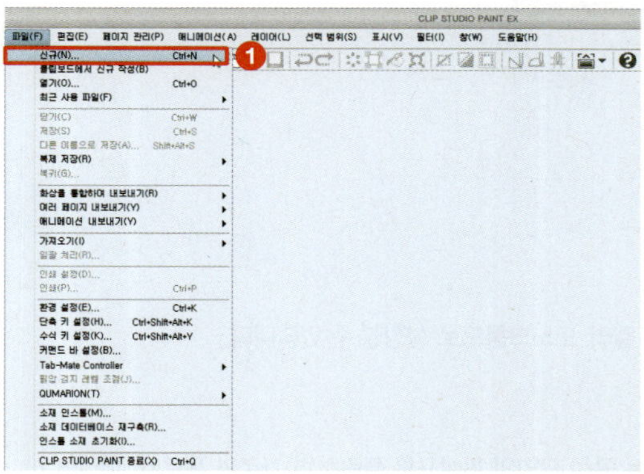

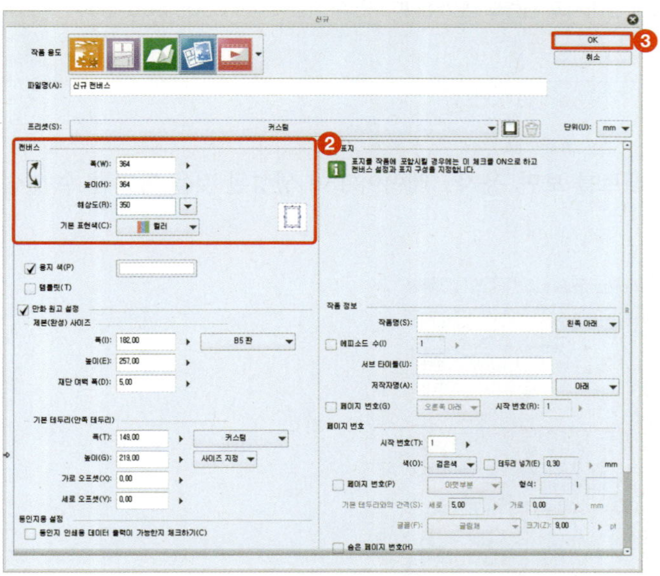

TIP 캔버스는 그리고 싶은 크기대로 설정합니다. 어떤 규격으로 그려야 할지 감이 오지 않는다면 우선 정사각형으로 규격을 설정하고, 그림을 그리는 도중 크기를 수정하도록 합니다.

신규 대화상자

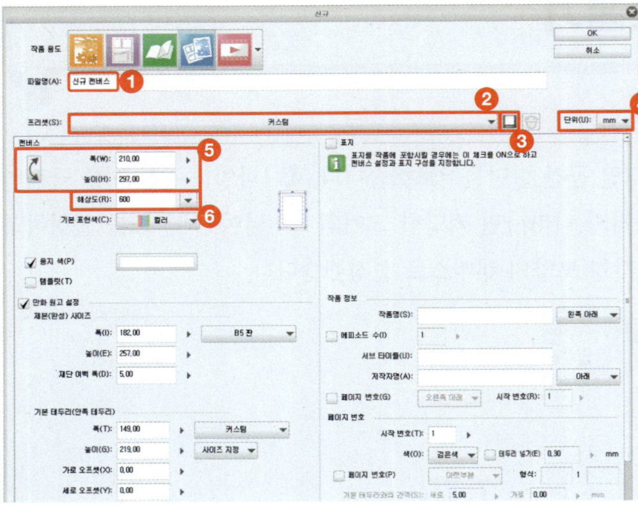

① 작업할 캔버스의 이름을 설정합니다.

② 미리 설정된 규격을 사용할 수 있습니다. A4판부터 B6판까지 컬러, 모노크롬으로 설정할 수 있습니다.

③ ⑤에서 설정된 규격을 저장할 수 있습니다.

④ 용지 규격의 단위를 설정합니다.

⑤ 캔버스 크기를 설정합니다. 규격을 지정한 상태에서 왼쪽에 있는 곡선 모양의 화살표를 클릭하면 가로와 세로가 바뀝니다.

⑥ 해상도를 설정합니다. 해상도가 높으면 밀도가 높아지고 용량도 높아집니다. 만화 작업에서는 300~350 정도가 적당합니다.

---

02 캔버스가 나타납니다. 레이어 팔레트를 보면 '용지', '레이어 1'이 생성된 것을 확인할 수 있습니다.

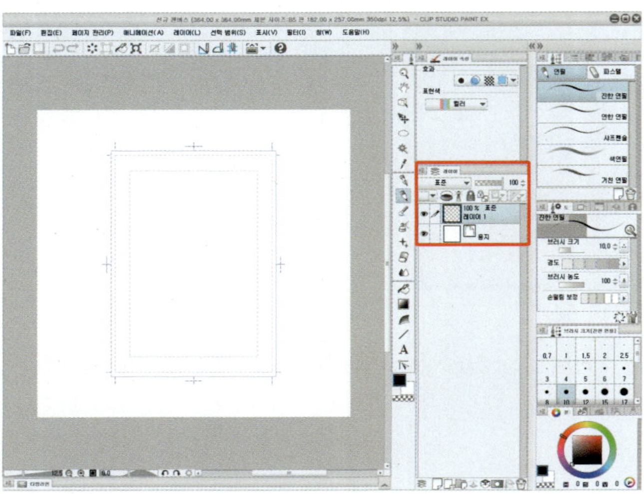

레이어의 중요성

레이어란 그림 위에 투명한 아크릴을 얹는 것처럼 원본 그림을 보호하면서 그 위에 덧칠하거나 다양한 효과를 얻을 수 있는 개념입니다. 용지 레이어는 도화지(배경, Back ground) 개념이므로 건들지 않고 작업합니다.

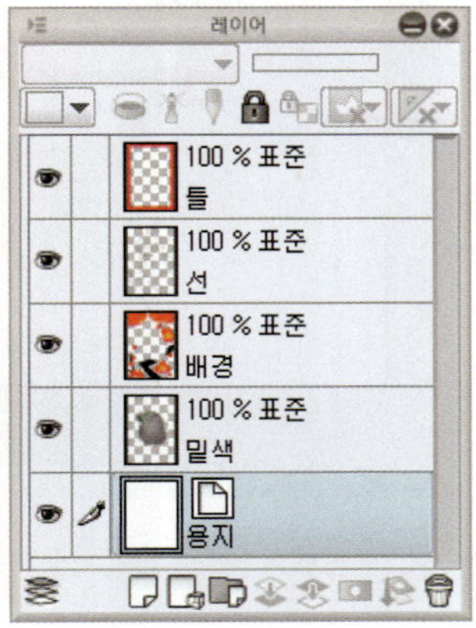

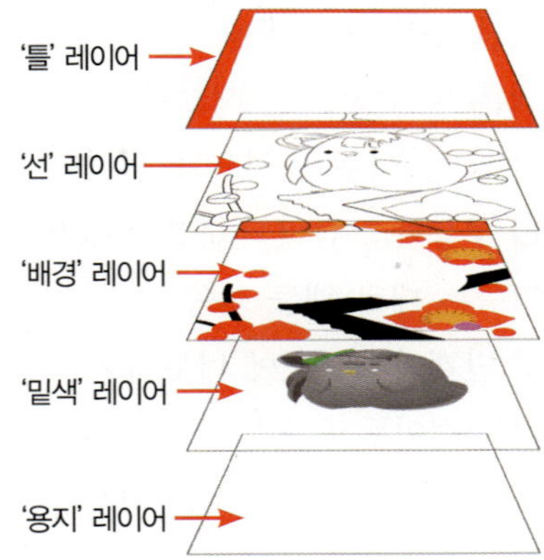

그림을 그릴 때는 레이어 정리도 무척 중요합니다. 왜냐하면, 작업을 진행하다 보면 레이어가 100개가 넘어가는 경우가 많습니다. 이때 레이어 이름들이 '레이어1, 레이어2, 레이어3' 등으로 표시되고 100개가 넘는 레이어가 길게 나와 있으면 원하는 레이어를 찾는 데 시간이 오래 걸립니다. 상황에 따라 레이어의 이름을 변경하거나 폴더에 묶는 등 자신이 가장 편한 작업 방식을 찾는 것이 좋습니다.

STEP 02 러프하게 그려보기

예제 소스 _ 투톤 미소녀 밑그림.clip

03 레이어 이름을 바꿉니다. ❶ '레이어 1'이라고 표시된 곳을 더블클릭하여 이름을 변경합니다. ❷ 여기서는 '러프스케치'로 변경했습니다.

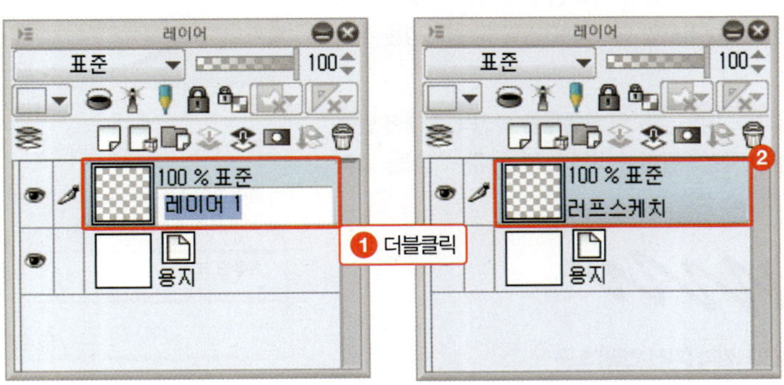

04 ❶ 도구 팔레트에서 연필 도구 를 클릭한 후 ❷ [거친 연필] 속성을 선택합니다. ❸ '러프스케치' 레이어를 선택하고 색을 설정합니다. ❹ 색은 마음에 드는 색으로 하되 눈에 잘 띄는 어두운 색으로 설정합니다. ❺ 구상한 그림의 러프한 이미지를 생각나는 대로 대충 쓱쓱 그립니다. 러프 단계이기 때문에 너무 구체적인 생각은 접어두고 캐릭터의 동세나 표정, 완성했을 때의 이미지를 생각하며 낙서하듯 그립니다.

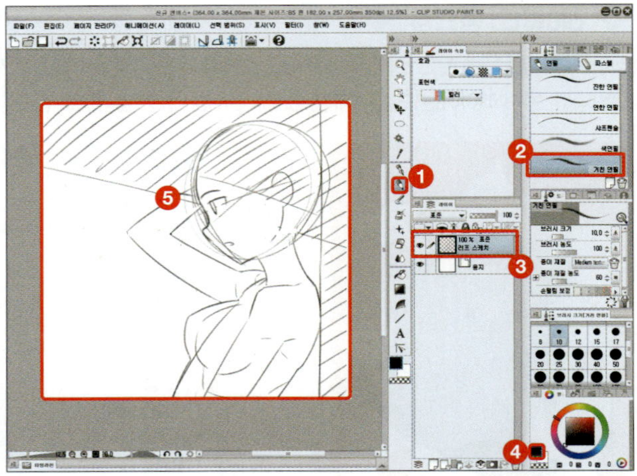

TIP 미소녀 그리기가 익숙하지 않은 독자들을 위해 밑그림이 그려진 예제 소스를 제공합니다. 예제 소스 '투톤 미소녀 밑그림' 파일을 활용하세요. [파일]-[열기]를 클릭하여 예제 소스를 불러옵니다.

연필 도구 설정하기

그림을 그리려면 어떤 도구를 어떻게 설정하여, 어떤 방식으로 사용하느냐가 매우 중요합니다. 러프 스케치 및 스케치 단계까지는 연필 도구 로 그리는 것이 좋습니다. 러프 스케치 단계부터 펜 도구를 사용하면 딱딱한 선을 의식하게 되고 손이 자연스럽게 흘러가지 않습니다. 따라서 그림의 첫 단계인 러프 스케치 단계에서는 부드럽고 경계가 뚜렷하지 않은 연필 도구를 사용하는 것을 추천합니다.

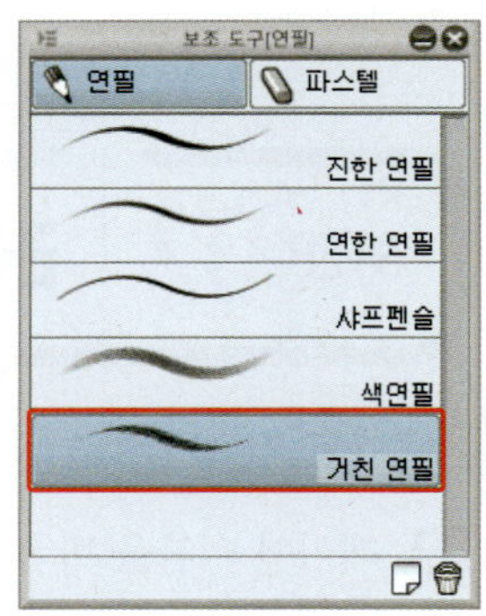

연필 도구 단축키는 P입니다. 클립 스튜디오 기본 설정 상태에서는 펜 도구와 단축키가 같으므로 P를 두 번 눌러야 연필 도구가 나옵니다. 보조 도구 [연필] 팔레트를 보면 연필 도구에 대한 세부 도구가 나옵니다. 러프 스케치 단계에서는 실제 연필의 느낌과 가장 흡사한 [거친 연필]을 사용해보는 것이 좋습니다.

[거친 연필]을 클릭한 후 도구 속성 [거친 연필] 팔레트를 확인하면 거친 연필의 속성을 제어할 수 있는 옵션 항목이 있습니다. 브러시 크기나 농도, 종이 재질 등을 설정할 수 있습니다. 기본 설정 상태는 약간 거친 텍스처가 깔린 에어브러시와 같으므로 연필 같은 느낌을 주기 위해 설정을 바꿔주는 것이 좋습니다.

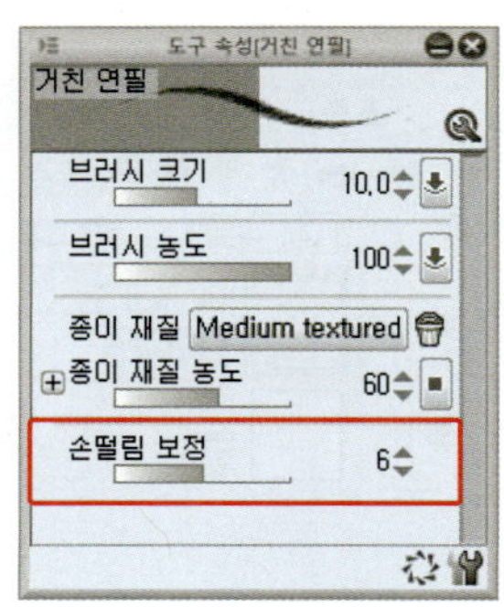

손떨림 보정은 선을 그을 때 속도를 내지 않아도 어느 정도의 흔들림을 보정해 최대한 반듯한 선이 나오게 해주는 역할을 합니다. 일부러 구불구불한 손맛의 느낌을 내는 그림을 그리는 게 아니라면 손떨림 보정 속성을 최대(100)로 설정합니다.

▲ 부드러운 느낌의 [색연필] 도구

▲ 거친 느낌의 [거친 연필] 도구

STEP 03 스케치하기

05 스케치는 앞서 그린 러프 스케치 위에 그리기 때문에 '러프스케치' 레이어를 반투명 상태로 만들어야 합니다. 그 전에 스케치와 구분할 수 있도록 러프 스케치의 색을 바꿔야 합니다. ❶ '러프스케치' 레이어가 선택된 상태에서 ❷ 레이어 속성 팔레트의 레이어 컬러를 클릭합니다. ❸ 러프 스케치한 선 색이 하늘색으로 바뀝니다. ❹ 레이어 컬러 항목의 더보기 버튼을 클릭하면 하늘색 이외에도 본인이 원하는 색으로 '러프스케치' 레이어 색을 설정할 수 있습니다.

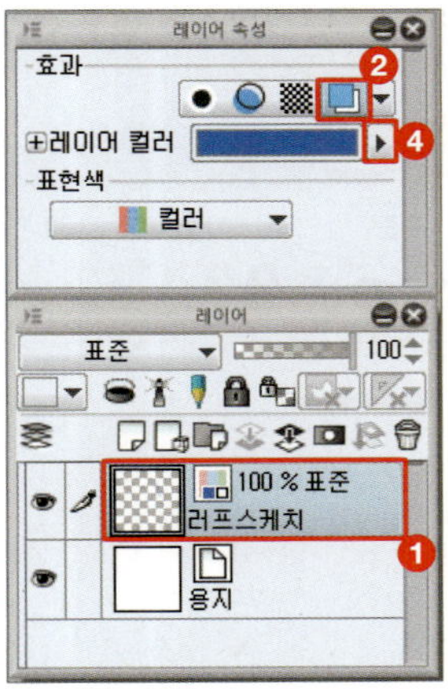

러프 스케치 색을 바꾸는 이유

'러프스케치' 레이어 색이 '스케치' 레이어 색과 같은 경우 '러프스케치' 레이어의 불투명도를 낮춰도 선 색에는 차이가 없습니다. 그래서 스케치 작업을 할 때 혼동이 오는 등 작업 효율이 떨어집니다. 따라서 '러프스케치' 레이어 색은 '스케치' 레이어의 색과 차이가 나는 레이어 색을 고르는 것이 좋습니다.

▲ '러프스케치' 레이어 색이 검은색인 경우

▲ '러프스케치' 레이어 색이 하늘색인 경우

06 레이어의 불투명도를 조절해 스케치하기에 적당한 상태로 만들어보겠습니다. ❶ '러프스케치' 레이어가 선택된 상태에서 ❷ 레이어 불투명도를 조절합니다. 본인이 원하는 정도의 불투명도로 설정합니다.

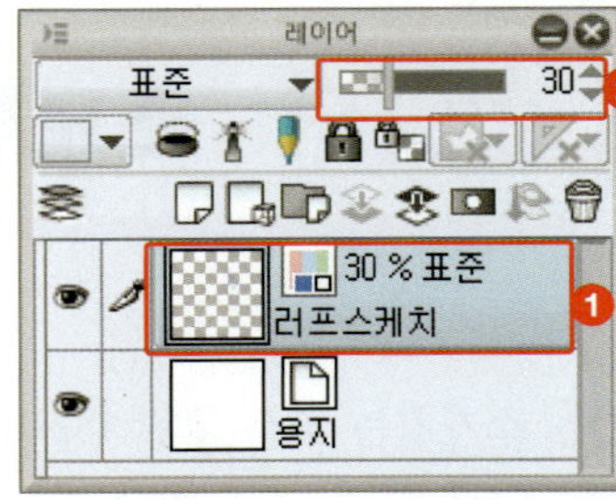

> **TIP** 불투명도를 설정할 때에는 '펜 선을 딸 때 이 정도로 옅으면 좋겠다.' 혹은 '적당히 옅어 보일 듯 말 듯 하겠다.' 싶은 정도로 설정하면 됩니다. 정확한 답은 없지만 30~50% 사이의 수치로 설정하는 것이 좋습니다.

레이어 불투명도

레이어 불투명도를 설정하면 스케치를 하기 위해 러프 스케치를 흐리게 하는 용도 이외에도 속이 비치는 옷이나 눈, 비 등 다양한 요소에 무궁무진하게 응용할 수 있습니다.

▲ 불투명도 100%

▲ 불투명도 60%

▲ 불투명도 30%

불투명도는 다음과 같이 활용하면 좀 더 효과적으로 표현할 수 있습니다. ① 우의 안에 교복이 보이지 않을 정도로 살짝 비친다. ② 교복을 채색한다. ③ 불투명도를 조절하여 우의 안에 교복이 자연스레 보이는 모습을 표현한다.

07 레이어 색과 불투명도를 조절했다면 새 레이어를 만들어 스케치 작업을 진행합니다. ❶ 신규 래스터 레이어 [icon]를 클릭하여 ❷ 신규 레이어(레이어 1)를 만듭니다. ❸ 더블클릭하여 알아보기 쉬운 이름으로 바꿉니다. 여기서는 '스케치'라고 변경했습니다.

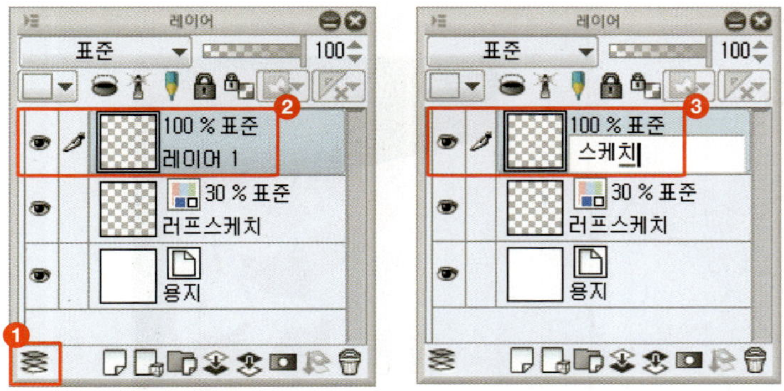

TIP **커맨드 바의 위치가 달라요** | 레이어 팔레트에 있는 커맨드 바의 위치를 바꿀 수 있습니다. 레이어 팔레트의 더보기 [icon]를 클릭합니다. 메뉴가 나타나면 [커맨드 바를 리스트 밑에 배치]를 클릭하여 체크하거나 체크 해제하여 기능을 활용합니다.

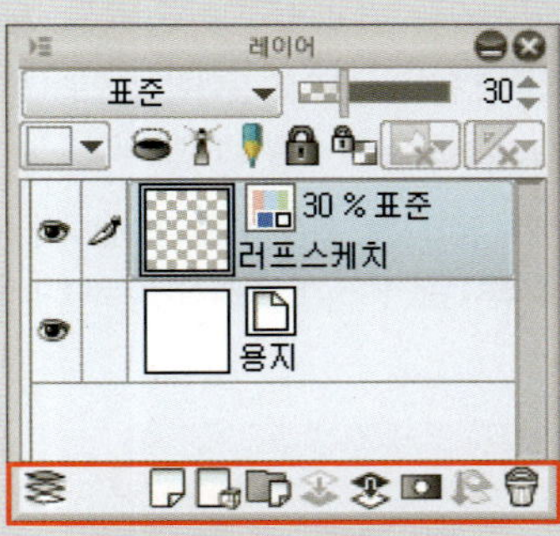

▲ 커맨드 바가 레이어 리스트 밑에 있음

▲ 커맨드 바가 레이어 리스트 위에 있음

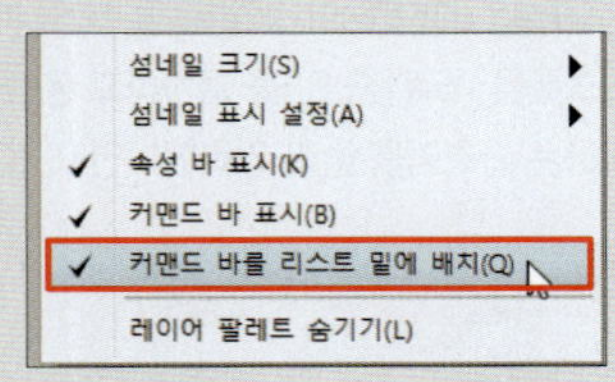

08 스케치까지는 큰 신경 쓰지 않고 본인이 구상한 이미지를 생각하며 선을 그리는 데 중점을 두고 그립니다. 연필 도구 [icon]를 사용해 러프 스케치 단계에서 그린 그림을 토대로 '펜 선을 따기 좋은 스케치'를 그린다고 생각하며 작업합니다.

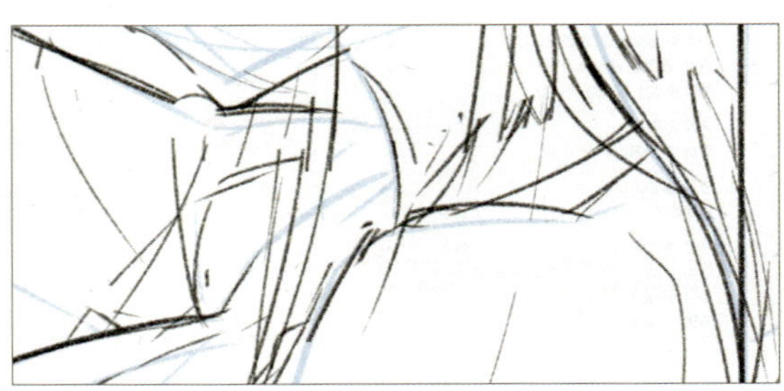

TIP 스케치 단계까지는 여러 곳에 신경 쓸 필요 없이 원하는 이미지에 집중합니다. 정교하게 잘 그리기보다 빠른 시간 안에 원하는 느낌을 표현해야 합니다. 자잘한 선을 일일이 지울 필요도 없습니다.

09 바로 펜 선을 따면 좋겠다는 생각이 들 때까지 형태를 고쳐가며 그린 후 완성합니다.

▲ 완성된 이미지를 상상합니다.

단축키 설정하기

도구를 선택할 때 해당 도구의 아이콘을 클릭하는 방법 외에도 단축키를 눌러 좀 더 빠르게 원하는 도구를 선택할 수 있습니다. 여기서는 자주 사용하는 도구와 기능을 단축키로 설정해보겠습니다. 확대 기능(Zoom in)의 단축키를 설정해보겠습니다.

① [파일] – [단축 키 설정]을 클릭합니다. ② 단축 키 설정 대화상자가 나타나면 표시 메뉴 앞에 있는 확장 ▶을 클릭합니다. ③ 스크롤을 내려 [줌 인]을 클릭하고 ④ 원하는 단축키를 키보드에서 누릅니다. 기본 설정으로 Ctrl + + 가 설정되어 있습니다. ⑤ 원하는 단축키를 눌러 입력했다면 [OK]를 클릭합니다.

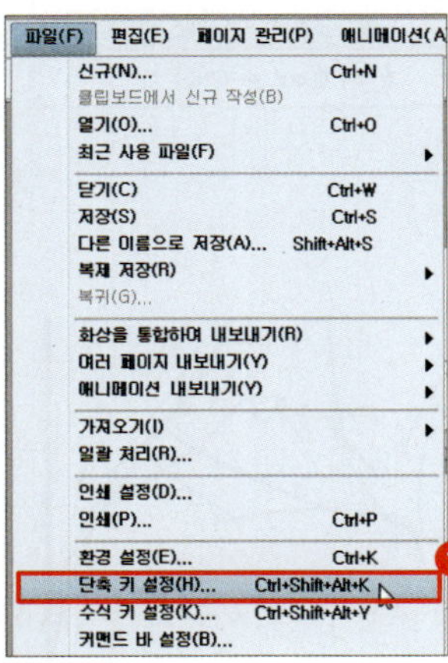

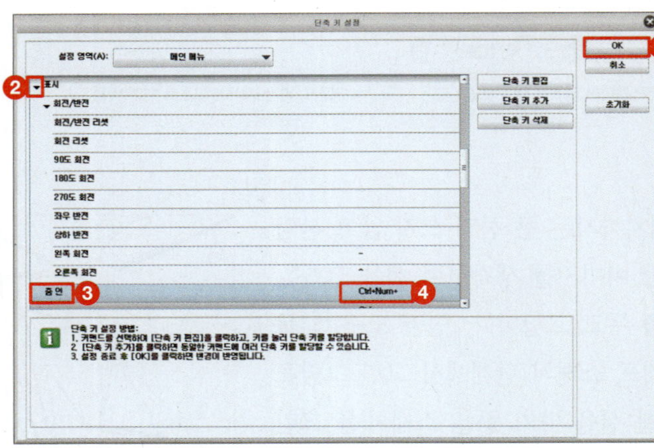

TIP 설정한 단축키를 취소, 혹은 삭제하고 싶다면 취소, 삭제하고자 하는 목록을 선택한 후 [단축키 삭제]를 클릭합니다.

STEP 04 펜 선 따기

10 스케치를 완성했다면 펜 선을 그려 밑그림을 진행해보겠습니다. ❶ 신규 래스터 레이어 를 클릭하여 신규 레이어를 만든 후 ❷ 레이어 이름을 '펜선'으로 바꿉니다. ❸ 그런 다음 '러프스케치' 레이어 눈을 클릭하여 러프 스케치를 잠시 보이지 않게 합니다.

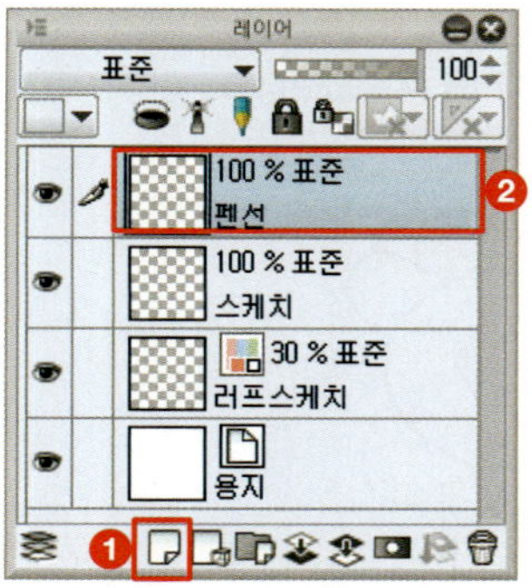

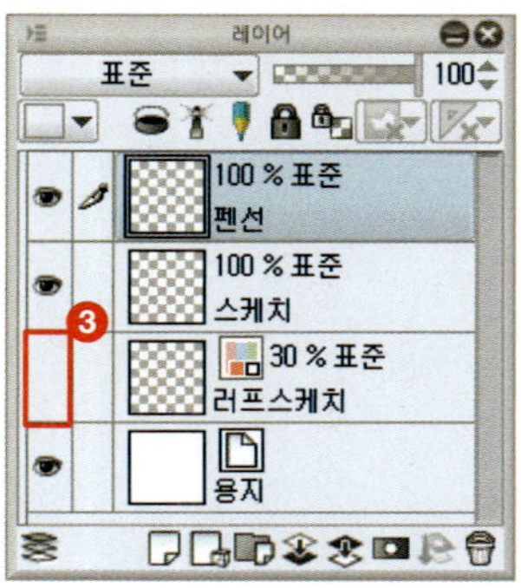

TIP '스케치' 레이어 색을 바꿔 펜 선을 그릴 수도 있습니다. 그러나 색을 바꿔 진행하면 '러프스케치' 레이어와 색이 겹쳐 펜 선과 헷갈리는 상황이 생길 수 있습니다. 따라서 이런 때에는 레이어 색을 바꾸지 말고 레이어를 잠시 끈 채로 진행하는 것이 훨씬 효율적입니다.

펜 도구 파헤치기

펜 선을 그리기 위해서는 우선 펜 도구(P)에 대해 자세히 알아봐야 합니다. 펜 선을 그릴 때 사용하는 도구는 크게 G펜, 둥근 펜, 거친 펜입니다. 참고로 선을 그리는 연필 도구는 러프 스케치를 그릴 때, 혹은 수작업 느낌이나 매우 부드러운 느낌을 낼 때 사용하면 효과적입니다.

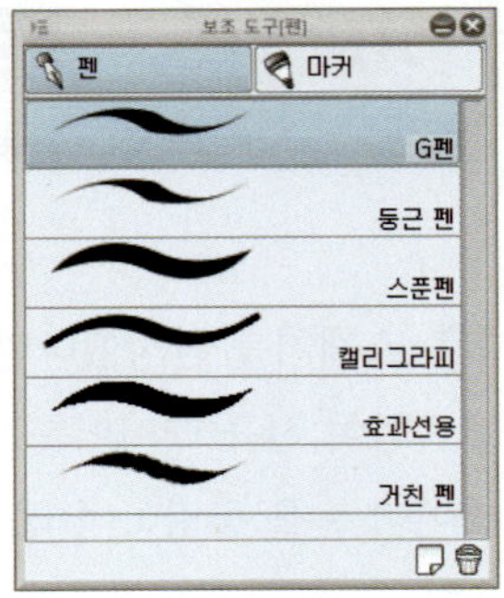

G펜은 타블렛 펜을 누르는 압력에 따라 선 굵기가 바뀝니다. 처음 사용하는 사람들에게는 어려울 수도 있으나 조금만 익숙해지면 본인이 원하는 느낌을 쉽게 낼 수 있는 도구입니다.

둥근 펜은 펜의 굵기가 일정한 도구로 서정적인 그림이나 펜 선의 느낌을 많이 내지 않는 그림에서 효과적으로 사용할 수 있습니다.

거친 펜은 연필 느낌을 가장 잘 살린 도구로 손으로 직접 그린 스케치 느낌의 선을 그리고 싶을 때 사용하는 것이 좋습니다.

11 펜 도구 를 이용하여 스케치 선 위에 펜 선을 그립니다. 머리카락과 겹친 눈썹은 머리카락에 가려졌다는 느낌을 주기 위해 색을 채우지 말고 선만 그립니다. 이때 G펜을 사용하면 선의 굵기를 자유롭게 조절할 수 있어 선을 중시하는 셀식 채색 그림에 효과적입니다.

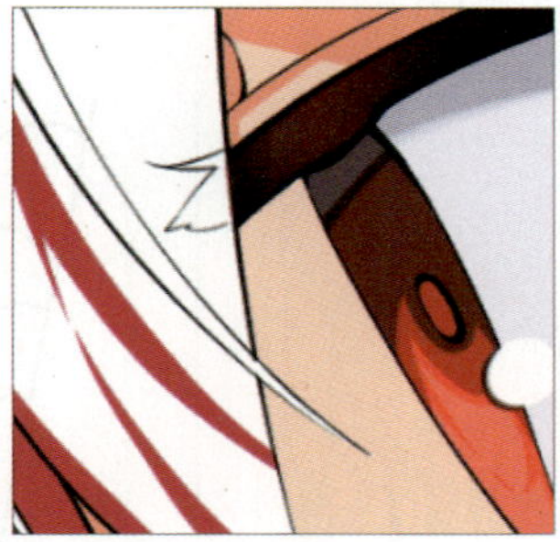

TIP **셀식 채색이란?** | 주로 2D 애니메이션에서 자주 사용하는 채색법입니다. 빛과 그림자를 깔끔하게 나누어 채색하며, 이번 CHAPTER에서 배우는 채색 기법입니다.

안티에일리어싱

안티에일리어싱(Anti-aliasing)은 계단처럼 보이는 픽셀이 눈에 띄지 않게 하는 기능입니다. 픽셀이 도드라지게 보이면 선이 부드럽지 않고 거칠게 보여 그림의 완성도를 떨어지게 합니다. 아래 그림을 보며 쉽게 알아보겠습니다.

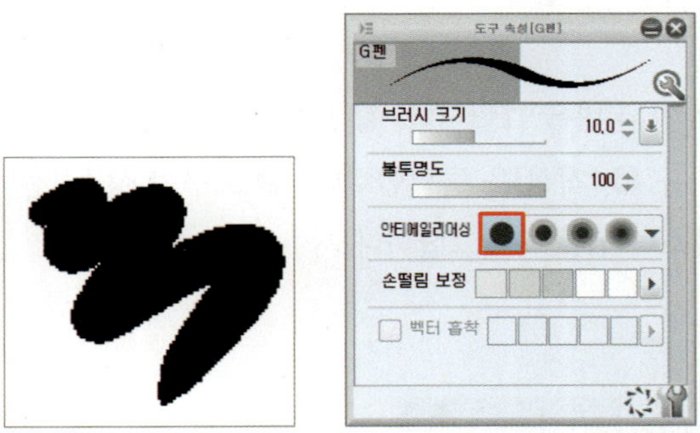

▲ 안티에일리어싱 값 '없음'으로 설정

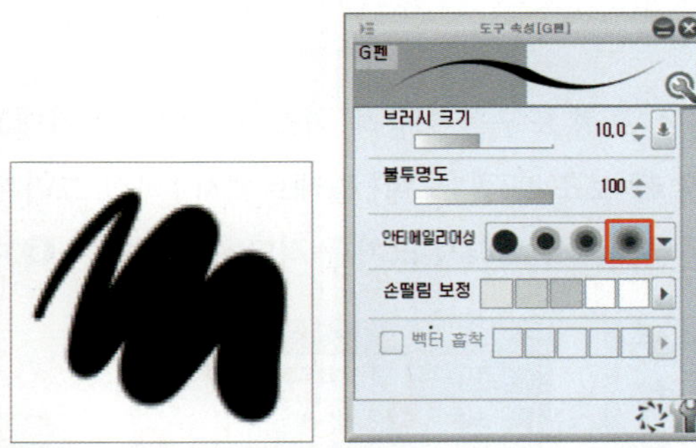

▲ 안티에일리어싱 값 '강'으로 설정

위에서 보듯이 안티에일리어싱의 수치를 높게(강하게) 잡으면 펜 선의 테두리가 부드럽게 처리되어 거칠지 않고 매끄러운 느낌을 표현할 수 있습니다.

펜 도구를 선택한 상태에서 도구 속성 [G펜] 팔레트에서 안티에일리어싱 값을 설정할 수 있습니다. 본인이 그릴 그림의 느낌을 생각해서 안티에일리어싱 값을 알맞게 설정합니다.

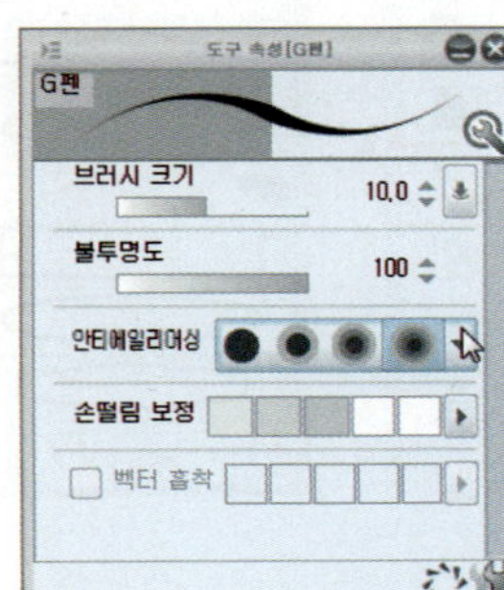

12 캔버스를 작게 보았을 때는 별 이상 없이 깔끔해 보이는 펜 선도 확대해서 보았을 때는 엉성한 부분들이 보입니다. 하지만 채색 단계를 진행하면 별 차이가 느껴지지 않습니다. 따라서 그림을 그릴 때 너무 가까이서만 그리지 말고 적당한 거리를 두고 계속해서 전체적인 그림을 상상하며 균형을 맞추어 진행하는 것을 추천합니다.

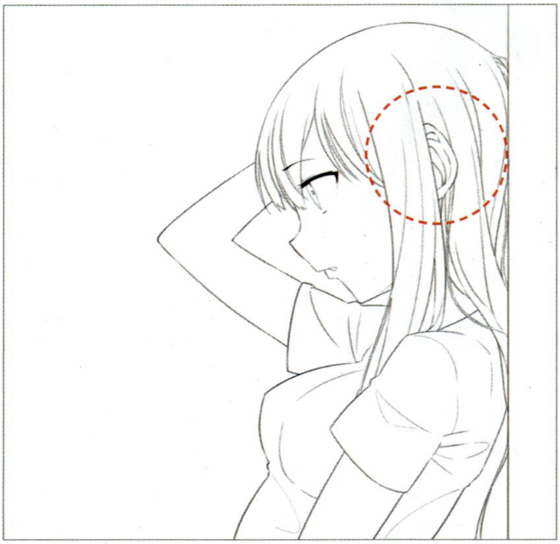

13 도형 도구를 이용해 미소녀 캐릭터가 기대고 있는 벽을 그립니다. ❶ 도형 도구 ／를 클릭한 후 ❷ 보조 도구 [도형] 팔레트에서 [직접 그리기] – ❸ [직선]을 클릭합니다. ❹ 도구 속성 [직선] 팔레트에서 브러시 크기를 적당히 조절하여 ❺ 미소녀 뒤를 드래그합니다.

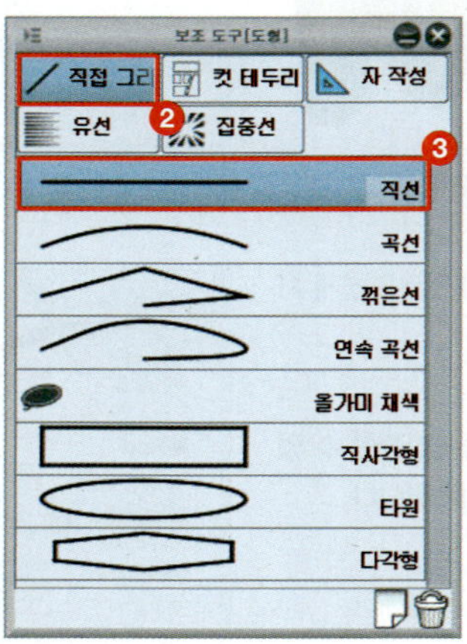

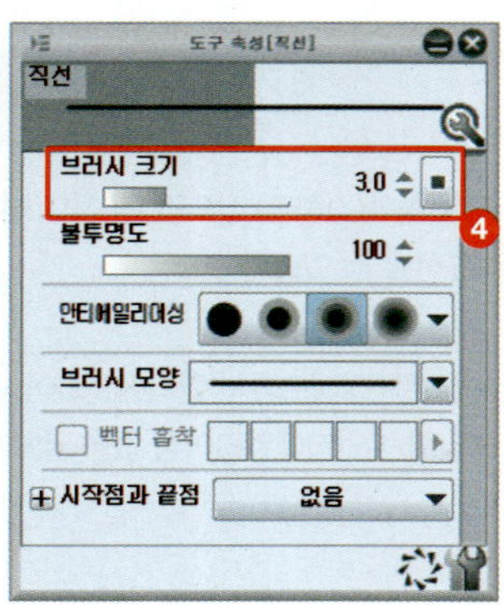

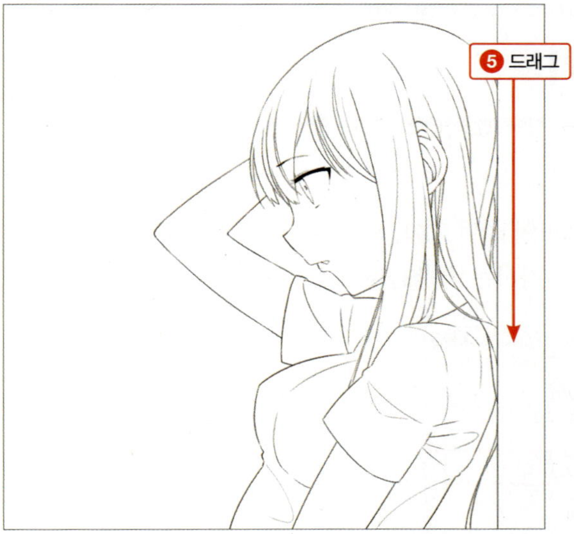

TIP [,]를 눌러 브러시 굵기를 조절할 수 있습니다.
Shift를 누른 채 드래그하면 곧은 직선이나 45˚로 기울어진 직선을 그릴 수 있습니다.

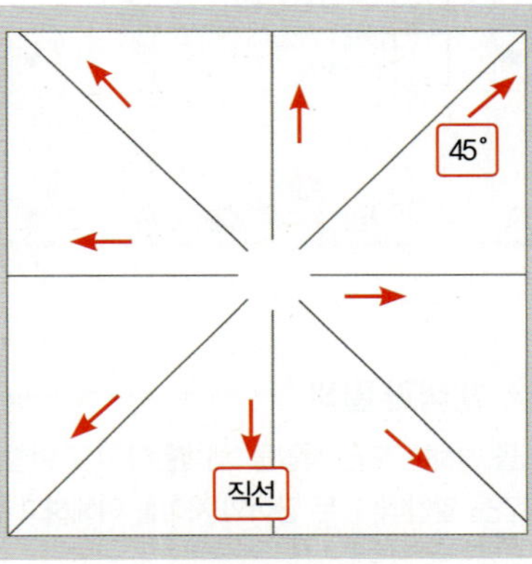

STEP 05 밑색 작업하기

14 채색 작업을 진행하겠습니다. ❶ 신규 레이어 폴더 를 클릭하여 ❷ 새 레이어 폴더를 만듭니다. ❸ 알아 보기 쉬운 이름으로 바꿉니다. 여기서는 '채색폴더'로 변경했습니다.

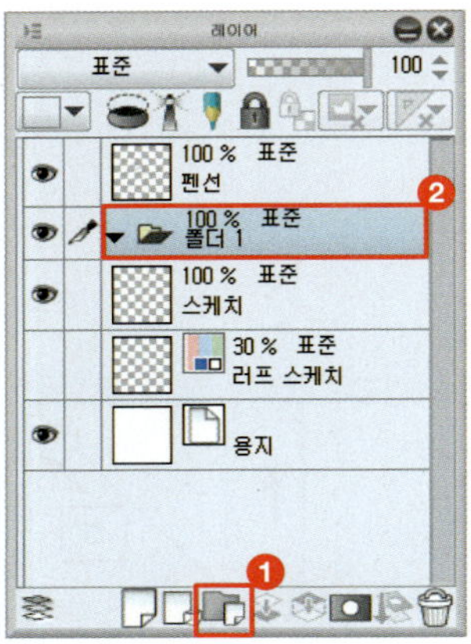

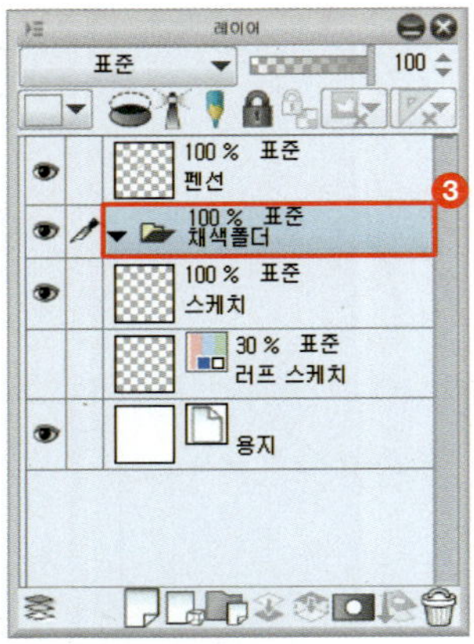

채색과 밑색

색을 칠하는 모든 작업을 '채색한다'고 표현합니다. 그러나 밑색은 채색의 하위 개념으로 어떤 묘사도 들어가 있지 않은 기본색 작업을 말합니다. 두 단어의 차이를 이해하고 작업을 진행하기 바랍니다.

▲ 밑색만 작업한 그림

▲ 채색이 완성된 그림

15 기본색을 칠할 때는 앞으로 색을 수정하기 쉽도록 그림의 각 부위마다 신규 래스터 레이어를 만든 후 작업합니다. 여기서는 벽, 상의, 머리, 피부로 나누었습니다.

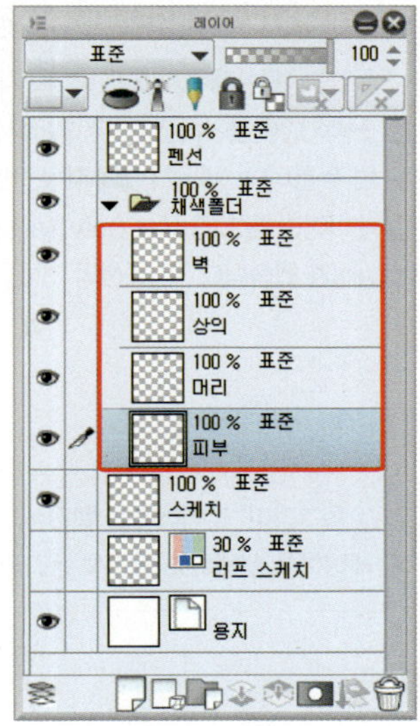

TIP **채색폴더 활용하기** | 밑색은 펜 선 아래에 보여야하기 때문에 '펜 선' 레이어 아래에 채색용 레이어를 만든 후 작업해야 합니다. 또한 레이어가 섞여 있으면 헷갈리기 쉬우므로 폴더로 묶어 주는 것이 좋습니다. '채색폴더' 레이어가 선택된 상태에서 신규 래스터 레이어 아이콘 을 클릭하여 신규 레이어를 생성하면 폴더 안에 레이어가 만들어집니다. 폴더 레이어 앞에 있는 화살표를 클릭하면 폴더 안에 있는 레이어들을 표시합니다. 폴더 보기를 사용하지 않을 때는 화살표를 닫아 깔끔하게 정리할 수 있습니다.

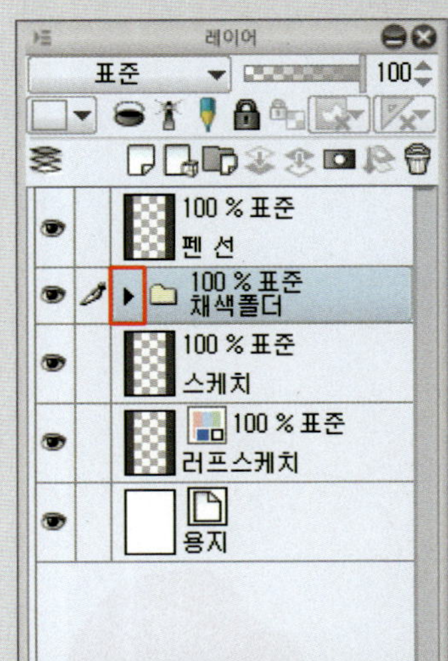

▲ 폴더 닫아 레이어 숨기기

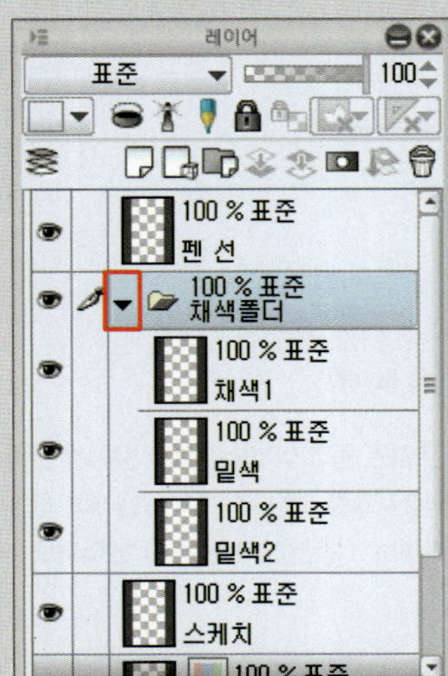

▲ 폴더 열어 레이어 보기

채우기 도구(버킷 도구) 사용하기

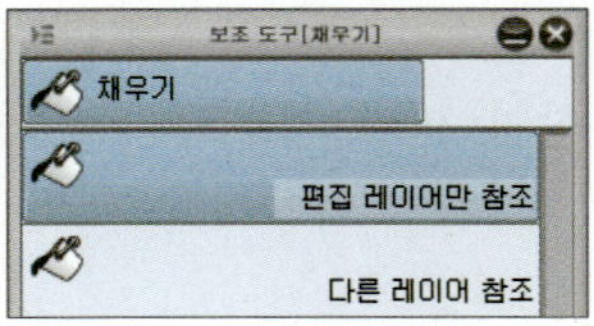

색을 칠할 때는 채우기 도구 를 사용합니다. 단축키는 G 이고 그라데이션 도구도 같은 단축키 G 를 사용합니다. 따라서 단축키를 눌러 채우기 도구를 사용하려면 G 를 두 번 누릅니다. 채우기 도구가 선택된 상태에서 보조 도구 [채우기] 팔레트를 보면 [편집 레이어만 참조(Refer only to editing layer)]와 [다른 레이어 참조(Refer other layer)]가 있습니다. 두 옵션의 기능을 알아보겠습니다.

'빨간 동그라미' 레이어에는 빨간색, '검은 동그라미' 레이어에는 검은색 동그라미가 그려져 있습니다. 이 상태에서 '빨간 동그라미' 레이어를 선택하고 빨간색 동그라미 안을 채워보겠습니다.

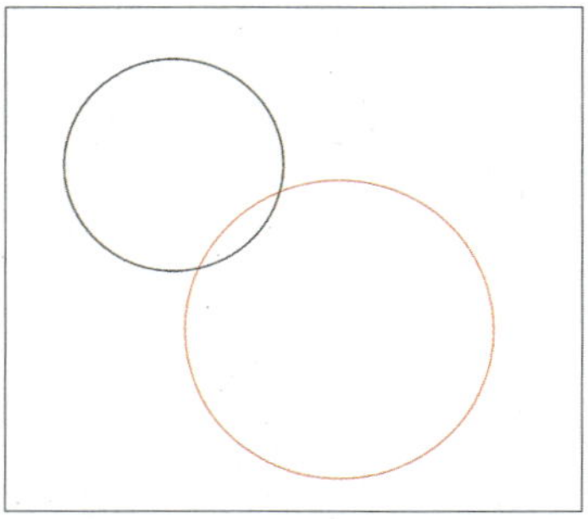

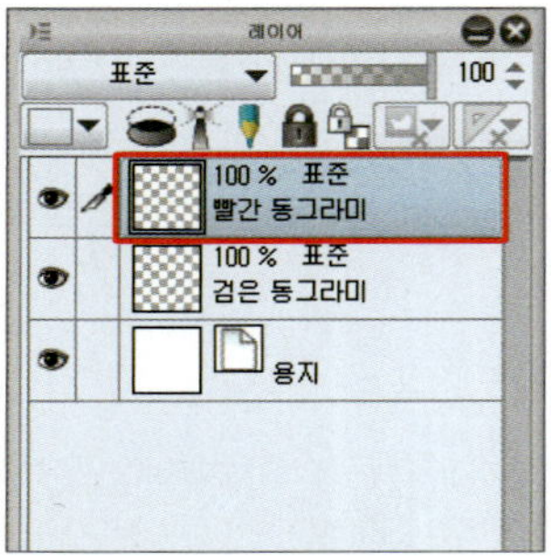

[편집 레이어만 참조]는 다른 레이어와는 상관하지 않고 '빨간 동그라미' 레이어에 그려진 동그라미에만 반응해 색이 채워집니다.

▲ 편집 레이어만 참조(Refer only to editing layer)

[다른 레이어 참조]는 다른 레이어에 그려진 검은 동그라미에 간섭을 받아서 선택한 부위만 색이 채워집니다. 이 두 가지 방식은 그림 그릴 때 계속 활용해야 하는 방법입니다. 따라서 직접 해당 기능을 따라해보고 충분히 이해한 후 넘어가도록 합니다.

▲ 다른 레이어 참조(Refer other layer)

16 ❶ 채우기 도구 [아이콘]를 클릭한 후 ❷ 도구 속성 [편집 레이어만 참조] 팔레트를 확인합니다. 그런 다음 도구 속성 [편집 레이어만 참조] 팔레트의 항목을 알맞게 설정합니다.

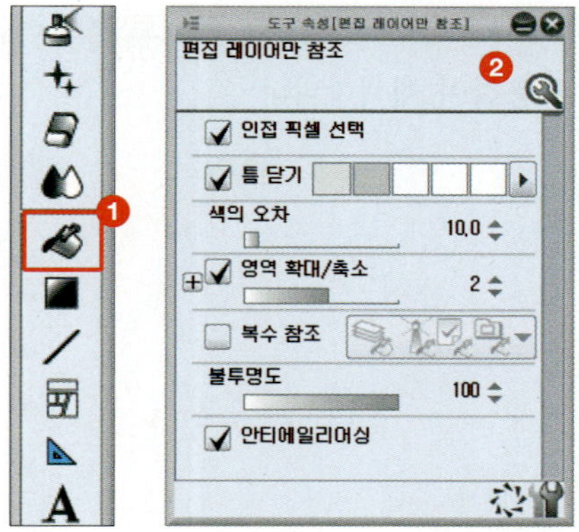

TIP **복수 참조와 틈 닫기** | 복수 참조는 기본 설정된 상태로 두면 됩니다. 혹시 복수 참조 영역이 활성화되어 있다면 '다른 레이어 참조'가 되고, 활성화되어 있지 않다면 '편집 레이어만 참조'가 됩니다.

틈 닫기는 열린 틈새를 얼마나 허용하여 칠할 것인가를 정하는 옵션으로 지정한 폭의 틈을 닫힌 것으로 참조할지의 여부와 그 폭을 변경합니다. 밑이 살짝 열려 있는 원에 틈 닫기 옵션을 사용해 비교해보겠습니다. 허용하는 틈새를 어떻게 설정하느냐에 따라 채색 작업이 쉬워질 수도, 어려워질 수도 있으니 잘 숙지한 후 활용하세요.

▲ 밑이 살짝 열린 원

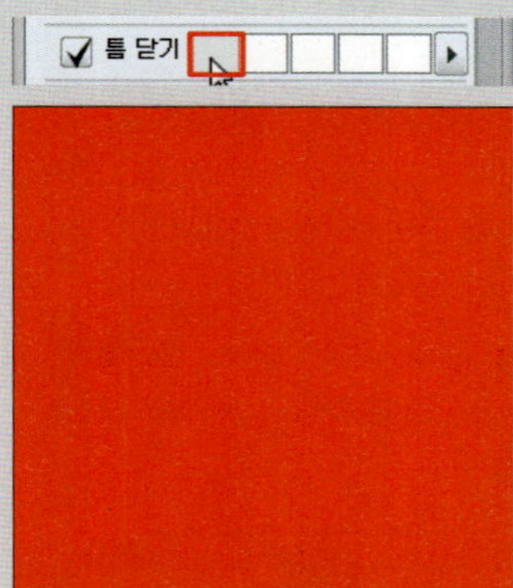

▲ 틈 닫기 1단계

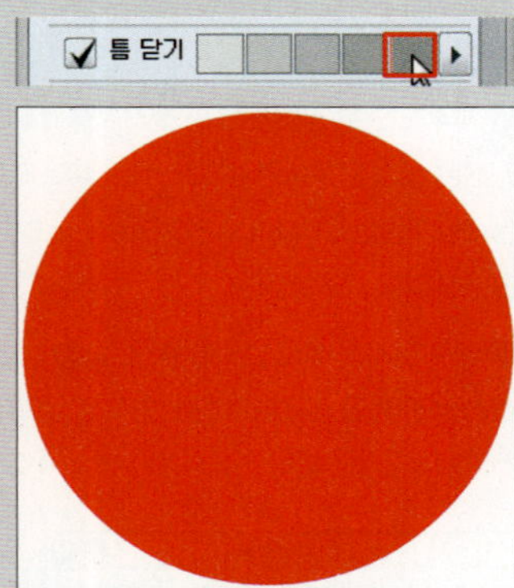

▲ 틈 닫기 20단계

펜 선을 딸 때 위와 같이 끝이 살짝 열려 있는 경우가 많아 틈 닫기 단계는 20으로 설정하여 진행하는 것이 좋습니다.

17 ❶ 컬러 슬라이더 팔레트를 불러옵니다. ❷ 그런 다음 아래와 같이 각 레이어에 알맞은 색을 적용하여 채색합니다.

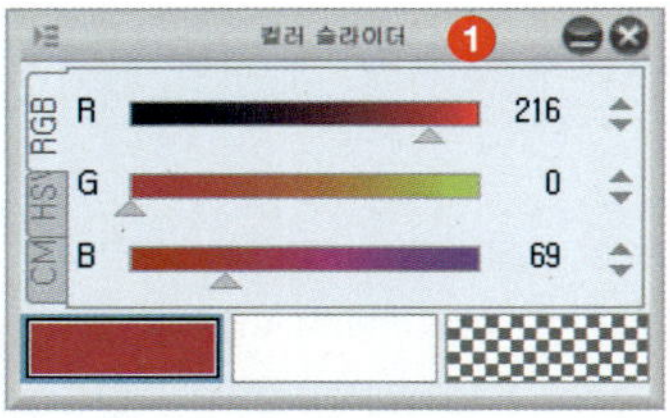

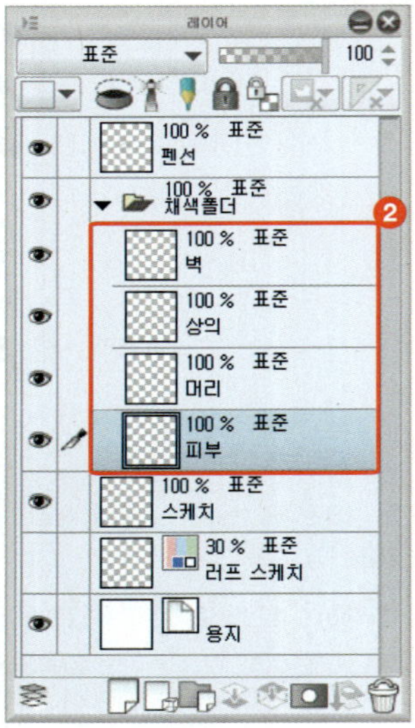

벽 | R : 0, G : 0, B : 0
상의 | R : 216, G : 0, B : 69
머리 | R : 216, G : 0, B : 69
피부 | R : 255, G : 219, B : 200

TIP **컬러써클** | 컬러써클 팔레트는 색 팔레트가 둥글게 표시되어 있습니다. 평소에 그림을 자주 그리는 편이라면 이 컬러써클을 이용하여 채색하는 것이 효율적입니다. 그러나 지금은 실습 단계대로 정확한 색을 넣어 진행해야 하기 때문에 컬러 슬라이더를 사용하는 것이 좋습니다. 컬러 슬라이더는 R, G, B 값을 입력하기만 하면 바로 그 색을 쓸 수 있기 때문에 매우 편리합니다.

① 휠을 움직여 색을 선택할 수 있고 ② 명도와 채도를 설정할 수 있습니다. ③ 전경색과 배경색 중 색을 적용하고 싶은 영역을 선택할 수 있습니다. ④ 클릭하여 HLS, HSV 모드로 전환할 수 있습니다.

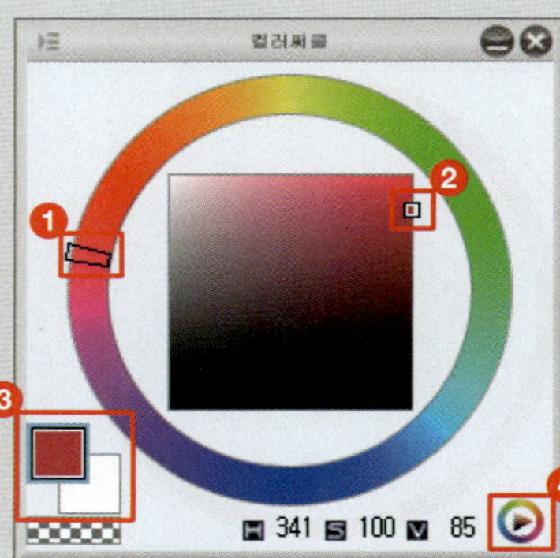

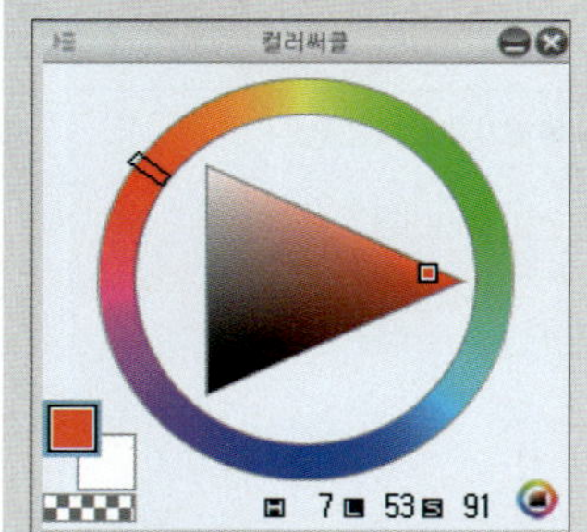

▲ HLS 모드 : 색상, 밝기, 채도 구조의 색상환으로 삼각형 구조입니다.

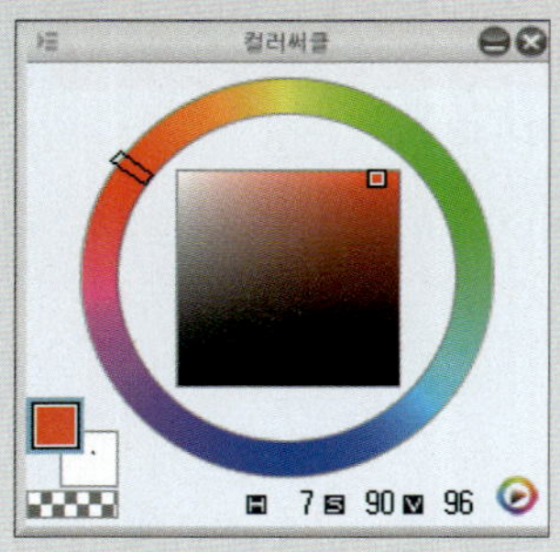

▲ HSV 모드 : 색상, 채도, 강도 구조의 색상환으로 사각형 구조입니다.

채색할 때 꼭 알아두어야 할 반전 기능

색 채우기 작업을 진행하면 모서리 같은 곳이 조금씩 남는 경우가 많습니다. 색이 채워지지 않은 부분이 있으면 그림의 완성도가 떨어지기 때문에 색이 안 채워진 부분들을 일일이 채우는 작업을 진행해야 합니다. 그러나 피부같이 밝은 색을 사용한 곳은 책이 채워졌는지 확인하는 게 힘듭니다. 이 때에는 '반전' 기능을 사용해 색 채우기 작업을 완성합니다.

① 모서리에 색이 제대로 채워졌는지 확인하기 어렵습니다. ② Ctrl+I를 눌러 이미지를 반전합니다. ③ 그러면 색이 반전되면서 색이 채워지지 않은 빈틈이 잘 보입니다. 이제 색을 채워보겠습니다.

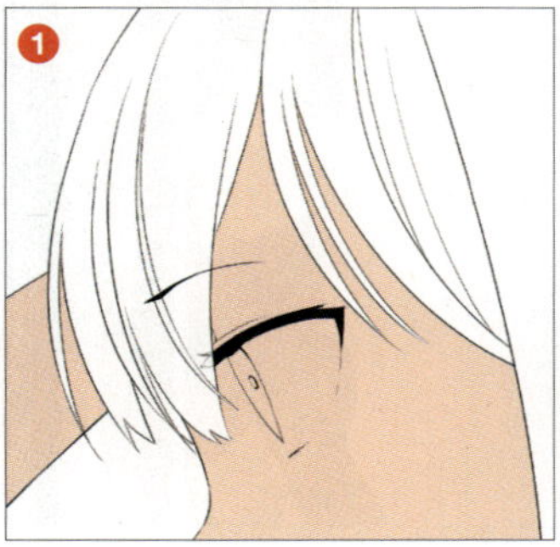

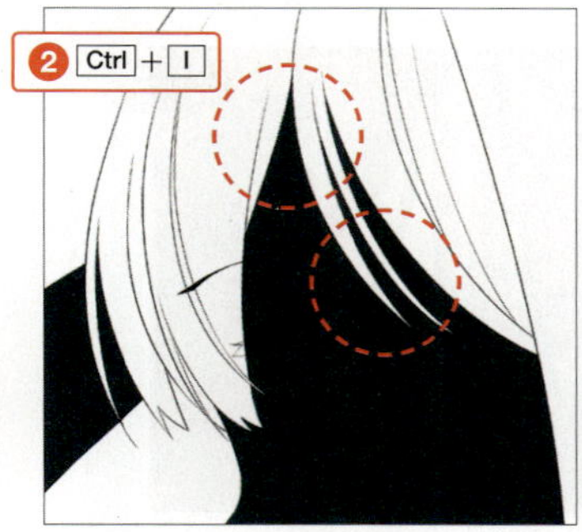

③

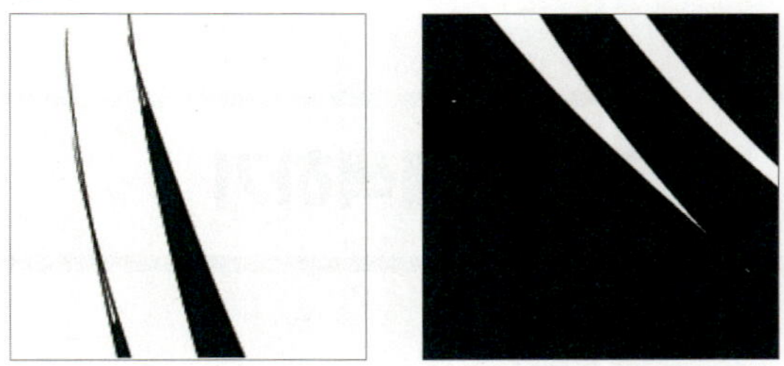

I를 누르면 스포이트 도구 를 사용할 수 있습니다. 스포이트 도구는 원하는 색이 있으면 해당 영역을 클릭하여 색을 추출하는 도구인데요. 스포이트 도구가 활성화된 상태에서 색 부분을 클릭합니다. 그러면 클릭한 색이 컬러 슬라이더 팔레트에 나타납니다. 이 과정을 반대로 응용할 수도 있습니다. 배경이 어두운 상태에서 어두운 색을 칠할 때는 반전(Ctrl+I) 기능을 사용하여 배경을 밝게 만들면 색이 칠해지지 않은 곳이 쉽게 보입니다.

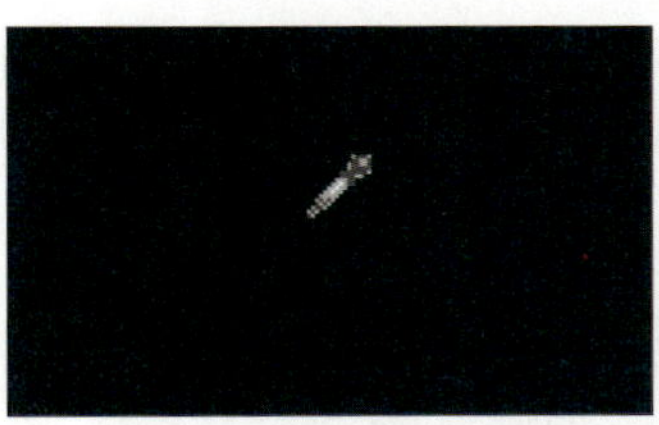

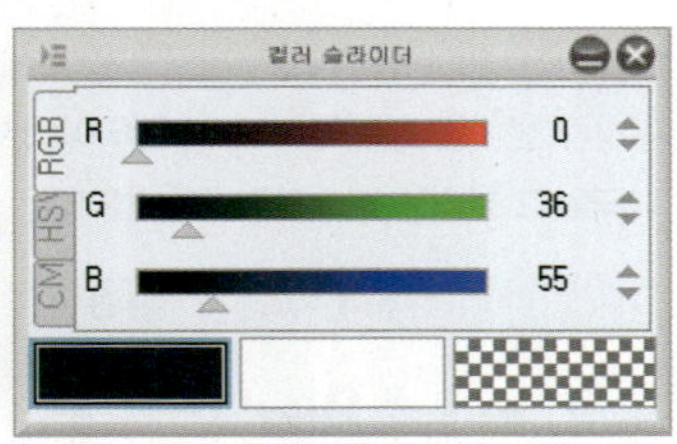

▲ 스포이트 도구 이용하여 색 추출하기

18 아래 지시선을 참고하여 구역에 맞춰 채색을 진행합니다. 앞서 설명한 반전 기능을 이용해 빈틈을 구석구석 채워 최대한 깔끔하게 밑색을 채색합니다. 특히 머리카락 주변은 빈틈이 많습니다. 캔버스를 확대, 축소하거나 반전 기능을 활용하여 차근차근 색을 채운 후 완성합니다.

STEP 06 그림자 채색하기

클리핑 마스크

본격적인 채색 작업에 들어가기 전, 꼭 익혀두어야 할 '클리핑 마스크'에 대해 알아보겠습니다.

클리핑 마스크란 상위 레이어가 하위 레이어에 소속되어 상위 레이어에서 진행하는 작업을 하위 레이어에만 보이게 하는 기능입니다. 우선 레이어를 만들어 클리핑 마스크의 속성에 대해 자세히 알아보겠습니다.

① 파란 원이 그려진 하위 레이어('레이어 1' 레이어) 위에 상위 레이어('클리핑마스크' 레이어)가 있습니다. ② 클리핑 마스크를 적용할 레이어(여기서는 '클리핑마스크' 레이어)가 선택된 상태에서 아래 레이어에서 클리핑 마스크 를 클릭합니다. ③ 그러면 아래 그림처럼 레이어 앞에 분홍색 선이 나타나고 클리핑 마스크가 적용됩니다.

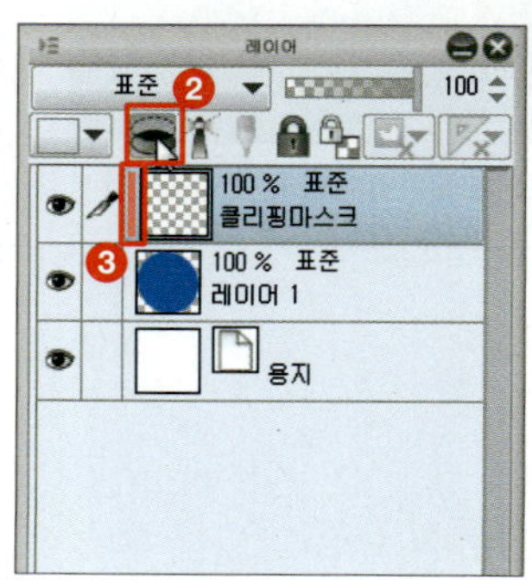

④ 클리핑 마스크가 적용된 상태에서 '클리핑마스크' 레이어에 선을 그리면 다음처럼 하위 레이어('레이어 1' 레이어)에만 선이 나타납니다.

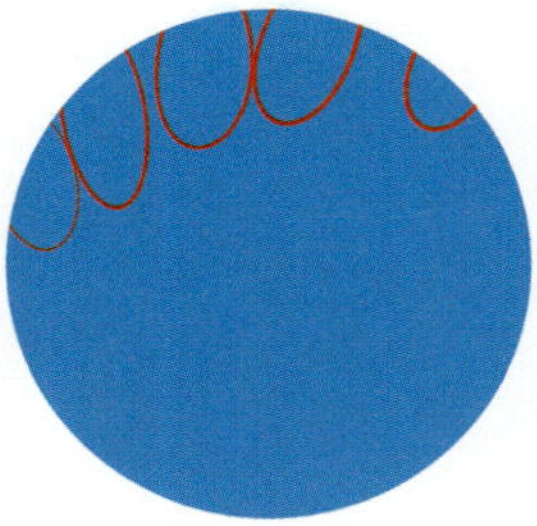

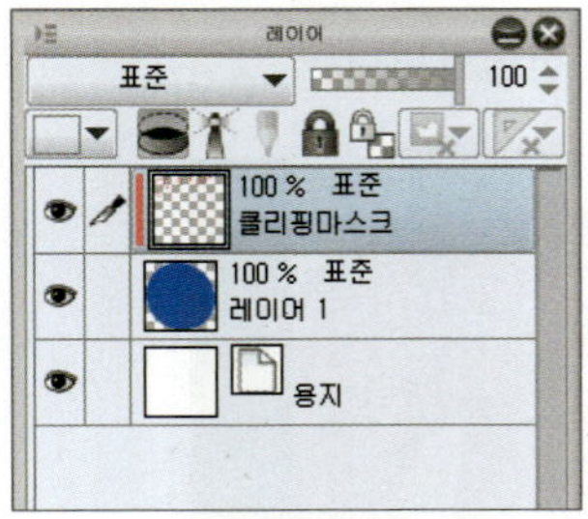

⑤ 하위 레이어가 선택된 상태에서 클리핑 마스크 를 클릭하면 클리핑 마스크가 해제됩니다. 클리핑 마스크가 해제되면 상위 레이어('클리핑마스크' 레이어)에 선이 나타납니다.

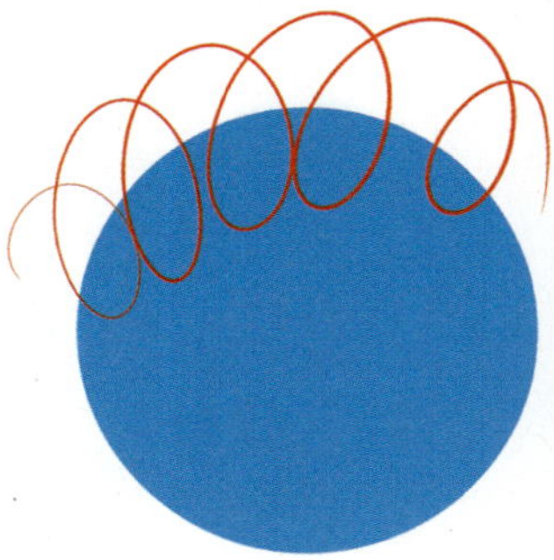

클리핑 마스크는 채색을 할 때 가장 기본적인 기능입니다. 앞으로의 모든 채색에는 클리핑 마스크를 반복해서 사용하므로 해당 기능을 따라해보고 확실히 숙지하도록 합니다.

---

19 먼저 배경을 채색할 텐데요. 그림 특성상 기준이 되는 큰 그림자를 만들어놓으면 나중에 진행할 작업이 편해지기 때문입니다. ❶ '채색폴더' 아래에 '배경' 레이어를 만듭니다.

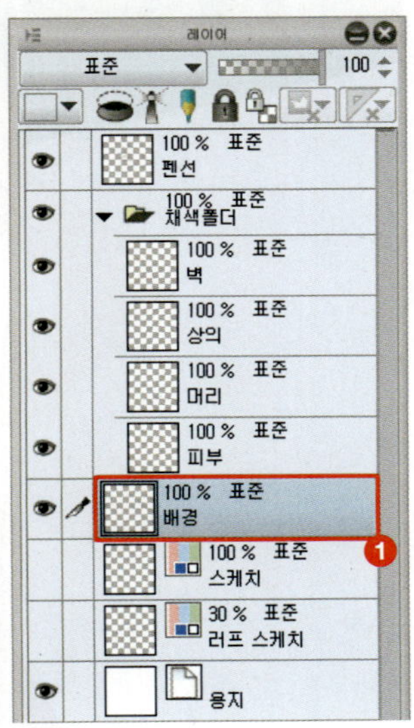

TIP 신규 레이어를 생성한 후 해당 레이어를 마우스로 클릭한 상태로 드래그하면 레이어의 위치를 바꿀 수 있습니다.

20 ❶ 스포이트 도구 를 사용해 벽의 색을 추출한 후 ❷ 배경에 사선을 긋습니다. 현재 배경의 각도는 중요하지 않습니다. 각도보다는 채색을 완성했을 때를 상상하고 그림 전체의 그림자 각도가 맞아야 한다는 것을 염두에 두고 진행합니다.

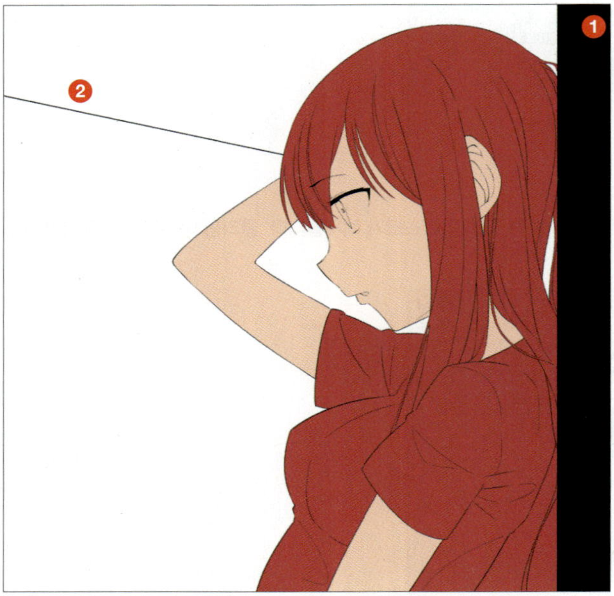

21 채우기 도구(편집 레이어만 참조) 를 사용해 색을 채웁니다.

편집 레이어만 참조는 채우기 보조 도구 팔레트에서 설정할 수 있습니다. 자세한 내용은 054페이지를 참고하세요.

STEP 07 피부 채색하기

22 ❶ '배경' 레이어를 선택한 상태에서 Ctrl+C를 눌러 복사합니다. ❷ 그런 다음 '피부' 레이어를 클릭하고 Ctrl+V를 눌러 레이어를 붙여넣습니다. ❸ '배경 복사' 레이어가 '피부' 레이어 위에 생성됩니다.

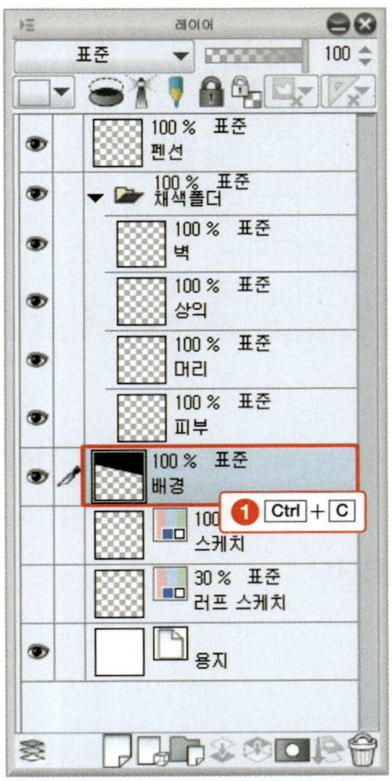

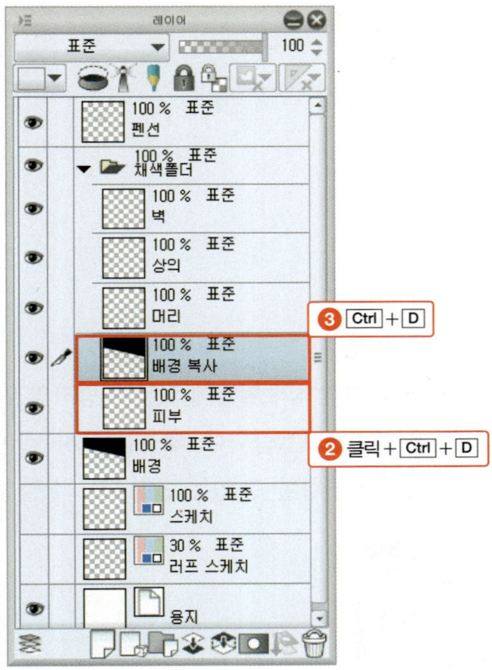

클립 스튜디오 무료 체험판은 복사, 붙여넣기, 저장 등의 기능을 사용할 수 없습니다. 레이어를 복사하지 않고 새 레이어를 만들어 같은 모양을 그린 다음 실습해도 되지만 꽤 번거롭습니다. 번거로움을 줄이기 위해서는 클립 스튜디오 정식 라이센스를 구입해 사용하는 것을 추천합니다.

23 ❶ 붙여넣은 '배경 복사' 레이어의 이름을 '피부묘사'로 바꾸고 ❷ 클리핑 마스크를 적용합니다.

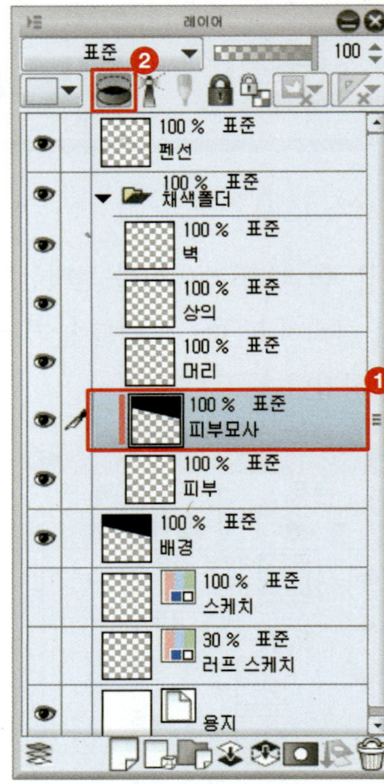

24 그림을 확인해보면 배경 그림자와 얼굴에 있는 그림자의 위치가 같습니다. 두 그림자를 떨어뜨려 자연스러운 입체감을 표현해보겠습니다. ❶ '피부묘사' 레이어를 클릭하고 ❷ Ctrl+T를 누릅니다. ❸ '피부묘사' 레이어를 변형할 수 있는 변형 모드가 활성화됩니다.

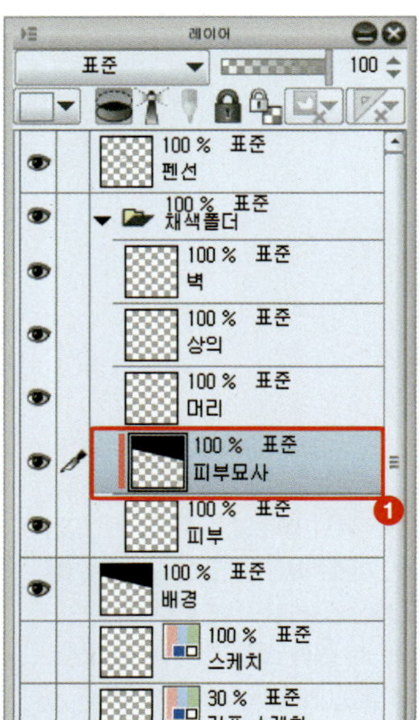

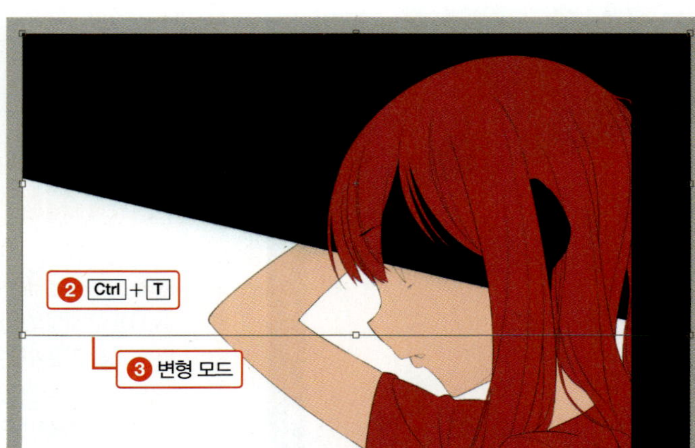

변형 모드 Ctrl+T

Ctrl+T는 해당 레이어를 통째로 선택해 위치를 이동하거나 모양을 변형할 수 있는 변형 모드의 단축키입니다. Ctrl+T를 누른 뒤 해당 영역 위로 마우스를 가져가면 마우스 커서의 모양이 바뀌고 레이어 형태를 변형할 수 있습니다. 이때 클릭한 채로 드래그하면 해당 레이어를 마음대로 움직일 수 있습니다. Shift를 누른 상태로 이동하면 직선으로만 움직입니다.

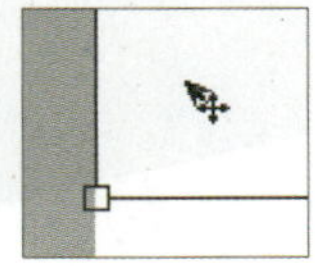

25 레이어 변형 창을 살짝 위로 드래그하여 자연스러운 위치로 이동합니다.

26 ❶ 레이어 속성 팔레트에서 레이어 컬러 바에 마우스를 올리면 채우기 아이콘이 나타납니다. 클릭하면 현재 보이는 색이 레이어 색으로 칠해집니다. 여기에서는 자연스러운 그림자를 표현하기 위해 피부 그림자 색을 새로 지정해보겠습니다. ❷ 레이어 컬러 설정 ▶을 클릭하면 ❸ 색 대화상자가 나타납니다. ❹ R, G, U를 다음과 같이 설정하고 ❺ [확인]을 클릭합니다. 해당 레이어 색이 바뀝니다.

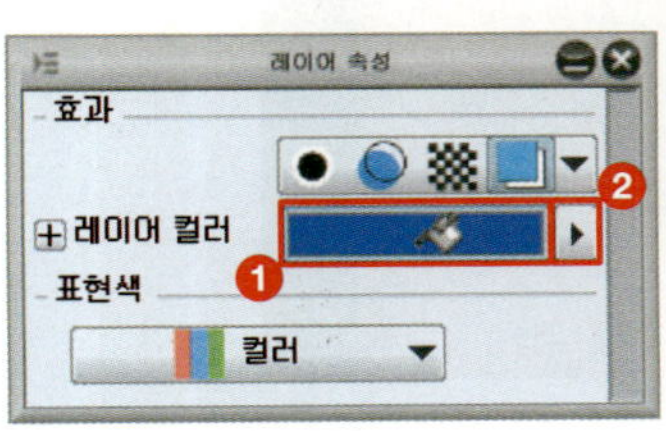

TIP RGU 값은 RGB 값과 같다고 생각하면 됩니다. 프로그램 표기상 B가 U로 표기되었으며 색 설정에는 차이가 없습니다.

▲ 레이어 색만 적용한 상태

▲ 변경한 레이어 색을 적용한 상태

27 ❶ 신규 레이어를 만들고 이름을 '피부묘사2'로 바꾼 다음 클리핑 마스크를 적용합니다. ❷ 그런 다음 '피부묘사2' 레이어에 자연스러운 그림자를 표현합니다.

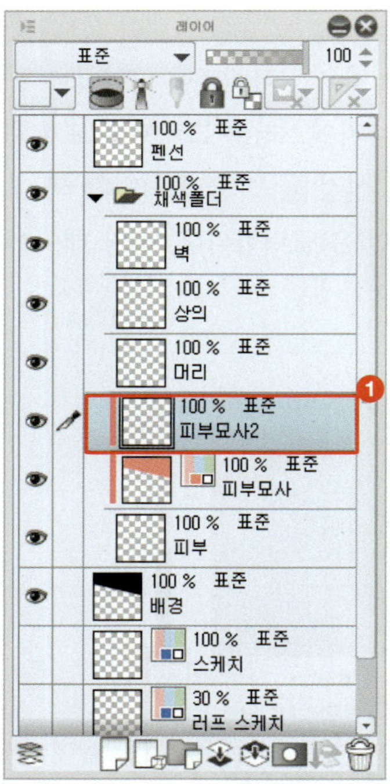

28 입술은 부드럽게 표현되어야 할 부분이므로 그라데이션 느낌을 살립니다. 색은 아래와 같이 설정하고 빨간선으로 표시한 부분까지 도톰하게 채색합니다.

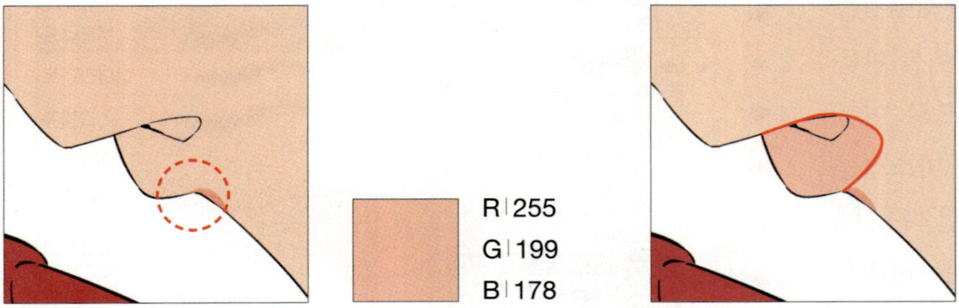

29 ❶ 지우개 도구 를 선택하고 보조 도구 [지우개] 팔레트에서 [부드러움]을 선택합니다. 부드러운 지우개는 에어스프레이처럼 가장자리를 부드럽게 지울 수 있습니다. ❷ [,]를 눌러 지우개 크기를 그림처럼 크게 설정하고 입술 주변을 문질러 자연스럽게 지워줍니다.

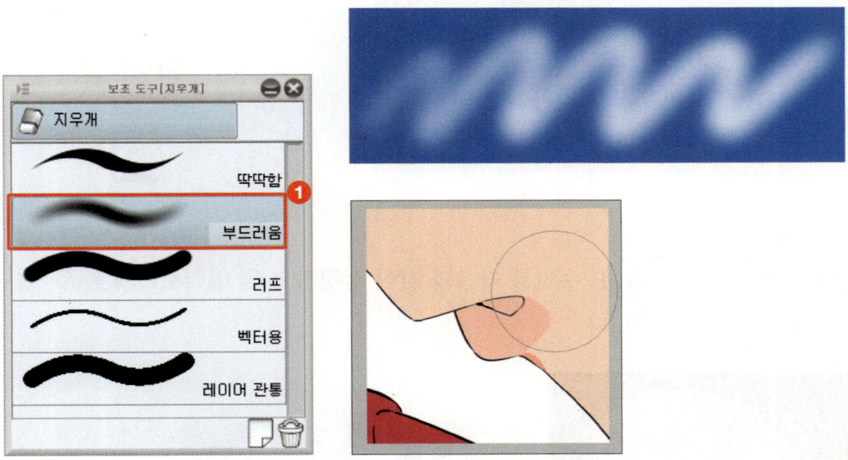

30 앞서 채색한 그림자의 색(피부묘사 배경 그림자 R:255 G:156 B:131)을 스포이트 도구 로 찍어 입술 밑 그림자를 표현합니다.

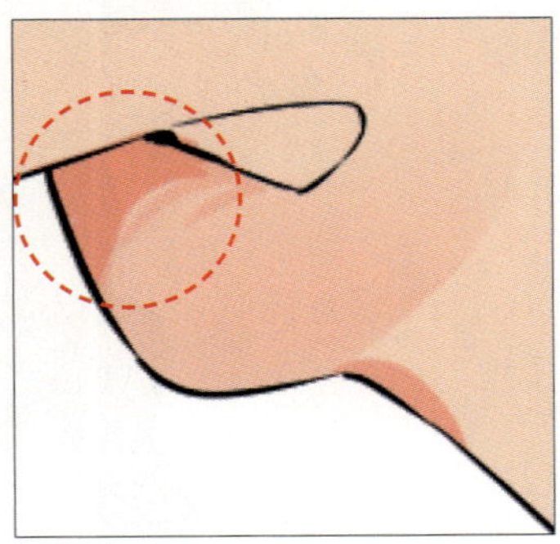

31 자연스러운 피부를 표현하기 위해 부드러운 느낌을 표현할 채색을 진행해보겠습니다. ❶ 신규 레이어를 만들고 '부드러운느낌'으로 이름을 바꾼 후 클리핑 마스크를 적용합니다. ❷ 그런 다음 에어브러시 도구 를 선택하고 보조 도구 팔레트에서 [부드러움]을 선택합니다.

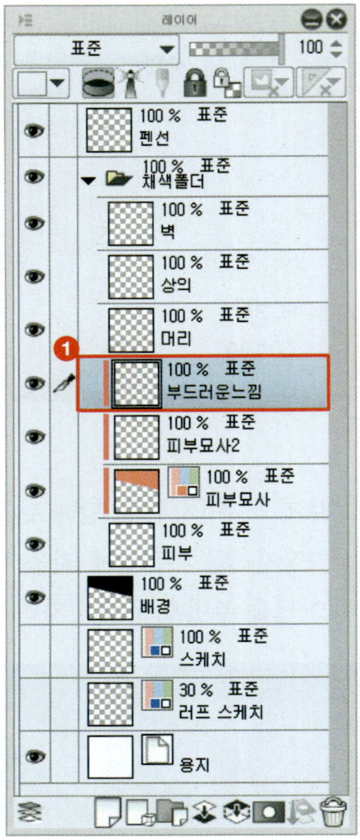

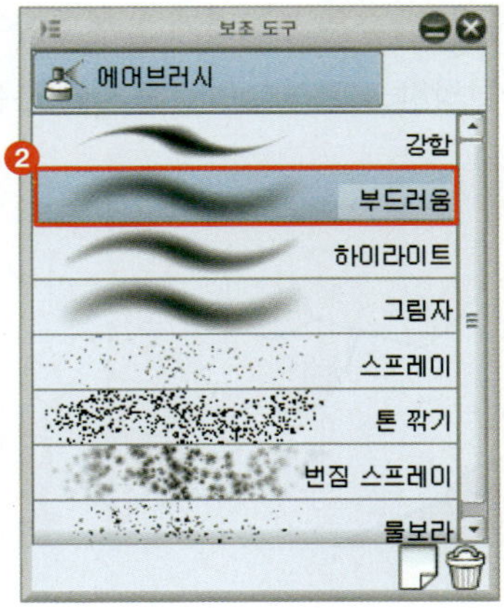

브러시 관련 도구의 단축키는 모두 B입니다. 따로 단축키 설정을 하지 않았다면 B를 몇 번 눌러야만 에어브러시가 활성화됩니다.

32 ❶ 컬러 슬라이더 팔레트에서 R, G, B 수치를 다음과 같이 설정하고 ❷ 에어브러시로 볼, 턱, 팔꿈치 부분을 살살 문지르듯이 칠해줍니다.

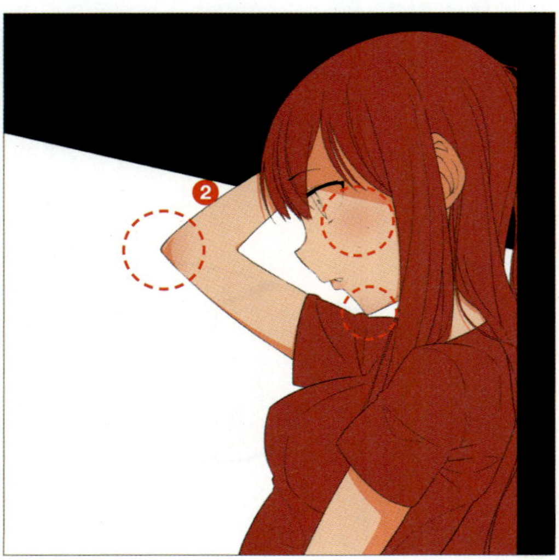

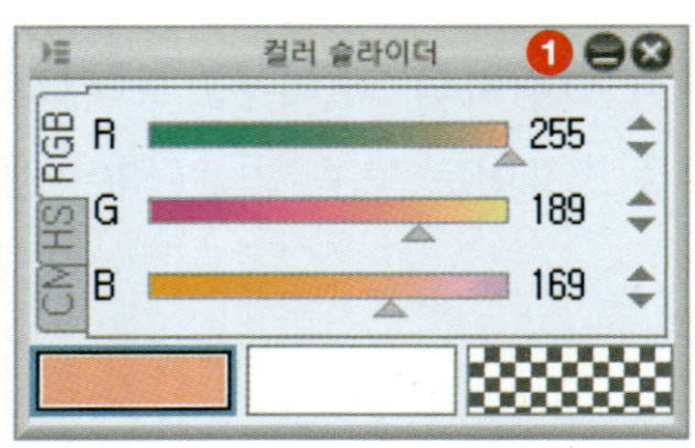

R | 255
G | 189
B | 169

33 '부드러운느낌' 레이어의 색이 더 밝기 때문에 아래에 있는 '피부묘사2' 레이어의 채색이 묻힙니다. 두 레이어 위치를 바꾸어 자연스러운 색감이 나타날 수 있도록 합니다.

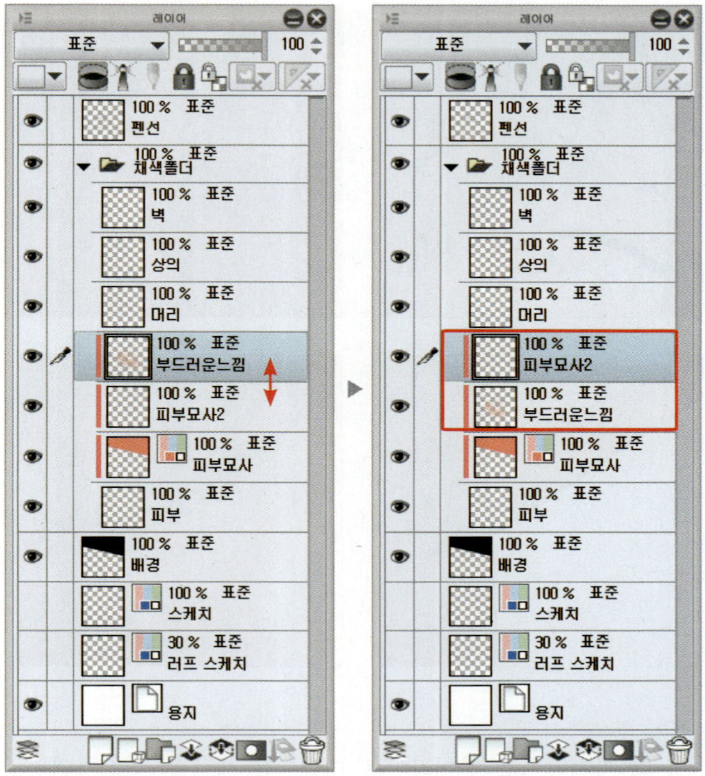

34 캐릭터의 사실감을 살리기 위해 디테일한 표현을 진행해보겠습니다. ❶ '세부묘사' 레이어를 만든 후 클리핑 마스크를 적용합니다. ❷ 다음과 같이 색을 설정하고 ❸ 그림자 안에서도 더 들어간 곳, 짙은 부분을 찾아서 꼼꼼히 묘사합니다.

R | 218
G | 118
B | 93

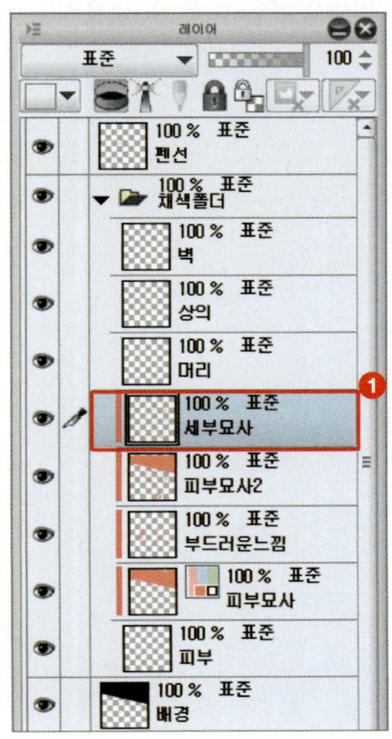

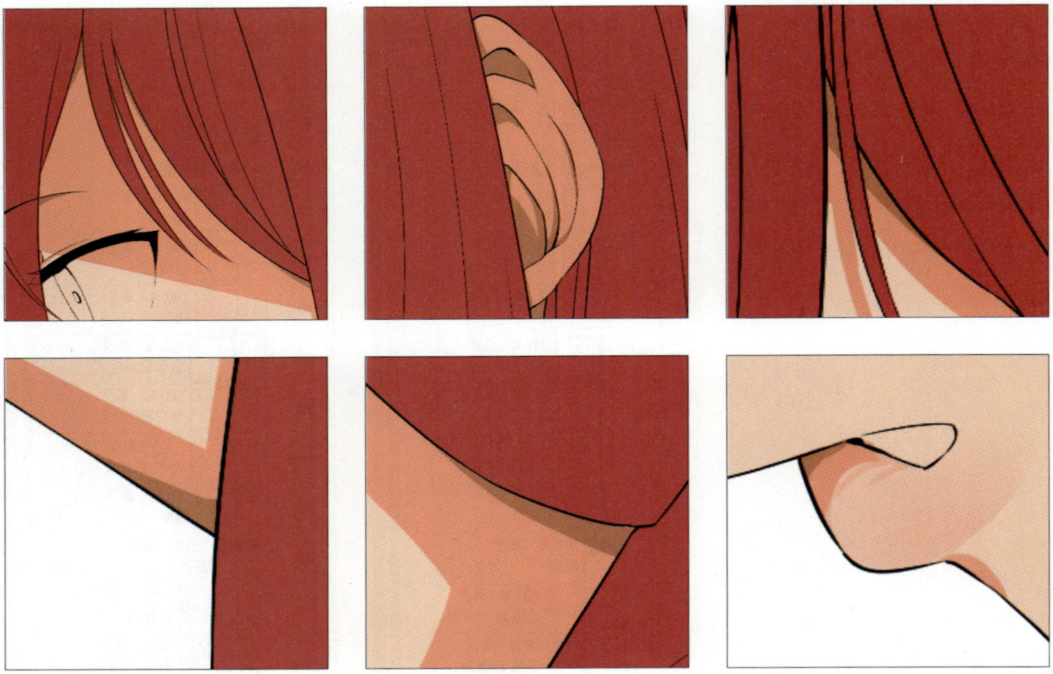

35 ❶ 마지막으로 '하이라이트' 레이어를 새로 만들고 클리핑 마스크를 적용합니다. ❷ 다음과 같이 색을 설정하고 ❸ 피부와 빛이 맞닿는 곳을 찾아 흰색으로 묘사해줍니다.

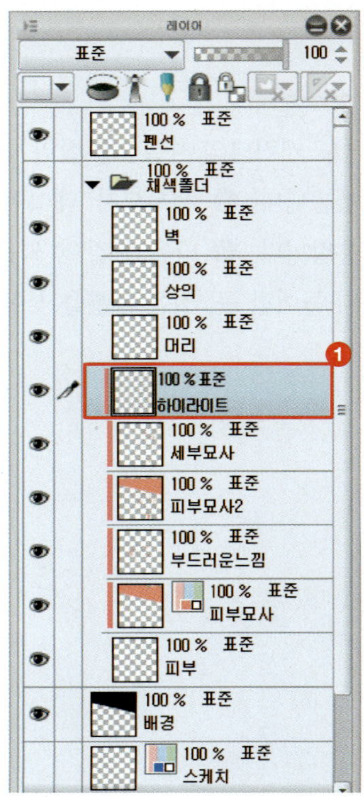

❷ R 255 G 255 B 255

잘 따라오고 있나요? 단계가 어렵다고 포기하지 마세요. 그림은 자연스러운 채색이 중요합니다. 부드러운 느낌을 줄 수 있도록 피부 표현에 신경 쓰세요!

STEP 08 눈 채색하기

36 ❶ '하이라이트' 레이어 위에 '눈' 레이어를 새로 만들고 ❷ 다음과 같이 색을 설정한 후 ❸ 펜 도구 를 이용해 눈을 칠합니다.

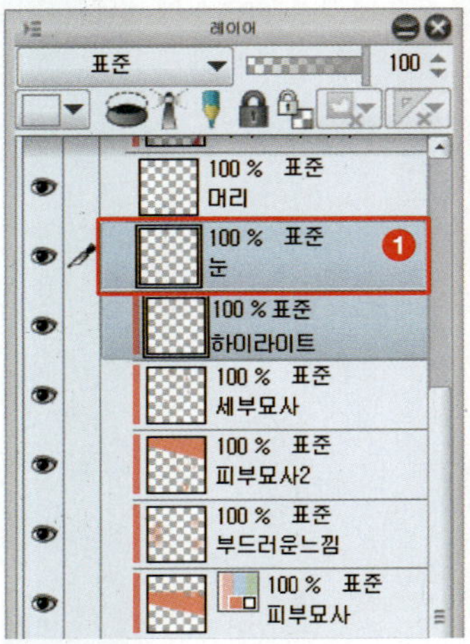

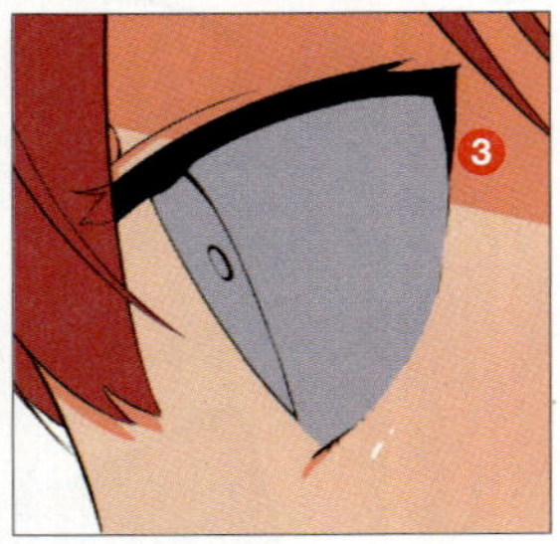

R | 255
G | 199
B | 178

레이어 섬네일 보기

레이어 섬네일 표시의 기본 설정은 [캔버스 전체 보기]입니다. 이 설정은 눈처럼 세부 묘사를 진행할 때 채색이 잘 되었는지 혹은 어느 부분에 채색했는지 레이어 섬네일을 통해 확인하기 어렵습니다. 따라서 세부 묘사를 진행할 때에는 레이어 섬네일 표시 설정을 [레이어 범위만 표시]로 바꾸어 진행합니다. 표시 설정을 바꿀 때는 레이어 섬네일을 마우스 오른쪽 버튼으로 클릭한 후 [섬네일 표시 설정] – [레이어 범위만 표시]를 클릭합니다.

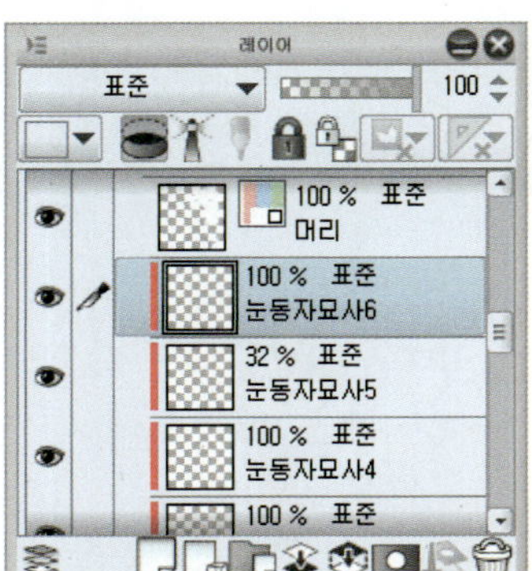

▲ 캔버스 전체 표시

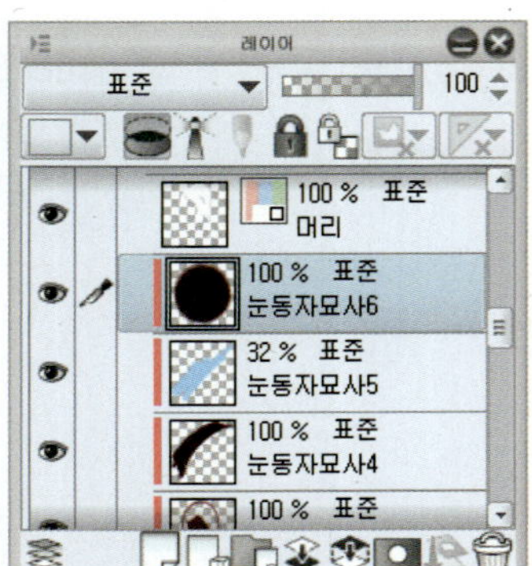

▲ 레이어 범위만 표시

▲ 레이어 섬네일 표시 설정 방법

37 눈을 자세히 묘사해보겠습니다. ❶ 새 레이어를 만들고 '눈묘사'로 이름을 바꾼 후 클리핑 마스크를 적용하여 ❷ 눈 흰자위를 칠합니다. ❸ 다음과 같이 색을 설정하고 자연스럽게 묘사합니다. 이때에는 붓 도구 를 사용하여 테두리를 부드럽게 처리하는 것이 좋습니다.

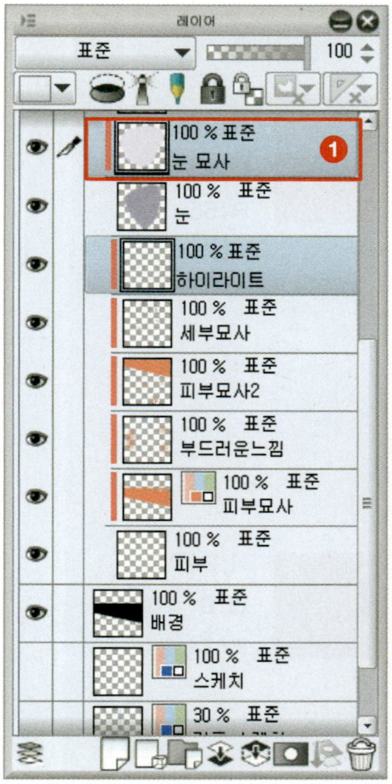

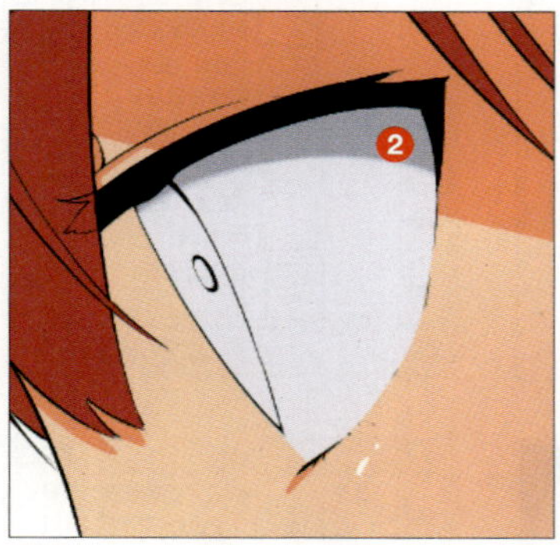

R | 245
G | 241
B | 255

38 이제부터 눈동자를 묘사해볼 텐데요. 항상 새 레이어를 만들고 레이어 이름을 알맞게 바꾼 후 제시하는 색으로 눈동자를 묘사합니다. 레이어 앞에 분홍색 선이 있는 레이어는 클리핑 마스크 처리한 것이니 잊지 말고 클리핑 마스크를 적용하세요.

R | 255
G | 98
B | 101

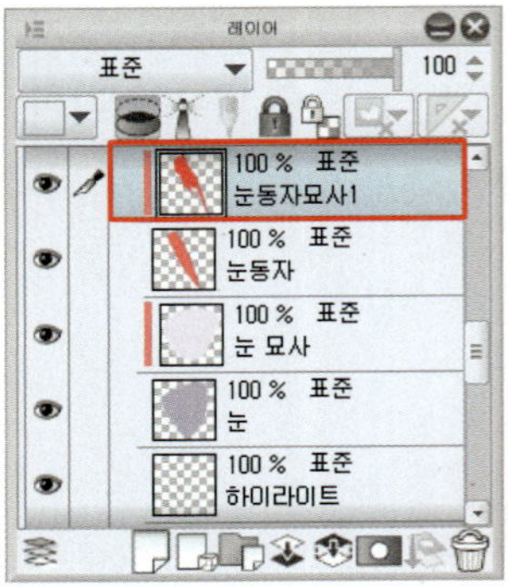

R | 255
G | 43
B | 55

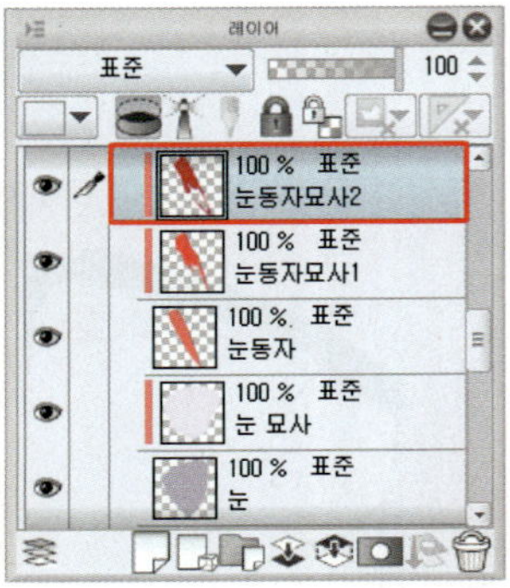

R | 217
G | 0
B | 34

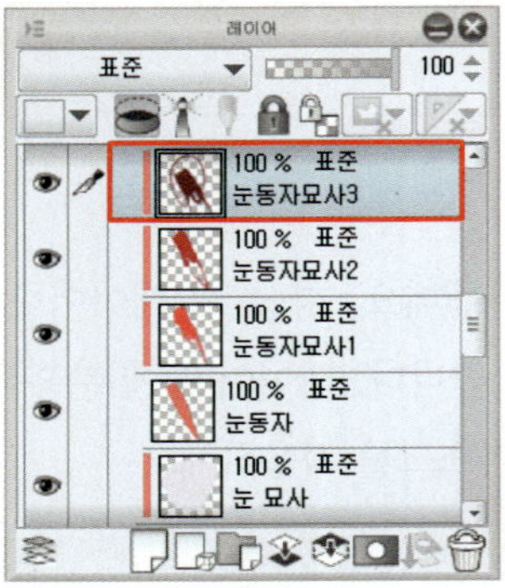

R | 137
G | 0
B | 21

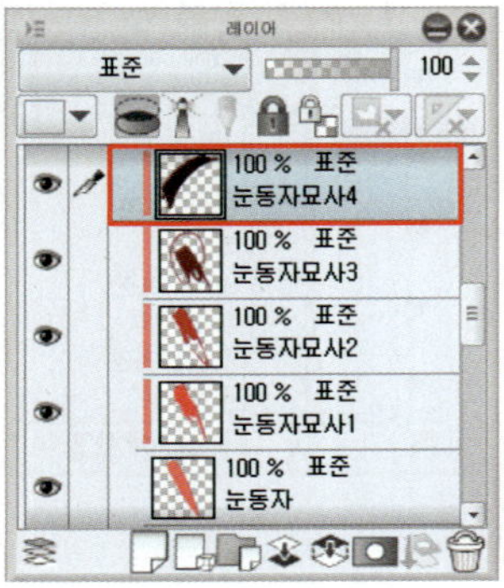

R | 90
G | 0
B | 6

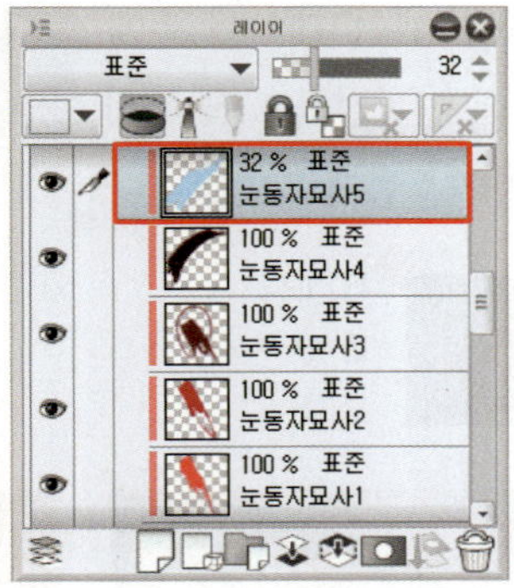

R | 177
G | 226
B | 255

TIP '눈동자묘사5' 레이어는 역광 효과를 표현하기 위해 불투명도를 32%로 설정하였습니다.

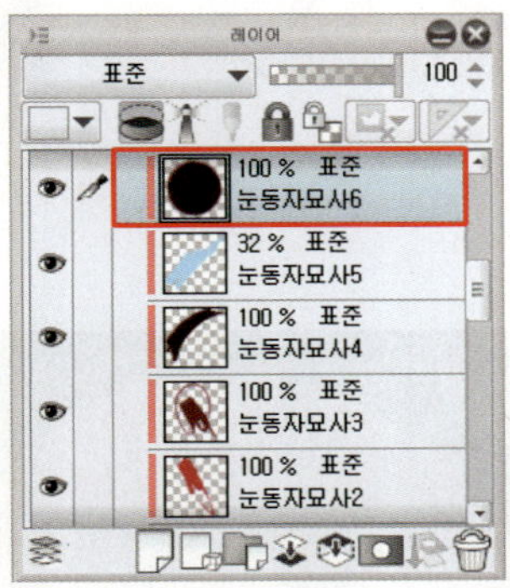

R | 90
G | 0
B | 6

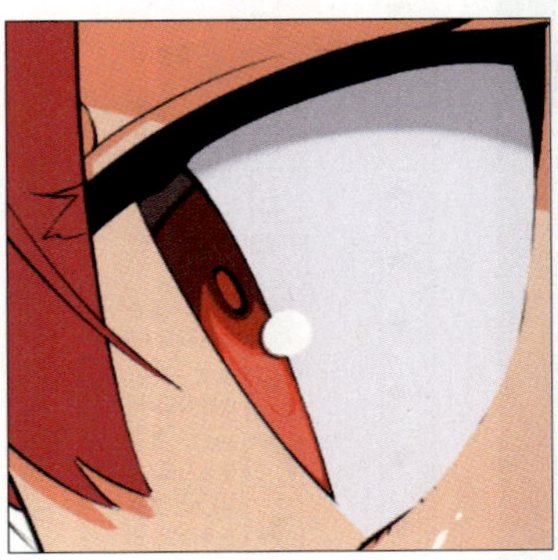

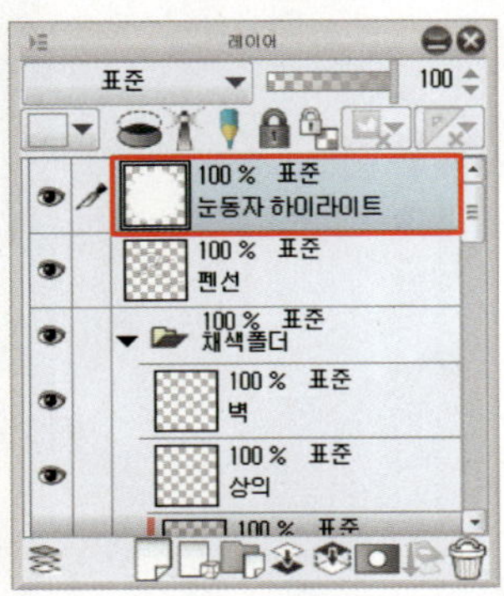

R | 255
G | 255
B | 255

'눈동자 하이라이트' 레이어는 펜 선 위에 덮어야 하므로 '펜선' 레이어 위로 옮깁니다.

39 속눈썹을 표현해보겠습니다. ❶ '펜선' 레이어 위에 '눈썹묘사' 레이어를 만들고 클리핑 마스크를 적용합니다. ❷ 다음과 같이 색을 설정하고 ❸ 눈썹 중앙을 칠합니다. ❹ 부드러운 지우개 도구를 이용해 가장자리를 지워 자연스럽게 표현합니다.

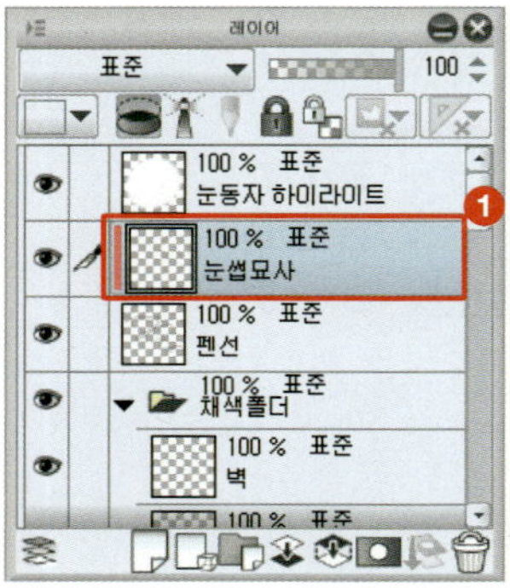

R | 123
G | 0
B | 3

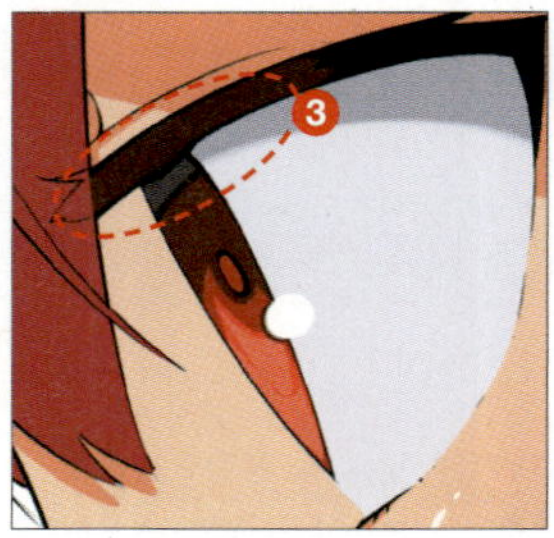

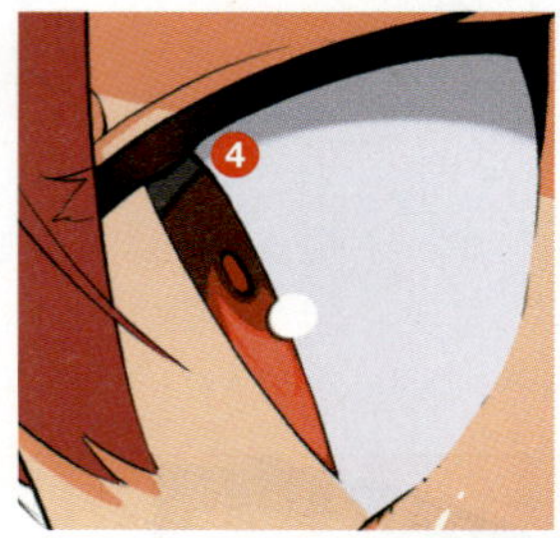

40 눈 채색을 마무리하였습니다.

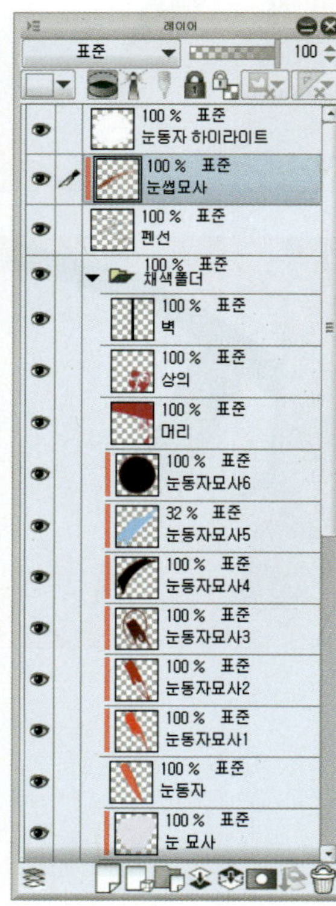

STEP 09 머리 채색하기

41 머리 채색을 좀 더 편하게 진행하기 위해 '머리' 레이어의 레이어 색을 흰색으로 바꿔줍니다.

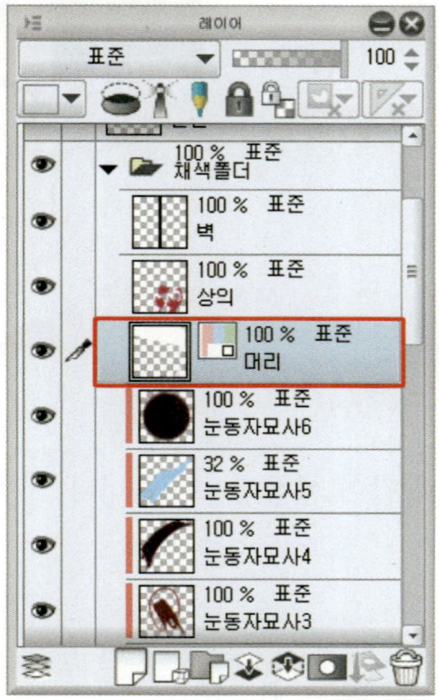

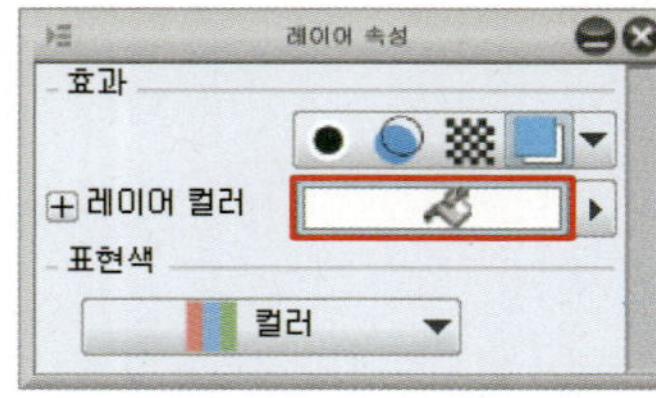

TIP 레이어 색은 레이어 속성 팔레트에서 설정합니다.

42 앞서 진행한 피부 채색 단계와 마찬가지로 ❶ '배경' 레이어를 복사한 후 클리핑 마스크를 적용합니다. ❷ Ctrl + T를 눌러 ❸ 피부에 적용한 그림자보다 약간 위로 옮깁니다.

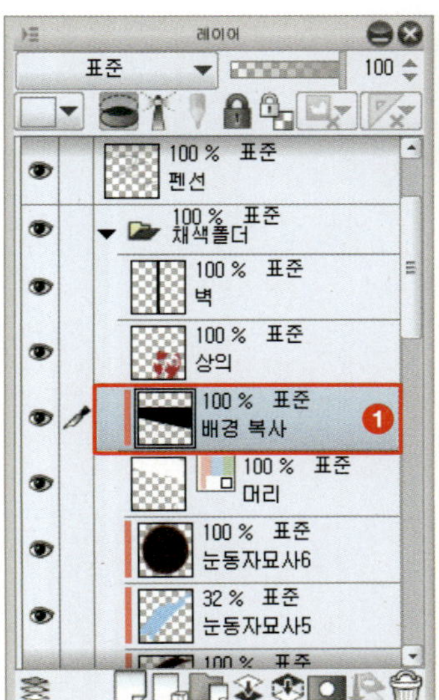

43 빈 곳은 배경색과 같은 색으로 채워줍니다.

44 '배경 복사' 레이어 색을 다음과 같이 설정해 바꿔줍니다.

45 ❶ 새 레이어를 만든 후 '머리 묘사'로 이름을 바꾸고 클리핑 마스크를 적용합니다. ❷ 다음과 같이 색을 설정하고 ❸ 그림자 아래에 있는 머리카락의 밝은 부분을 묘사합니다.

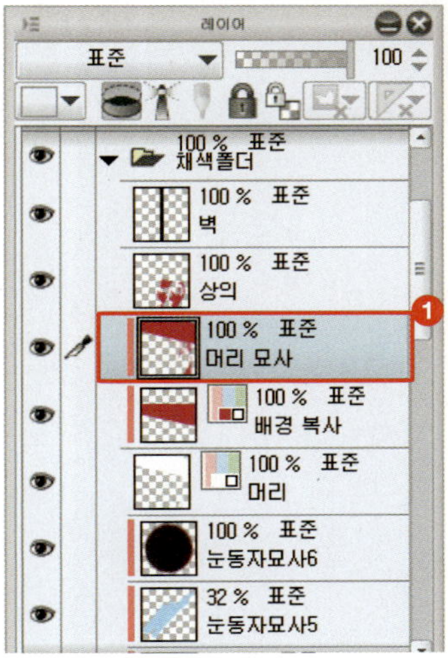

STEP 10 상의 채색하기

46 상의 채색 단계는 앞서 진행한 머리 채색과 같은 단계로 진행합니다. 먼저 '상의' 레이어의 레이어 색을 흰색(R:255 G:255 B:255)으로 바꿔줍니다.

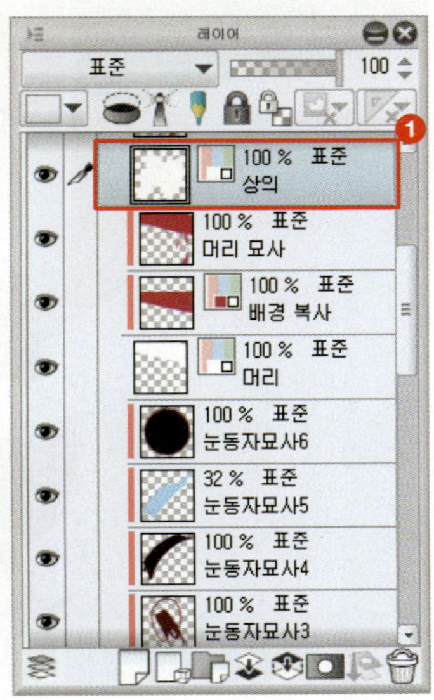

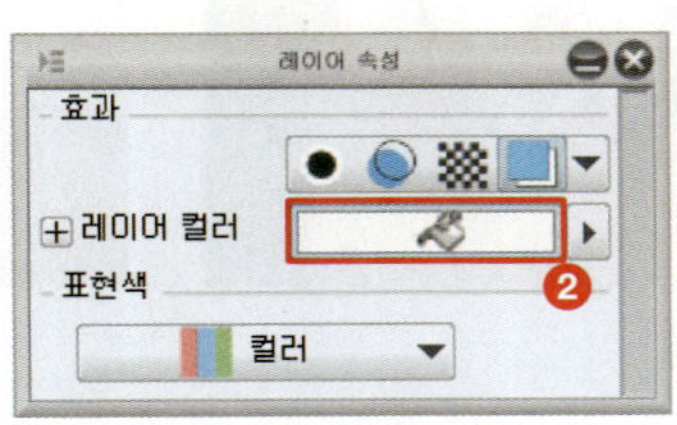

47 ❶ '상의' 레이어를 복사해 상의와 같은 색으로 레이어 색을 채운 후 레이어의 크기와 위치를 조정합니다. ❷ 그런 다음 클리핑 마스크를 적용하고 그림자 아래의 상의를 채색합니다. 여기서는 '상의 묘사' 로 이름을 바꾼 후 진행하였습니다.

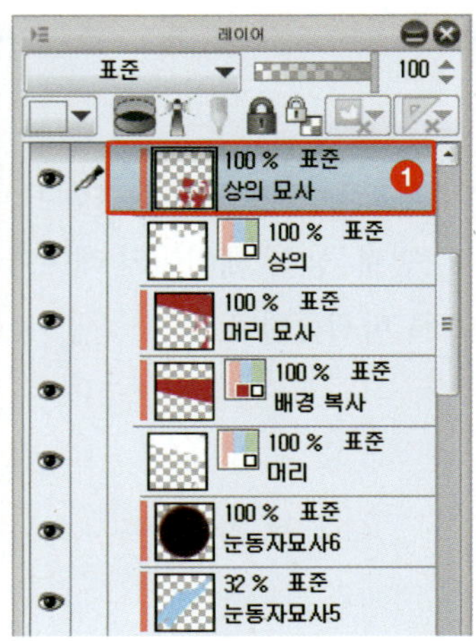

R | 216
G | 0
B | 69

디테일하게 상의 묘사하기

상의를 묘사할 때 단순히 그림자 부분만 표현한다면 매우 어색해집니다. 왜냐하면 그림자의 색이 같기 때문이죠. 이때에는 지우개 도구 를 선택한 후 지우개 크기를 작게 만들어 그림자가 끝나는 부분을 조금씩 지워줍니다. 그러면 상의를 좀 더 자연스럽게 표현할 수 있습니다.

STEP 11 벽과 치아 채색하기

48 ❶ '벽' 레이어 위에 '배경' 레이어를 복사한 후 붙여넣고 클리핑 마스크를 적용합니다. 레이어 이름은 '배경 복사 2'입니다. ❷ 다음과 같이 색을 설정하여 레이어 색을 바꿔줍니다. ❸ Ctrl + T 를 눌러 '배경 복사 2' 레이어를 벽과 머리카락과 맞닿는 지점으로 옮깁니다.

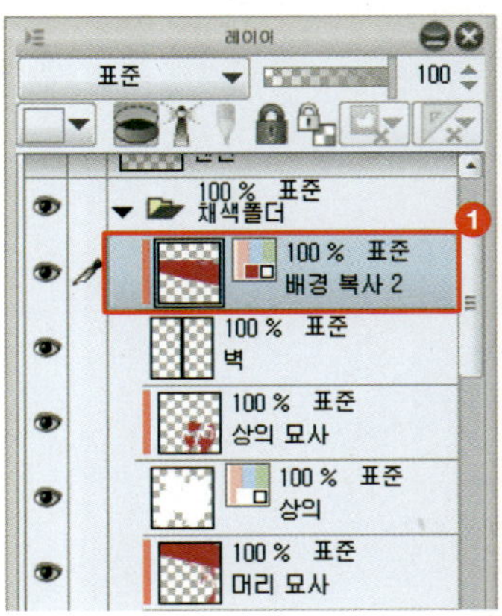

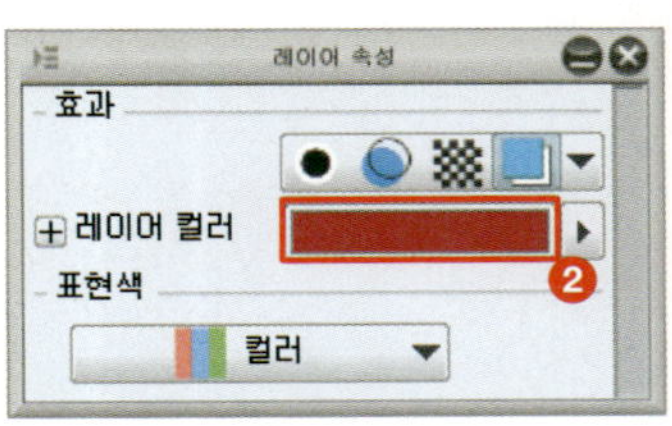

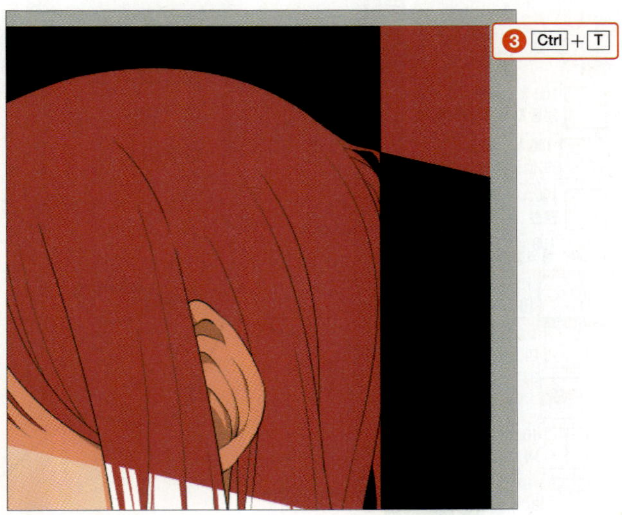

R 216
G 0
B 69

49 ❶ 새 레이어를 만든 후 이름을 '이'로 바꾸고 ❷ 다음과 같이 색을 설정합니다. ❸ 그런 다음 치아를 채색합니다.

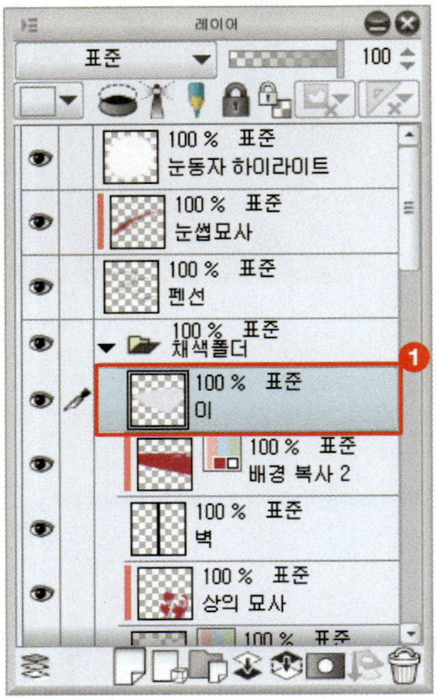

❷ R | 245
G | 241
B | 255

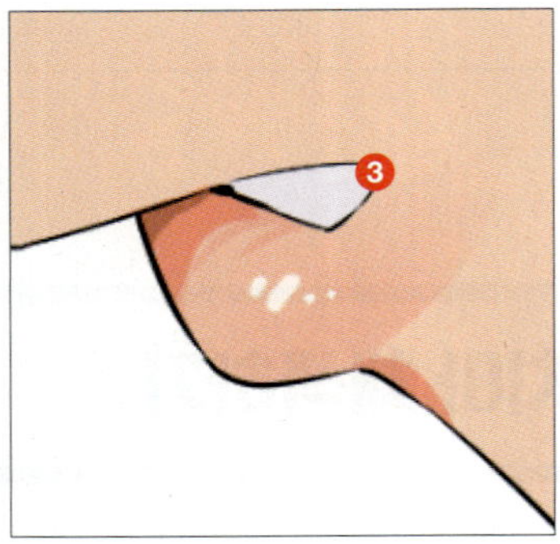

50 ❶ 새 레이어를 만든 후 이름을 '이 묘사'로 바꾸고 클리핑 마스크를 적용합니다. ❷ 다음과 같이 색을 설정하고 ❸ 치아를 자연스럽게 묘사하여 완성합니다.

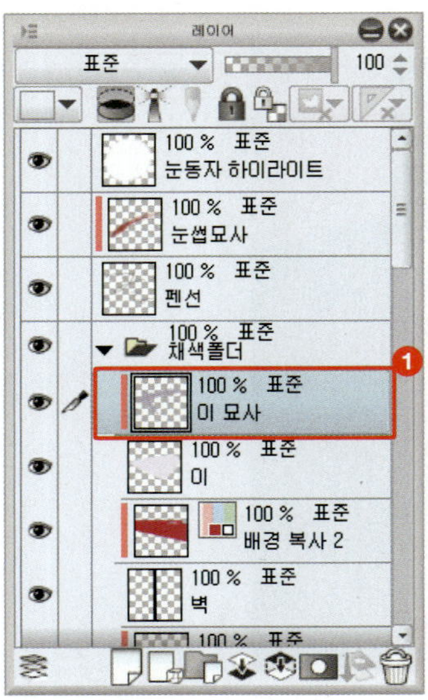

❷ R | 196
G | 190
B | 210

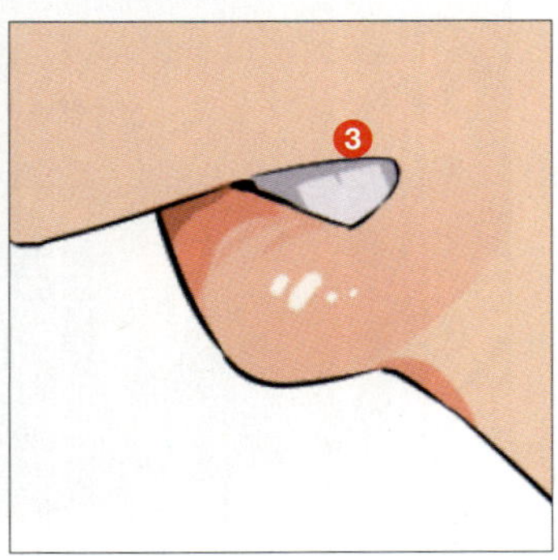

배운 기능을 활용한 4컷 만화

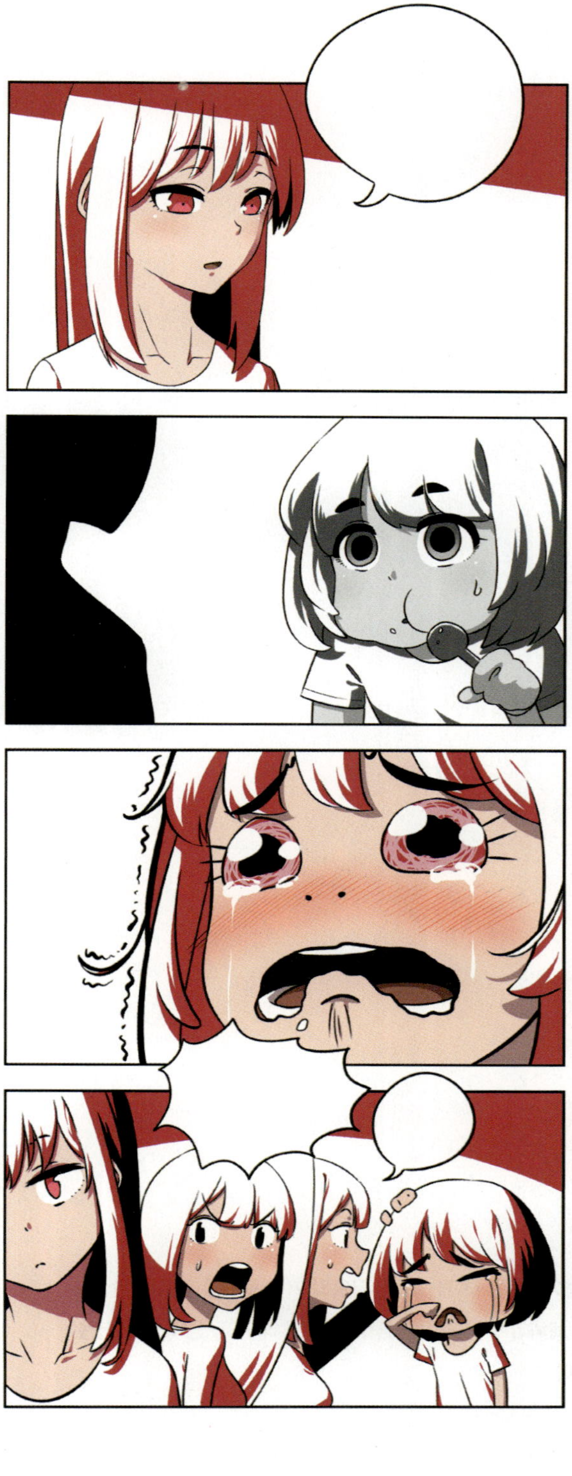

만화를 그릴 때 화려하고 다양한 색을 써야 한다는 편견을 버리세요. 간단하게 투톤만 활용하여도 완성도 있는 만화를 그릴 수 있습니다.

CHAPTER

03

우주를 비행하는 세 명의 미소녀

이번에는 CHAPTER 02에서 배운 내용을 복습하면서 한 번 더 클립 스튜디오의 기본 도구를 이용해 완성도 있는 미소녀 캐릭터를 그려보겠습니다. 단순한 기본 채색이 아닌 레이어 불투명도, 톤 레이어, 선택 영역 활용을 통해 채색의 다양한 응용 방법까지 알아보겠습니다.

STEP 01

스케치하기

미소녀 밑그림 그리기

미소녀를 그릴 공간을 만들고 아주 러프하게 밑그림을 그립니다. 디테일한 부분보다는 전체적인 느낌과 균형을 생각하며 스케치합니다.

STEP 02

펜 선 작업하기

펜 도구로 펜 선 그리기

굵기가 일정한 스푼펜을 이용해 펜 선 작업을 진행합니다. 캐릭터별로 폴더를 만들어 작업하되, 가장 앞에 보이는 캐릭터 폴더가 가장 상위에 오도록 배치합니다.

STEP 03

밑색 작업하기

미소녀 캐릭터에 알맞은 다양한 색으로 밑색 칠하기

펜 선 작업까지 마친 후 각 캐릭터에 알맞은 색을 이용해 밑색을 칠합니다. 디테일한 채색 작업 전이므로 캐릭터의 성향과 특색을 살릴 수 있는 색을 사용합니다.

STEP 04

빨간 머리 미소녀 채색하기

선택 영역 활용하여 채색하고 완성하기

발랄한 느낌의 빨간 머리 미소녀를 채색합니다. CHAPTER 02에서 배운 기능을 활용하며 채색합니다. 덧붙여 선택 영역을 지정하여 채색하는 방법을 이용해 쉽고 빠르게 채색 스킬을 끌어올립니다.

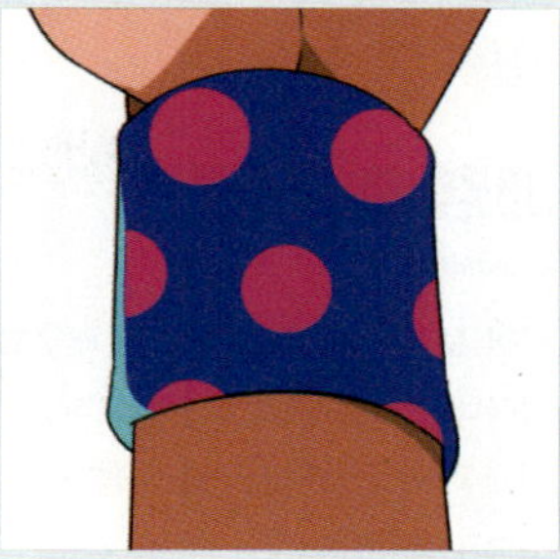

STEP 05

노란 머리 미소녀 채색하기

톤 레이어 패턴 활용하여 채색하고 완성하기

피부를 자연스럽게 표현하고 미소녀의 상의와 하의는 톤 레이어 기능과 패턴을 활용해 멋스럽게 꾸밉니다. STEP 04에서 배운 선택 영역을 활용하여 완성도 높은 미소녀로 채색합니다.

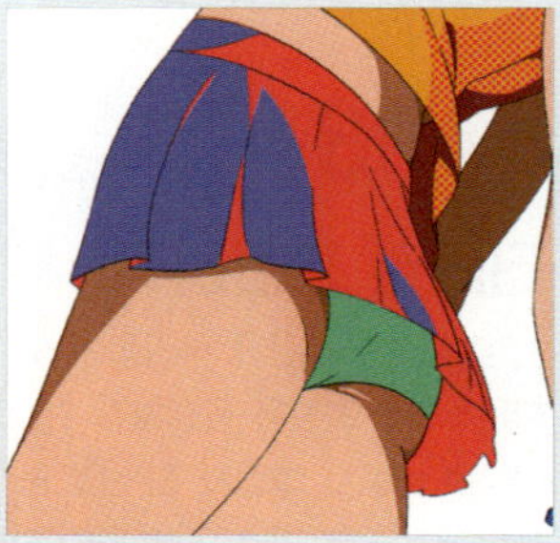

STEP 06

보라 머리 미소녀 채색하기

클리핑 마스크 활용하여 채색하고 완성하기

클리핑 마스크 기능과 다양한 채색 효과를 이용해 보라 머리 미소녀를 채색합니다. 옷 그림자와 긴 머리의 표현에 신경 쓰며 채색합니다.

STEP 07

배경 채색하기

배경 채우고 별 그리기

비어 보이는 배경을 색으로 채우고 우주를 떠다니는 미소녀와 어울릴 별을 그립니다. 이때 레이어 불투명도를 이용해 좀 더 자연스럽게 표현합니다.

STEP 08

디테일 표현하기

완성도를 높이고 마무리하기

자연스러운 그림을 완성하기 위해 잔머리, 빛나는 눈동자, 그림자 진 신발 끈 등을 표현합니다. 작은 것 하나하나가 모여 완성도 있는 그림을 만듭니다.

자주 활용하는 미소녀 포즈

본격적인 그림 작업에 들어가기 전에 캐릭터의 다양한 포즈에 대한 연구가 필요합니다. 아래의 예시들을 참고하여 포즈를 연구하고 자신감이 붙을 때까지 따라 그려보세요. 꼭 클립 스튜디오의 캔버스가 아니어도 좋습니다. 노트나 스마트폰을 이용하여 자주 스케치하는 습관을 들이세요.

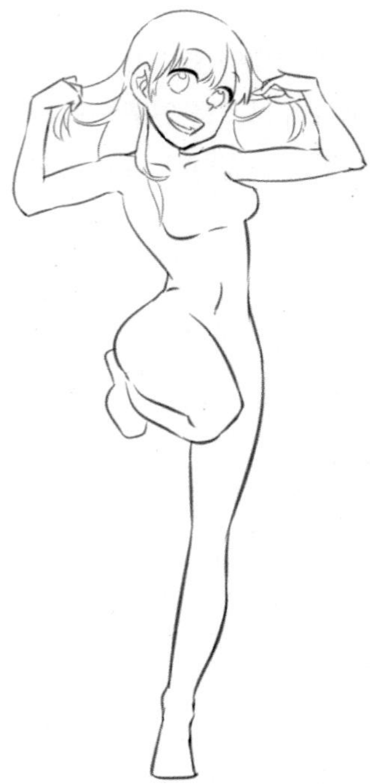

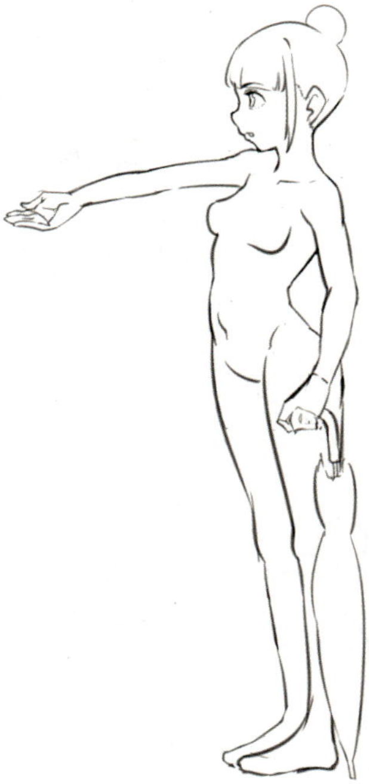

STEP 01 스케치하기

예제 소스 _ 세 명의 미소녀 밑그림.clip

01 캔버스 사이즈를 폭 364mm, 높이 500mm로 설정한 후 캐릭터들의 위치 및 동세를 단순하게 표현해 스케치합니다. 지금 단계에서는 캐릭터의 구체적인 표정이나 복장 등 사소한 것에는 신경 쓰지 않는 게 좋습니다.

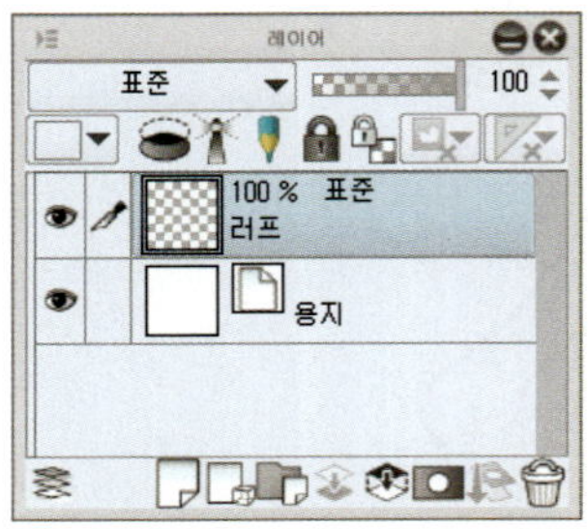

TIP 왕초보를 위한 팁!

캔버스를 만든 후 용지 레이어에 바로 그림을 그리면 안 됩니다. 반드시 새 레이어에 연필 도구로 간단히 그립니다. 여기서는 새 레이어 이름을 '러프'로 바꿔주었습니다. 캐릭터의 위치와 포즈만 잡아준다는 느낌으로 표현합니다.

02 ❶ 레이어 컬러를 클릭해 레이어 색을 변경하고 ❷ 레이어 불투명도를 30%로 낮춰줍니다.

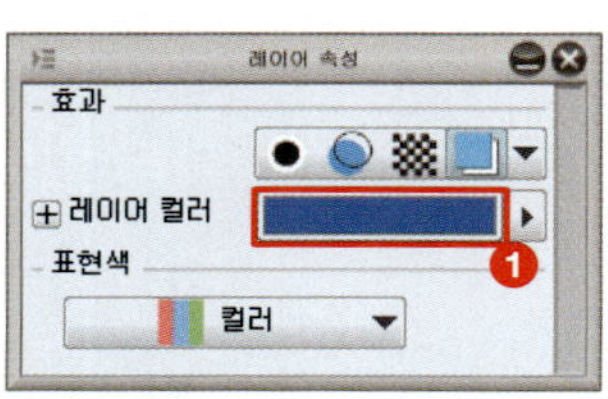

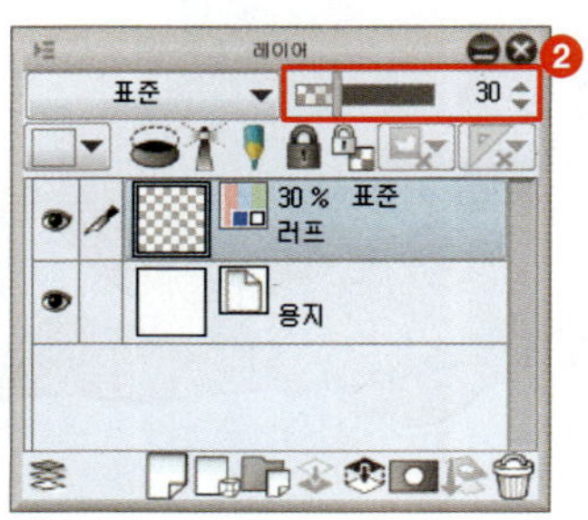

03 ❶ 새 레이어를 만들어 '러프스케치'로 이름을 바꾸고 ❷ 연필 도구 를 이용해 앞서 그린 캐릭터의 동세를 다듬습니다. 아직 의상이나 얼굴, 머리카락 등 세부적인 것은 신경 쓰지 마세요.

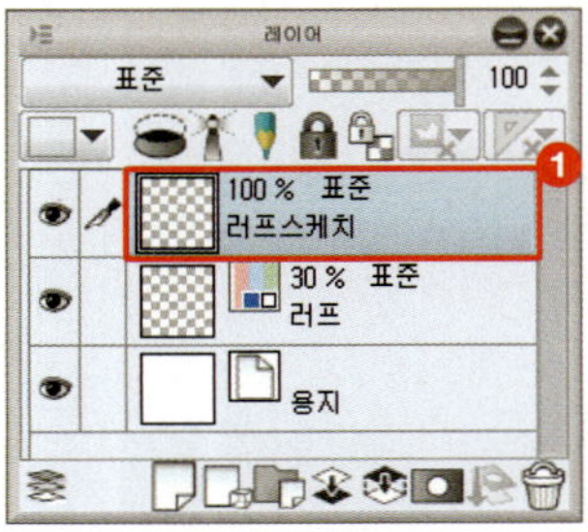

04 ❶ 02 단계와 마찬가지로 레이어 색을 변경하고 ❷ 레이어 불투명도를 50%로 낮춥니다. ❸ 이제 '러프' 레이어는 필요 없으므로 눈을 꺼줍니다.

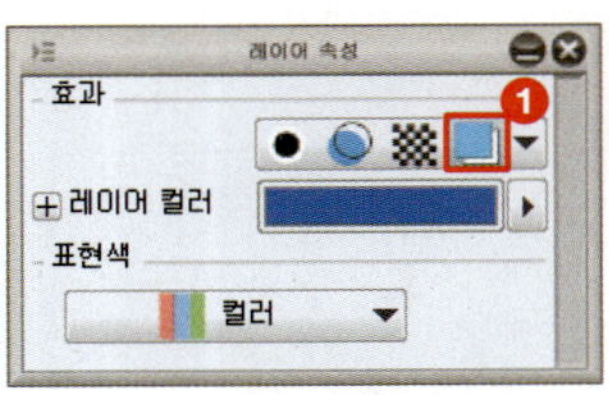

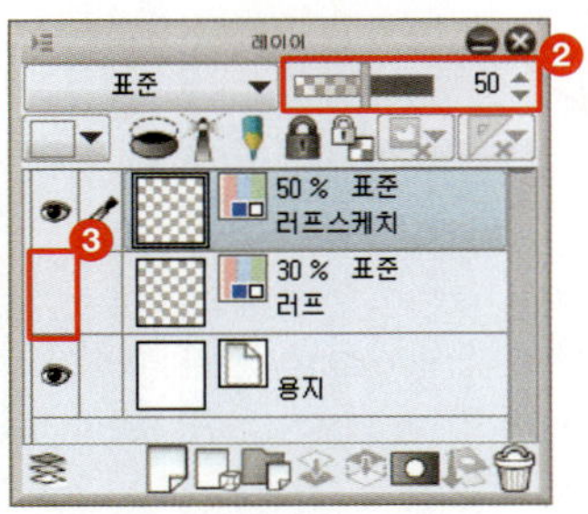

> **TIP** 러프 단계에서 너무 세세한 것(옷, 액세서리, 머리카락 한 올 등)에 신경을 쓰면 그림 그리는 시간이 길어집니다. 그뿐만 아니라 러프 단계에서는 수정이 빈번히 일어나기 때문에 열심히 그려놓은 부분을 다시 그려야 하는 경우도 생깁니다. 따라서 세부 묘사는 포즈와 인체 등 큰 덩어리들이 정확하게 자리를 잡은 후에 열심히 그리도록 하고, 러프 단계에서는 전체적인 틀을 생각하고 그리도록 합니다.

05 ❶ '스케치' 레이어를 새로 만들고 ❷ 그림을 좀 더 디테일하게 표현합니다. 지금이 러프 스케치의 마지막 단계이기 때문에 수정할 곳이 없다고 생각될 때까지 고칩니다.

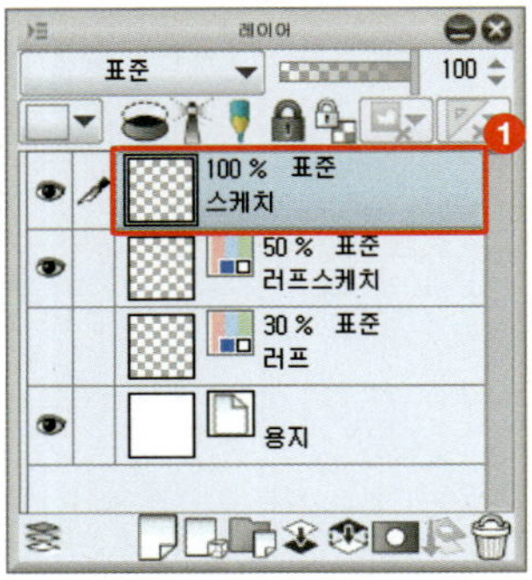

06 머리카락을 그릴 때는 아래와 같이 큰 움직임을 먼저 잡아주고 거기에 맞춰 잔 머리카락을 묘사해야 합니다.

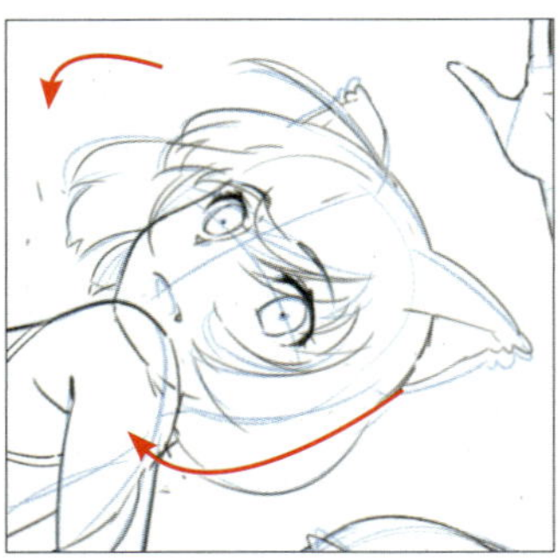

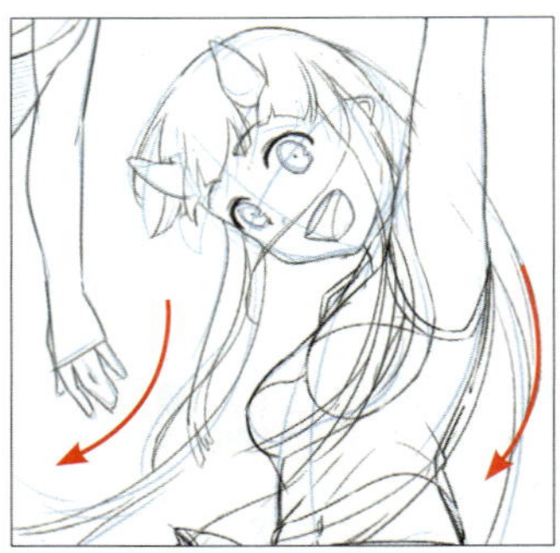

TIP 캐릭터의 큰 움직임을 정해놓지 않고 무작정 잔 머리카락만 그리면 통일감이 없어 산만한 느낌이 납니다. 이런 느낌은 졸린 캐릭터의 뻗친 머리를 표현하거나 황당한 상황 등을 표현할 때 효과적입니다.

치마 그리는 노하우

여성 캐릭터의 치마를 그릴 때 아무런 생각도 없이 갑자기 그리려고 하면 치마가 뭔가 어색하고 엉성해집니다. 치마를 제대로 그리려면 먼저 치마 결의 생김새를 정하고 치마의 동세를 대략적으로 그린 뒤 결을 입혀주는 순서로 그리는 것이 좋습니다.

① 치마의 대략적인 형태를 골반 위에 얹습니다. 마치 얇은 천을 두른다는 느낌으로 표현합니다.

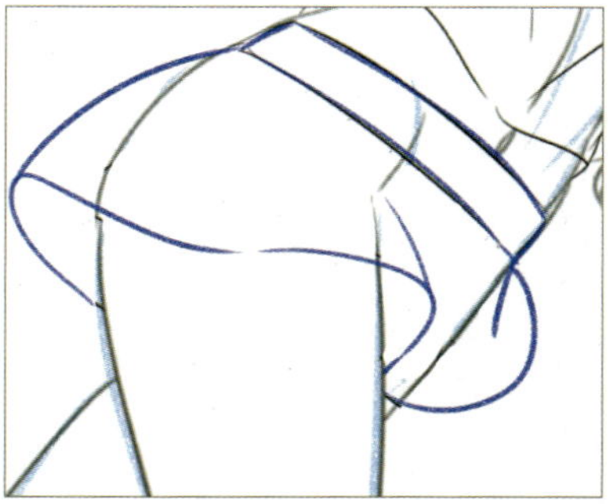

② 치마 밑단의 라인에 맞춰 치마의 결을 그립니다.

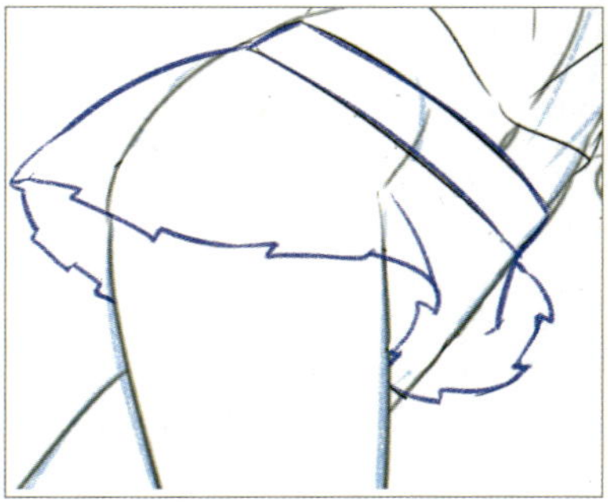

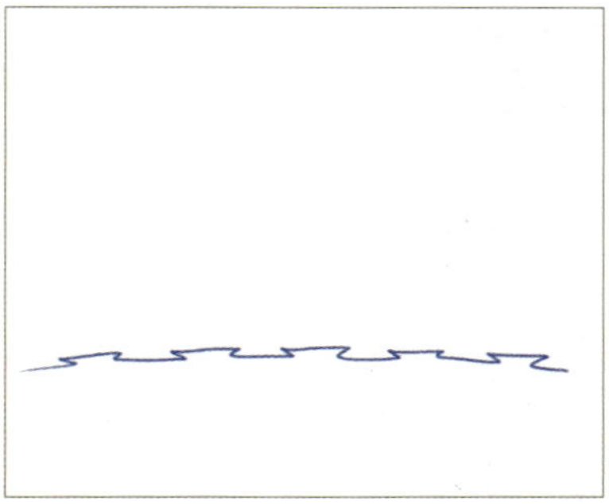

③ 치마 결을 그리고 그에 맞는 주름을 그려 완성합니다.

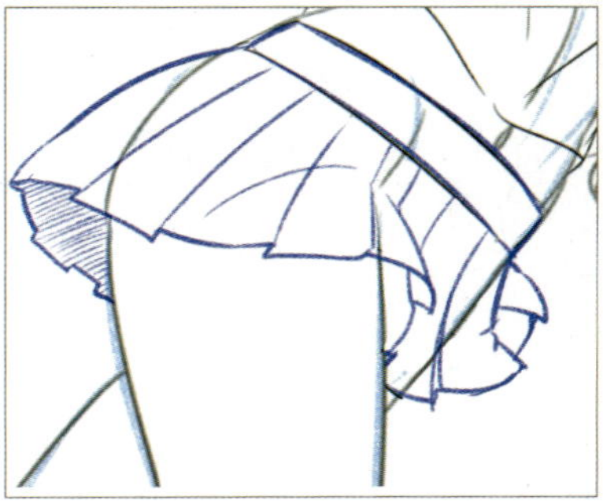

07 얼굴에 포함된 뿔이나 귀 같은 요소는 균형을 맞추기 어렵습니다. 이때에는 새 레이어를 만들고 직선 도구 를 이용하여 눈의 기울기와 비교해가며 그리는 방법이 효과적입니다. 좌우대칭 기능을 계속 사용하여 어색함이 느껴지지 않을 때까지 계속 수정하도록 합니다.

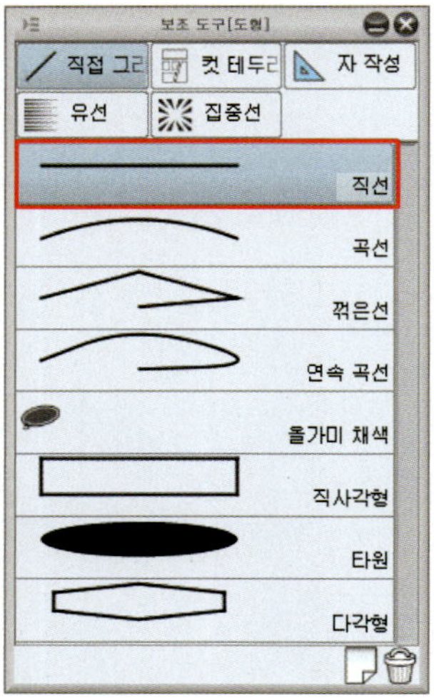

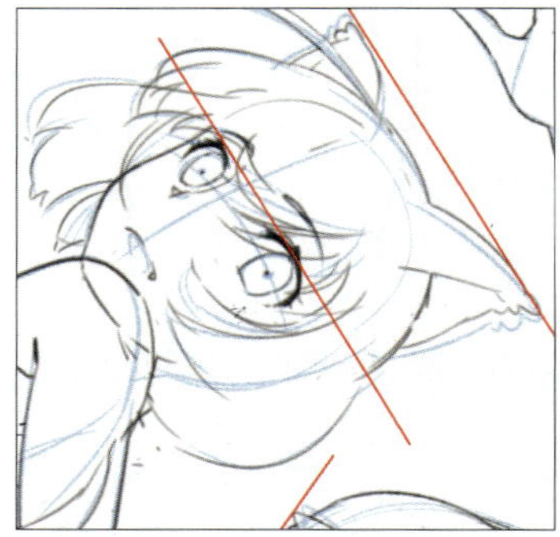

TIP 좌우대칭 기능은 [표시] - [회전/반전] - [좌우반전] 메뉴를 활용합니다.

08 스케치가 모두 마무리되었으면 ❶ '러프스케치' 레이어의 눈을 끄고 ❷ '스케치' 레이어를 클릭합니다. ❸ 레이어 속성 팔레트에서 레이어 색을 바꾸고 ❹ 레이어 불투명도를 30%로 낮추어 러프 스케치 단계를 마무리합니다.

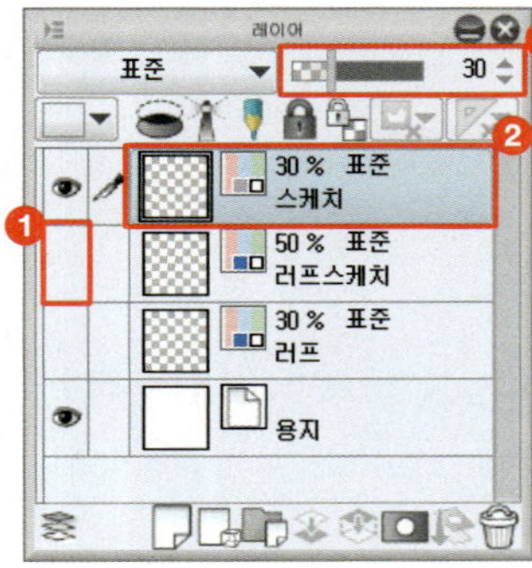

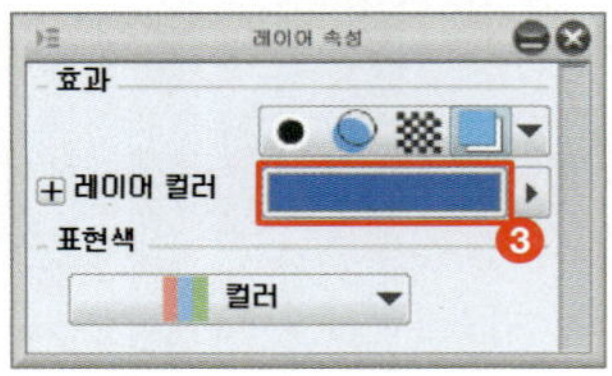

STEP 02 펜 선 작업하기

09 펜 선을 그리기 전에 캐릭터별로 폴더를 따로 만듭니다. ❶ 캐릭터 1, 2, 3으로 폴더를 만든 다음 ❷ 펜 도구 를 선택하고 보조 도구 [펜] 팔레트에서 굵기가 일정한 [스푼펜]을 선택합니다.

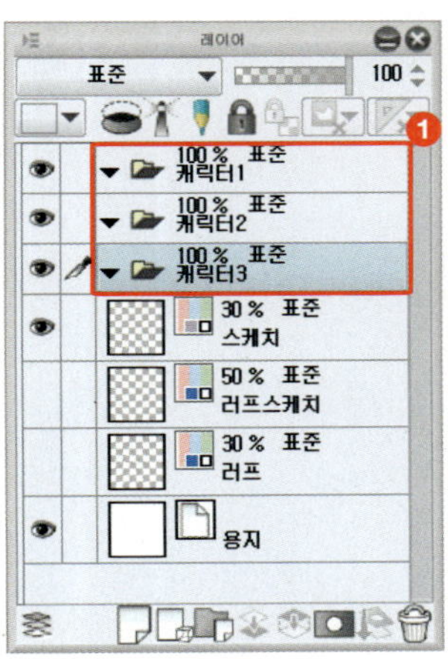

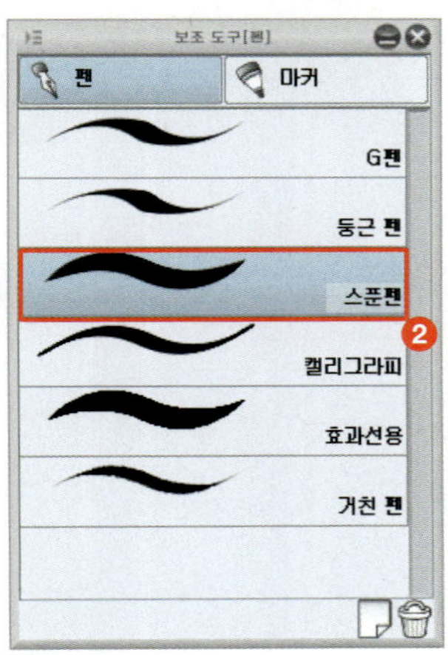

> **TIP** 그림을 그리다 보면 시시때때로 캐릭터의 위치나 모양, 동세 등을 수정해야 하는 경우가 생깁니다. 따라서 캐릭터별로 폴더를 만들어 작업하는 것이 좋습니다. 특히 이때에는 아래에 있는 폴더가 위에 있는 폴더에 가려지므로 그림에서 가장 앞에 보이는 캐릭터 폴더를 가장 상위에 배치하도록 합니다.

10 ❶ '캐릭터1' 폴더 하위에 '펜선' 레이어를 만들고 ❷ 스푼펜으로 작업을 시작합니다. 브러시 크기는 4가 적당합니다.

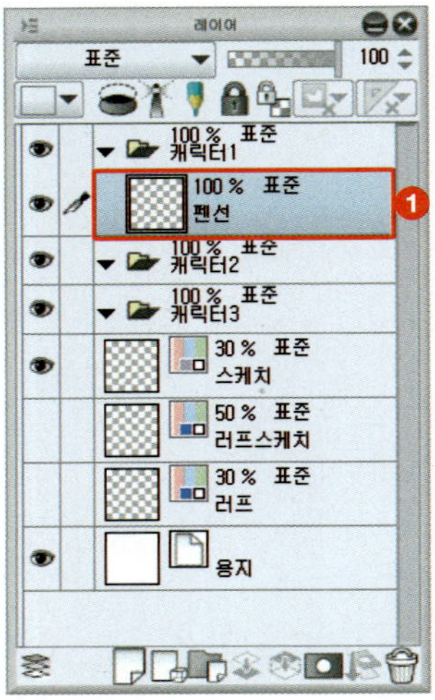

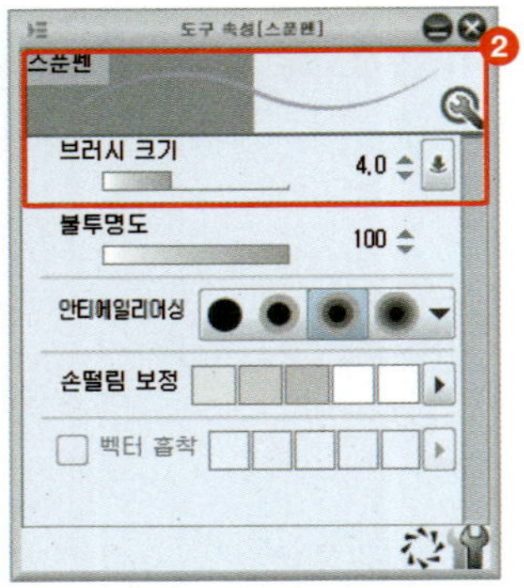

TIP 도구 속성 [스푼펜] 팔레트의 옵션을 참고하되, 본인이 원하는 속성으로 설정하여도 무방합니다.

11 캐릭터의 머리카락은 신경 써서 세세하게 묘사합니다.

12 신발 끈은 채색이 끝난 후 위에 덧그려줄 예정이므로 끈 아랫부분까지만 그립니다.

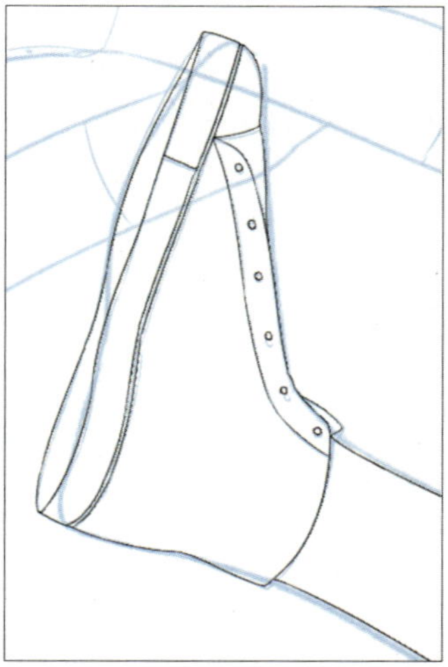

▲ 펜 선 작업 후 신발

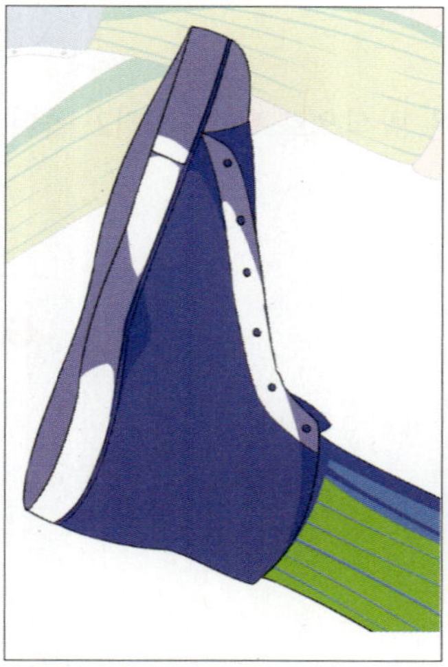

▲ 밑색 작업 후 신발

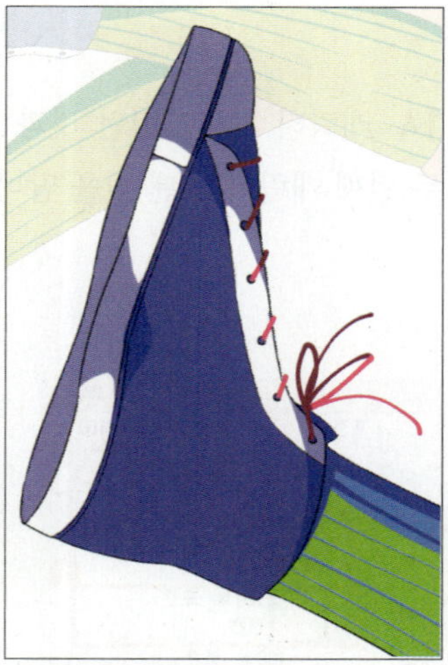

▲ 채색 작업 후 신발과 끈

13 캐릭터 1의 펜 선 작업이 마무리되었다면 다른 캐릭터를 그릴 때 거추장스러울 수 있으니 '캐릭터1' 폴더의 눈을 꺼둡니다. 그러면 '스케치' 레이어에서 작업한 선만 보입니다.

14 캐릭터 1을 그렸던 것과 같은 방식으로 ❶ '캐릭터2' 폴더 하위에 '펜선' 레이어를 만들고 ❷ 두 번째 캐릭터의 펜 선을 땁니다.

15 팔찌 같은 액세서리를 그릴 때는 손목에 걸쳐지는 원을 먼저 그린 다음, 그 위에 걸쳐질 액세서리의 정확한 모습을 상상하며 그립니다.

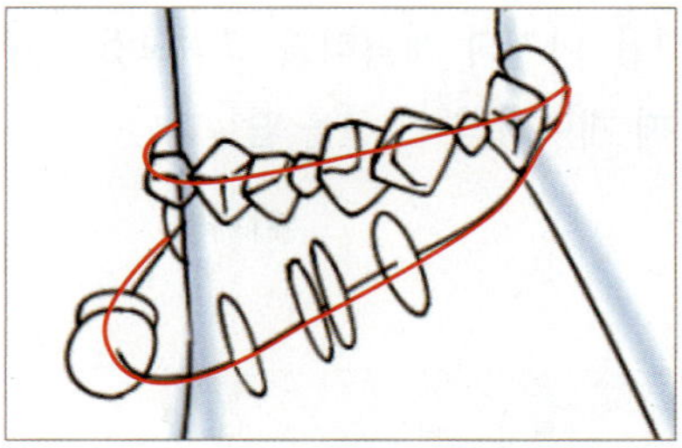

16 양말과 종아리가 닿는 부분은 굴곡을 그려 살이 눌린 느낌을 표현합니다. 좀 더 생생한 모습을 묘사할 수 있습니다.

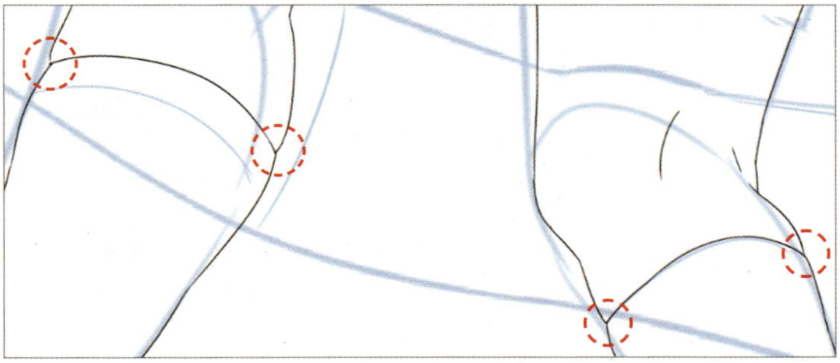

17 캐릭터2의 펜 선을 완성했다면, 캐릭터 1과 마찬가지로 '캐릭터2' 폴더의 눈을 꺼 펜 선이 안 보이도록 합니다.

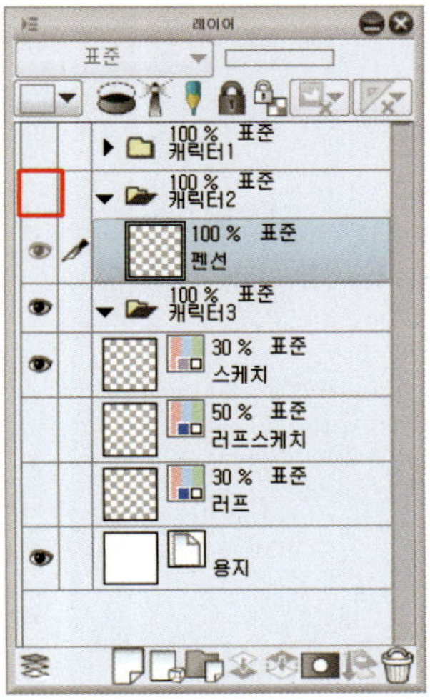

18 마지막 캐릭터를 그려보겠습니다. ❶ '캐릭터3' 폴더 하위에 '펜선' 레이어를 만들고 ❷ 세 번째 캐릭터의 펜 선을 땁니다.

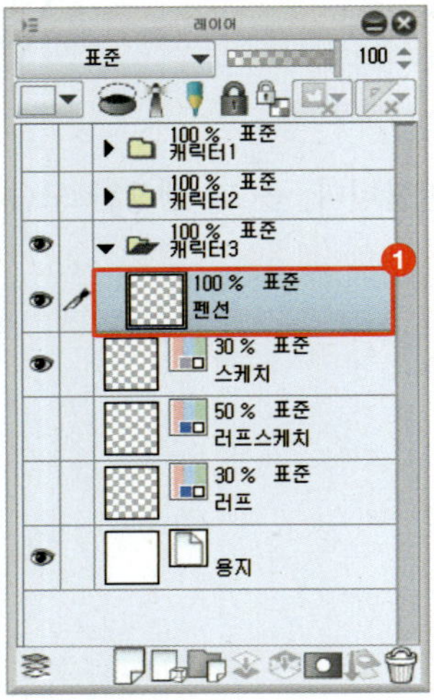

19 ❶ 채색하기 전에 '스케치' 레이어의 눈을 끄고 ❷ 캐릭터 폴더의 눈은 켭니다. ❸ 완성된 펜 선을 확인합니다. 이제 펜 선 작업이 모두 마무리되었습니다.

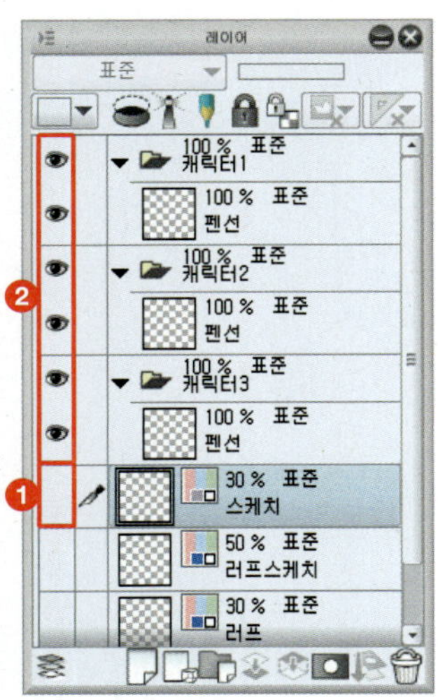

STEP 03 밑색 작업하기

20 캐릭터 1의 밑색을 칠하겠습니다. '캐릭터1' 폴더를 제외한 나머지 폴더의 눈을 끕니다.

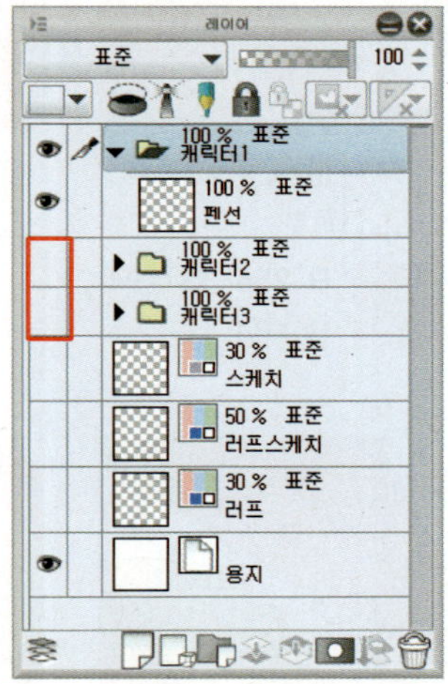

21 '펜선' 레이어 아래에 채색용 레이어들을 만들어 알맞은 이름으로 바꿔줍니다. 다음 페이지에서 알려주는 채색표와 똑같은 색으로 채색합니다. 채색할 때에는 채우기 도구 를 이용하세요.

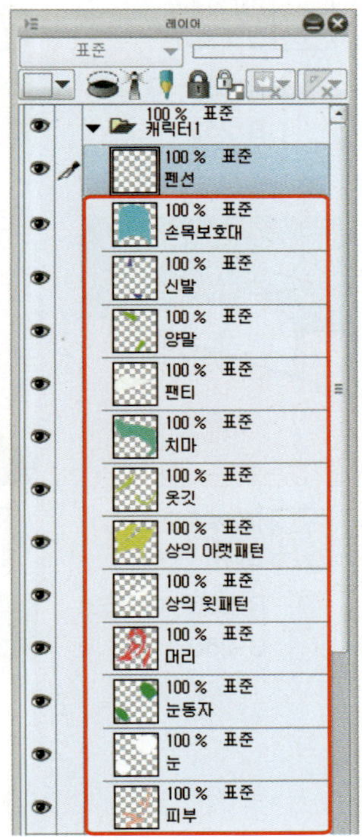

TIP 채우기 도구에 대한 자세한 내용은 054페이지를 참고하세요.

캐릭터 1 채색표

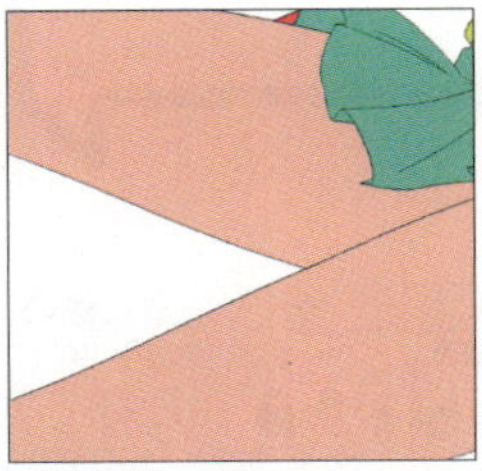

100 % 표준
피부

R | 255 G | 194
B | 184

100 % 표준
눈

R | 255 G | 255
B | 255

100 % 표준
눈동자

R | 0 G | 220
B | 106

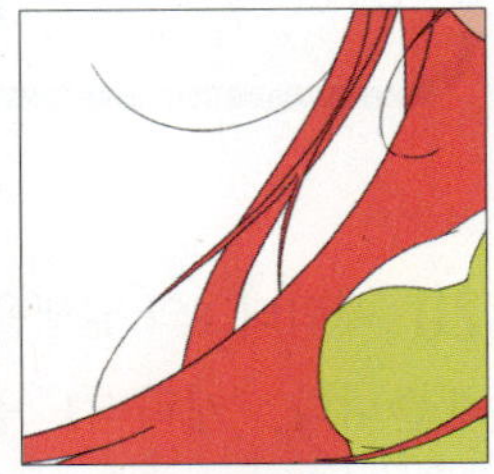

100 % 표준
머리

R | 255 G | 47
B | 101

100 % 표준
상의 윗패턴

R | 254 G | 255
B | 253

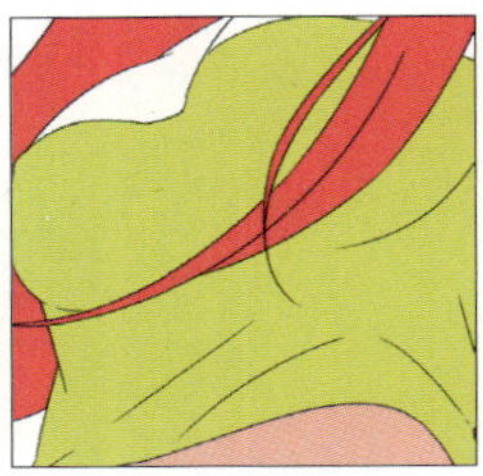

100 % 표준
상의 아랫패턴

R | 251 G | 255
B | 71

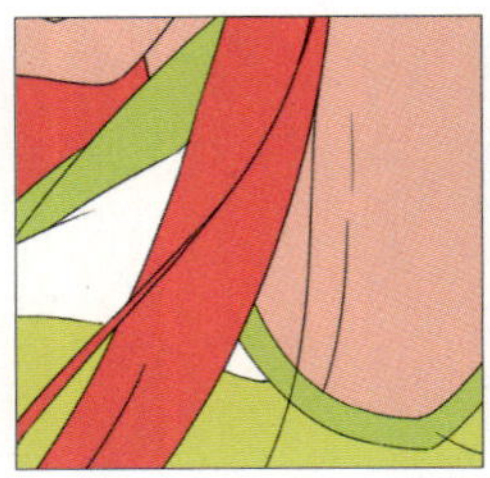

100 % 표준
옷깃

R | 255 G | 255
B | 77

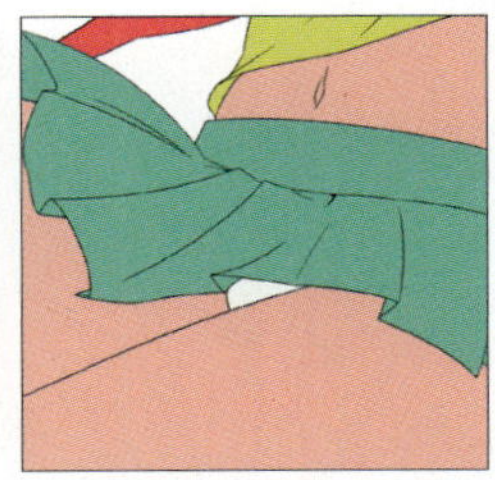

100 % 표준
치마

R | 64 G | 255
B | 210

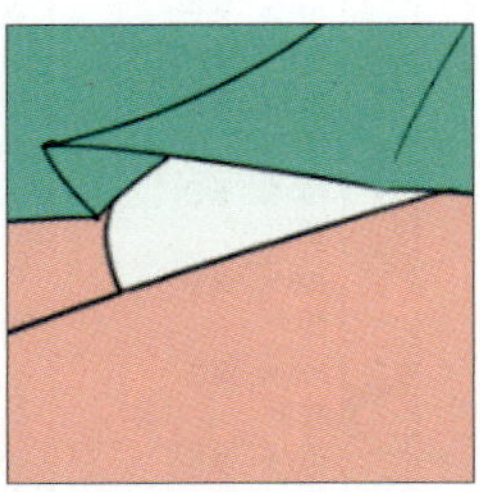

100 % 표준
팬티

R | 250 G | 253
B | 250

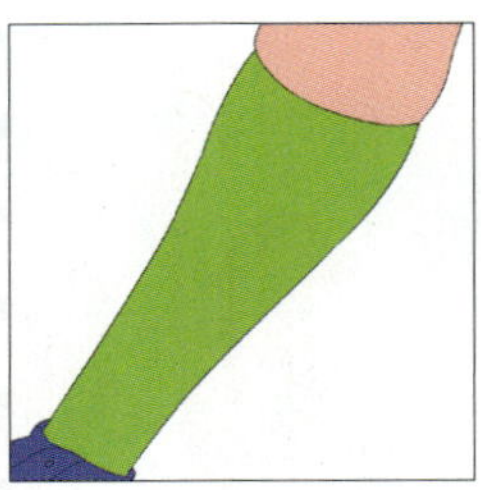

100 % 표준
양말

R | 174 G | 255
B | 23

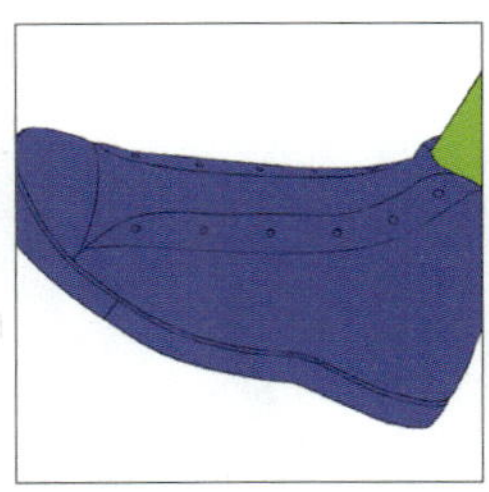

100 % 표준
신발

R | 146 G | 94
B | 255

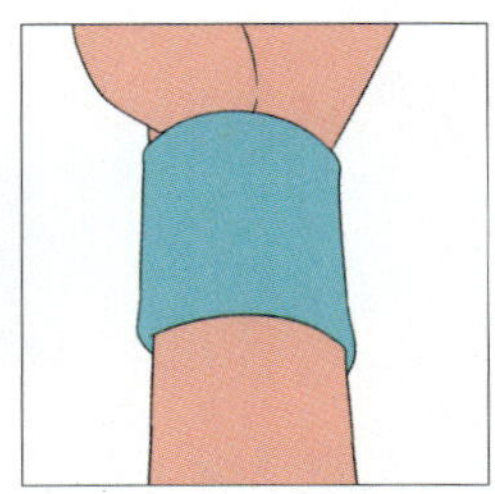

100 % 표준
손목보호대

R | 99 G | 242
B | 255

22 캐릭터 2를 채색하겠습니다. ❶ '캐릭터1' 폴더의 눈을 끄고 ❷ '캐릭터2' 폴더의 눈을 켭니다. 캐릭터 2의 펜 선만 보입니다.

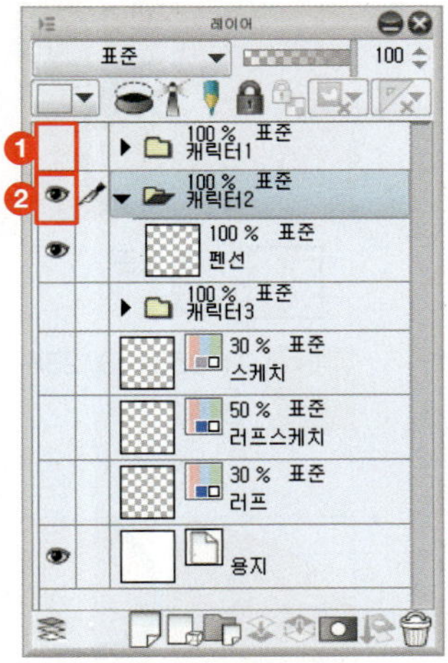

23 '펜선' 레이어 아래에 채색용 레이어들을 만들어 알맞은 이름으로 바꿔줍니다. 다음 페이지에서 알려주는 채색표와 똑같은 색으로 채색합니다.

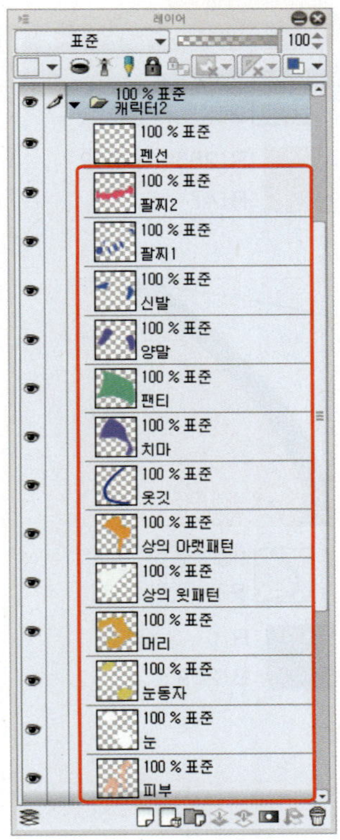

캐릭터 2 채색표

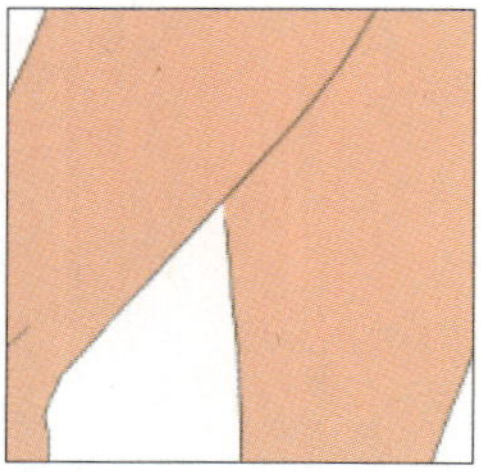

100 % 표준
피부

R | 255 G | 206
B | 185

100 % 표준
눈

R | 255 G | 255
B | 255

100 % 표준
눈동자

R | 255 G | 238
B | 93

100 % 표준
머리

R | 255 G | 202
B | 47

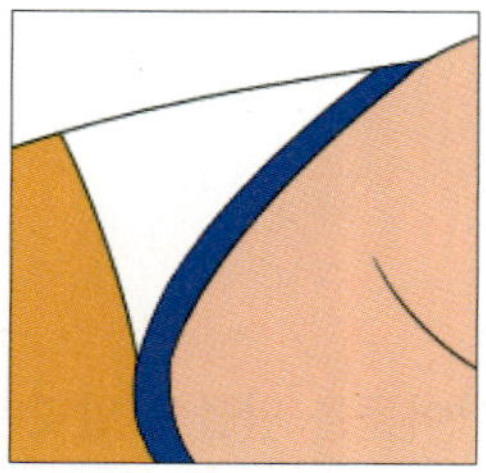

100 % 표준
상의 윗패턴

R | 255 G | 255
B | 255

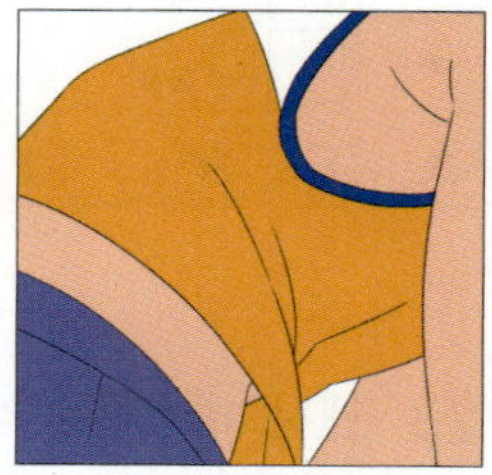

100 % 표준
상의 아랫패턴

R | 255 G | 185
B | 34

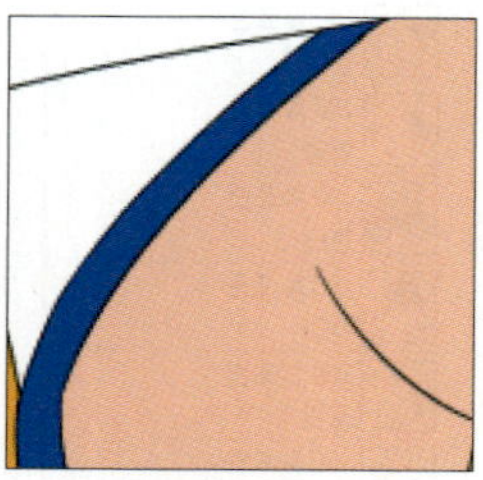

100 % 표준
옷깃

R | 0 G | 18
B | 239

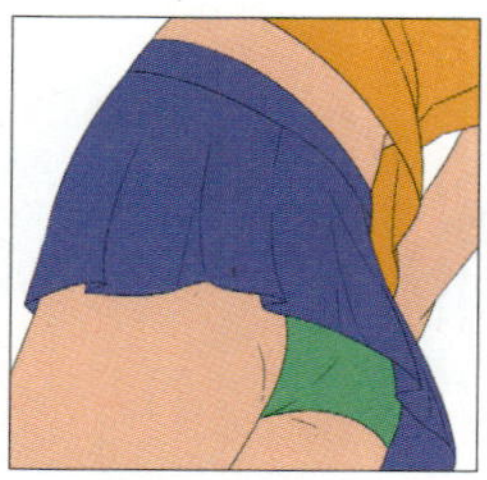

100 % 표준
치마

R | 151 G | 118
B | 255

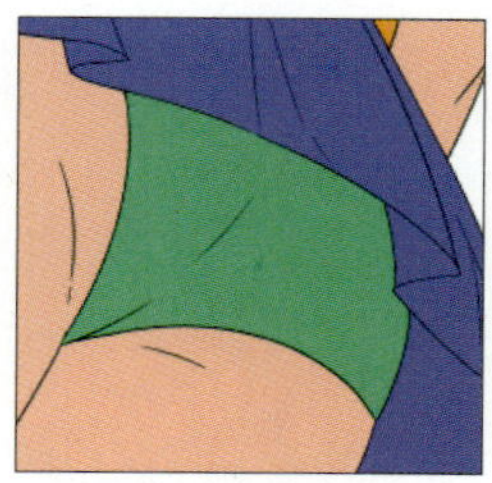

100 % 표준
팬티

R | 23 G | 255
B | 17984

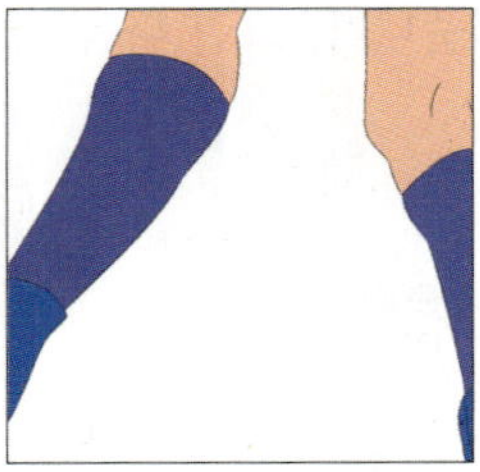

100 % 표준
양말

R | 143 G | 112
B | 255

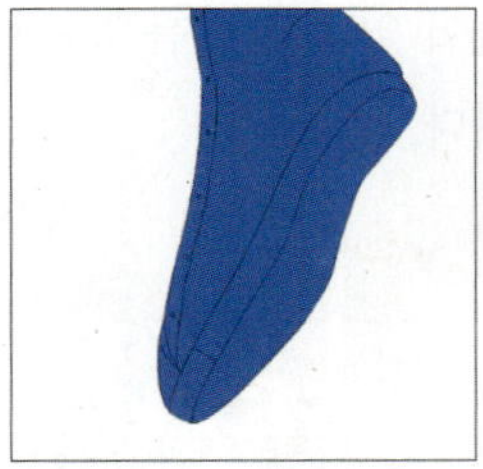

100 % 표준
신발

R | 58 G | 125
B | 255

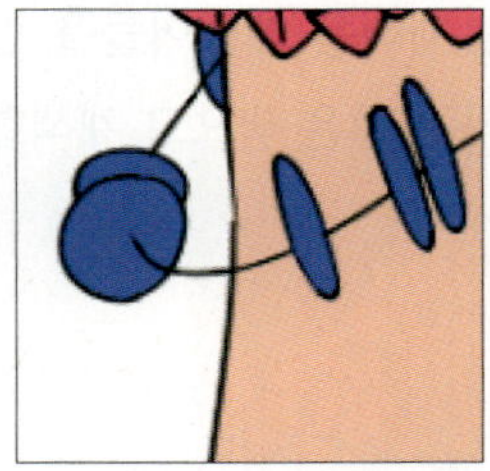

100 % 표준
팔찌1

R | 79 G | 120
B | 255

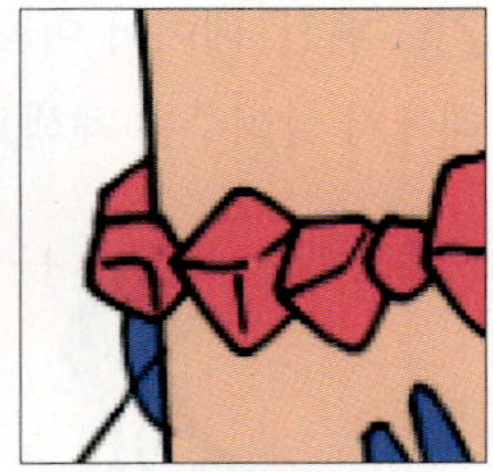

100 % 표준
팔찌2

R | 255 G | 52
B | 133

24 캐릭터 3을 채색하겠습니다. ❶ '캐릭터2' 폴더의 눈을 끄고 ❷ '캐릭터3' 폴더의 눈을 켭니다. 캐릭터 3의 펜 선만 보입니다.

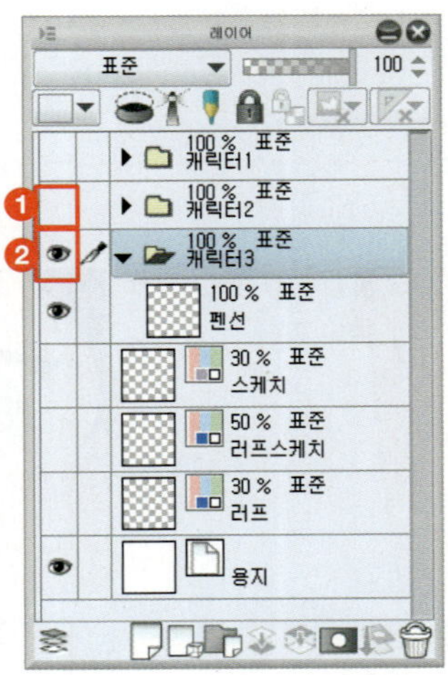

25 '펜선' 레이어 아래에 채색용 레이어들을 만들어 알맞은 이름으로 바꿔줍니다. 그런 다음 아래에서 알려주는 채색표와 똑같은 색으로 채색합니다.

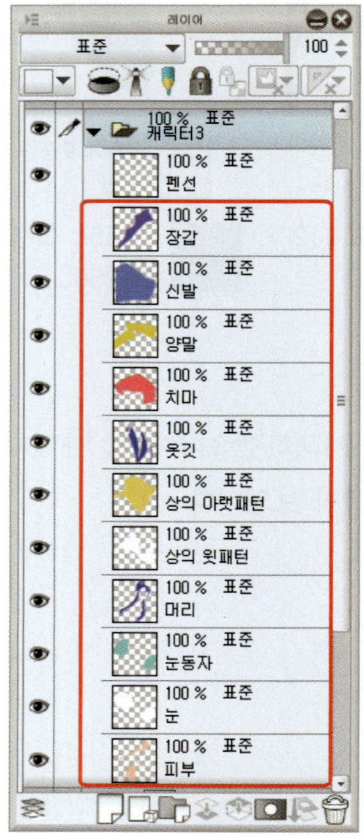

캐릭터 3 채색표

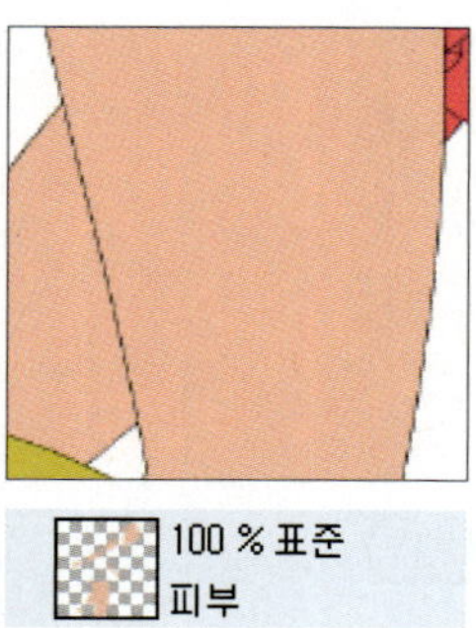

R | 255 G | 210
B | 188

R | 255 G | 255
B | 255

R | 82 G | 255
B | 243

100 % 표준
머리

R | 102 G | 43
B | 255

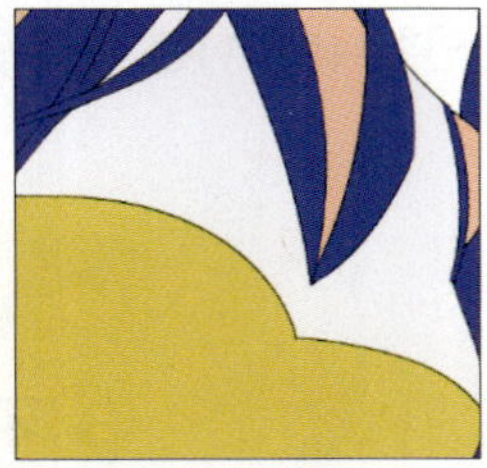

100 % 표준
상의 윗패턴

R | 255 G | 255
B | 255

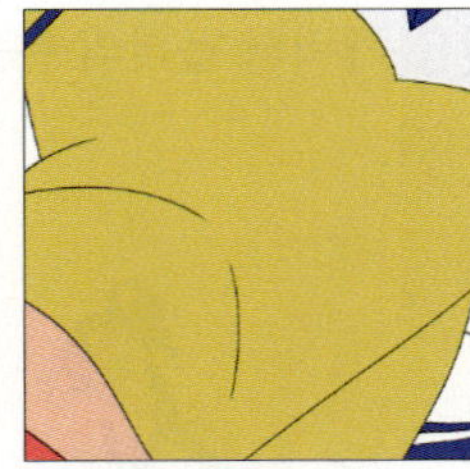

100 % 표준
상의 아랫패턴

R | 255 G | 235
B | 90

100 % 표준
옷깃

R | 94 G | 44
B | 255

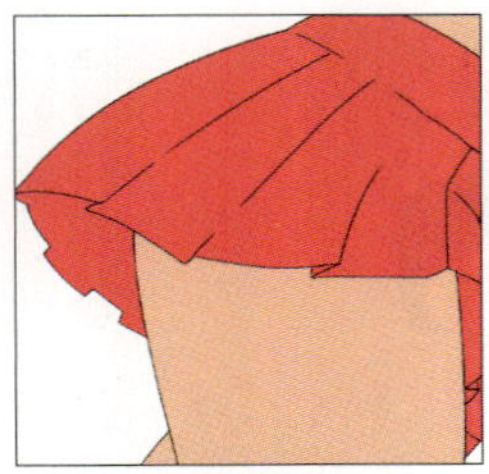

100 % 표준
치마

R | 255 G | 76
B | 117

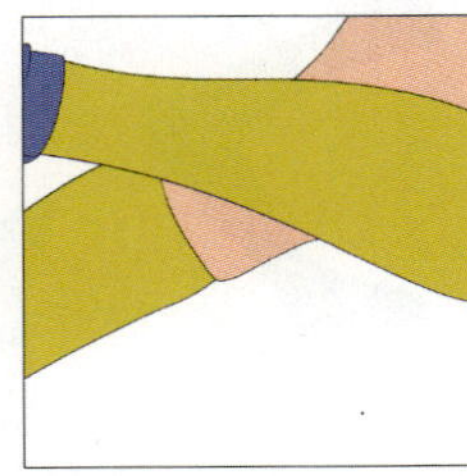

100 % 표준
양말

R | 248 G | 230
B | 0

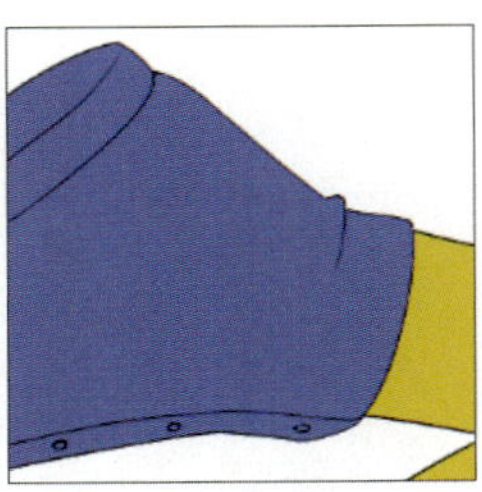

100 % 표준
신발

R | 122 G | 140
B | 255

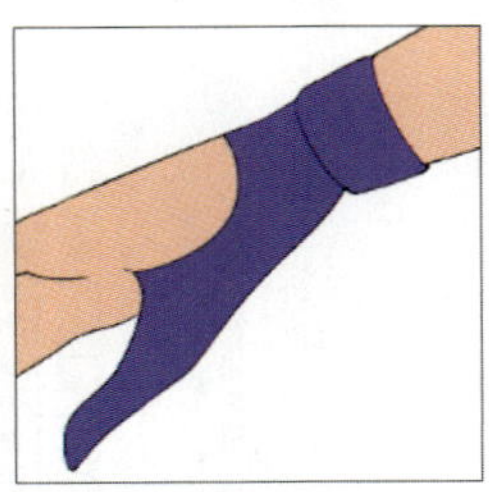

100 % 표준
장갑

R | 153 G | 90
B | 255

26 캐릭터 폴더의 눈을 켜 밑색을 확인합니다. 더는 손볼 곳이 없다면 여기서 밑색 작업을 마칩니다.

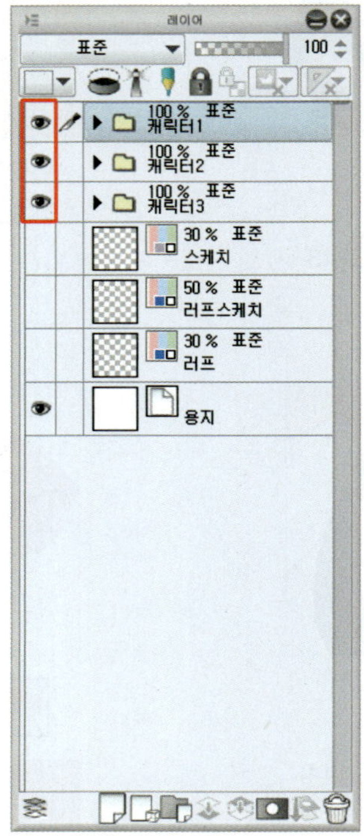

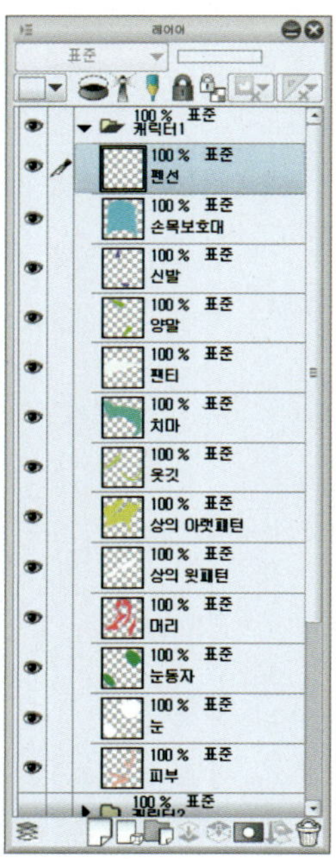

▲ 캐릭터 1

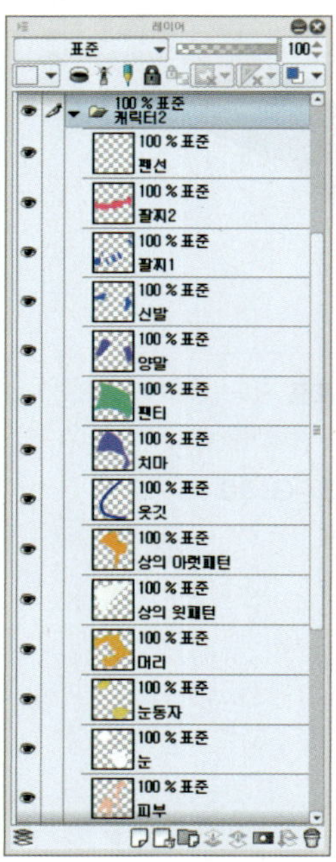

▲ 캐릭터 2

▲ 캐릭터 3

레이어 팔레트는 각 캐릭터의 밑색 레이어입니다. 제대로 채색했는지, 순서는 맞는지 확인하세요.

STEP 04 빨간 머리 미소녀 채색하기

앞으로 진행할 단계는 단순한 작업이 많습니다. 따라서 앞서 배운 내용은 따로 설명하지 않고 진행하고, 새로 익혀야 할 내용에 대해서만 구체적으로 설명하며 진행합니다. 먼저 캐릭터 1인 빨간 머리 미소녀의 얼굴을 채색하겠습니다.

27 '피부' 레이어 위에 새 레이어를 만들고 클리핑 마스크를 적용한 후 각 부위를 자연스럽게 표현합니다.

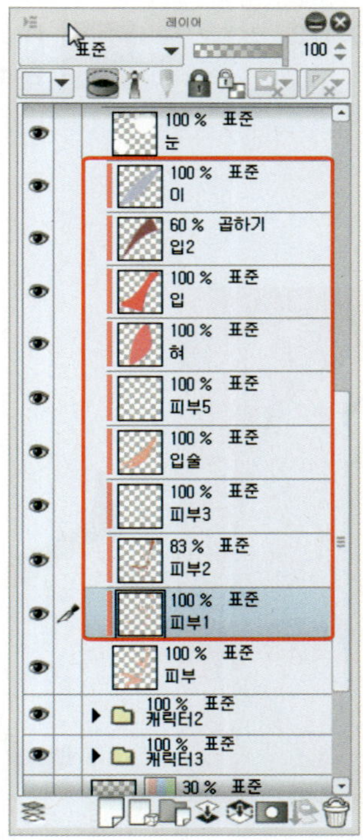

피부 채색표

100 % 표준
피부1

R | 255 G | 173
B | 159

83 % 표준
피부2

R | 223 G | 126
B | 110

100 % 표준
피부3

R | 169 G | 99
B | 84

TIP '피부3'레이어는 그림자에서 더 깊숙한 곳을 칠합니다.

100 % 표준
입술

R | 255 G | 180
B | 164

TIP '입술' 레이어는 옅은 색으로 칠한 후 부드러운 지우개로 지웁니다.

100 % 표준
피부5

R | 255 G | 255
B | 255

TIP '피부5' 레이어는 하이라이트입니다. 볼, 입술, 팔꿈치 등 빛이 바로 닿는 위치에 그립니다.

100 % 표준
혀

R | 255 G | 115
B | 138

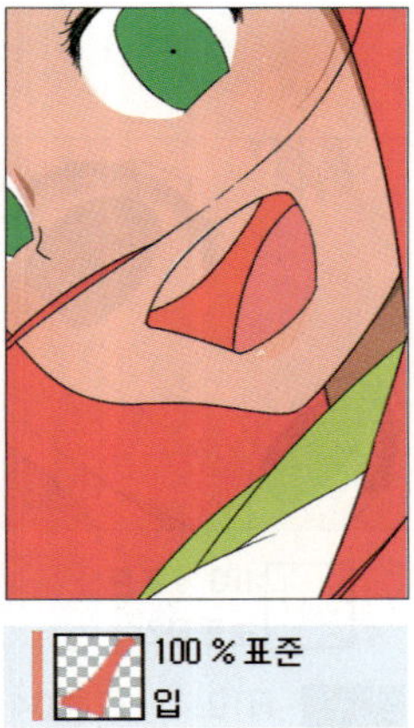

R | 255 G | 71
B | 101

R | 214 G | 70
B | 89

R | 206 G | 210
B | 228

28 눈을 채색하겠습니다. '눈' 레이어 위에 새 레이어를 만들고 클리핑 마스크를 적용한 후 각 부위를 자연스럽게 표현합니다.

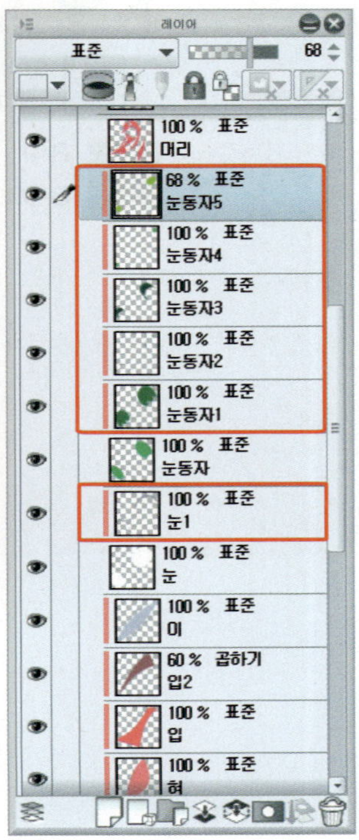

캐릭터 1 눈, 눈동자 채색표

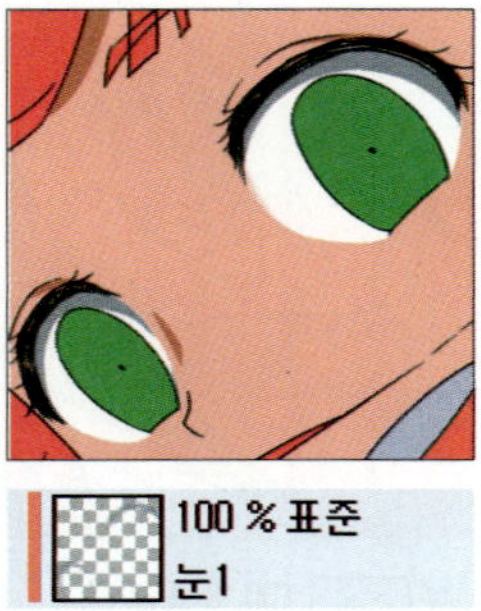

R | 170 G | 173
B | 183

R | 0 G | 133
B | 67

R | 0 G | 104
B | 75

R | 0 G | 95
B | 77

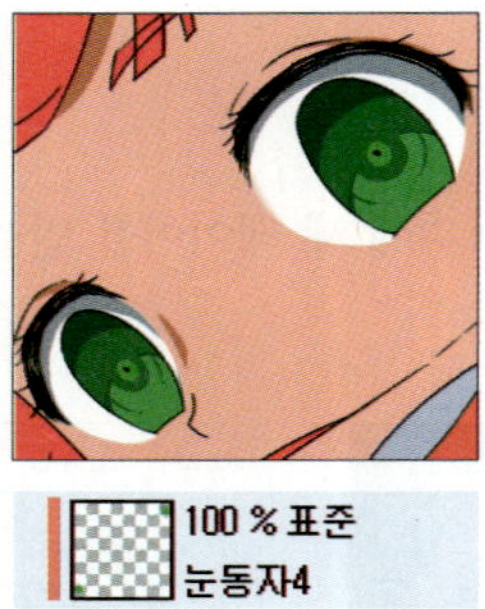

R | 0 G | 220
B | 59

R | 166 G | 255
B | 0

TIP '눈동자5' 레이어는 채색한 후 불투명도를 조정합니다. 여기서는 68%로 설정했습니다.

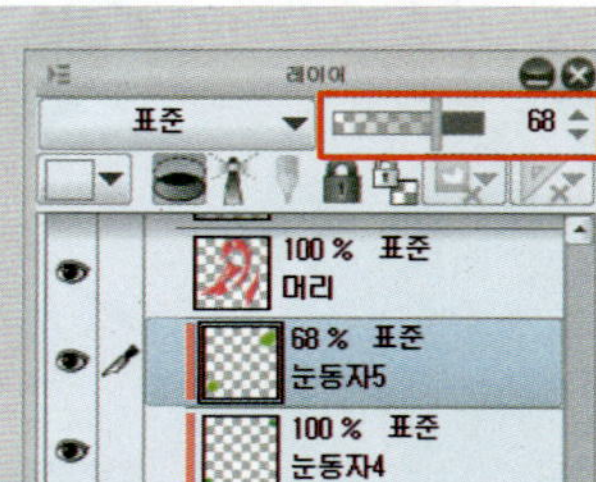

29 머리를 채색하겠습니다. '머리' 레이어 위에 새 레이어를 만들고 클리핑 마스크를 적용한 후 각 부위를 자연스럽게 표현합니다.

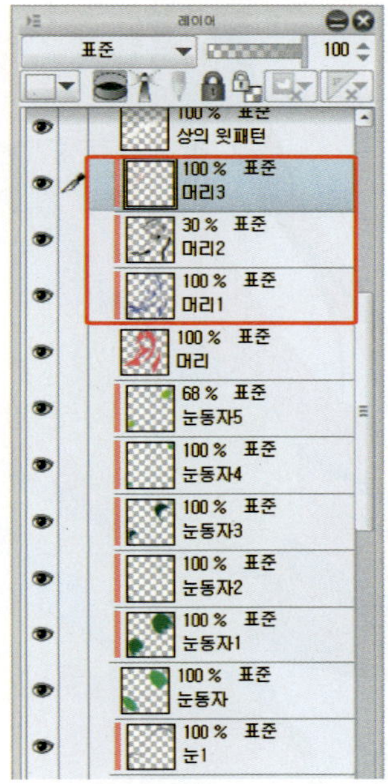

캐릭터 1 머리 채색표

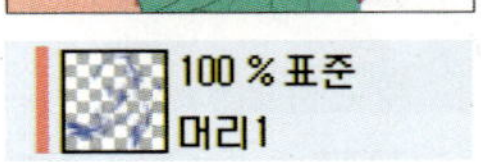

R | 78 G | 89 B | 200

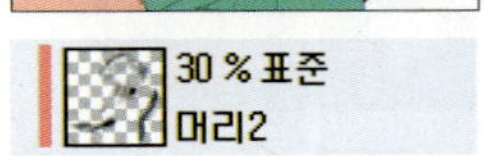

R170 G | 0 B | 0

TIP 불투명도를 30%로 먼저 설정하고 그림자를 그립니다.

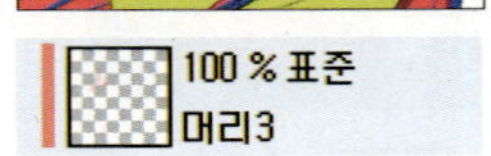

R | 255 G | 157 B | 182

TIP 빛이 닿는 부분에 하이라이트를 그립니다.

30 상의와 옷을 채색하겠습니다. '상의 윗패턴' 레이어와 '상의 아랫패턴', '옷깃', '치마', '팬티' 레이어 위에 새 레이어를 만들고 클리핑 마스크를 적용한 후 각 부위를 자연스럽게 표현합니다.

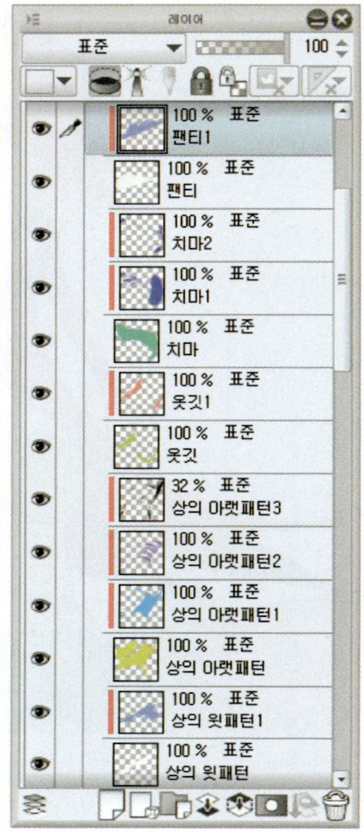

캐릭터 1 상의와 옷 채색표

R 156 G 178
B 255

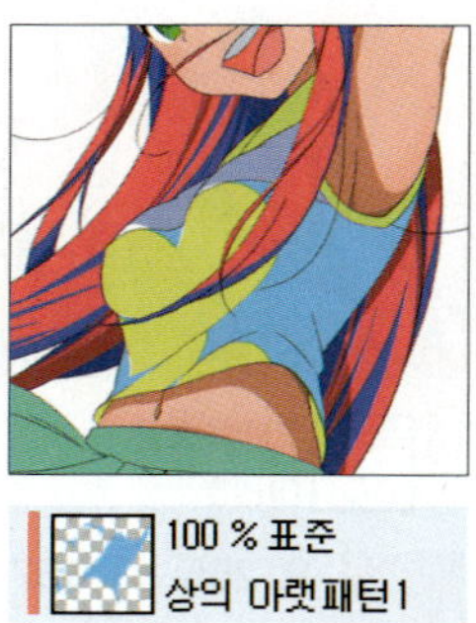

R 105 G 200
B 255

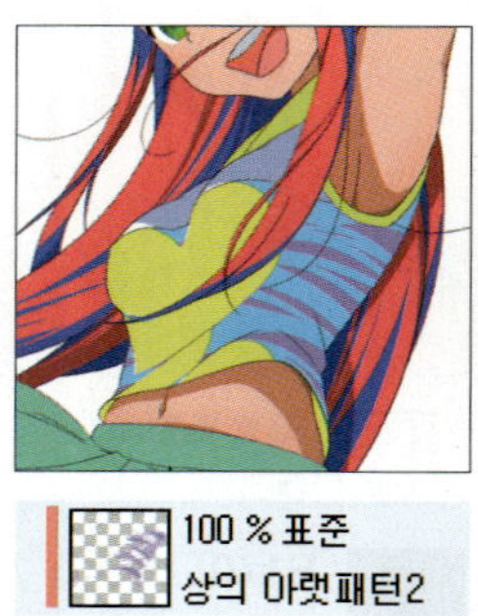

R 182 G 131
B 255

R 0 G 0
B 0

TIP '상의 아랫패턴3' 레이어는 불투명도를 32%로 먼저 설정하고 그림자를 그립니다.

R | 255 G | 150
B | 147

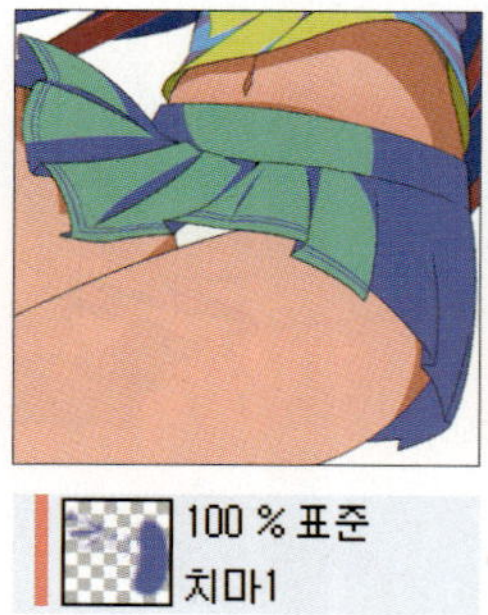

R | 120 G | 116
B | 255

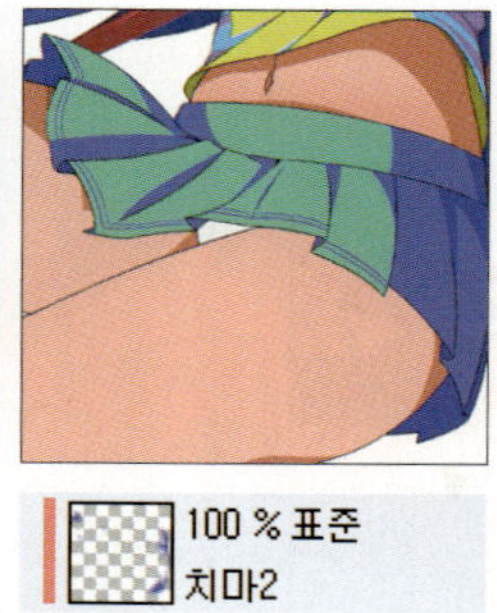

R | 81 G | 77
B | 196

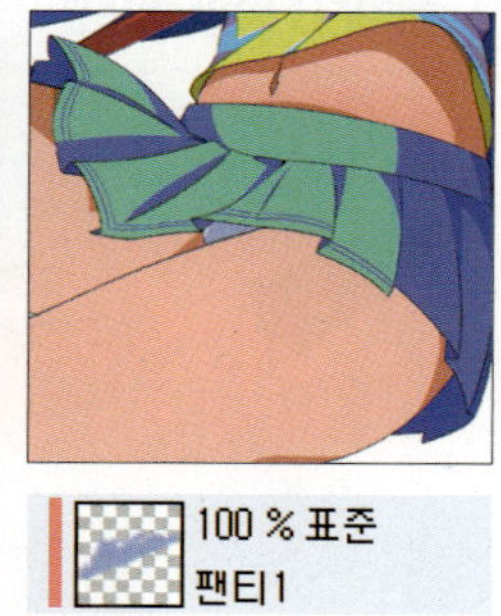

R | 156 G | 178
B | 255

31 양말을 채색하겠습니다. '양말' 레이어 위에 새 레이어를 만들고 클리핑 마스크를 적용한 후 각 부위를 자연스럽게 표현합니다.

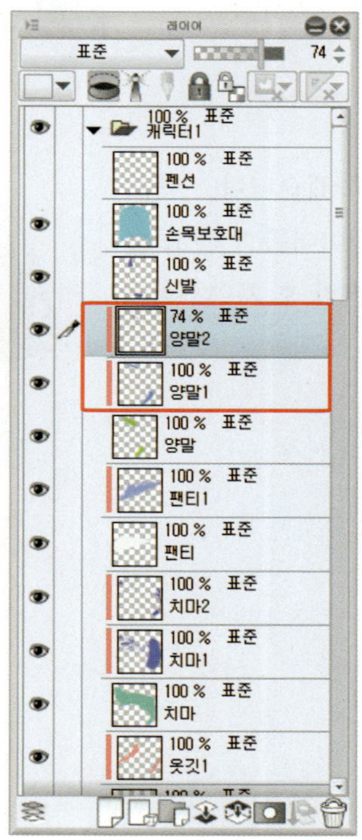

캐릭터 1 양말 채색표

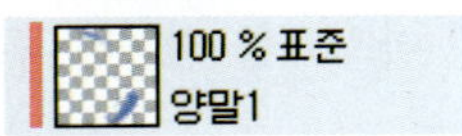

R | 123 G | 156
B | 255

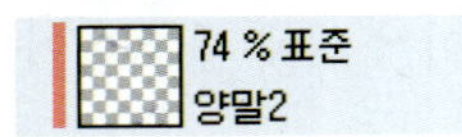

R | 105 G | 87
B | 215

32 신발을 채색하겠습니다. '신발' 레이어 위에 새 레이어를 만들고 클리핑 마스크를 적용한 후 자연스럽게 표현합니다.

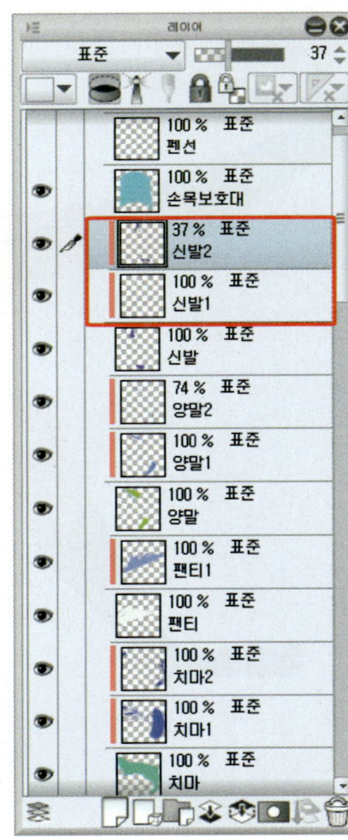

캐릭터 1 신발 채색표

100 % 표준
신발1

R | 146 G | 94
B | 255

37 % 표준
신발2

R | 40 G | 0
B | 123

33 마지막으로 손목보호대를 채색하겠습니다. '손목보호대' 레이어 위에 새 레이어를 만들고 클리핑 마스크를 적용한 후 자연스럽게 표현합니다.

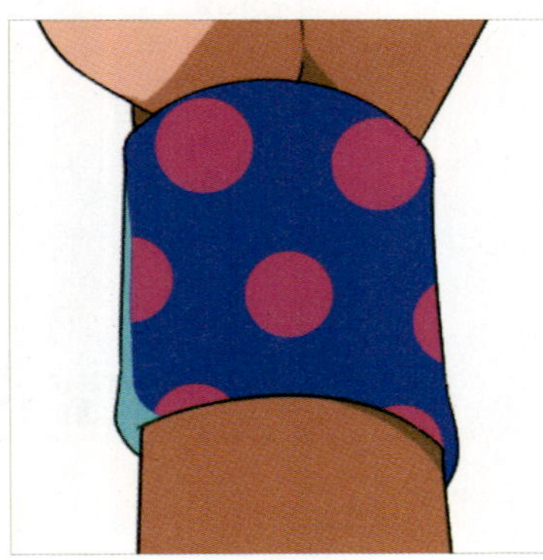

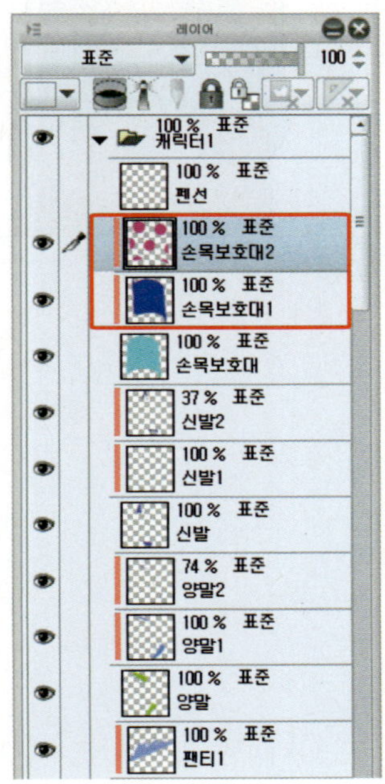

캐릭터 1 손목보호대 채색표

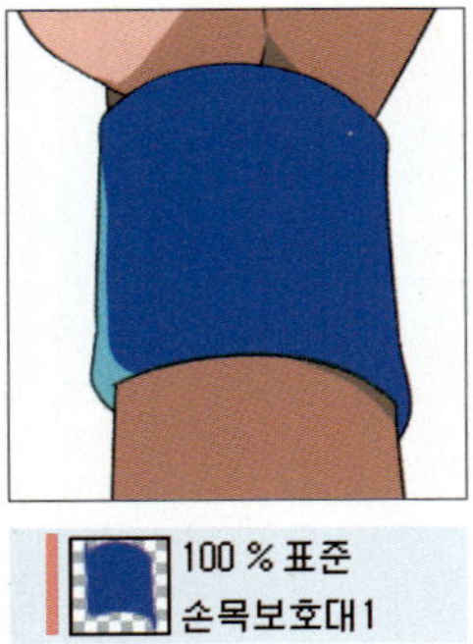

R | 71 G | 0
B | 204

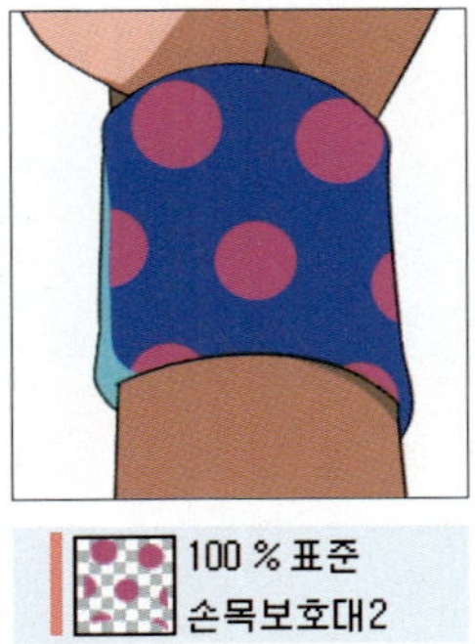

R | 228 G | 0
B | 129

선택 영역 활용하기

캐릭터1 의 '손목보호대2' 레이어에 그려진 동그라미 패턴이 '손목보호대1' 레이어에만 포함되어 있는 것을 볼 수 있습니다.

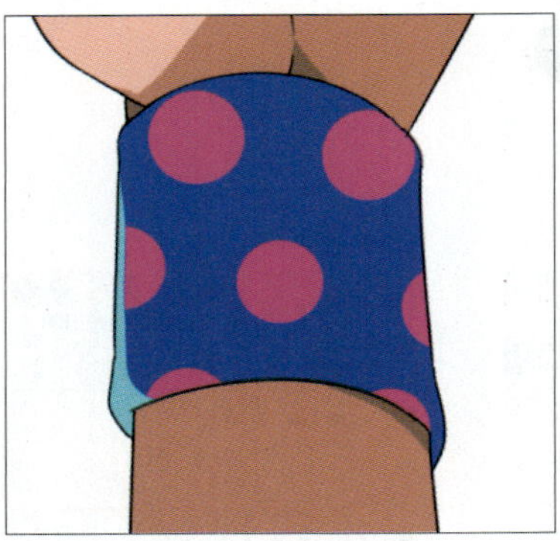

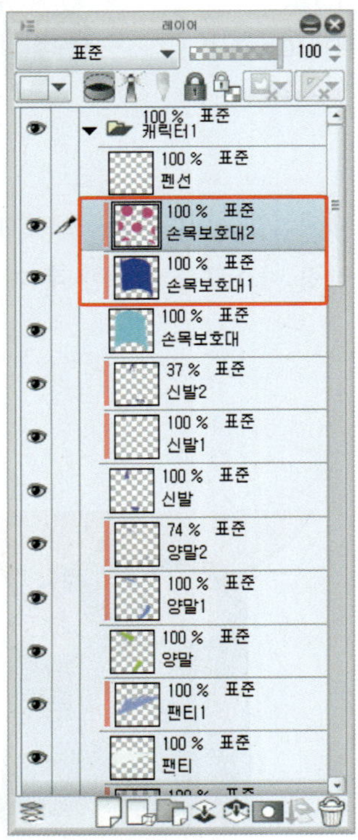

① Ctrl 을 누른 채 '손목보호대1' 레이어 이름 앞에 있는 레이어 표시 영역을 클릭합니다. ② 그러면 해당 레이어에 그려진 부분이 점선으로 표시됩니다. 이 상태는 어떤 레이어가 선택되어 있더라도 해당 영역 이외에는 아무것도 나타나지 않습니다. ③ 즉, ① 번 상태에서 '손목보호대2' 레이어에 그림을 그리면 점선으로 표시된 선택 영역에만 그림이 그려집니다. ④ 원하는 작업을 모두 마치면 Ctrl+D를 눌러 선택 영역을 해제합니다.

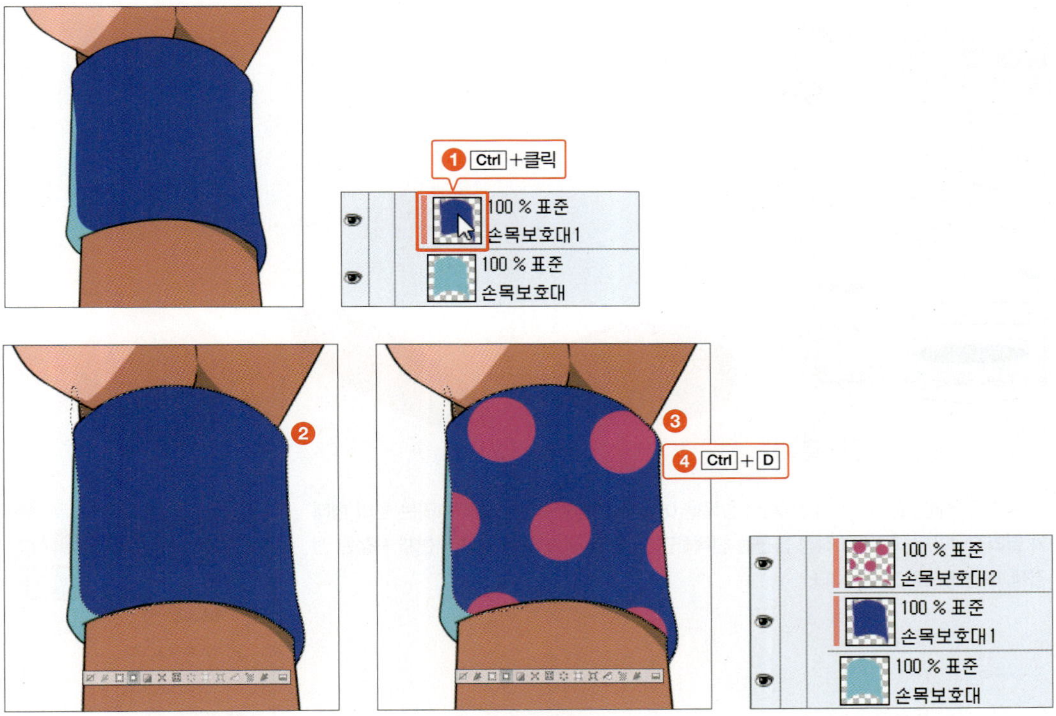

TIP 선택 영역 이동하기 | 선택 영역으로 선택된 개체를 이동할 수도 있습니다. 개체를 선택한 후 Ctrl+T를 눌러 변형 모드를 적용합니다. 그러면 선택 영역만 이동하거나 확대, 축소할 수 있습니다.

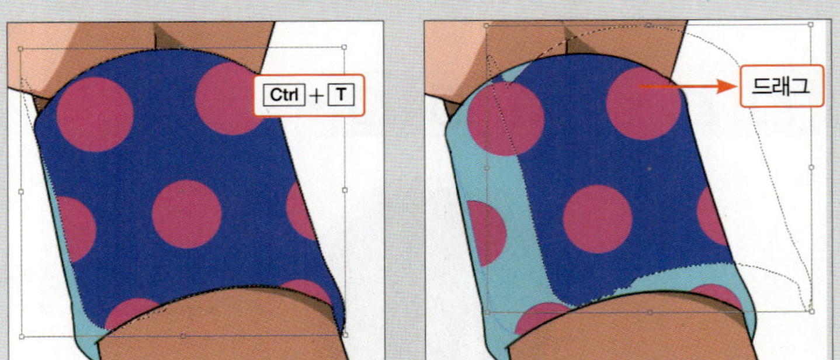

원 그리기

원은 도형 도구(U)를 이용하여 그릴 수 있습니다. 도형 도구 ⟋를 선택한 후 보조 도구 [도형] 팔레트에서 [직접 그리기] – [타원]을 선택하면 원을 그릴 수 있는 타원 도구로 변경됩니다. 이때 Shift를 누른 상태에서 마우스를 드래그하여 원을 그리면 정원이 그려집니다.

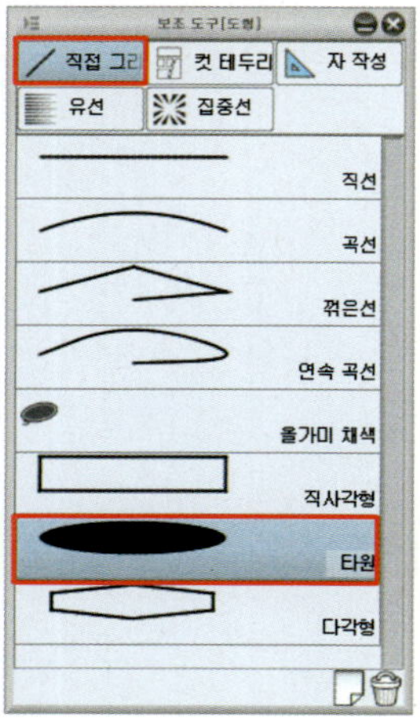

도구 속성 [타원] 팔레트에서 선/채색 항목을 어떻게 선택하느냐에 따라 그리는 원의 형태가 달라집니다. 선과 채색 작성 옵션을 선택하면 원 안의 색과 테두리 색이 현재 지정된 전경색, 배경색으로 그려집니다.

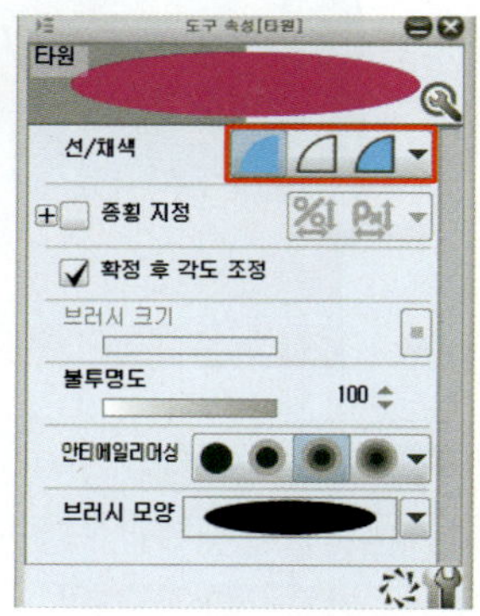

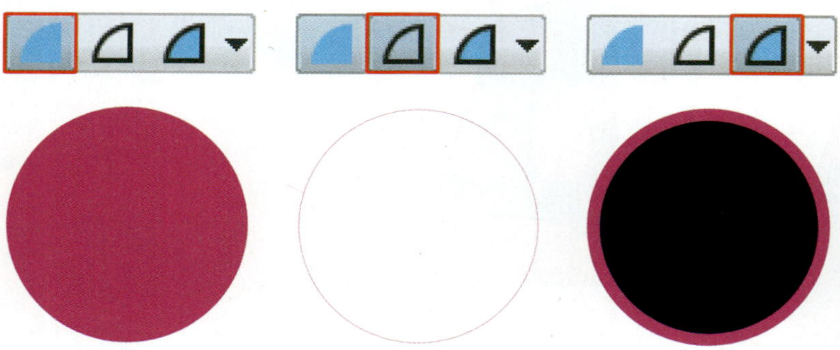

▲ 채색 작성　▲ 선 작성　▲ 선과 채색 작성

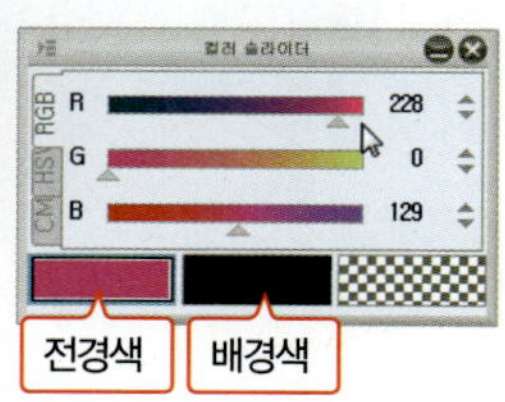

레이어의 순서와 흐름을 확인하며 캐릭터1 작업을 마치세요. 길게 늘어진 레이어는 '캐릭터1' 폴더를 닫아 깔끔하게 정리하세요.

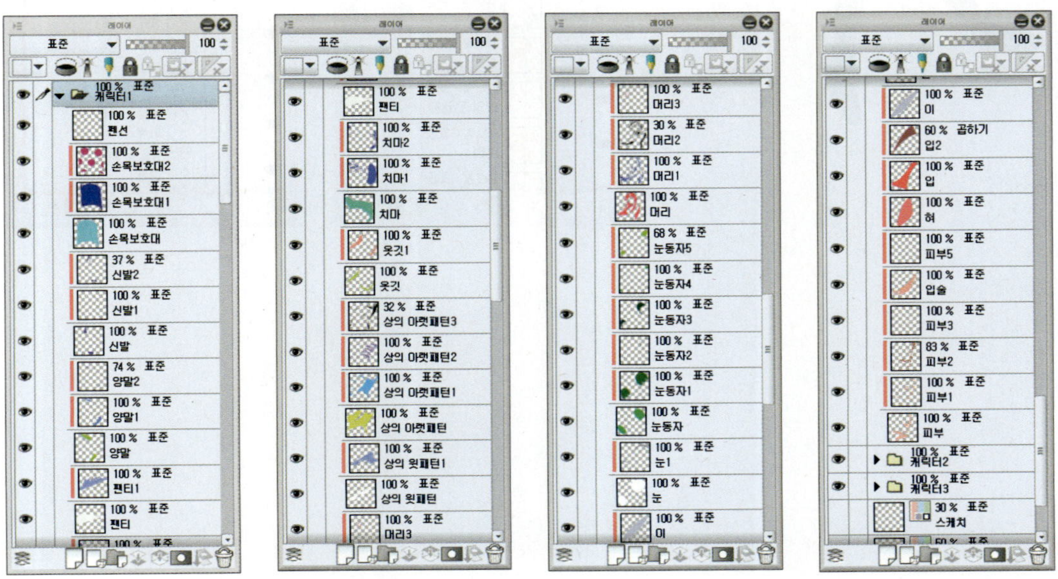

STEP 05 노란 머리 미소녀 채색하기

34 이번에는 캐릭터 2를 채색해보겠습니다. ❶ '캐릭터1' 폴더의 눈을 끄고 ❷ '캐릭터2' 폴더의 눈을 켭니다. 그런 다음 '피부' 레이어 위에 눈, 머리, 상의 등 새 레이어를 만들고 클리핑 마스크를 적용한 후 자연스럽게 표현합니다.

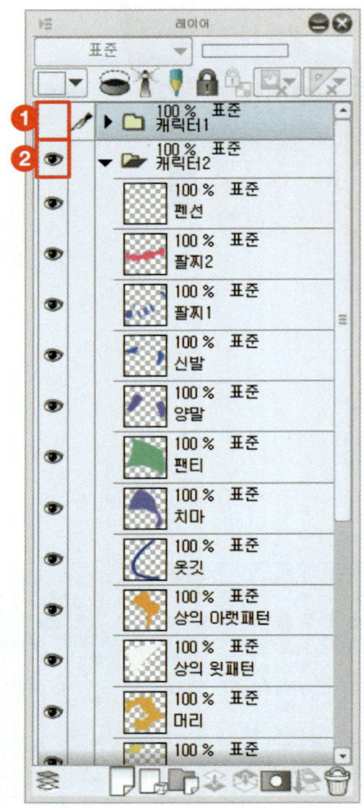

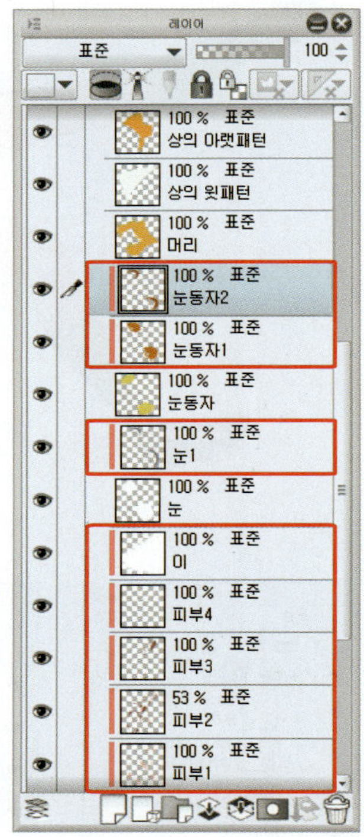

캐릭터 2 피부 채색표

100 % 표준
피부1

R 255 G 194
B 184

53 % 표준
피부2

R 255 G 194
B 184

100 % 표준
피부3

R 255 G 194
B 184

100 % 표준
피부4

R 255 G 255
B 255

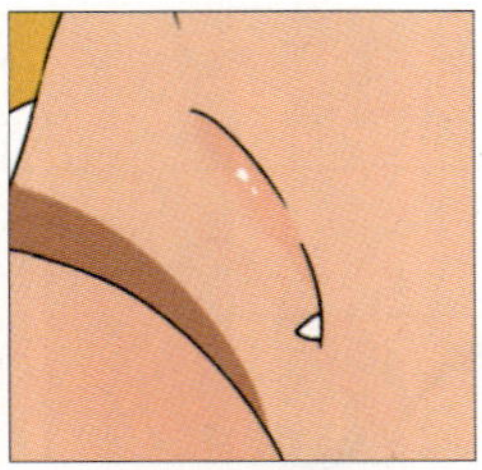

100 % 표준
이

R 255 G 255
B 255

캐릭터 2 눈 채색표

100 % 표준
눈1

R 140 G 143
B 156

100 % 표준
눈동자1

R 224 G 128
B 0

100 % 표준
눈동자2

R 182 G 81
B 12

캐릭터 2 머리 채색표

100 % 표준
머리1

R | 140 G | 143
B | 156

47 % 표준
머리2

R | 224 G | 128
B | 0

100 % 표준
머리3

R | 182 G | 81
B | 12

캐릭터 2 상의 채색표

100 % 표준
상의 윗패턴1

R | 156 G | 178
B | 255

톤 레이어 활용하여 상의 패턴 완성하기

① '상의 아랫패턴' 레이어가 선택된 상태에서 ② [레이어] – [신규 레이어] – [톤]을 클릭합니다.

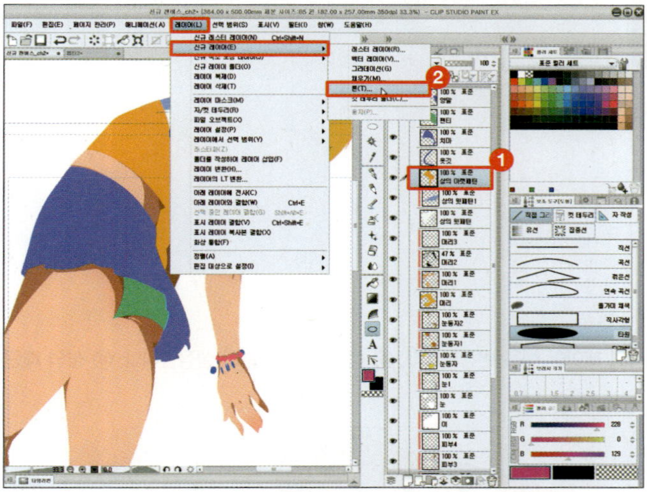

③ 간이 톤 설정 대화상자에서 선수, 농도, 종류, 각도를 아래 수치대로 입력한 후 ④ [OK]를 클릭합니다.

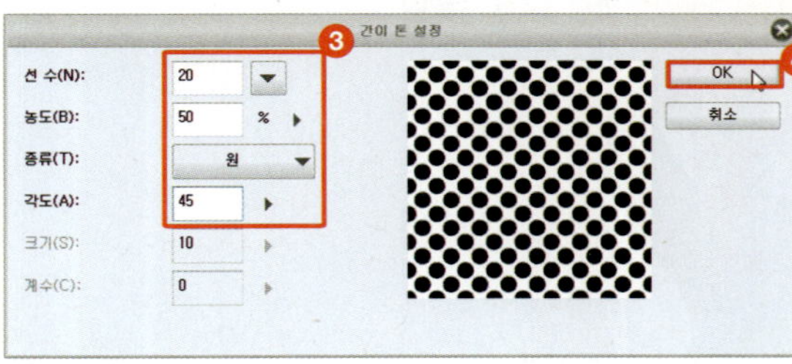

⑤ 그런 다음 새로 생긴 레이어에 클리핑 마스크를 적용하고 이름도 알맞게 변경합니다. ⑥ 지우개 도구 를 이용해 그림자 모양대로 지웁니다.

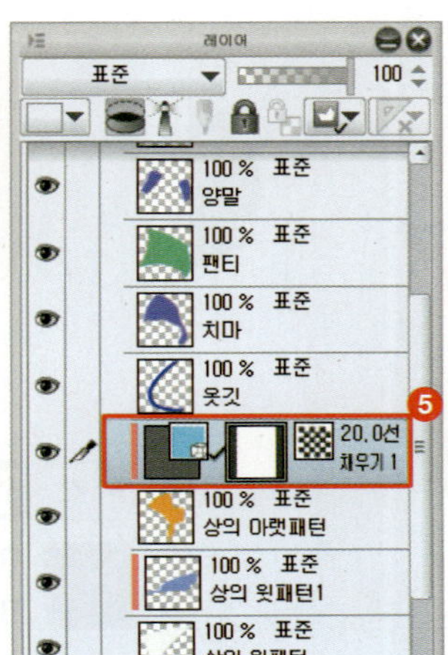

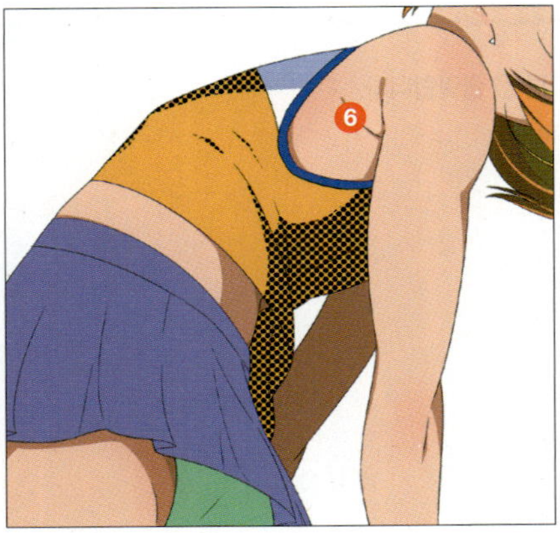

⑦ 레이어 속성 팔레트에서 레이어 컬러 바를 클릭해 레이어 색을 변경합니다. ⑧ 색은 다음과 같이 설정합니다. ⑨ 상의 패턴 색이 바뀝니다.

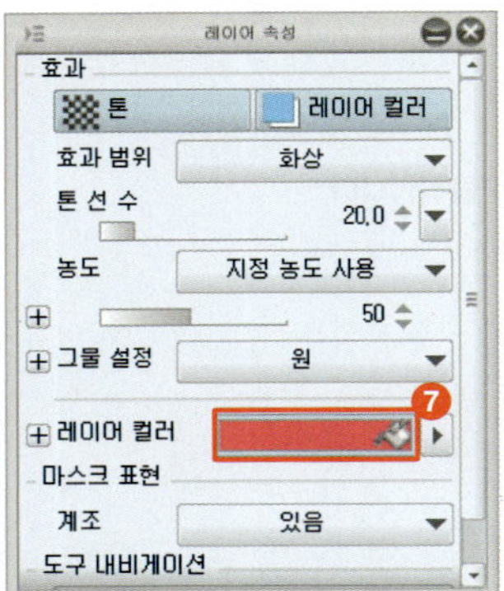

8 R | 244 G | 36
B | 92

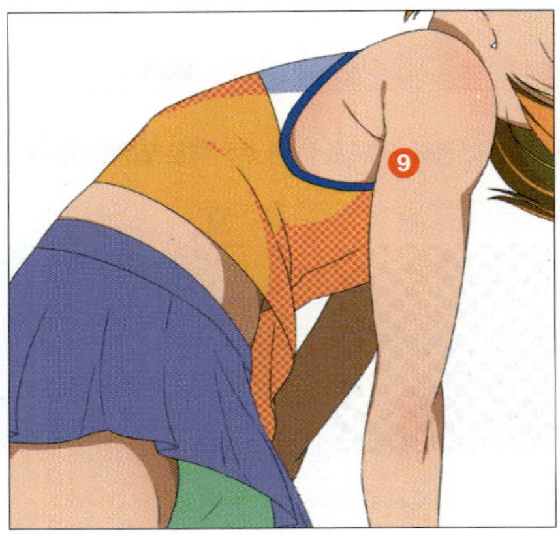

⑩ 마지막으로 새 레이어('상의 아랫패턴2' 레이어)를 만들고 그림자 채색을 하여 톤 레이어를 활용한 상의 채색을 마칩니다.

R | 169 G | 0
B | 60

캐릭터 2 옷깃 채색표

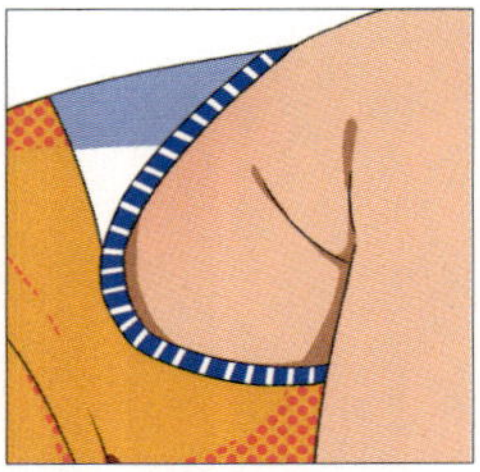

100 % 표준
옷깃1

R | 140 G | 143
B | 156

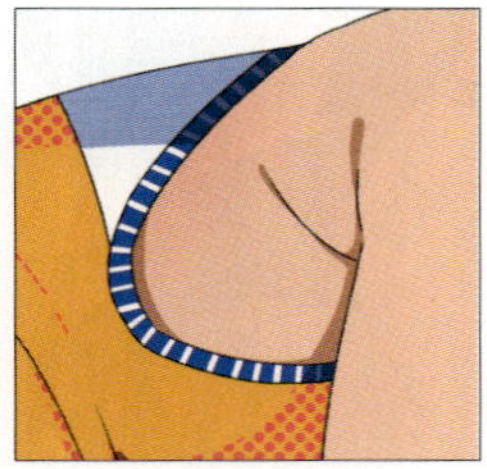

68 % 표준
옷깃2

R | 224 G | 128
B | 0

'옷깃2' 레이어 불투명도는 68%로 설정합니다.

캐릭터 2 치마 채색표

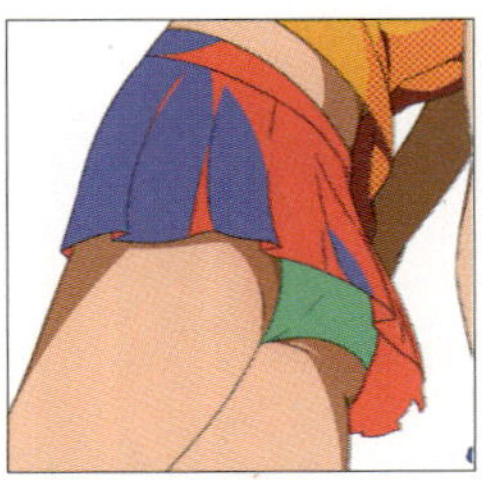

100 % 표준
치마1

R | 255 G | 58
B | 88

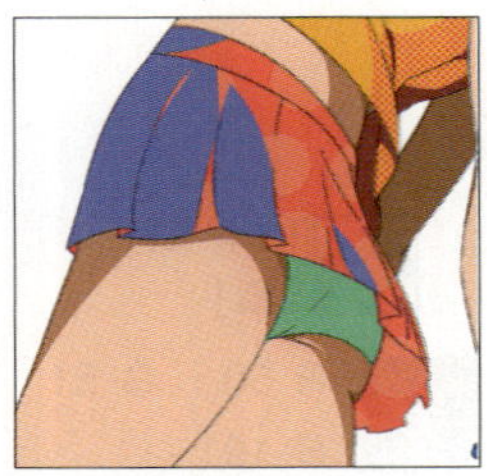

100 % 표준
치마2

R | 255 G | 103
B | 104

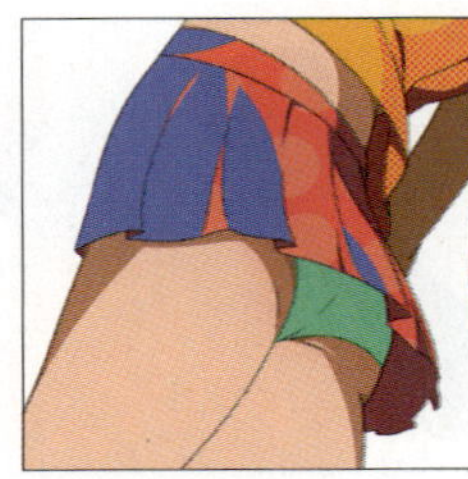

60 % 표준
치마3

R | 108 G | 0
B | 69

TIP 앞에서 배운 선택 영역 기능을 활용해 '치마1' 레이어의 범위 안에서만 원을 그립니다.

캐릭터 2 팬티 채색표

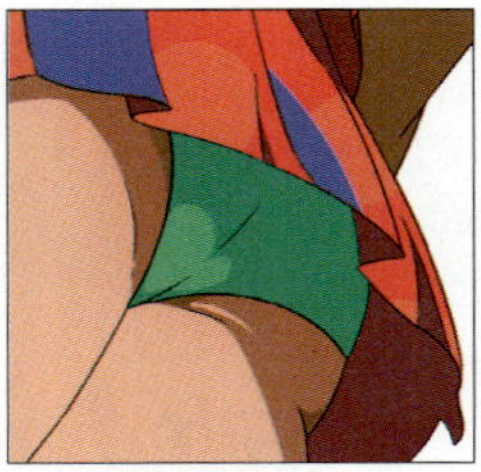

100 % 표준
팬티1

R | 12 G | 176
B | 150

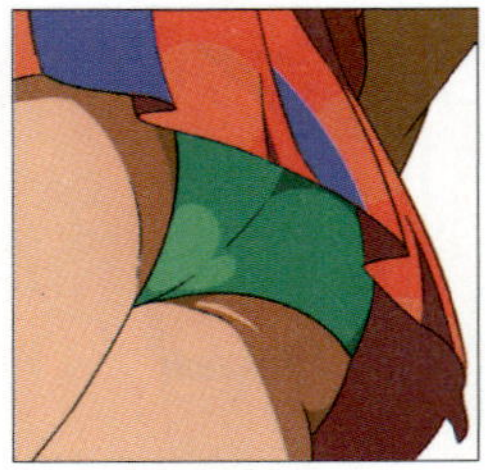

100 % 표준
팬티2

R | 7 G | 129
B | 109

캐릭터 2 양말 채색표

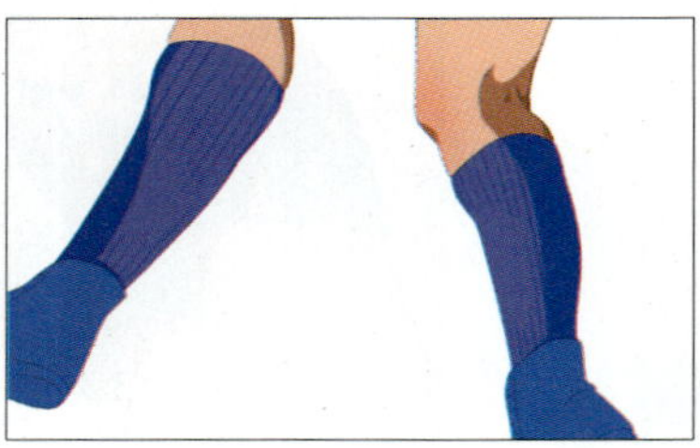

100 % 표준
양말1

R | 50 G | 51
B | 191

캐릭터 2 신발 채색표

100 % 표준
신발1

R | 255 G | 255
B | 255

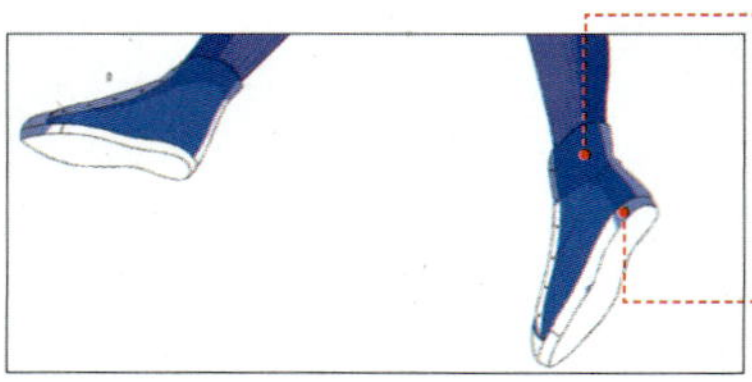

R | 34 G | 78
B | 212

100 % 표준
신발2

R | 153 G | 160
B | 212

캐릭터 2 팔찌 채색표

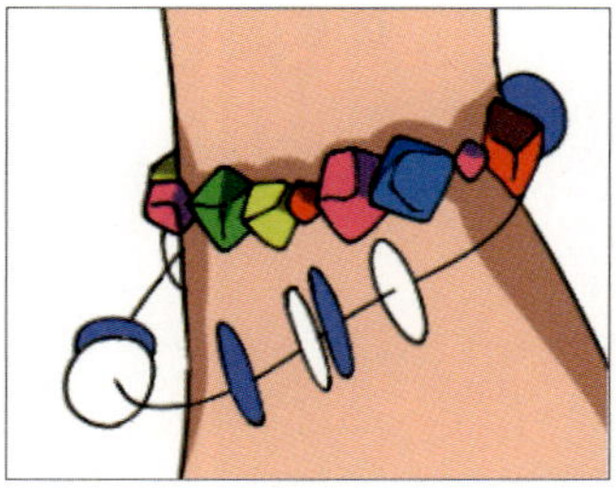

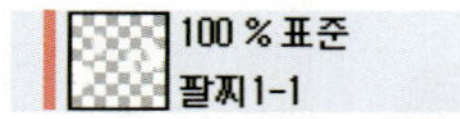

R | 255 G | 255
B | 255

팔찌의 구슬을 알록달록하게 채색합니다.

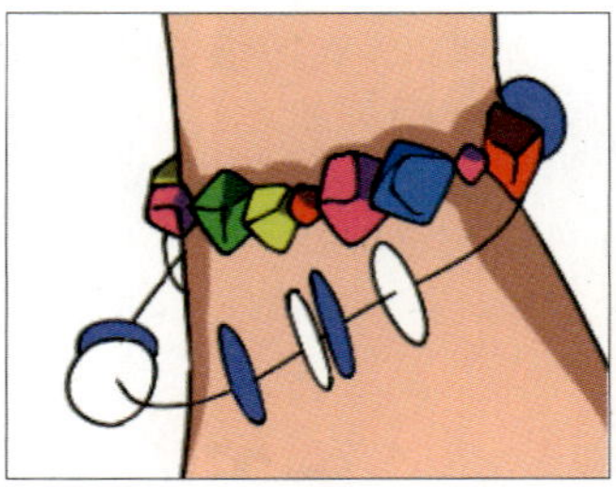

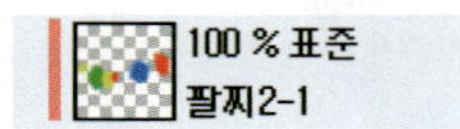

R | 247 G | 255
B | 0

R | 0 G | 206
B | 24

R | 255 G | 16
B | 0

R | 0 G | 133
B | 255

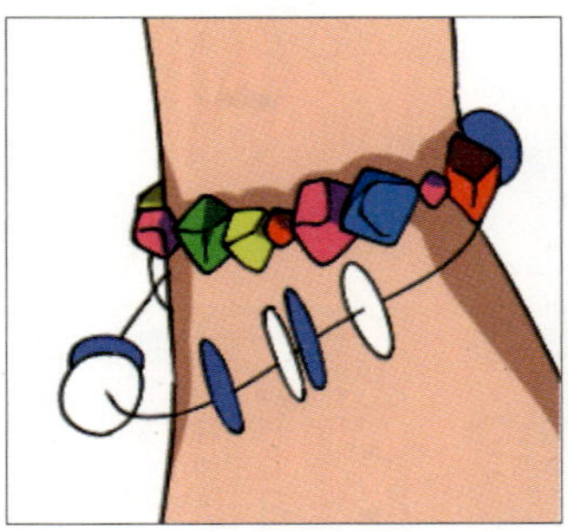

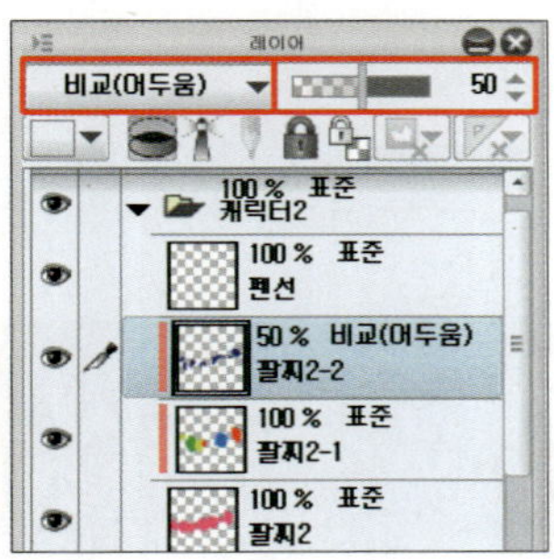

R | 12 G | 0
B | 121

TIP '팔찌-2' 레이어는 그림자를 먼저 채색한 후 레이어 불투명도를 50%, 레이어 모드를 비교(어두움)으로 설정합니다.

캐릭터 2까지 채색을 마무리하였습니다. 자연스럽고 구체적인 묘사가 되도록 꼼꼼하게 채색하며 진행하세요.

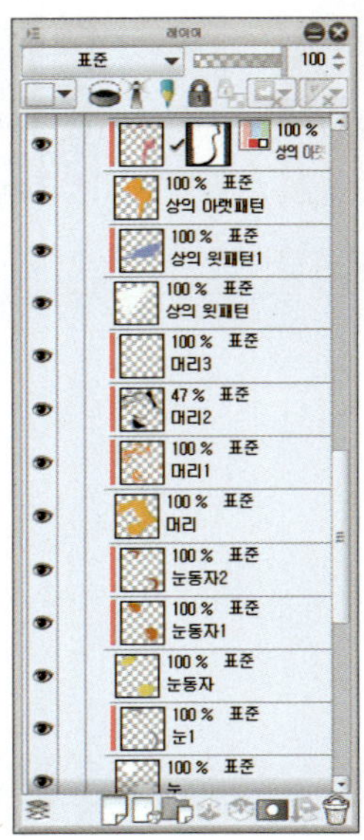

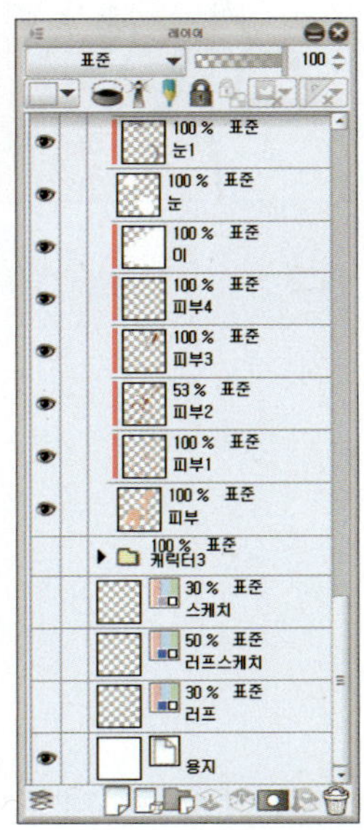

STEP 06 보라색 긴 머리 미소녀 채색하기

35 이번에는 캐릭터 3을 채색해보겠습니다. ❶ '캐릭터2' 폴더의 눈을 끄고 ❷ '캐릭터3' 폴더 레이어의 눈을 켭니다. 그런 다음 '피부' 레이어 위에 새 레이어를 만들고 클리핑 마스크를 적용한 후 자연스럽게 표현합니다.

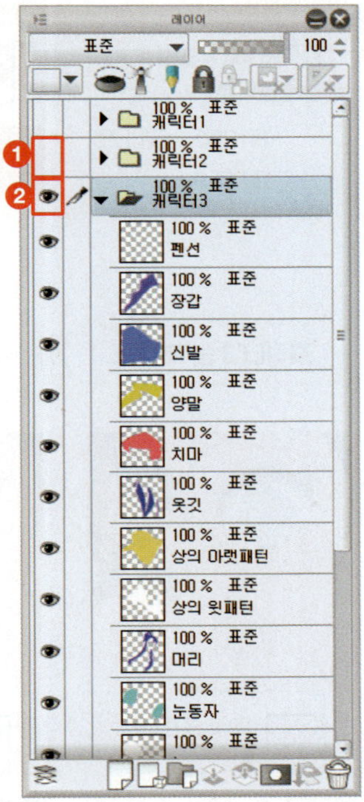

캐릭터 3 피부 채색표

100 % 표준 피부1

R | 255 G | 176 B | 159

70 % 표준 피부2

R | 224 G | 147 B | 117

100 % 표준 피부3

R | 169 G | 104 B | 78

'피부3' 레이어는 그림자 안의 어두운 곳을 찾아 채색합니다.

100 % 표준
피부4

R | 255 G | 176
B | 159

100 % 표준
입

R | 224 G | 147
B | 117

캐릭터 3 눈 채색표

100 % 표준
눈1

R | 167 G | 170
B | 185

100 % 표준
눈동자1

R | 0 G | 141
B | 168

100 % 표준
눈동자2

R | 0 G | 84
B | 107

캐릭터 3 머리 채색표

100 % 표준
머리1

R | 167 G | 170
B | 185

60 % 표준
머리2

R | 0 G | 141
B | 168

100 % 표준
머리3

R | 0 G | 84
B | 107

캐릭터 3 상의 채색표

100 % 표준
상의 윗패턴1

R | 156 G | 178
B | 255

100 % 표준
상의 아랫패턴1

R | 255 G | 165
B | 56

100 % 표준
상의 아랫패턴2

R | 24 G | 173
B | 158

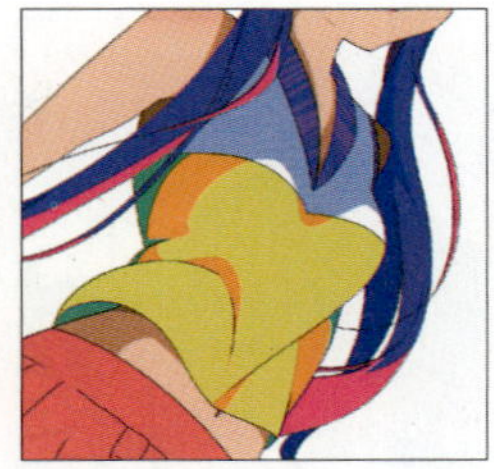

100 % 표준
옷깃1

R | 196 G | 65
B | 255

캐릭터 3 치마 채색표

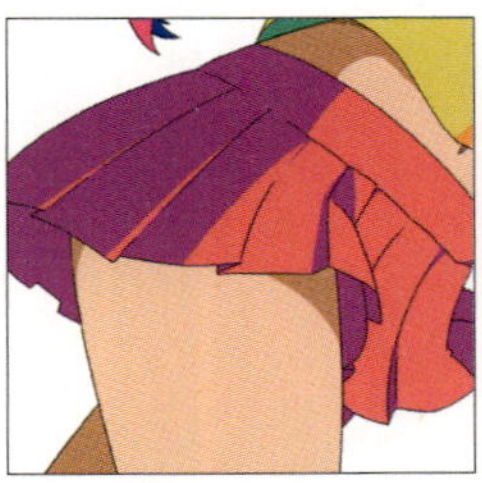

100 % 표준
치마1

R | 198 G | 0
B | 138

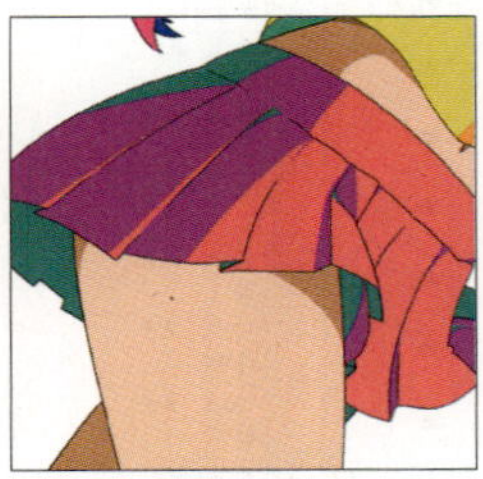

100 % 표준
치마2

R | 0 G | 150
B | 146

캐릭터 3 양말 채색표

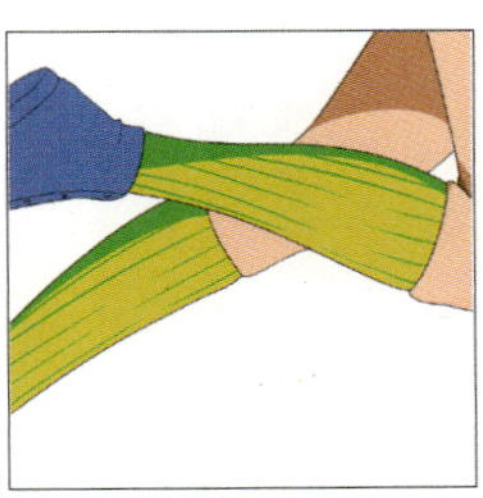

100 % 표준
양말1

R | 0 G | 252
B | 71

캐릭터 3 신발, 장갑 채색표

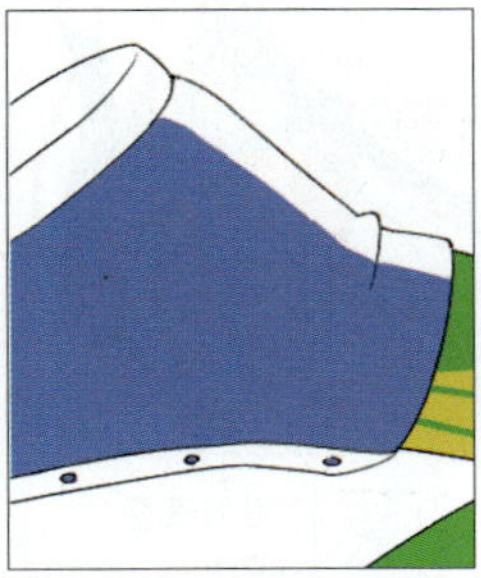

100 % 표준
신발1

R | 198　G | 0
B | 138

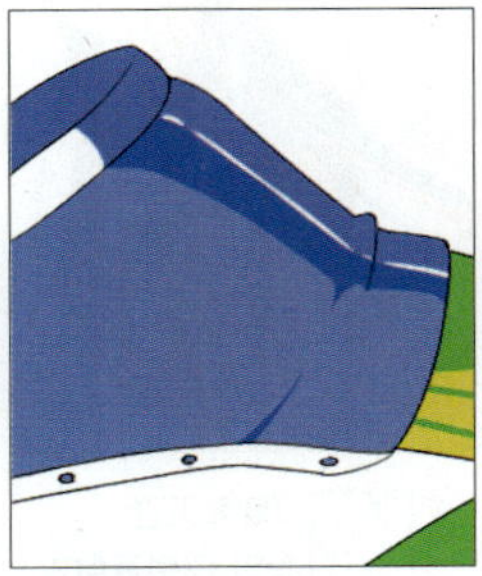

62 % 표준
신발2

R | 0　G | 150
B | 146

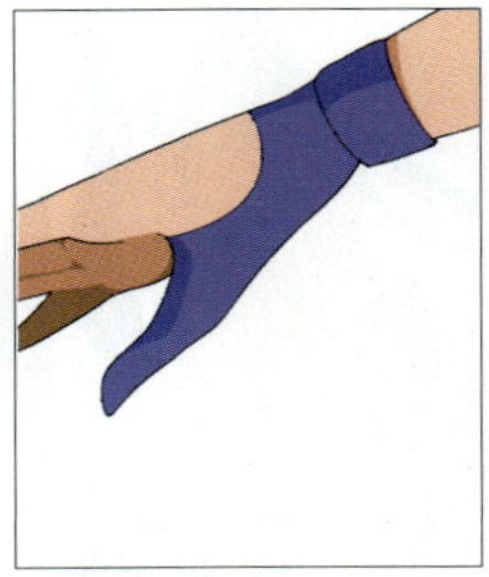

100 % 표준
장갑1

R | 0　G | 252
B | 71

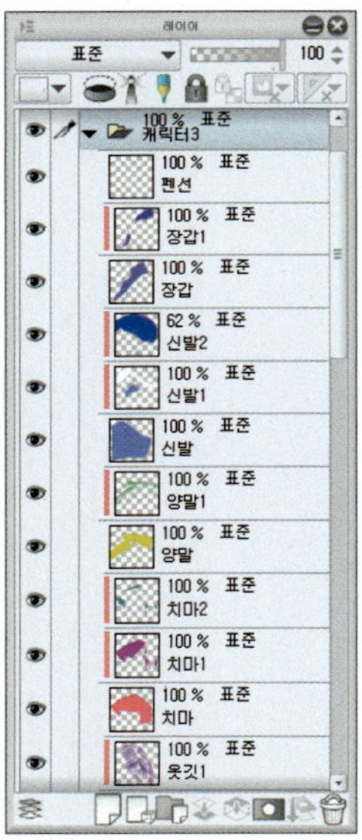

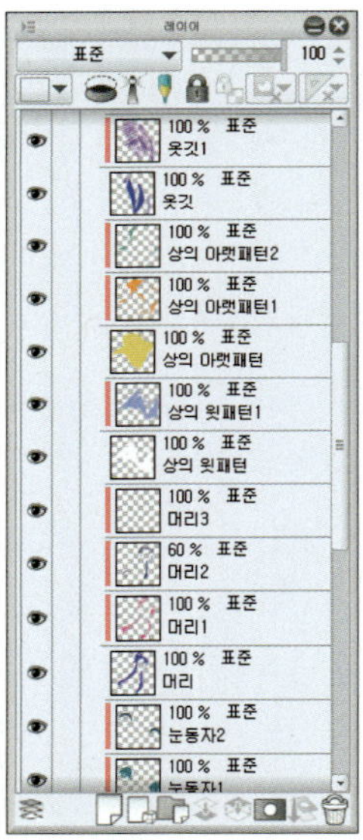

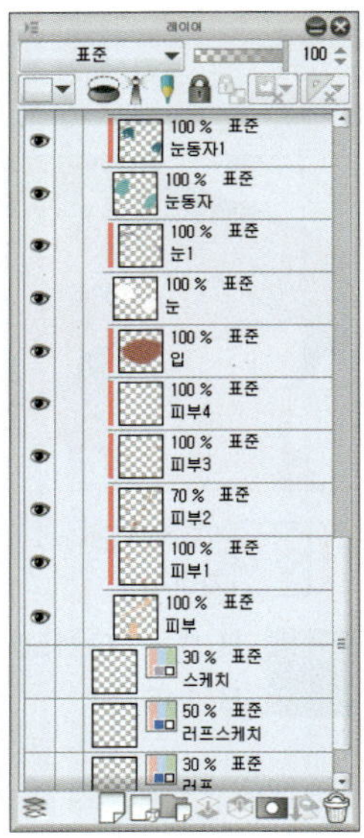

세 명의 미소녀 캐릭터 채색을 마쳤습니다. 밑색 작업 후 하이라이트와 그림자, 그리고 미소녀를 좀 더 돋보여 줄 패턴을 입히며 생동감 있는 캐릭터로 완성하였습니다. 아직 끝난 게 아니니 좀 더 힘내서 따라오세요.

STEP 07 배경 채색하기

36 마지막으로 캐릭터의 배경을 채워 공간감을 표현해보겠습니다. ❶ '캐릭터3' 폴더 아래에 '배경' 레이어를 새로 만들고 ❷ 채우기 도구 를 사용해 ❸ 다음과 같은 색으로 배경을 채웁니다.

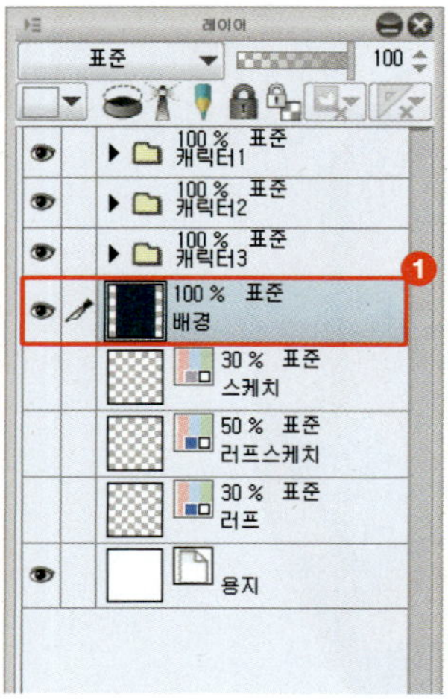

R | 218
G | 118
B | 93

37 ❶ '배경' 레이어 위에 '별' 레이어를 새로 만들고 ❷ 표시된 부분에 ❸ 흰색 점을 찍어 별을 표현합니다. ❹ 점을 찍을 땐 크기와 간격을 다르게 해주며 찍습니다. ❺ 별을 다 완성했다면 '별' 레이어의 불투명도를 50%로 조정합니다.

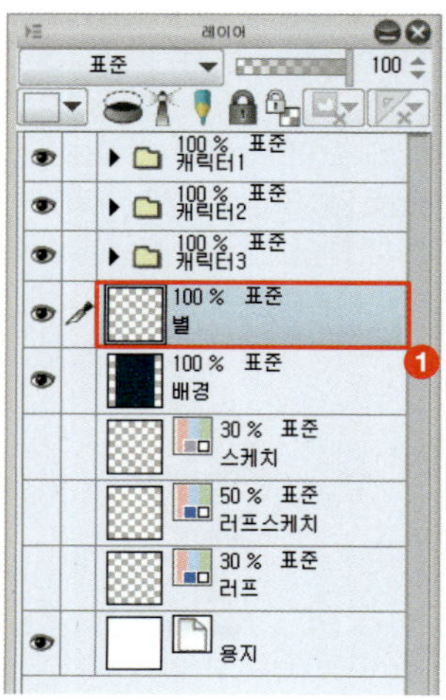

R | 255
G | 255
B | 255

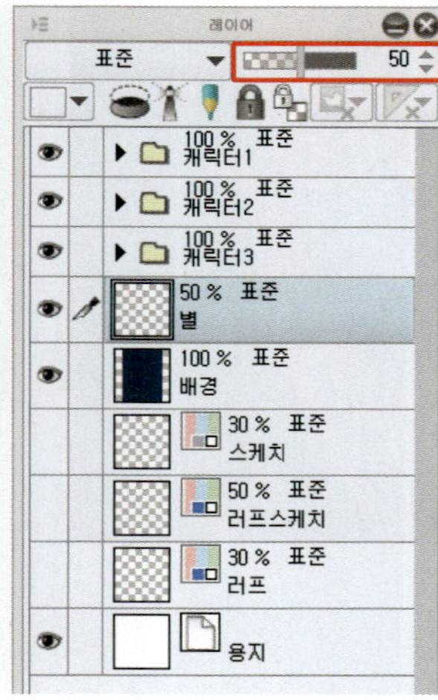

STEP 08 디테일 표현하기

38 자연스럽게 흩날리는 잔머리를 표현해보겠습니다. ❶ 레이어 가장 위에 '잔머리' 레이어를 만듭니다. ❷ 그런 다음 펜 도구 의 G펜을 얇게 설정해 잔머리를 그립니다. ❸ 색은 캐릭터 1의 머리에서 밝은 부분의 빨강, 파랑을 스포이트 도구 를 이용해 사용합니다. 이때 잔머리를 너무 많이 그리게 되면 지저분한 느낌을 줄 수 있으므로 적당히 그려서 볼륨감만 주도록 합니다.

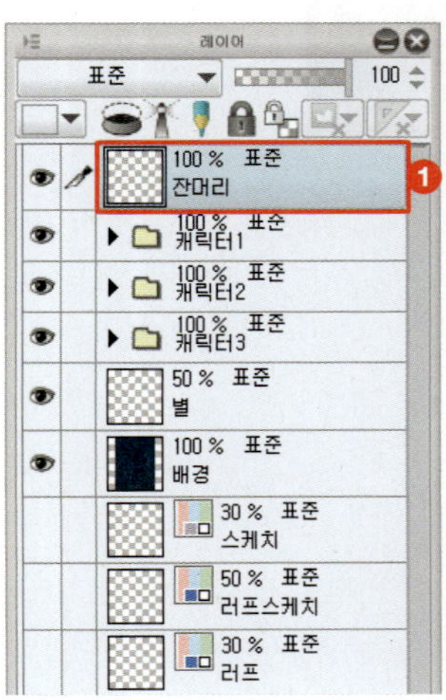

▲ 잔머리 표현 전

▲ 잔머리 표현 후

39 빛나는 눈동자를 표현해보겠습니다. ❶ 레이어 가장 위에 '눈동자 하이라이트' 레이어를 만듭니다. ❷ 그런 다음 각 캐릭터의 눈동자에 흰색으로 하이라이트를 그립니다.

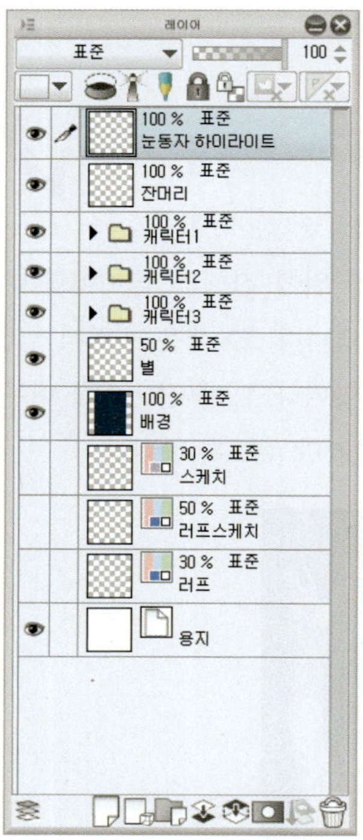

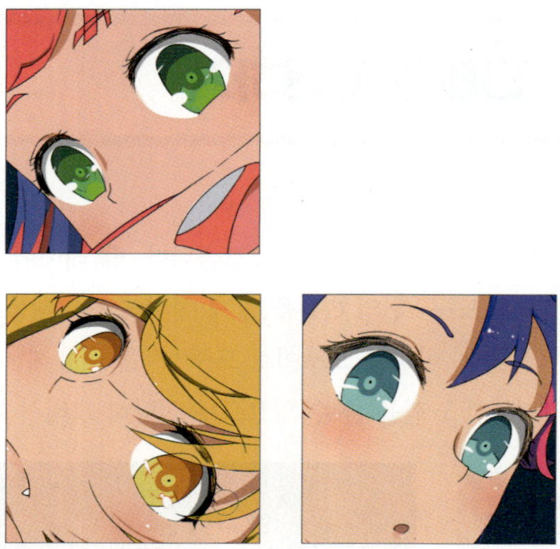

40 그림자가 표현된 신발 끈을 표현해보겠습니다. ❶ 레이어 가장 위에 '신발끈' 레이어를 만듭니다. ❷ 그런 다음 펜 도구 를 이용해 신발 끈을 그립니다. 신발 끈 매듭의 움직임에 신경 써서 그립니다.

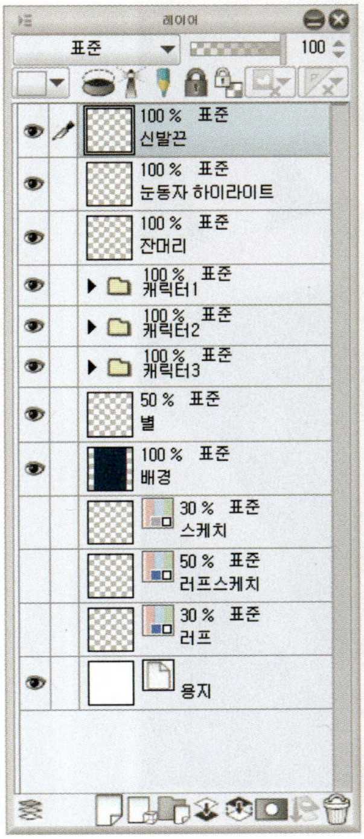

R | 255
G | 50
B | 134

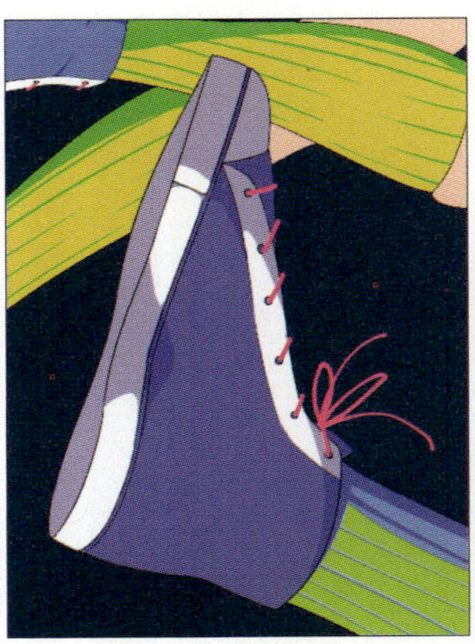

41 ❶ 맨 위에 '신발끈1' 레이어를 만들고 클리핑 마스크를 적용합니다. ❷ 다음과 같이 색을 설정하고 ❸ 신발 끈이 빛을 받아 어두워진 부분을 묘사해 그림을 완성합니다.

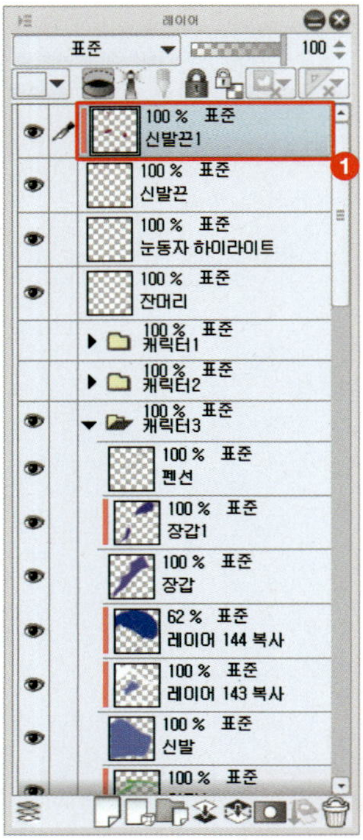

❷

R | 169
G | 23
B | 83

배운 기능을 활용한 4컷 만화

세 명의 미소녀를 그리며 톤 레이어와 그림자, 하이라이트를 표현하는 방법을 익혔습니다. 이를 활용한 4컷 만화를 보며 앞서 배운 기능이 어떤 부분에 사용되었는지 확인해 보세요.

CHAPTER

04

상당한 실력을 갖춘 무기를 든 미소녀

CHAPTER 01, 02의 미소녀를 따라 그리며 셀식 채색에서 필요한 기본적인 도구의 사용법과 다양한 채색 방법에 대해 배워보았습니다. 이번에는 앞서 배운 도구들을 활용해 수준 높은 채색 방법과 좀 더 다양한 클립 스튜디오의 도구 사용법을 알아보겠습니다. 또한, 투시가 들어가는 물건이나 배경을 그릴 때 사용하는 '투시자(퍼스자)'의 사용 방법과 브러시를 활용한 좀 더 심화된 채색 방법까지 알아보겠습니다.

STEP 01

스케치하기

미소녀 밑그림 그리기

미소녀를 그릴 공간을 만들고 밑그림을 그립니다. 이때 직접 그린 그림을 스캔한 후 보정 작업을 통해 러프 스케치 작업을 진행해도 됩니다.

STEP 02, 03, 04

펜 선 작업하기-안경, 무기, 캐릭터

펜 선 작업하기

퍼스자의 소실점 기능을 이용해 투시로 선을 그으며 펜 선 작업을 진행합니다. 이때 언제든 스케치 선을 수정할 수 있는 벡터 레이어에서 작업함으로써 스케치 작업에 효율성을 높입니다.

STEP **05**

밑색 작업하기

캐릭터 밑색 작업하기

캐릭터의 컨셉에 맞추어 채색 폴더를 만들고 피부, 안경, 셔츠, 신발, 무기 등의 밑색을 작업합니다. 이때에는 채색하는 부분마다 레이어를 만들어 작업을 진행합니다.

STEP **06**

피부 채색하기

그림자를 살려 피부 채색하기

피부의 부드러움을 살리면서 점점 어두운 곳을 찾아간다는 느낌으로 피부를 표현합니다. 수채화 붓, 에어브러시, 지우개 도구 등을 이용합니다.

STEP **07, 08**

눈, 눈동자, 머리카락 채색하기

얼굴의 세부 영역 채색하기

눈과 눈동자, 머리카락을 채색합니다. 세부 영역은 빛을 받는 곳과 받지 않는 곳으로 나눈 후 하이라이트를 표현하고 세부 묘사를 진행합니다.

STEP **09, 10**

머리 리본, 안경 채색하기

캐릭터 소품 채색하기

머리 리본과 안경을 채색합니다. 이때 안경의 질감(메탈)을 잘 표현하기 위하여 옅은 하이라이트와 명암을 주며 자연스럽게 표현합니다.

STEP **11, 12**

셔츠, 장갑 채색하기

캐릭터 상의 채색하기

주름진 셔츠와 헝겊 느낌이 가득한 장갑을 채색합니다. 수채 붓 도구를 이용하여 셔츠의 자연스러운 주름을 표현하고 텍스처 합성을 통해 장갑의 사실감을 표현합니다.

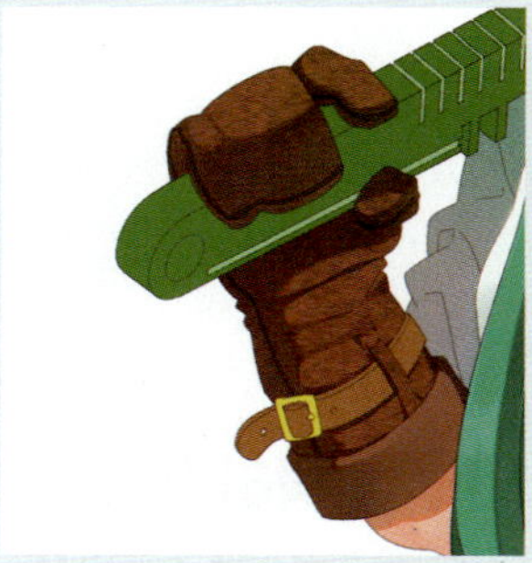

STEP **13, 14**

외투, 치마, 가방 채색하기

캐릭터 하의 채색하기-1

허리에 질끈 묶은 외투와 치마, 가방을 채색합니다. 이미 밑색이 채색되어 있으므로 레이어 합성 모드를 이용해 한 가지 색으로 통일감 있는 그림자를 만들어 표현합니다.

STEP 15, 16

스타킹, 신발 채색하기

캐릭터 하의 채색하기-2

캐릭터의 스타킹과 신발을 채색합니다. 다리의 입체감과 하이라이트, 그리고 빛을 받는 부분과 받지 않는 부분을 확실하게 인식하여 제대로 표현합니다.

STEP 17

무기 채색하기

사실감 살려 무기 채색하기

무기의 질감은 안경과 같은 메탈로 설정했습니다. 따라서 메탈의 질감이 잘 느껴지도록 명암을 확실히 구분해 채색합니다.

STEP 18

마무리 채색하기

디테일을 보완하며 완성하기

캐릭터 레이어 위에 클리핑 마스크를 적용하면서 미소녀의 디테일을 보완합니다. 눈동자의 하이라이트, 흩날리는 머리카락, 가는 신발 끈을 섬세하게 표현해 마무리합니다.

STEP 01 스케치하기

예제 소스 _ 무기 미소녀 밑그림.jpg

01 ❶ 손으로 직접 그린 밑그림을 스캔한 후 클립 스튜디오에서 엽니다. 직접 그린 그림이 없다면 예제 소스를 이용해도 좋습니다. ❷ 그런 다음 [레이어] – [신규 색조 보정 레이어] – [레벨 보정]을 클릭합니다.

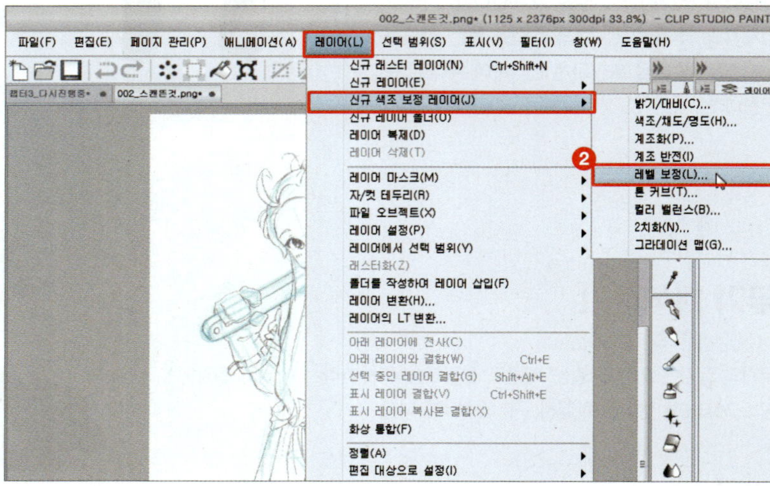

02 레벨 보정 대화상자가 나타나면 화살표를 오른쪽으로 움직여 흐릿한 그림을 선명하게 보정합니다.

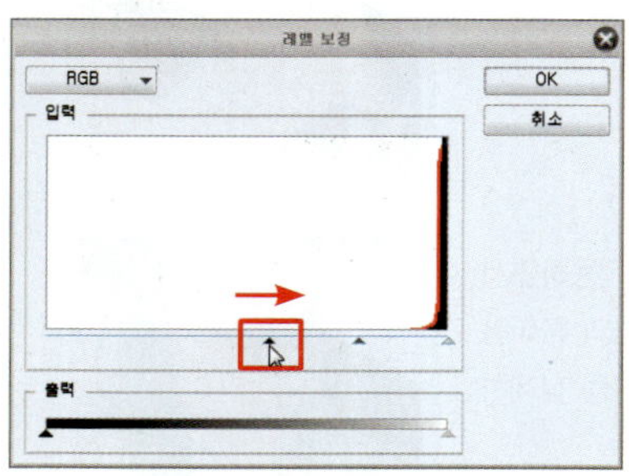

TIP 스케치 보정 작업 | 이번에는 러프 스케치 작업을 컴퓨터에서 하지 않고 종이에 직접 그린 수작업으로 진행한 후 스캔하여 사용했습니다. 스캔 과정을 거친 그림은 지저분하고 선이 선명하지 않습니다. 이때 필요한 것이 레벨 보정입니다. 레벨 보정 작업은 그림의 선명도를 조절할 수 있어 수작업으로 그린 그림을 불러와 이용할 때 매우 효과적입니다.

03 ❶ 레이어 이미지를 클릭하고 ❷ Ctrl+C를 눌러 복사합니다. ❸ 그런 다음 신규 캔버스를 만듭니다.

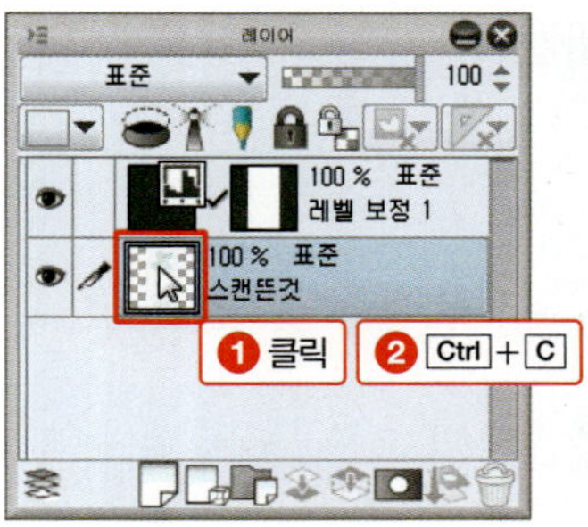

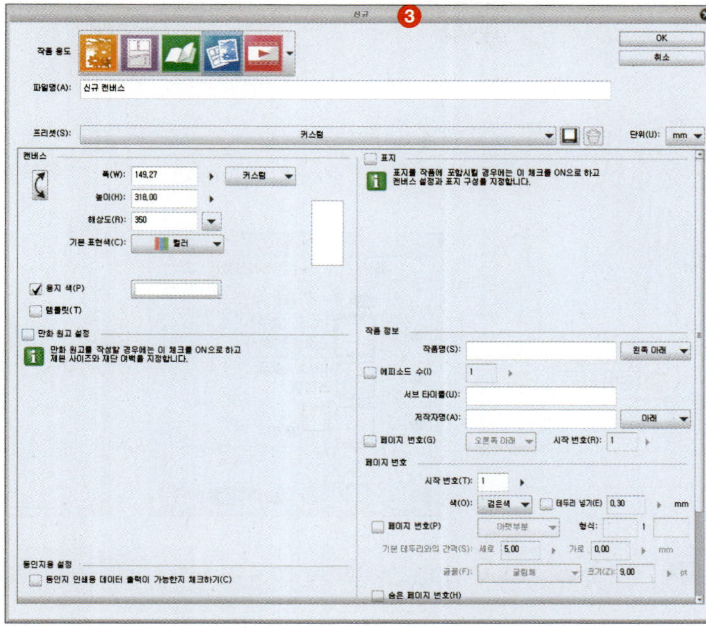

스캔본은 A4 사이즈도 안 되는 크기라 이 상태로 작업하게 되면 결과물이 매우 작게 나옵니다. 따라서 작업하기 적당한 새로운 캔버스를 만들어 작업하도록 합니다.

TIP 신규 캔버스를 만들 때는 폭과 넓이를 149.27, 318.00 정도로 지정합니다. 혹 [만화 원고 설정]에 체크 표시가 되어 있다면 아래와 같은 경고 창이 나타날 수 있습니다. 당황하지 말고 [만화 원고 설정]에 체크 표시를 해제한 후 진행합니다.

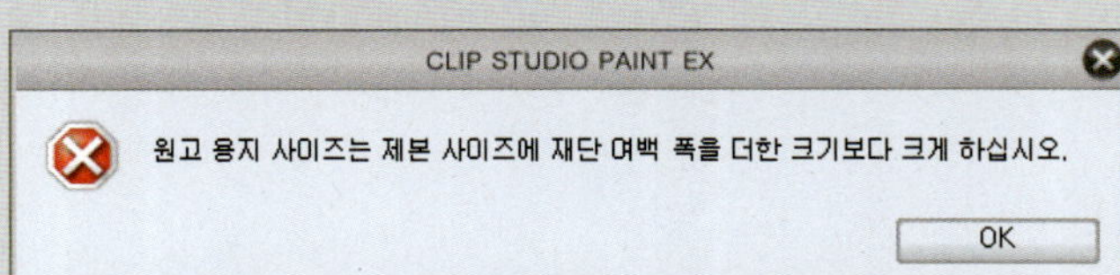

04 ❶ 신규 캔버스가 나타나면 [Ctrl]+[V]를 눌러 복사한 스캔본을 붙여넣습니다. ❷ [Ctrl]+[T]를 눌러 변형 모드로 바꾼 뒤 ❸ 스캔본 크기를 캔버스 크기에 알맞게 적절하게 늘입니다.

TIP [Shift]를 누른 상태에서 드래그하면 원본 비율을 그대로 유지하면서 이미지 크기를 조절할 수 있습니다.

05 ❶ 쓸모없는 레이어('레이어 1' 레이어)는 삭제 [🗑]로 드래그하여 삭제하고 ❷ '스캔뜬것 복사' 레이어 이름을 '러프'로 바꿉니다.

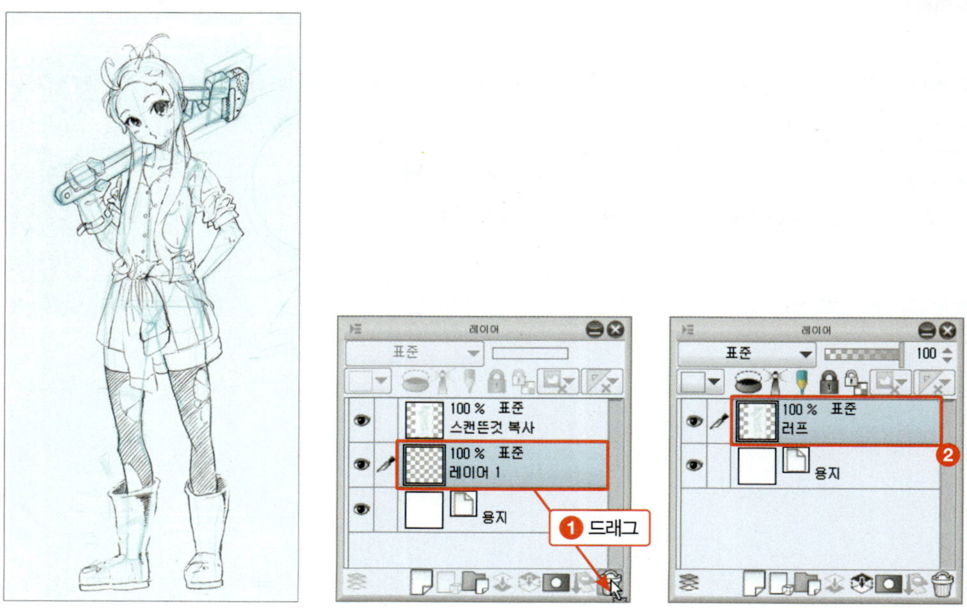

06 연필 도구 를 이용해 의상과 액세서리 등의 디자인을 좀 더 다듬습니다.

STEP 02 펜 선 작업하기-안경

07 ❶ '러프' 레이어의 레이어 색을 변경하고 ❷ 불투명도를 22%로 낮춥니다.

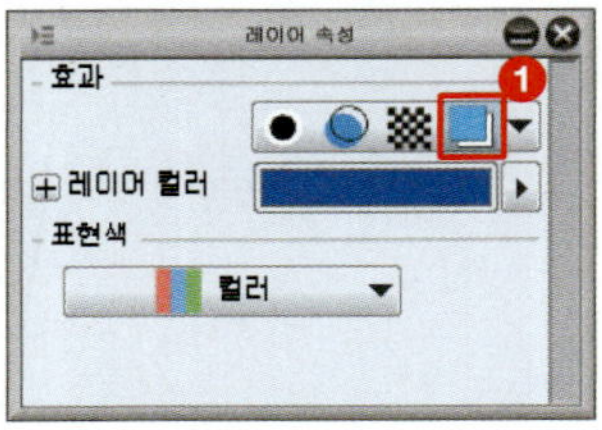

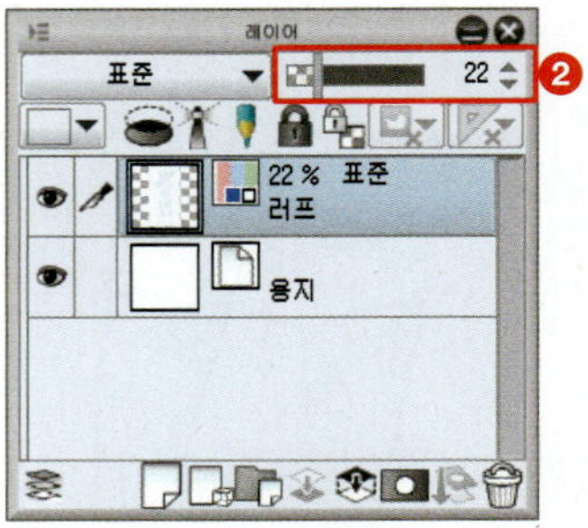

08 ❶ 펜 도구 를 선택한 후 굵기가 일정한 스푼펜을 이용해 ❷ 펜 선 작업을 진행합니다.

09 안경을 그려보겠습니다. ❶ 2점 투시 퍼스자를 생성합니다. ❷ 안경의 디테일한 부분은 신경 쓰지 말고 안경을 육면체로 인식한 후 그에 맞는 투시선을 만듭니다. 안경을 큰 덩어리로 해석하면 아래와 같은 각도의 육면체로 표현할 수 있습니다.

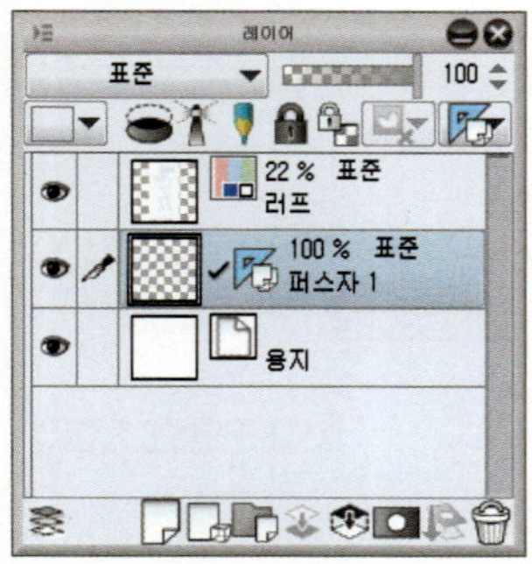

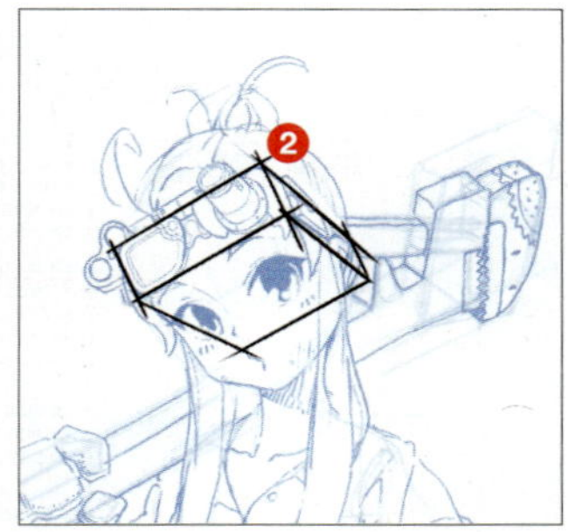

TIP 퍼스자에 대한 자세한 내용은 다음 페이지를 참고하세요.

TIP 가운데 있는 가이드 핸들과 자 전체 핸들 단추는 투시자의 축을 조절할 수 있습니다. 십자 모양인 자 전체 핸들을 움직이면 세로축을 기울일 수 있고 가운데 동그라미인 가이드 핸들을 움직이면 전체 투시선을 끌고 다닐 수 있어 기준을 명확하게 잡기 쉽습니다.

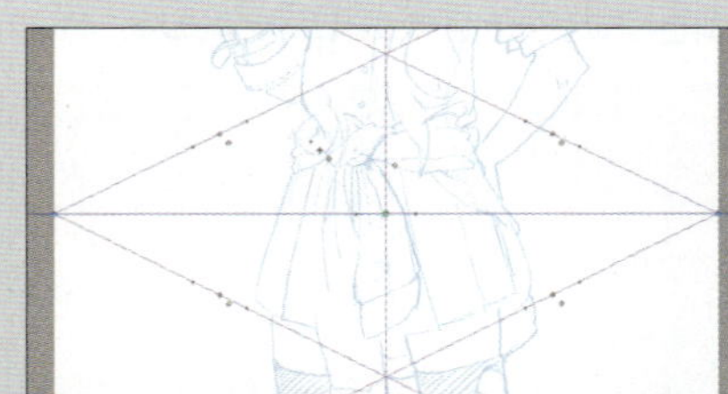

▲ 투시자 세로축 조절하기

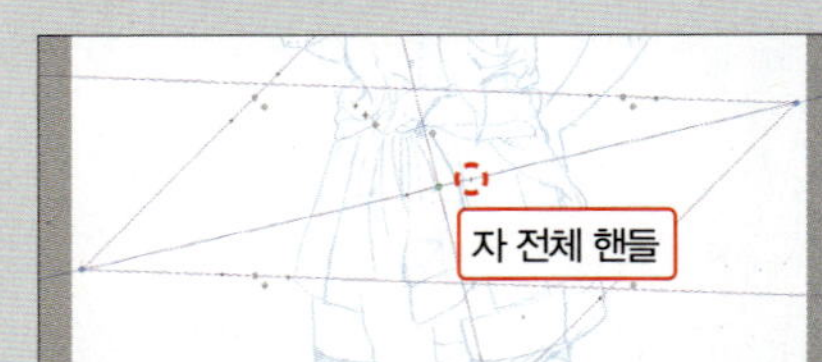

▲ 세로축 기울이기

▲ 기준 명확하게 잡기

퍼스자 파헤치기

무기, 머리 장식, 메카닉, 건물, 나무 등 원근감이 느껴지는 배경을 그릴 때는 투시가 매우 중요합니다. 이때 직선 도구로 일일이 선을 그어주는 방법도 있겠지만, 더 편리하고 간편하게 그리기 위해서는 '퍼스자' 기능을 익히는 것이 좋습니다.

퍼스자는 투시대로 선을 그을 수 있게 해주는 자를 말하는데, 투시에 맞는 선을 그어야 할 때 사용하면 빠르고 정확하게 선을 그을 수 있습니다. 사용법을 한번 익혀 놓으면 쉬운 기능이지만 꽤 까다로우므로 천천히 실습하며 익히기 바랍니다.

① [레이어] – [자/컷 테두리] – [퍼스자 작성]을 클릭합니다. ② 퍼스자 작성 대화상자가 나타나면 2점 투시를 선택하고 ③ [OK]를 클릭합니다.

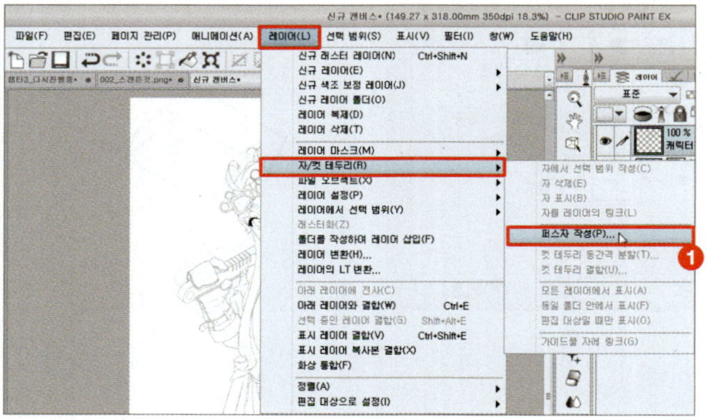

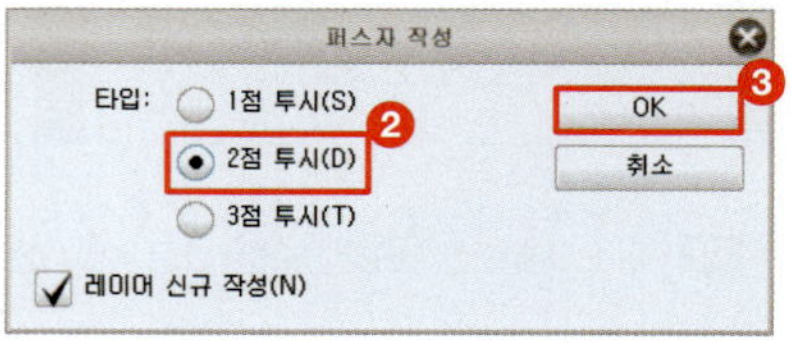

④ 화면에 교차한 선들이 보이고 ⑤ '퍼스자1' 레이어가 생성된 것을 확인할 수 있습니다.

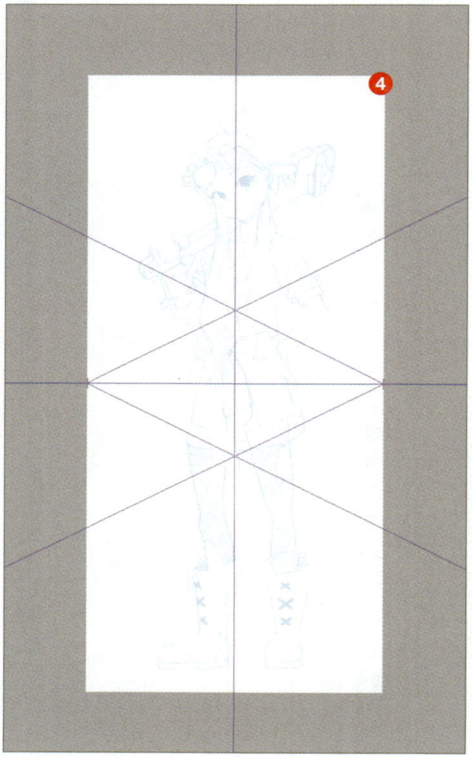

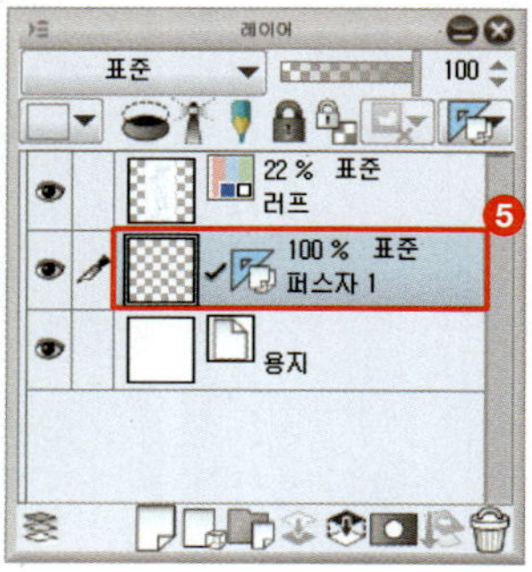

⑥ 설정된 소실점(2점 투시)에 맞춰 선을 그을 수도 있습니다. ⑦ 이때 도구 팔레트에서 조작 도구를 클릭하면 ⑧ 마우스 커서가 화살표로 바뀝니다.

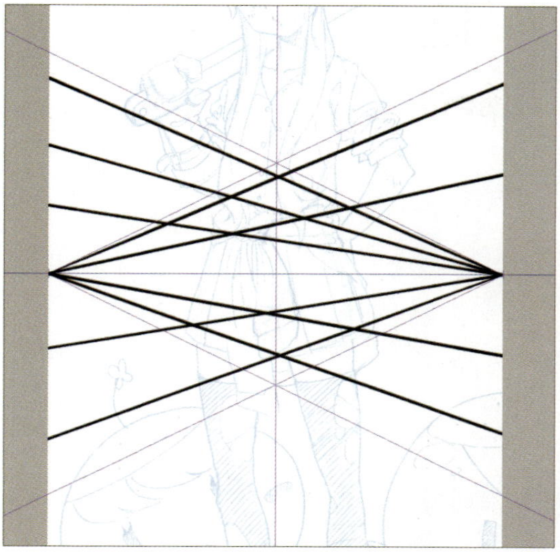

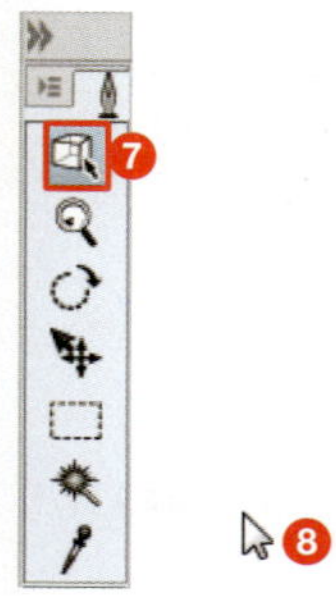

⑨ 조작을 켠 상태로 캔버스의 퍼스자를 클릭하면 퍼스자를 변경할 수 있습니다. 이때 클릭하는 위치는 중요하지 않습니다. 퍼스자를 클릭한다는 것은 '퍼스자 개체를 사용하기 위해 선택한다'는 개념이기 때문에 어느 곳을 클릭해도 상관없습니다.

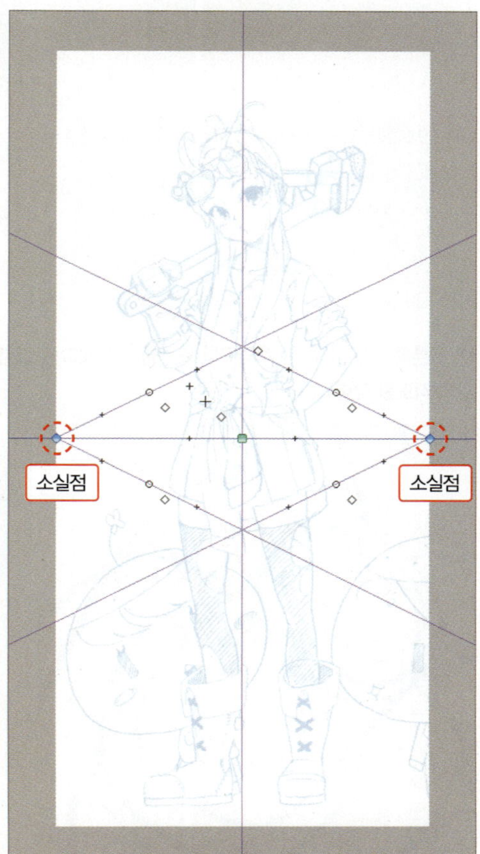

소실점 | 퍼스자가 실행된 상태에서는 소실점 한 개당 기준선이 두 개인 것을 확인할 수 있습니다. 이 선을 조정하면 원하는 부분에서 원하는 각도의 선을 그을 수 있습니다.

⑩ 안경을 기준으로 퍼스자를 설정해보겠습니다. 기준선에는 동그라미 모양 한 개와 십자 모양이 두 개 있습니다.

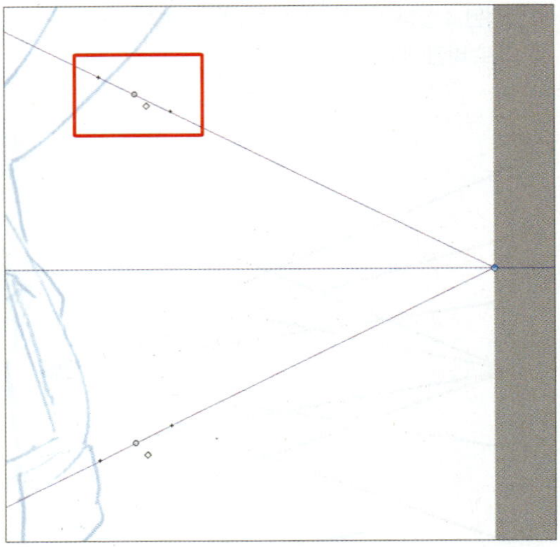

TIP 가이드 핸들 : 퍼스자 선의 위치를 옮길 수 있습니다. 옮기고 싶은 곳으로 마우스를 드래그합니다.

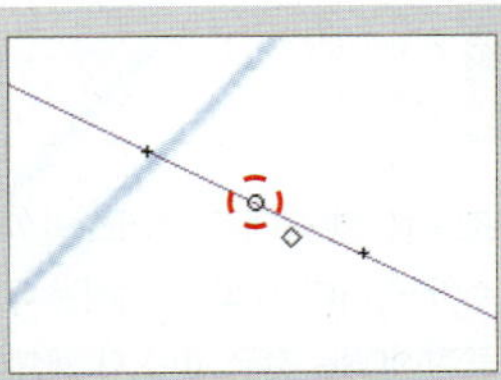

자 전체 핸들 : 퍼스자 선의 각도를 바꿀 수 있습니다. 두 선의 각도를 조절해 소실점을 교정할 수 있습니다.

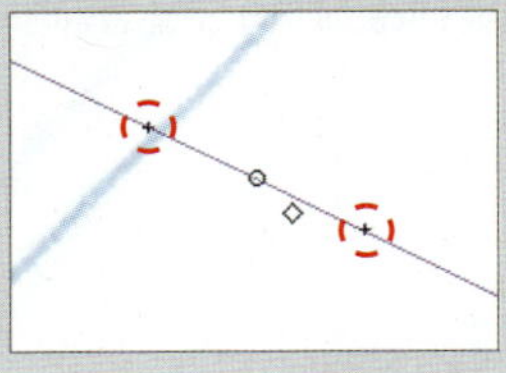

⑪ 오른쪽 기준선 중 한 개의 가이드핸들을 드래그해 안경과 접촉시킵니다. ⑫ 양쪽에 있는 자 전체 핸들을 움직여 안경과 퍼스자의 각도를 맞춥니다.

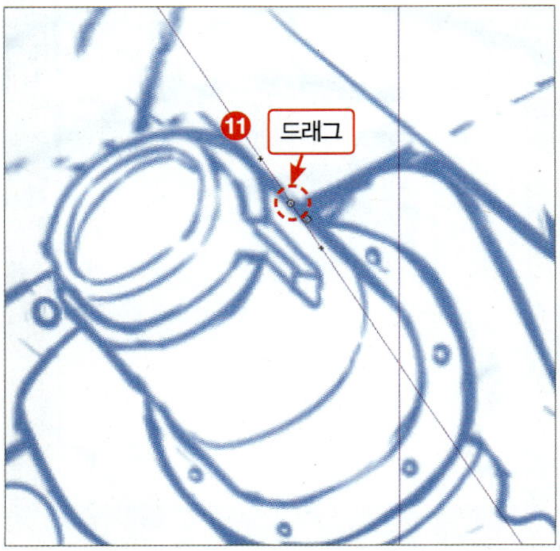

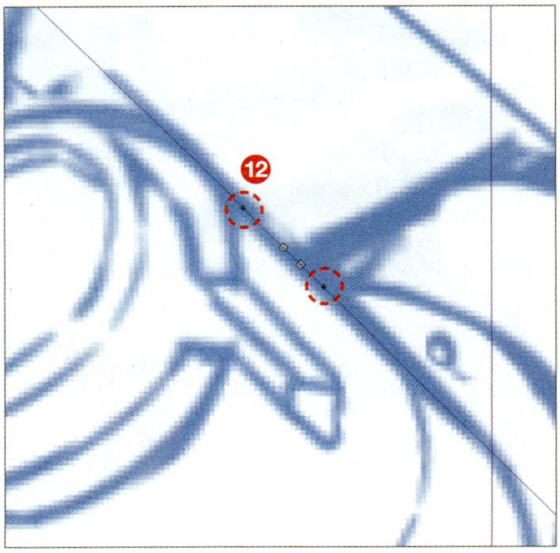

⑬ 나머지 가이드 핸들을 드래그해 마찬가지로 기울기를 조절합니다. ⑭ 반대편에 있는 가이드 핸들의 기울기를 조절해 양쪽 균형을 맞춥니다.

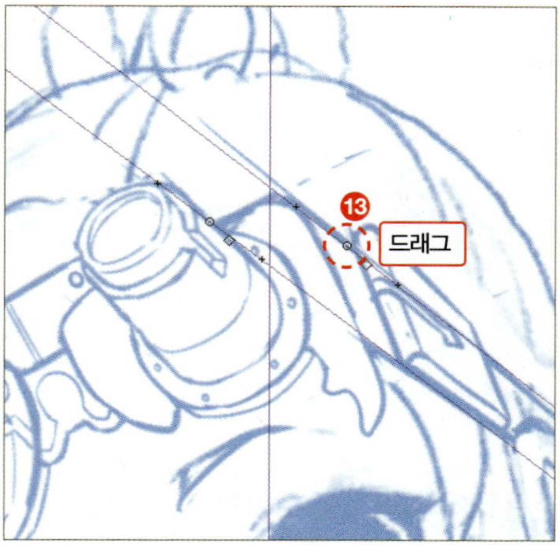

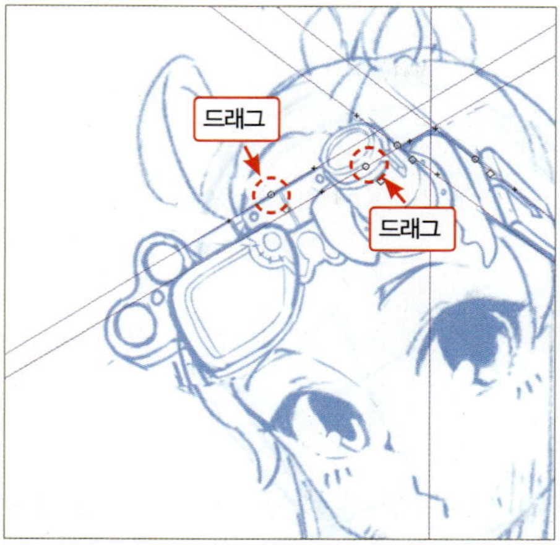

⑮ 퍼스자를 안경에 알맞게 설정하여 규격에 맞는 선을 긋습니다.

TIP 퍼스자 켜고 끄기 | 퍼스자에서는 필요 없는(사용하지 않는) 소실점을 활성화/비활성화할 수 있습니다. 선을 그을 때 거슬리는 퍼스자가 있으면 퍼스자를 비활성화하여 작업하는 것이 좋습니다.

각 소실점과 연결된 선에는 사각형 모양의 활성화/비활성화 단추가 한 개씩 있습니다. 오른쪽 소실점의 비활성화 단추 중 한 개를 클릭하면 해당 소실점의 기준선들이 초록색으로 바뀝니다.

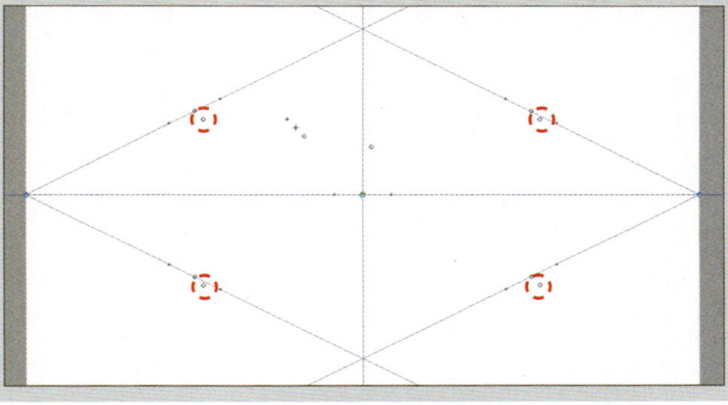

비활성화 단추를 클릭해 소실점에 이어진 선이 녹색이 되면 비활성화 상태가 된 것입니다. 비활성화된 소실점은 선을 그을 때 전혀 영향을 받지 않으므로 필요에 따라 적절히 활용하는 것이 좋습니다.

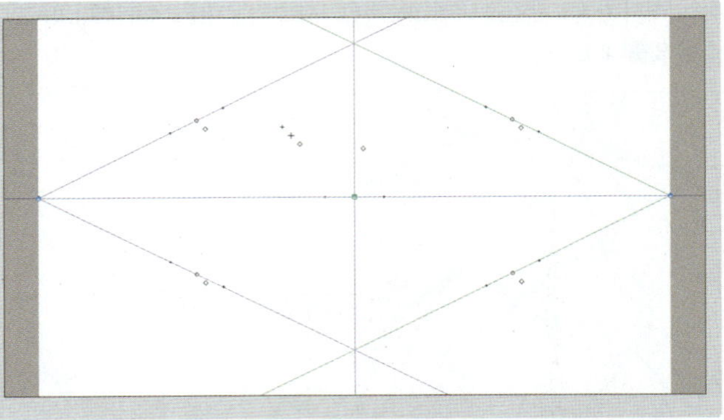

10 ❶ 안경의 세로축에 기준선을 맞춥니다. ❷ 양쪽 기준선들의 대략적인 위치와 각도를 잡은 후 ❸ 기준선을 이리저리 움직여 투시를 정확하게 맞춥니다. ❹ 만들어진 퍼스자가 알맞은지 안경 위에 육면체를 그려 확인합니다.

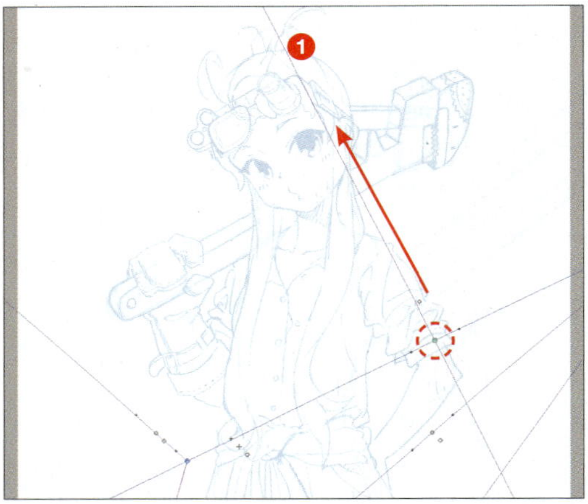

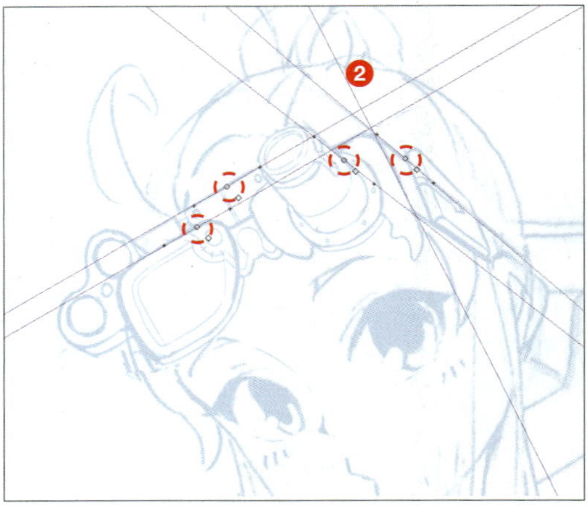

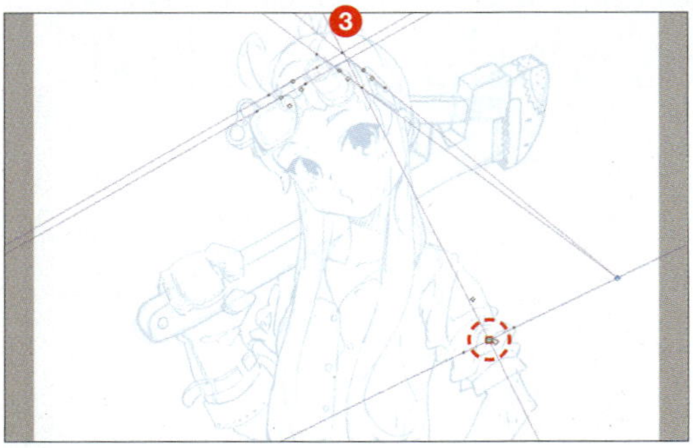

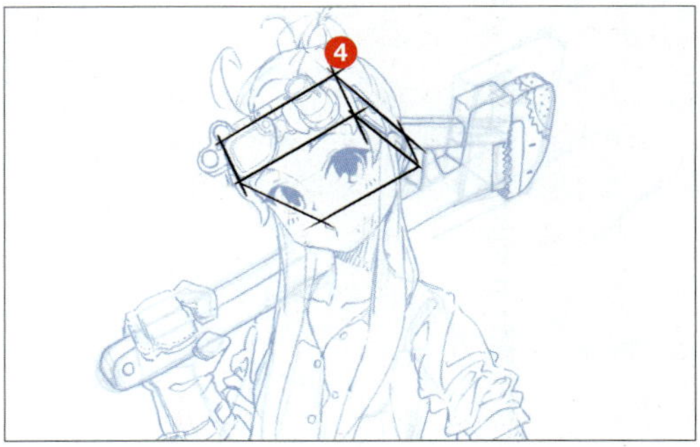

11 이제 펜 선을 그릴 새 벡터 레이어를 만듭니다. ❶ 신규 벡터 레이어 를 클릭합니다. ❷ 새 벡터 레이어가 만들어지면 '안경펜선'으로 이름을 변경합니다.

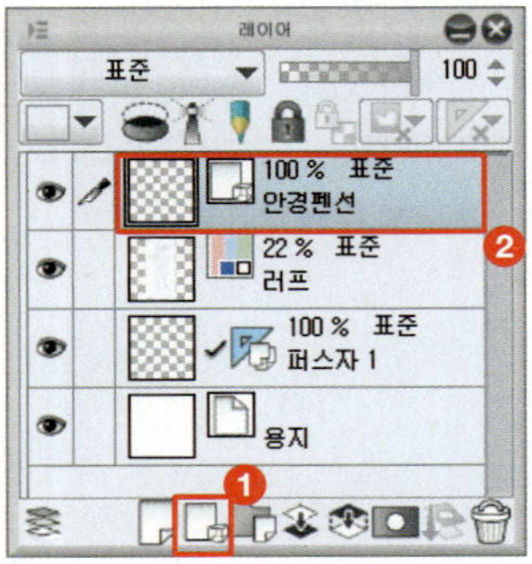

벡터 레이어 이해하기

벡터 레이어는 해당 레이어 위에 그린 모든 선의 수치를 저장합니다. 개체 값을 그대로 보존하는 것이죠. 따라서 벡터 레이어에서는 자유롭게 선을 그리거나 지울 수 있습니다. 이번에는 벡터 레이어 생성부터 벡터용 지우개의 사용 방법까지 알아보겠습니다.

① 레이어 팔레트에서 신규 벡터 레이어 를 클릭하면 ② 벡터 레이어가 생성됩니다.
③ 벡터 레이어에는 벡터 표시가 레이어 이름 영역에 나타납니다.

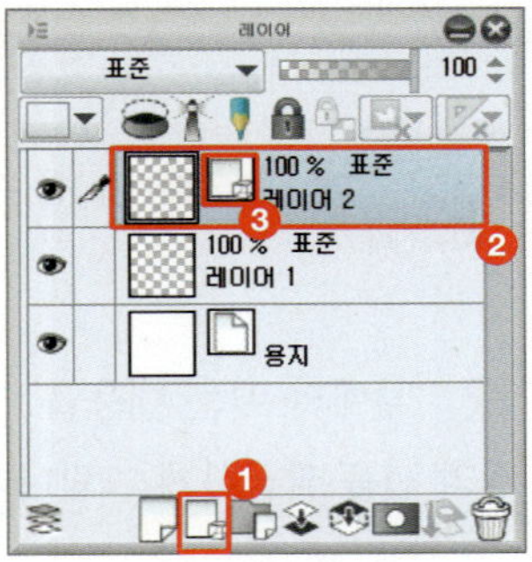

④ 벡터 레이어에 G펜으로 사자를 그렸습니다. 사자의 얼굴선이 서로 이어지지 않고 엇갈려 있습니다. 벡터 레이어에서는 이렇게 튀어나온 선들을 클릭 한 번으로 깔끔하게 지울 수 있습니다. ⑤ 지우개 도구 를 선택한 후 보조 도구 [지우개] 팔레트에서 [벡터용]을 클릭합니다. ⑥ 삐져나와 있는 사자 얼굴선을 클릭하기만 해도 지저분했던 선이 깔끔하게 사라진 모습을 볼 수 있습니다.

⑦ 벡터 지우개의 도구 속성 [벡터용] 팔레트에 있는 벡터 지우기 옵션에 따라 어떤 방식으로 선이 지워지는지 알아보겠습니다.

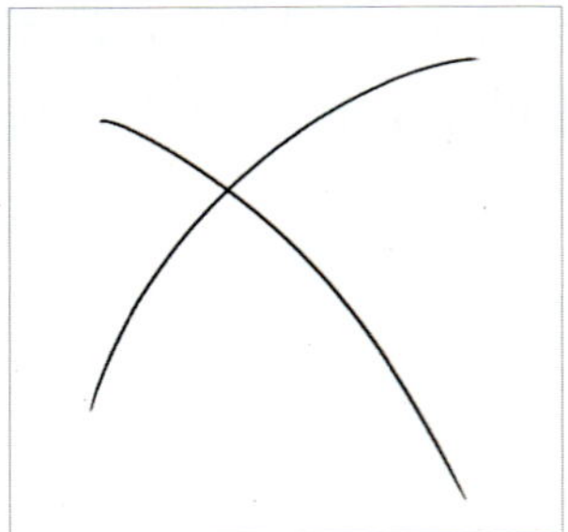

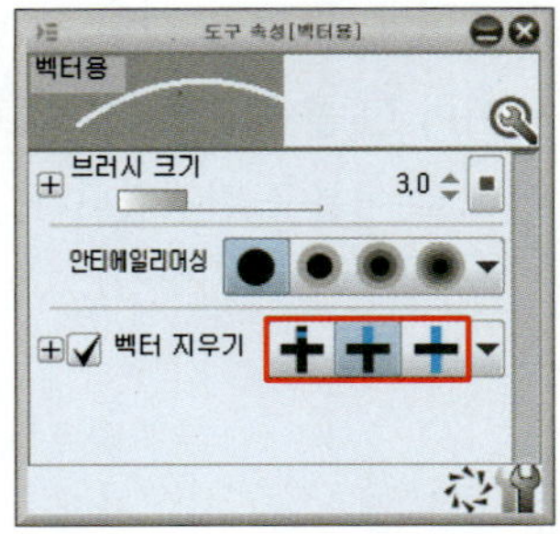

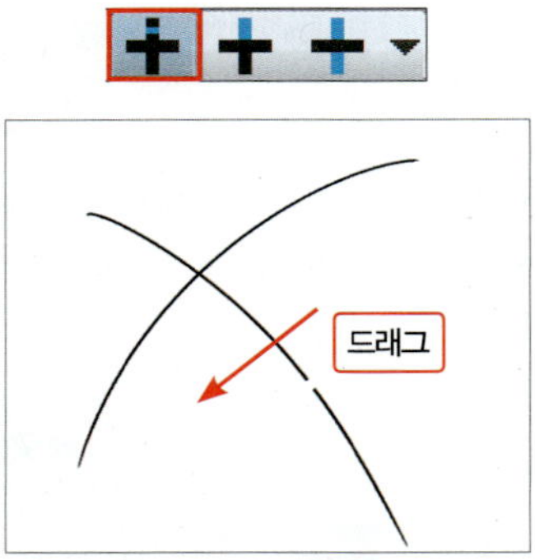

▲ 접하는 부분 | 지우개가 지나간 곳만 지워진다.

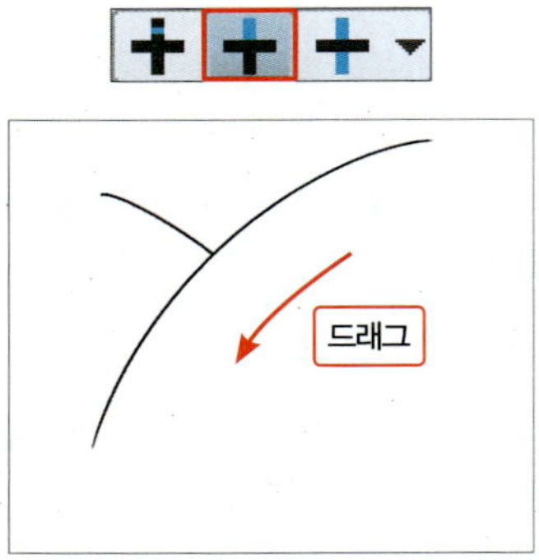

▲ 교점까지 | 다른 선과 교차한 지점까지 지워진다.

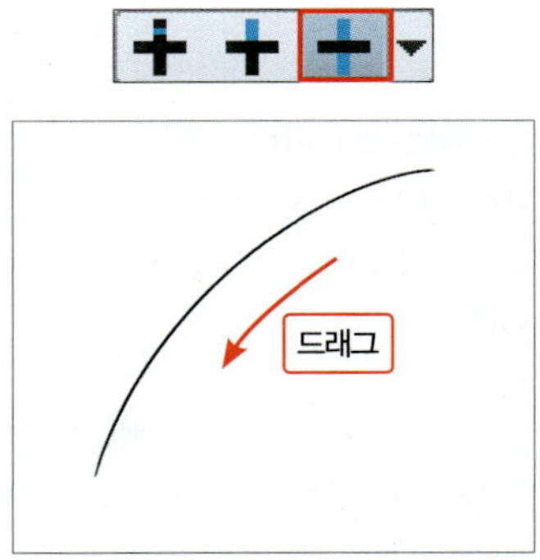

▲ 선 전체 | 선 자체가 지워진다.

12 앞에서 배운 내용을 기반해 펜 도구 로 안경의 선을 깔끔하게 그립니다.

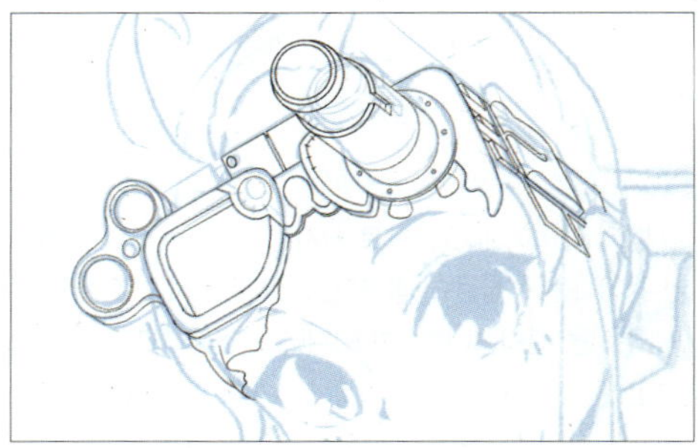

TIP 메뉴 바에 있는 특수 자에 스냅을 클릭하여 활성화하면 퍼스자에 적용된 선만 그려지고 다시 클릭하여 비활성화하면 자유로운 선을 그릴 수 있습니다.

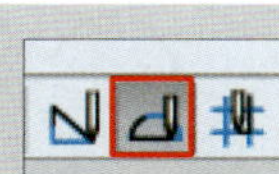

▲ 특수 자에 스냅 활성화

▲ 특수 자에 스냅 비활성화

TIP 러프 스케치 단계에서 투시가 잘못 표현된 부분이나 디자인적으로 부족하다고 생각하는 부분이 있다면 점차 단계를 진행하며 수정합니다.

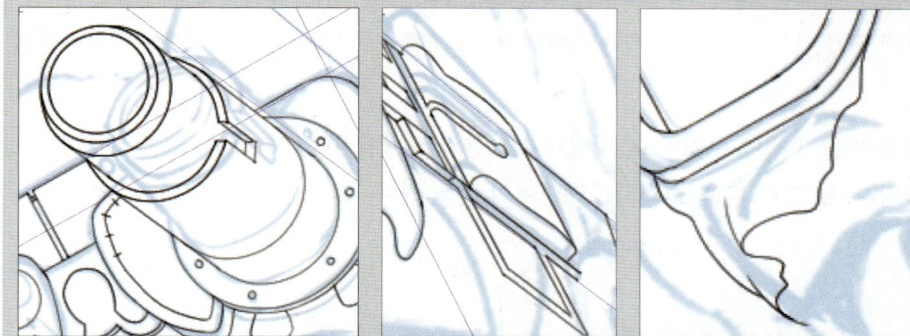

퍼스자로 원 그리기

퍼스자를 이용해 원을 그리는 방법을 알아보겠습니다. 그림을 그릴 때 직선으로 이루어진 물체는 그냥 퍼스자 그대로 그리면 되지만, 원을 그릴 때는 그렇지 않습니다. 평면 원은 도형 도구를 이용해 그릴 수 있지만 투시가 들어간 원은 조금씩 각도가 더해져 있어 그리기 힘듭니다.

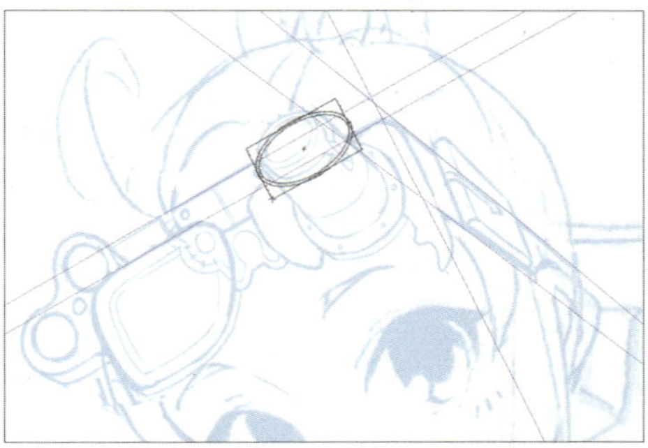

퍼스자가 활성화되어 있는 상태에서 원을 그리면 퍼스자에서 설정된 소실점에 맞춰 원이 만들어집니다. 좀 더 정확한 위치에 원을 그리고 싶다면 ① 먼저 사각형 틀을 만든 후 ② 그 위에 원을 그립니다. ③ 그런 다음 지우개 도구 [E]로 사각형 틀을 지우면 좀 더 쉽게 원을 그릴 수 있습니다.

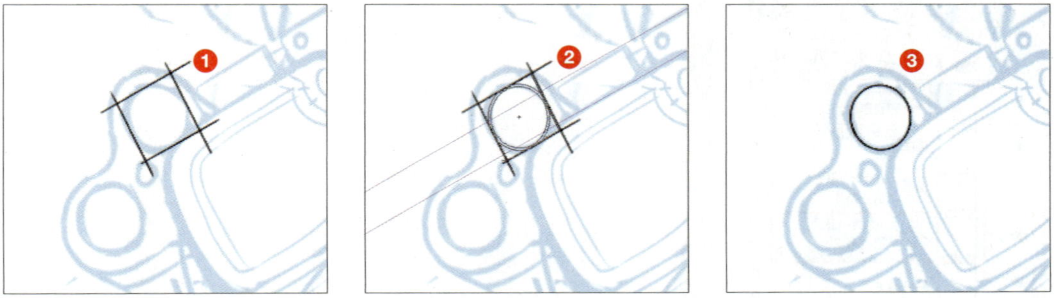

STEP 03 펜 선 작업하기-무기

13 ❶ 퍼스자를 만들기 전에 무기가 어떤 형태가 되는지 생각합니다. 여기서는 크게 육면체 모양으로 생각했습니다. ❷ 그런 다음 '퍼스자1' 레이어의 눈을 끕니다.

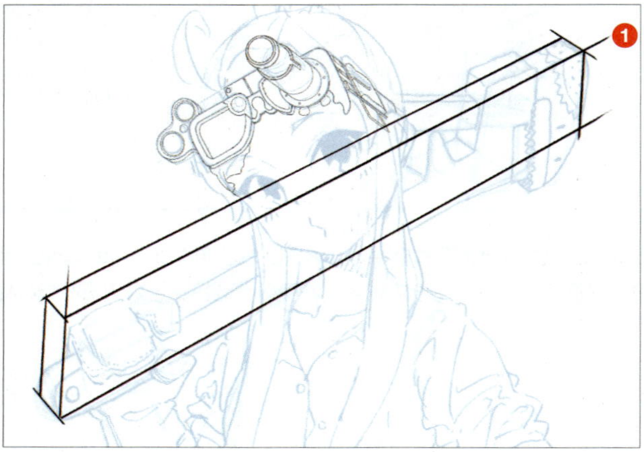

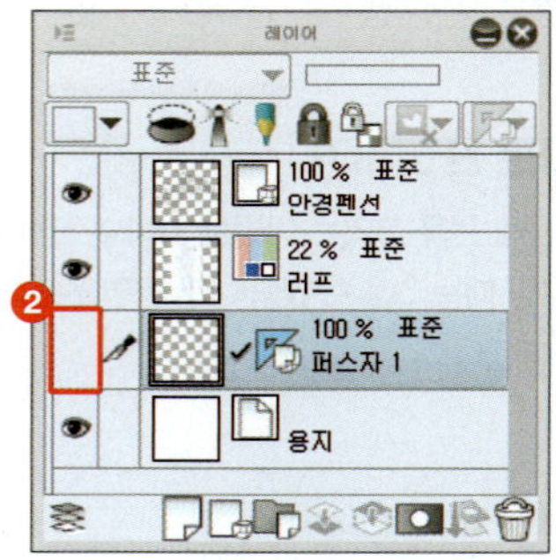

14 2점 투시의 퍼스자를 새로 생성합니다.

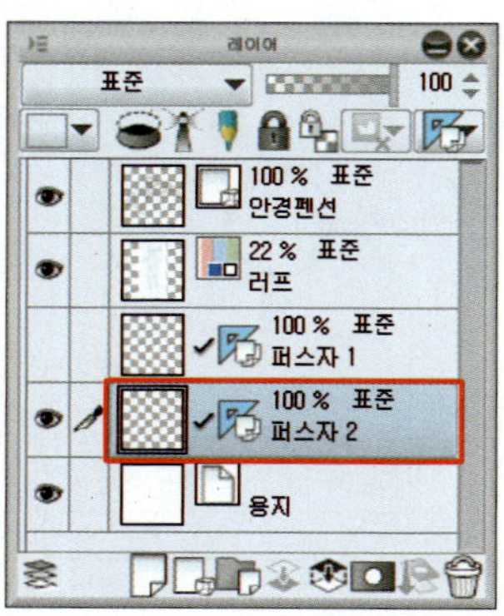

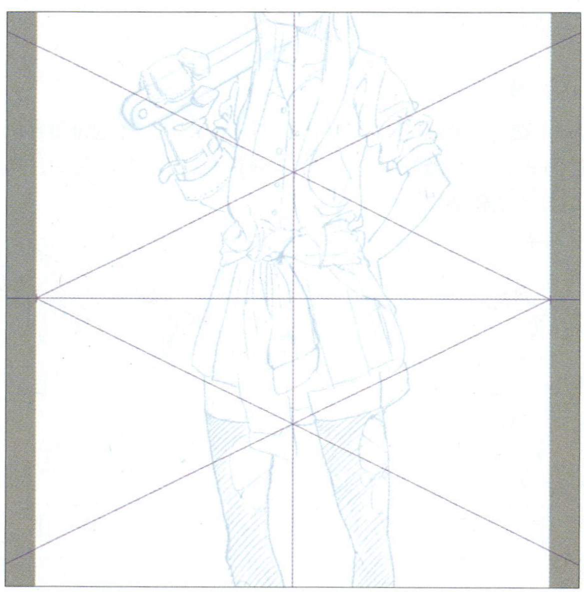

15 무기의 세로축에 퍼스자의 중심을 맞춥니다.

16 퍼스자의 대략적인 위치와 각도를 무기에 맞춥니다. 이때 가이드 핸들의 중심은 고정되어 움직이지 않게 고정합니다.

17 중앙 기준선을 움직이며 투시를 정확하게 맞춰줍니다. 캔버스 밖으로 나가도 무방합니다.

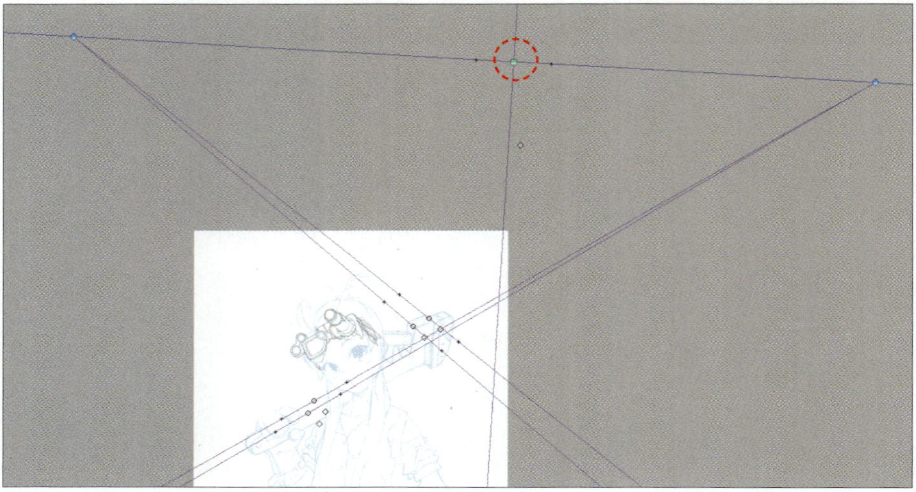

18 ❶ 퍼스자를 모두 알맞게 맞췄다면 무기를 그릴 '무기펜선' 벡터 레이어를 만듭니다. ❷ 그런 다음 펜 도구 를 이용해 무기를 그립니다. 무기는 세부 디테일을 살려 그리되 두께감이 느껴지도록 표현합니다.

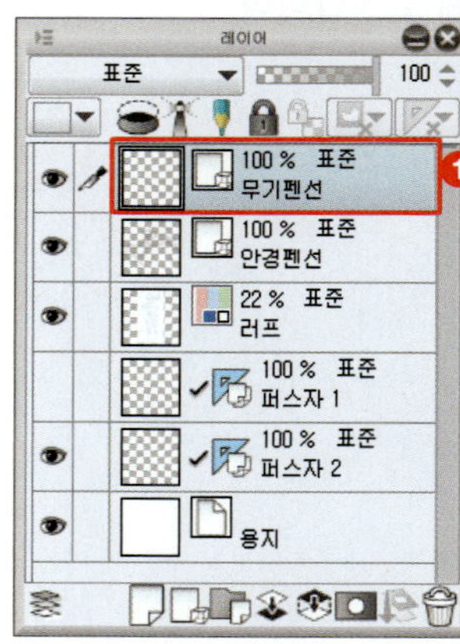

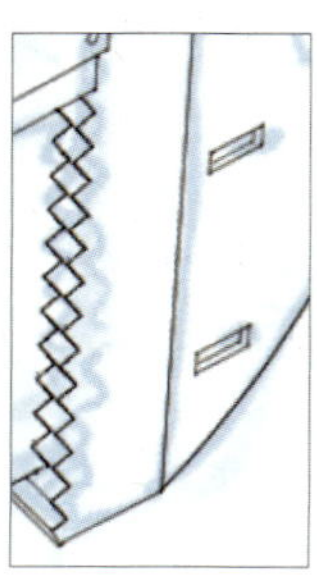

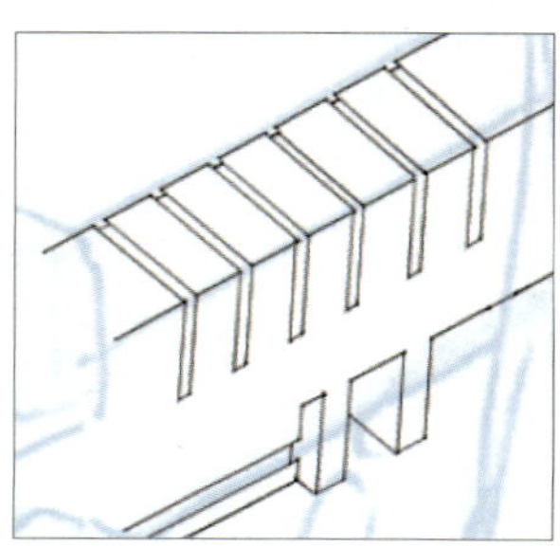

커맨드 바 설정하기

퍼스자를 이용해 작업하다 보면 소실점에 맞는 선을 벗어난 부분을 그릴 때가 있습니다. 그럴 때는 ① 퍼스자 레이어의 눈을 꺼 안 보이게 한 후 그림을 그리다가, 퍼스자가 필요하면 다시 퍼스자 레이어의 눈을 켜서 작업을 이어가는 방법, ② 커맨드 바를 이용하는 방법이 있습니다. 앞서 퍼스자 켜고/끄기를 알아보았으니 이번에는 커맨드 바에 확대 기능을 추가하여 활용하는 방법을 알아보겠습니다. 커맨드 바는 자주 사용하는 명령, 기능들을 아이콘으로 설정하고 필요할 때마다 클릭 한 번으로 쉽게 사용할 수 있게 만들어놓은 공간입니다.

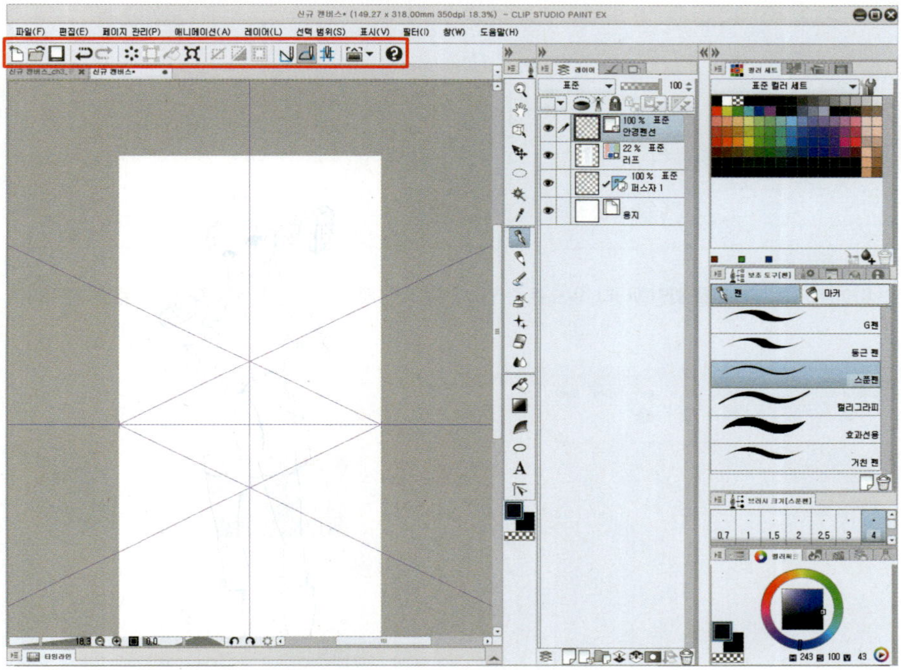

① [파일] – [커맨드 바 설정]을 클릭합니다. ② 커맨드 바 설정 대화상자가 나타납니다.

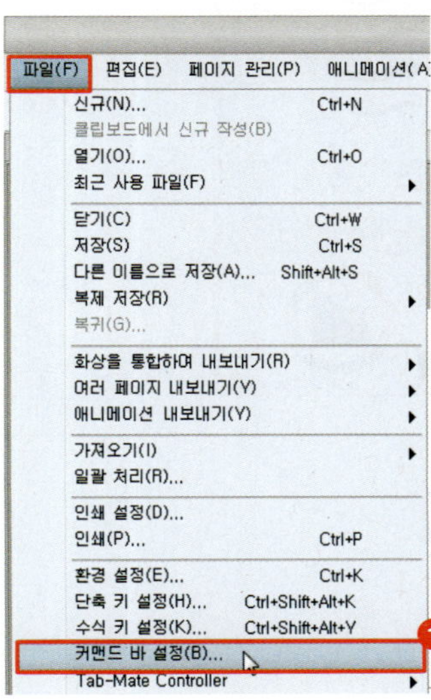

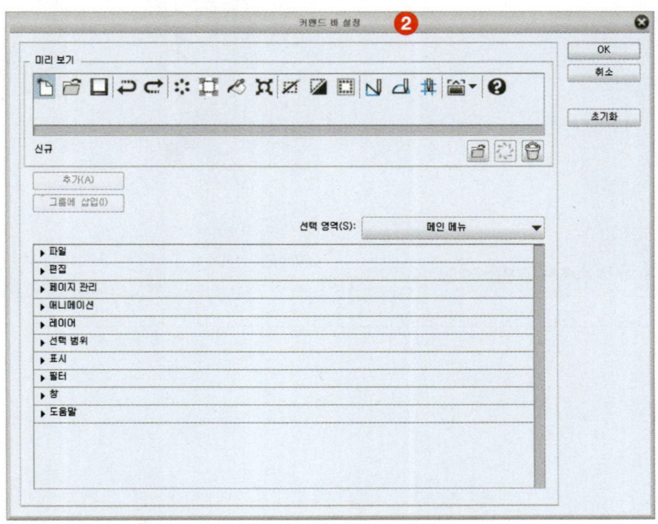

③ 목록 중 [표시]를 클릭해 목록을 열고 ④ [줌 인]을 클릭합니다. ⑤ [추가]를 클릭해 줌 인 기능을 추가합니다. ⑥ 상단의 미리 보기 영역에 줌 인 아이콘이 추가된 것을 확인한 후 ⑦ [OK]를 클릭합니다.

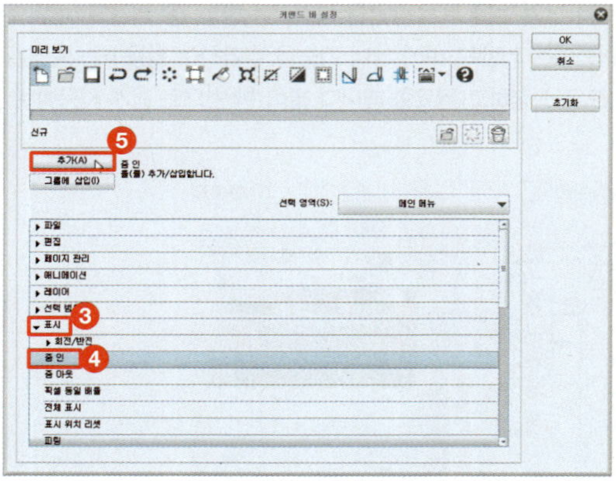

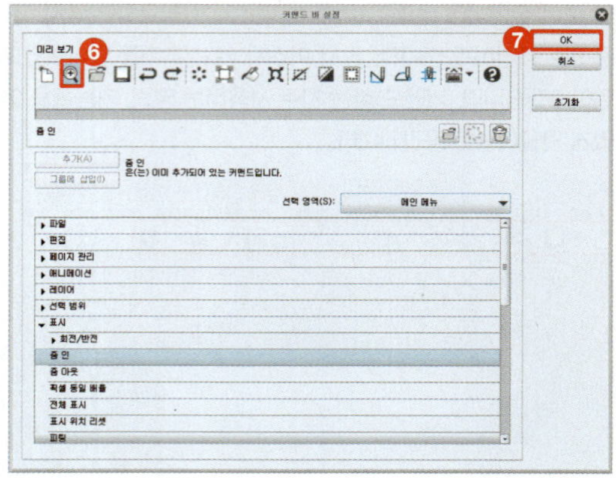

⑧ 커맨드 바에 줌 인 아이콘이 추가된 것을 확인합니다. 앞으로 줌 인 기능을 사용하려면 커맨드 바의 줌 인 아이콘을 클릭하여 실행합니다.

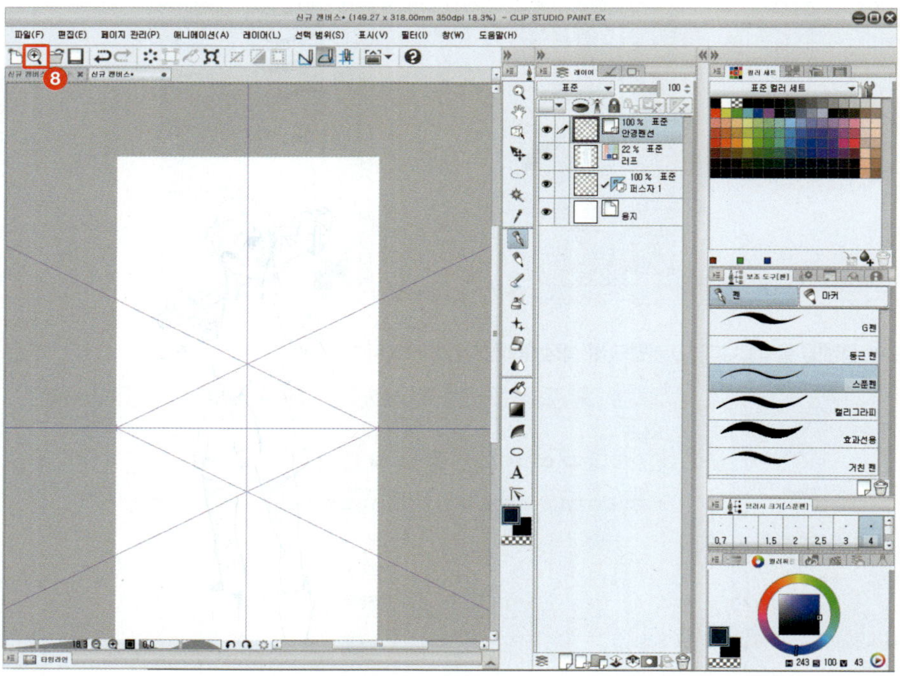

퍼스자 활용하여 배경 그리기

배경을 정확하게 그리고 싶다면 퍼스자 기능을 활용해 정확한 투시를 적용할 수 있습니다.

위 그림은 얼핏 보기에는 난잡하게 어질러져 보이지만 소품 하나하나 2점 투시에 맞게 그려진 것입니다.

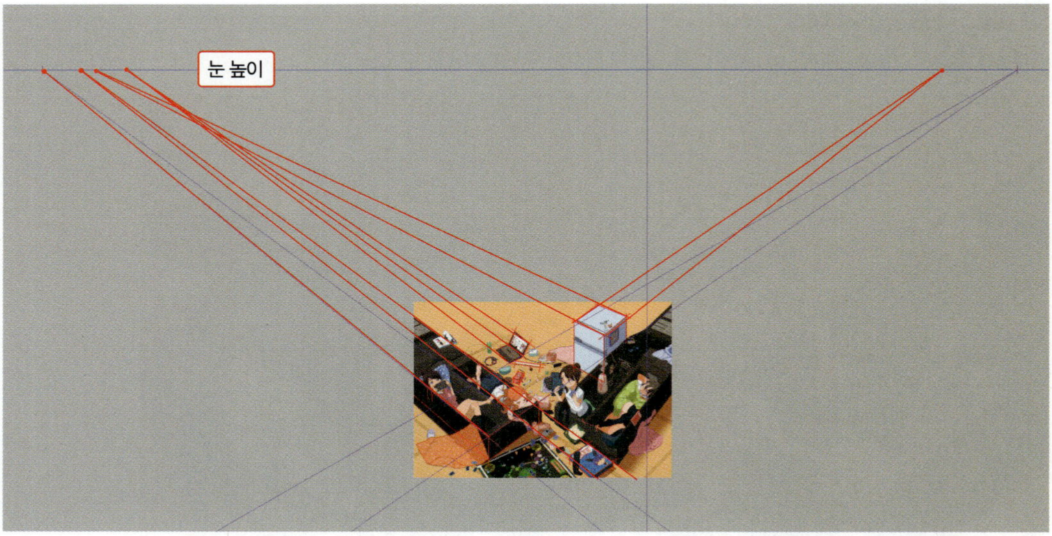

소실점은 물건마다 크기나 위치가 제각각이지만 투시선을 확인해보면 눈높이가 모두 동일한 것을 확인할 수 있습니다. 물건마다 소실점의 위치는 모두 다르지만 동일한 눈높이에 놓여있는 것을 생각하면 퍼스자를 응용하여 작업했다는 것을 확인할 수 있습니다.

① 2점 투시 퍼스자를 만듭니다.

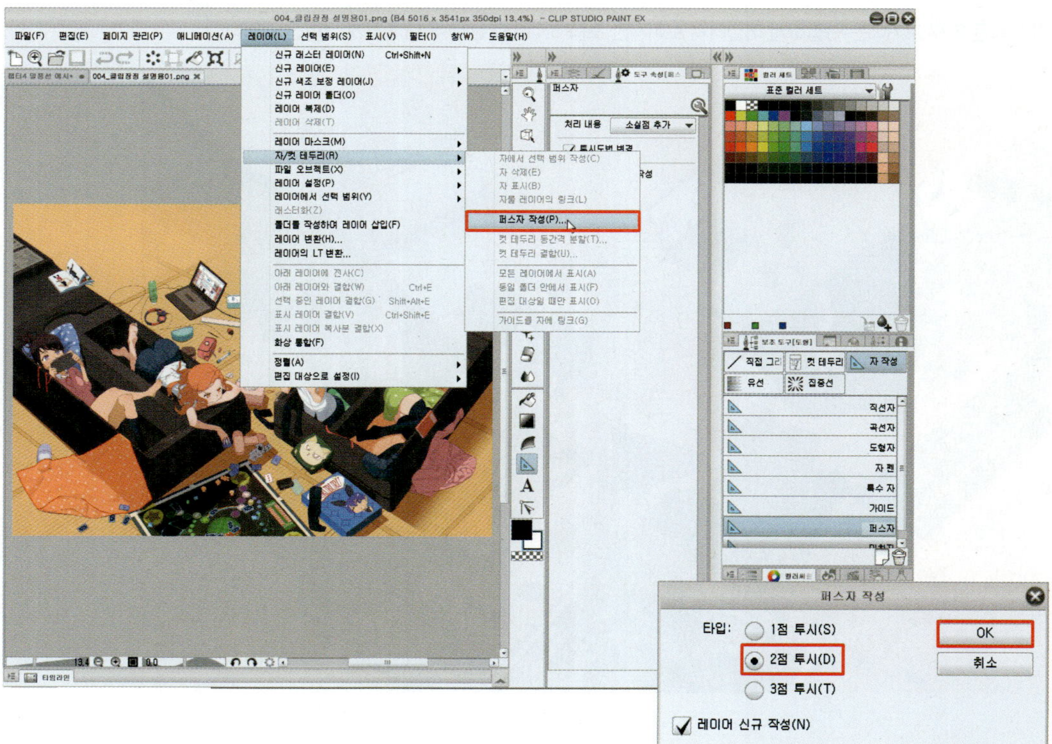

② 도구 팔레트에서 조작 도구 를 클릭하고 눈높이를 맞춥니다.

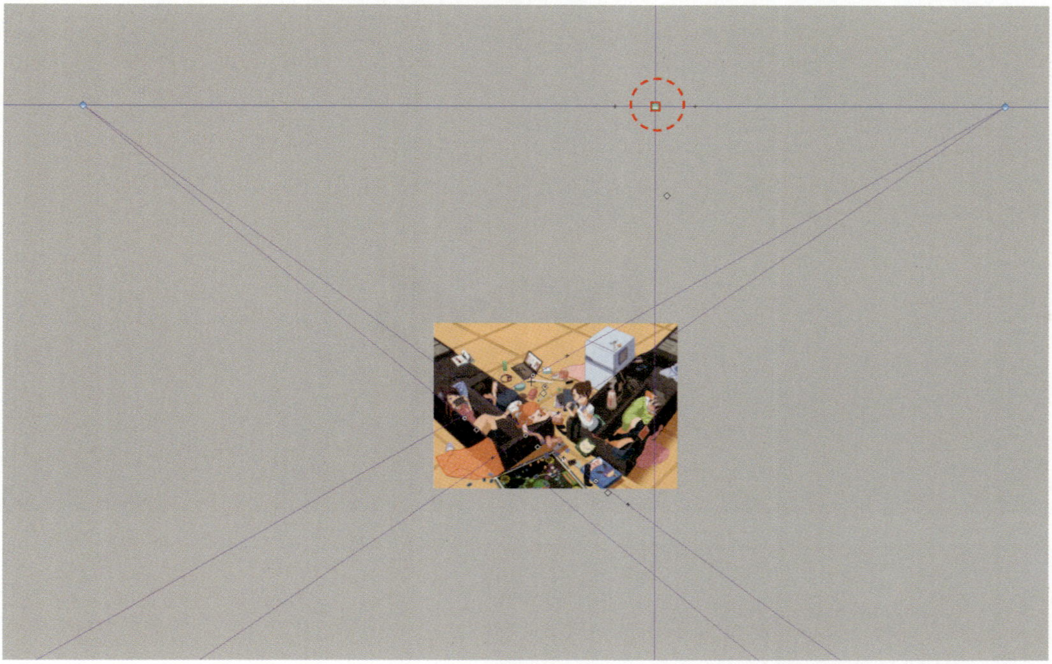

③ 눈높이는 그대로 둔 채 사물들의 각도에 맞춰 소실점을 조작하여 그립니다.

투시에 대한 개념만 정확하게 이해한다면 퍼스자를 활용해 만화나 일러스트레이션 등 다양한 그림에 자연스러운 배경을 적용할 수 있습니다. 연출 의도에 따라 3점 투시 퍼스자를 활용하면 훨씬 역동적인 구도의 그림을 그릴 수도 있습니다.

STEP 04 펜 선 작업하기-캐릭터

19 미소녀 캐릭터를 그릴 신규 레이어를 생성한 후 레이어 이름을 '캐릭터펜선'으로 변경합니다. 그런 다음 펜 도구 를 이용해 캐릭터 펜 선 작업을 진행합니다.

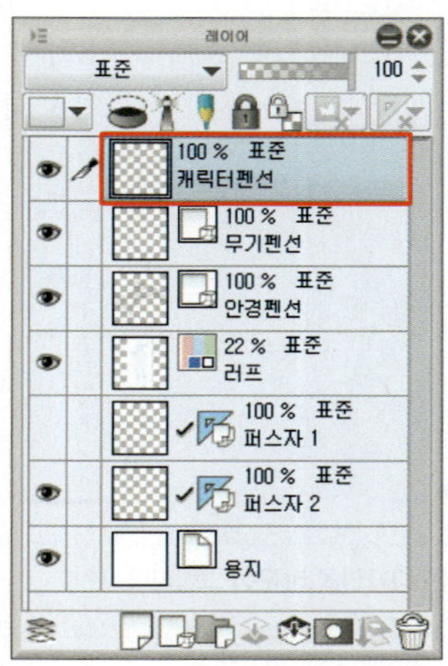

TIP 펜 선은 투시를 이용하지 않아도 되므로 벡터 레이어가 아닌 일반 레이어에서 작업하세요.

펜 선 그릴 때 유의할 점

펜 선 작업을 하는 대다수의 사람은 단순히 러프 스케치 단계에서 그린 선을 따라 그리는 실수를 범합니다. 그러나 펜 선 작업은 단순한 스케치가 아닌, 그림의 완성도를 높이는 아주 중요한 단계입니다. 따라서 좀 더 디테일한 부분, 예를 들어 머리카락이 흩날리는 모습이나 터진 실밥을 자세히 표현하고 다양한 액세서리를 추가하여 사실감 있게 묘사한다면 그림의 완성도가 훨씬 높아집니다. 이제는 그림을 세세하게 관찰해보고 어디에 어떤 묘사를 추가하면 좋을지 계속 고민해보도록 합시다.

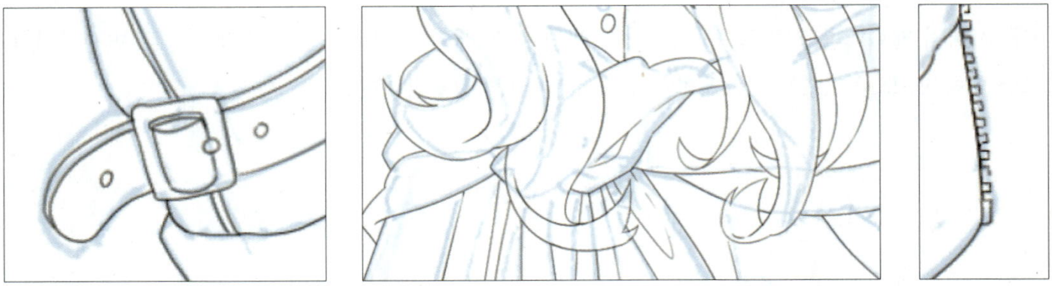

▲ 세부 묘사는 그림의 완성도를 높입니다.

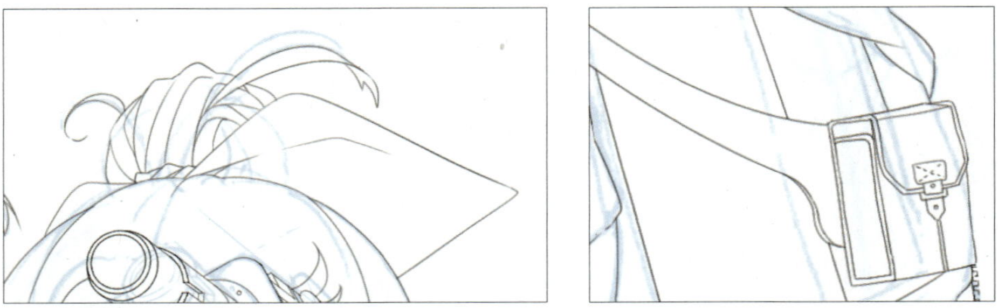

▲ 허전해 보인다면 액세서리를 추가합니다.

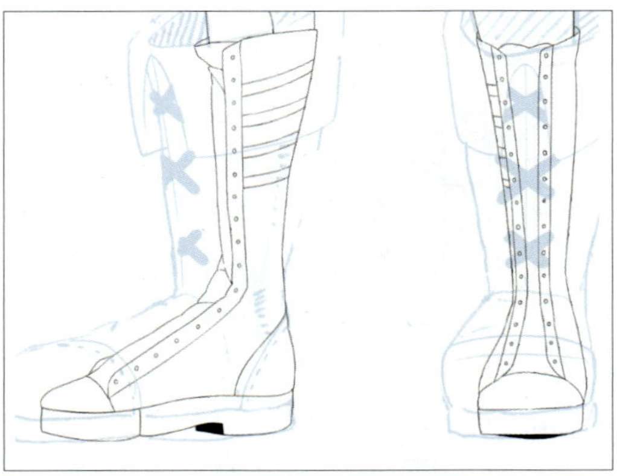

▲ 둔탁해 보이는 신발은 디자인을 바꾸어 그립니다.

STEP 05 밑색 작업하기

20 ❶ 각 '펜선' 레이어를 클릭한 후 ❷ 레이어 속성 팔레트에서 레이어 색을 변경합니다. ❸ 색은 다음과 같이 바꿔줍니다. ❹ 그런 다음 '채색' 폴더를 만들고 채색표대로 각 영역에 알맞은 밑색을 칠합니다.

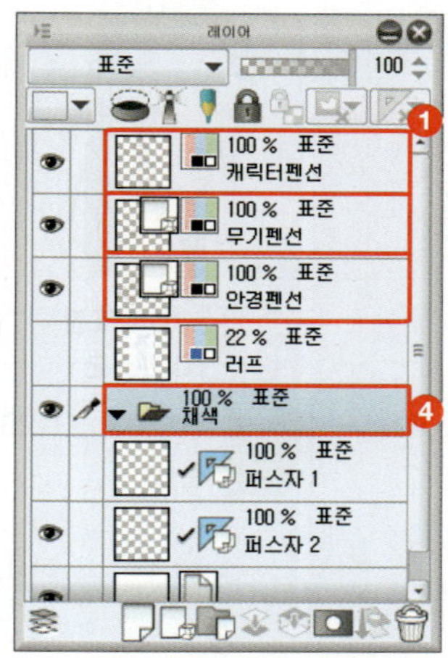

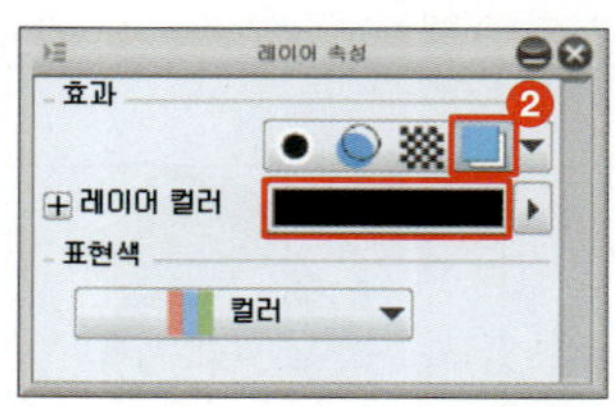

R 74 G 15
B 0

피부, 얼굴, 눈, 머리 채색표

100 % 표준
피부

R 255 G 255
B 214

100 % 표준
눈

R 255 G 239
B 233

100 % 표준
눈동자

R 255 G 179
B 140

100 % 표준
머리

R 255 G 42
B 175

100 % 표준
머리리본

R 203 G 239
B 0

안경 채색표

100 % 표준
안경1

R 224 G 218
B 232

100 % 표준
안경2

R 155 G 70
B 34

100 % 표준
안경3

R 116 G 156
B 200

100 % 표준
안경4

R 104 G 104
B 123

100 % 표준
안경5

R | 195 G | 220
B | 234

100 % 표준
안경6

R | 255 G | 63
B | 65

100 % 표준
안경7

R | 185 G | 101
B | 127

100 % 표준
안경8

R | 201 G | 233
B | 143

100 % 표준
안경9

R | 118 G | 167
B | 75

100 % 표준
안경10

R | 81 G | 81
B | 115

셔츠, 장갑, 치마, 가방 채색표

100 % 표준
셔츠

R | 250 G | 253
B | 251

100 % 표준
장갑

R | 183 G | 113
B | 98

100 % 표준
장갑벨트

R | 196 G | 131
B | 71

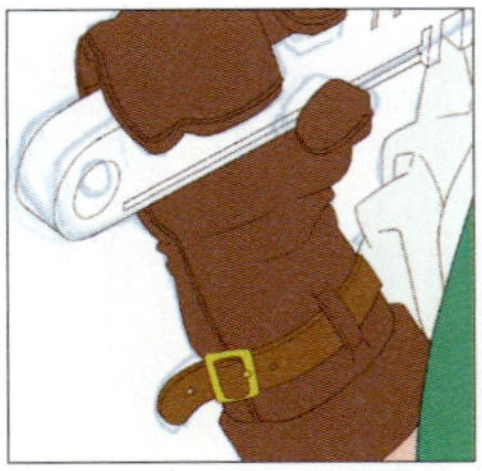

100 % 표준
벨트고리

R | 255 G | 242
B | 49

100 % 표준
외투

R | 66 G | 114
B | 36

100 % 표준
치마

R | 99 G | 128
B | 150

100 % 표준
가방

R | 164 G | 86
B | 58

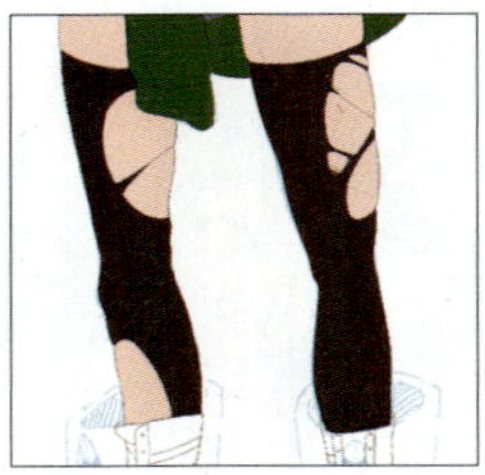

100 % 표준
스타킹

R | 104 G | 63
B | 64

레이어를 하나씩 만드는 게 번거롭나요? 채색할 때 각 부분, 각 색마다 레이어를 만들면 레이어 수가 많아져 매우 복잡합니다. 하나씩 찾는 것도 번거롭고요. 하지만 채색에 서툴거나 색 선택에 확신이 없는 경우, 차후 그림을 수정해야 할 경우가 생긴다면 레이어가 하나씩 분리된 것이 작업에 효과적입니다. 매번 레이어를 만들어 채색해야 한다고 번거롭다 생각하지 마세요. 하나씩 차근차근 채색하는 것이 완성도 있는 그림을 그리는 첫걸음입니다.

신발 채색표

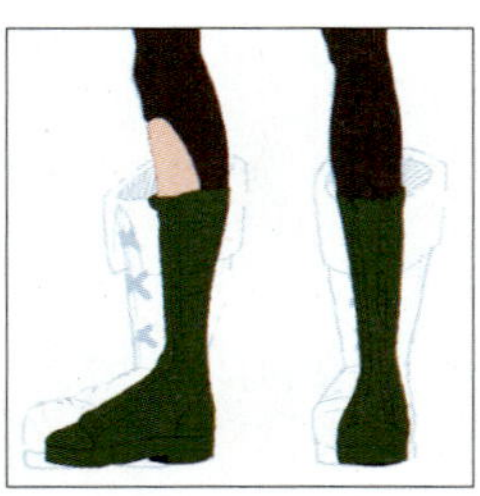

100 % 표준
신발

R | 80 G | 110
B | 59

100 % 표준
신발2

R | 255 G | 255
B | 255

100 % 표준
신발3

R | 96 G | 137
B | 68

100 % 표준
신발무늬

R | 61 G | 73
B | 52

무기 채색표

100 % 표준 무기1

R | 94 G | 159 B | 0

100 % 표준 무기2

R | 224 G | 239 B | 242

100 % 표준 무기3

R | 165 G | 204 B | 21

100 % 표준 무기4

R | 169 G | 255 B | 170

수채 붓 도구 제대로 이해하기

이번 단계부터는 부드러운 느낌의 채색을 진행할 예정입니다. 부드러운 느낌을 내기 위해서는 수채 붓 도구 와 에어브러시 도구 가 매우 중요합니다.

▲ 수채 붓 도구를 이용하면 훨씬 부드럽고 정교하게 채색할 수 있습니다.

붓 도구 를 선택하면 보조 도구 [붓] 팔레트에 수채 옵션이 선택됩니다. 주로 사용하는 붓은 [불투명 수채]와 [매끄러운 수채]입니다. 도구 속성 [불투명 수채] 팔레트에서 브러시 크기나 물감량, 물감 농도 등 다양한 옵션을 선택할 수있습니다. 그런 다음 빈 캔버스에 자유롭게 그려보면서 자신에게 맞는 도구 속성을 찾아봅시다.

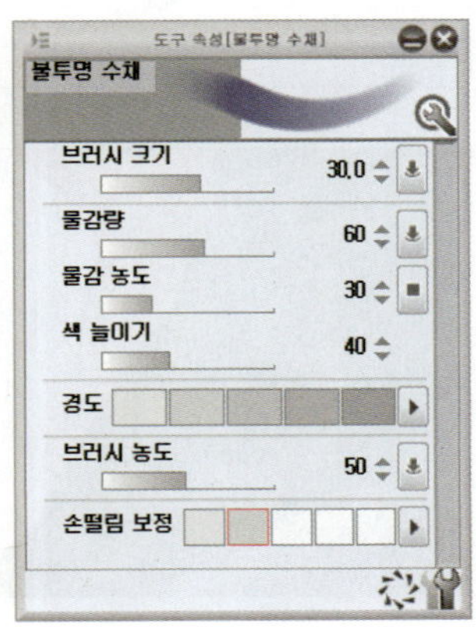

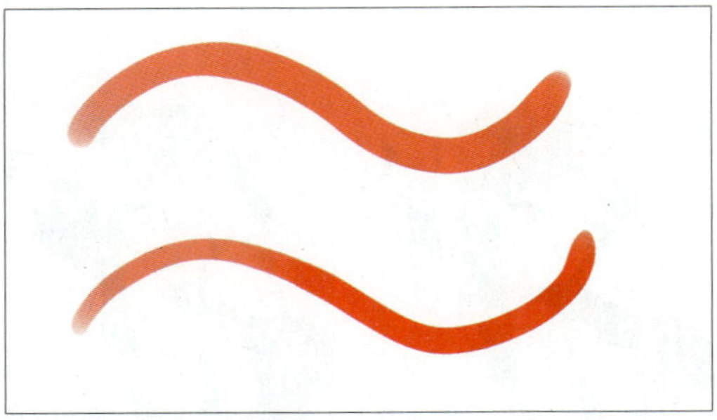

▲ 불투명 수채(위) 매끄러운 수채(아래)

부드럽게 표현되었으면 하는 부분에 매끄러운 수채 붓을 살살 문지릅니다. 해당 영역이 부드럽게 풀어집니다.

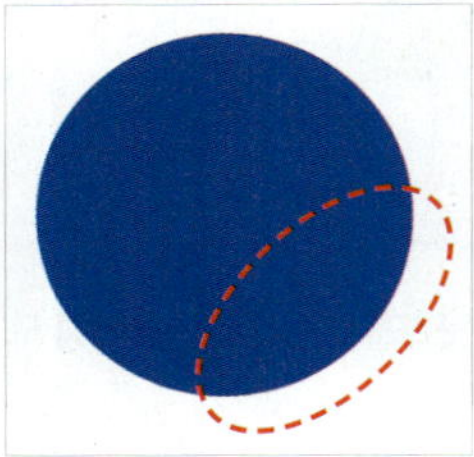

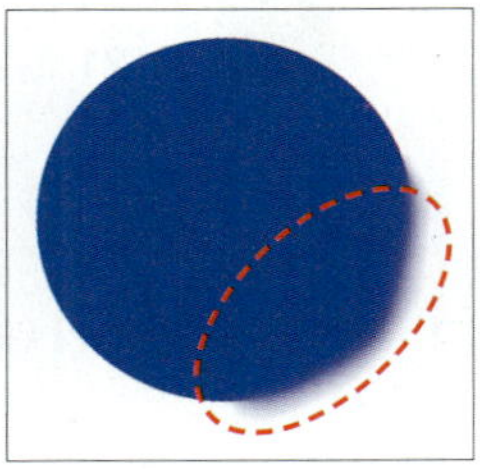

수채 붓 도구 옷 주름에 응용하기

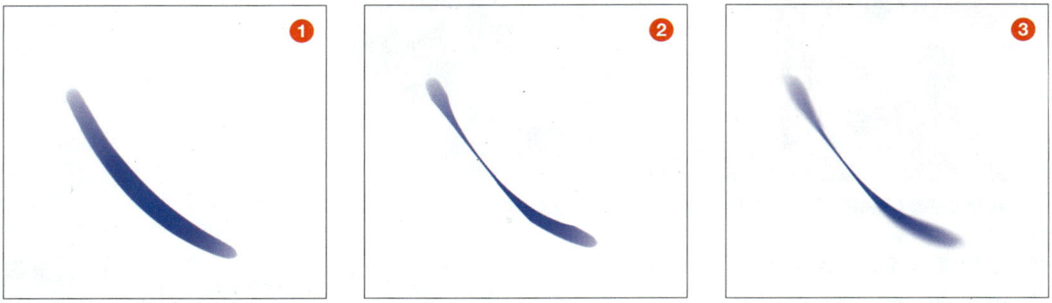

① 주름의 위치에 맞추어 붓 도구 로 주름을 표현합니다. ② 지우개 도구 로 주름이 몰린 곳을 지웁니다. ③ 매끄러운 수채 붓 도구 를 이용해 끝부분을 풉니다. 수채 붓, 에어브러시, 펜, 지우개 도구를 응용하면 다양한 느낌을 표현할 수 있습니다. 여러 종류, 다양한 도구를 써보고 자신만의 노하우를 터득해보세요.

21 채색한 그림과 레이어 순서를 확인합니다.

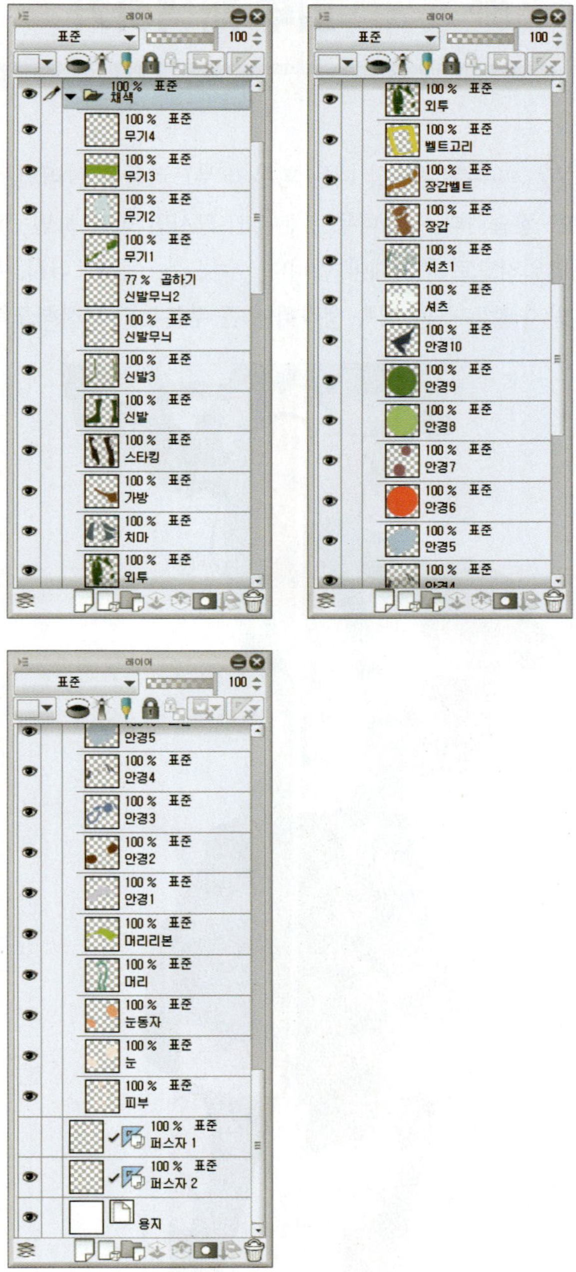

STEP 06 피부 채색하기

22 피부를 채색할 때는 피부의 부드러움을 살리면서 점점 어두운 곳을 찾아간다는 느낌으로 색을 쌓습니다. 단, 너무 부분적인 묘사만 하다 보면 전체적인 완성도가 떨어지고 피부가 부자연스러워지므로 주의해야 합니다. 수채 붓, 에어브러시, 부드러운 지우개를 이용하여 빛을 받는 곳과 받지 않는 곳을 계속 생각하며 큰 부분부터 묘사하도록 합니다.

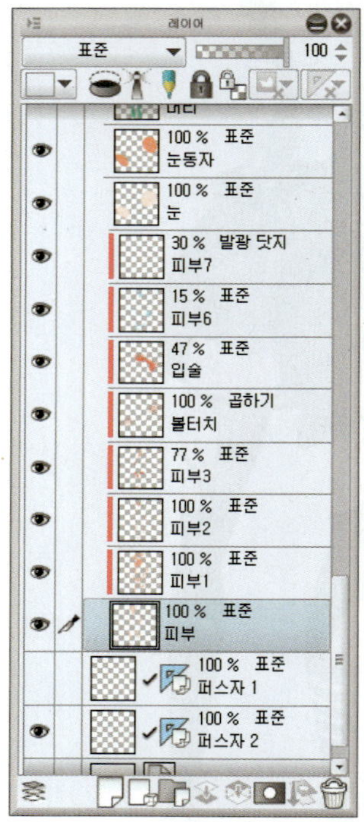

'피부' 레이어 위에 클리핑 마스크를 적용한 레이어를 하나씩 쌓으며 채색을 진행합니다.

피부 채색표

100 % 표준
피부1

R | 255　G | 187
B | 169

100 % 표준
피부2

R | 255　G | 191
B | 174

77 % 표준
피부3

R | 250　G | 146
B | 118

R | 255　G | 189
B | 173

100 % 곱하기
볼터치

TIP 볼터치를 그린 후 레이어 합성 모드를 [곱하기]로 설정합니다. 곱하기(Multiply)는 말 그대로 원래의 색에 색을 곱하여 색을 좀 더 도드라지게 표현할 때 사용합니다. 레이어 합성 모드를 변경하면 레이어에도 합성 모드가 표시됩니다.

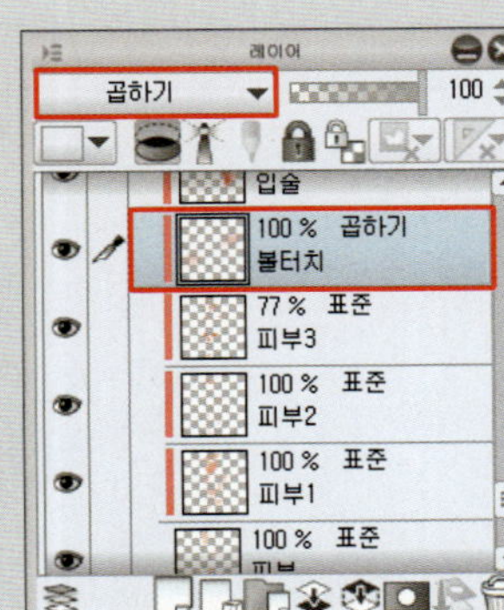

레이어 합성 모드 알아보기

피부 채색 중 볼터치 표현에 사용한 [곱하기] 같이 해당 레이어를 변형해 아래 레이어들에 효과를 적용하는 기능을 '합성 모드(Combine mode)'라고 합니다. 여기서는 웹툰 및 미소녀 그리기에 주로 사용하는 합성 모드를 알아보겠습니다.

곱하기(Multiply)는 기존 색에 색을 한번 곱하는 개념으로 주로 그림자를 묘사할 때 사용합니다. 비교(밝음)(Lighten)과 발광 닷지(Glow dodge)는 조명 효과에 주로 사용하는데, 비교(밝음) 계열은 빛을 내주기 때문에 은은한 조명 표현에 사용하고 닷지 계열 효과는 색을 강하게 태워버리기 때문에 하이라이트 표현에 주로 사용합니다.

합성 모드를 사용할 때에는 하나씩 그림에 적용해보고 적합한 표현을 찾는 것을 권합니다.

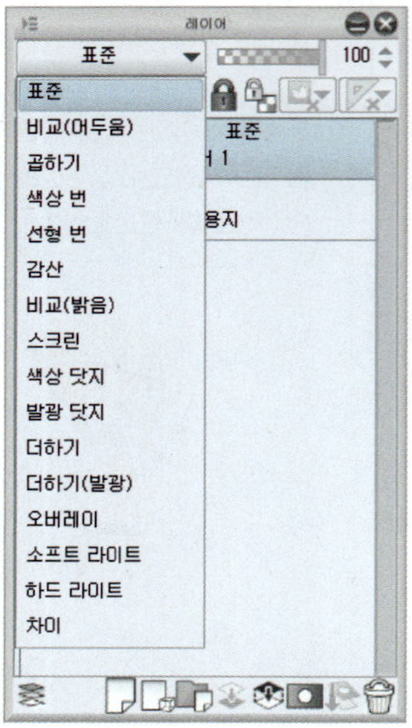

▲ 표준

▲ 곱하기

▲ 비교(밝음)

▲ 발광 닷지

23 ❶ '입술' 레이어를 만든 후 붉은색을 칠한다는 느낌보다는 피부 톤보다 약간 진한 색을 사용해 입술이 있다는 것만 알 수 있을 정도로 연하게 칠합니다. 자칫 입술 묘사에 신경 쓰면 괜히 더 어색해질 수 있기 때문입니다. ❷ 입술을 채색하고 피부와 어울리게 될 때까지 레이어의 불투명도를 적당히 낮춰줍니다.

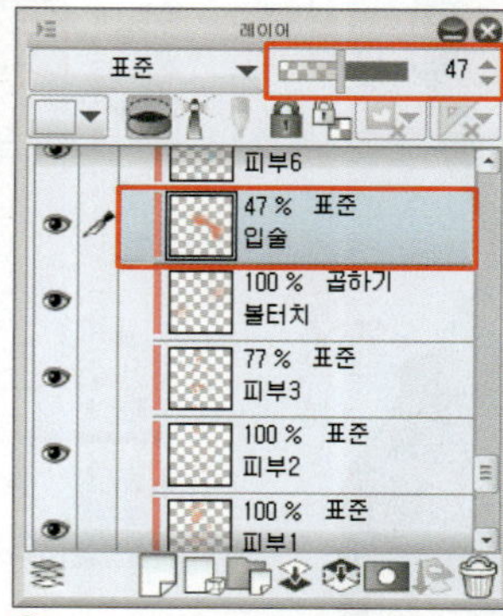

❶ R | 255 G | 170
B | 152

24 ❶ '피부6' 레이어를 만들어 ❷ 피부색과 반대되는 색으로 채색한 후 ❸ 레이어의 불투명도를 낮춰 역광 효과를 표현합니다.

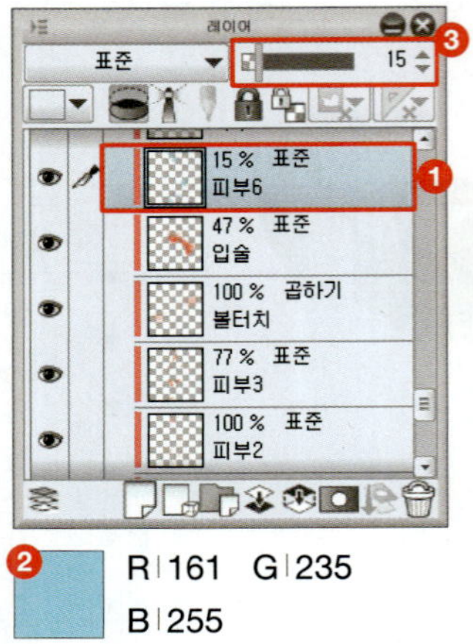

25 '피부7' 레이어를 만들어 ❶ 하이라이트를 표현할 부분을 흰색으로 채색한 후 ❷ 앞서 배운 합성 모드를 사용해 [발광 닷지] 모드를 적용합니다. ❸ 그런 다음 불투명도를 낮춰 기존의 색보다 살짝 밝은 형태를 표현합니다.

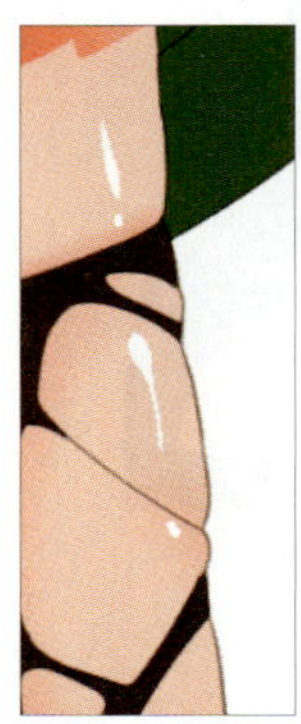

TIP 발광 닷지 모드를 적용할 때 흰색이나 밝은색으로 채색하면 기존의 색을 태워버릴 정도로 밝아집니다. 따라서 이때에는 합성 모드를 그대로 적용하지 말고 레이어의 불투명도를 낮춰 기존의 색보다 살짝 밝은 형태로 표현될 수 있도록 합니다. 이렇게 적용하면 위와 같이 그냥 흰색이 아닌 피부색과 어울리는 하이라이트 톤이 됩니다.

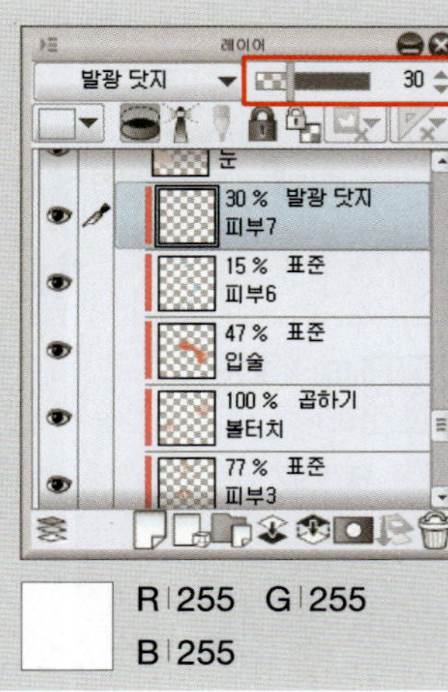

STEP 07 눈, 눈동자 채색하기

26 채색표를 참고하여 눈과 눈동자를 채색합니다.

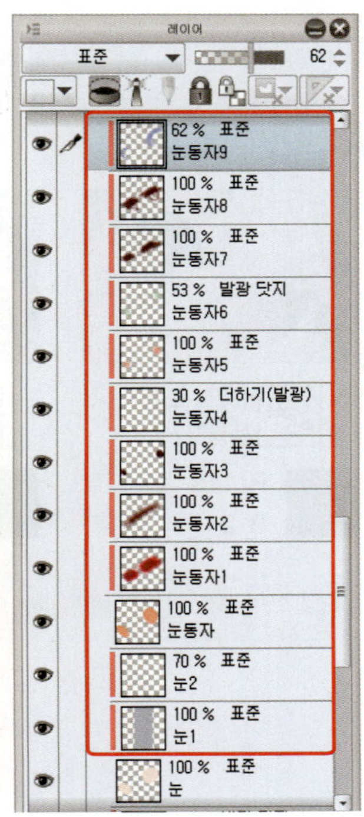

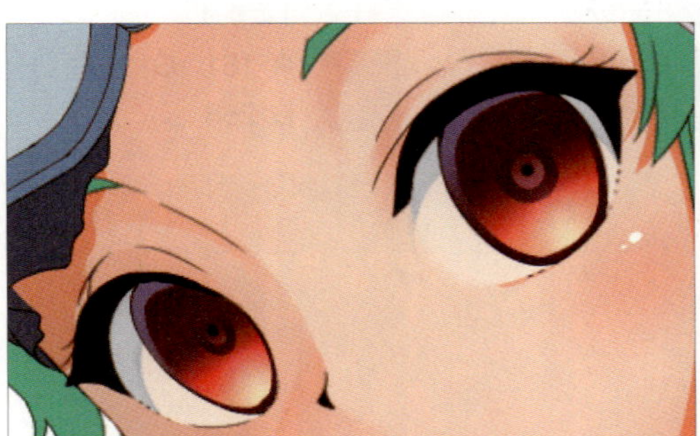

눈, 눈동자 채색표

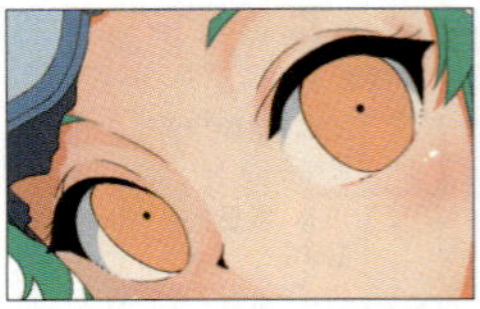

100 % 표준
눈1

R 197 G 205 B 217

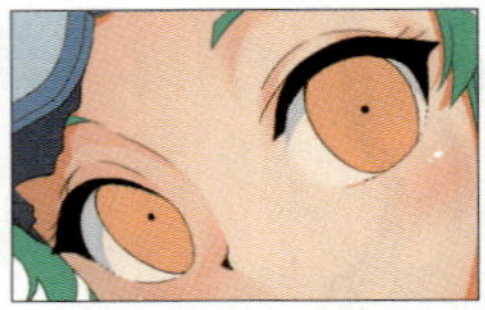

70 % 표준
눈2

R 216 G 221 B 230

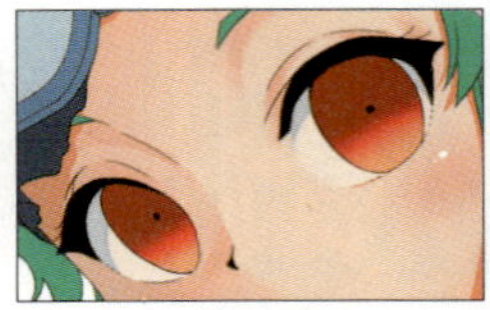

100 % 표준
눈동자1

R 191 G 0 B 37

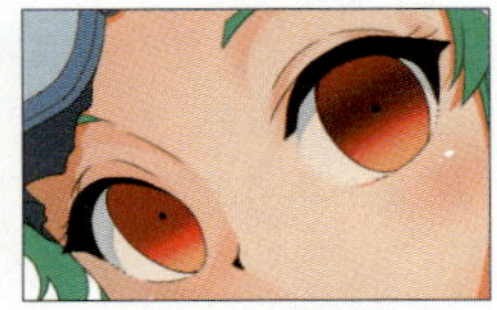

100 % 표준
눈동자2

R 137 G 3 B 16

TIP '눈2' 레이어의 불투명도를 70%로 낮춰줍니다.

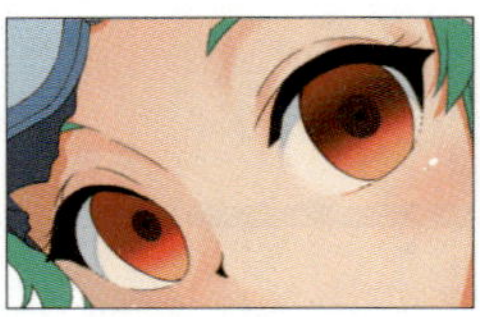

100 % 표준
눈동자3

R 117 G 1 B 45

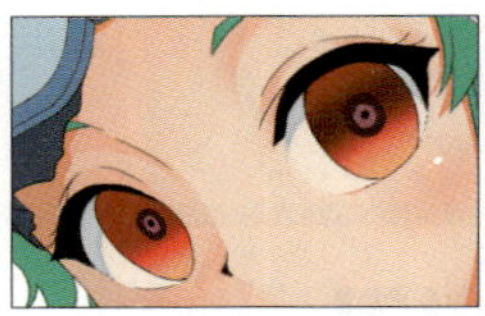

30 % 더하기(발광)
눈동자4

R 255 G 255 B 255

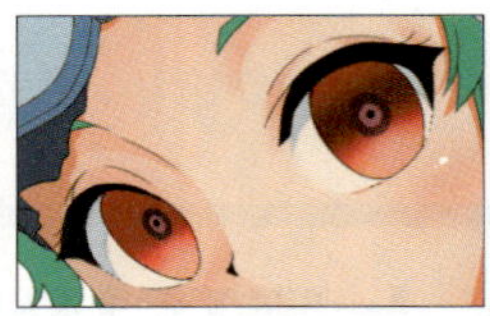

100 % 표준
눈동자5

R 255 G 177 B 167

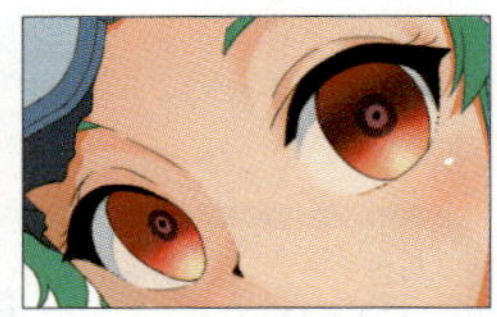

53 % 발광 닷지
눈동자6

R 211 G 217 B 180

TIP '눈동자 4' 레이어의 레이어 합성 모드를 더하기(발광), 불투명도를 30%로 낮춰줍니다.
'눈동자 6' 레이어의 레이어 합성 모드를 발광 닷지, 불투명도를 53%로 낮춰줍니다.

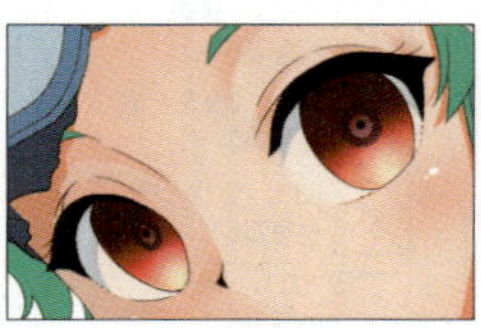

100 % 표준
눈동자7

R 119 G 5 B 2

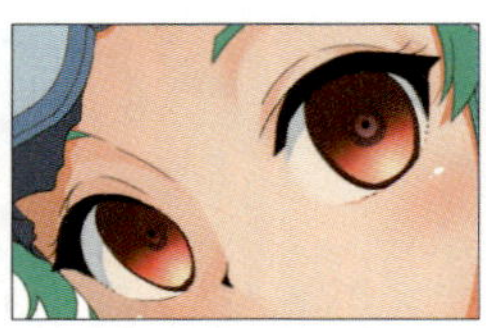

100 % 표준
눈동자8

R 122 G 0 B 16

62 % 표준
눈동자9

R 161 G 177 B 253

TIP '눈동자 9' 레이어의 불투명도를 62%로 낮춰줍니다.

STEP 08 머리카락 채색하기

27 머리카락을 채색합니다. 특히 빛을 받는 곳과 받지 않는 곳으로 나눈 후 하이라이트를 표현하고 세부 묘사를 진행합니다. 먼저 '머리1' 레이어를 만듭니다.

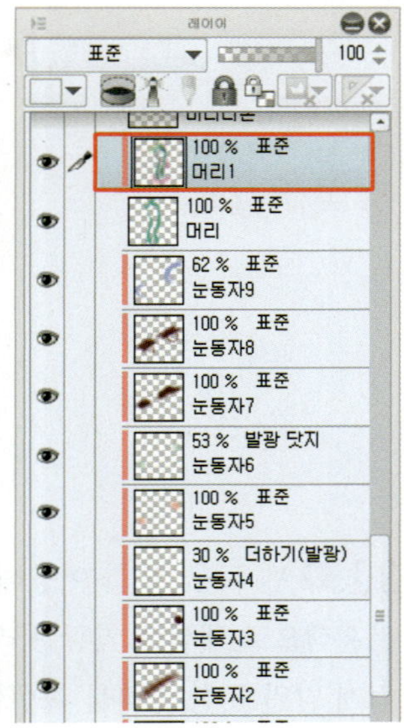

28 ❶ 굴곡진 곳과 어두운 곳을 찾아 붓 도구 의 투명 채색으로 머리를 채색합니다. ❷ 그런 다음 하이라이트 표현할 위치를 찾아 툭툭 찍듯 채색합니다. ❸ 마지막으로 풍부한 색감을 위해 살짝 다른 색으로 바꿔 채색합니다.

R | 31 G | 131
B | 117

R | 67 G | 235
B | 206

R | 135 G | 234
B | 238

29 이번에는 머리카락을 정밀하게 묘사해보겠습니다. ❶ 하이라이트는 펜 도구 를 이용해 가는 선을 여러 번 그어서 표현합니다. ❷ 어둡게 표현할 곳은 스포이트 도구 를 이용해 기본색을 찍어 머리카락 가닥을 표현합니다.

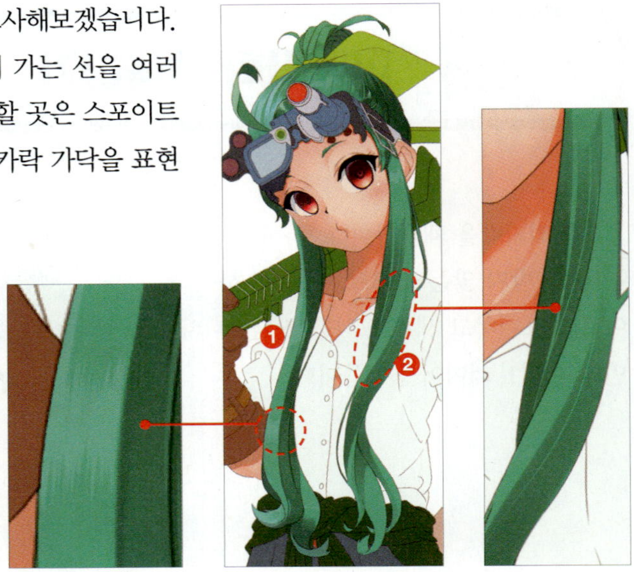

30 ❶ 펜 도구 를 이용해 밝게 표현할 머리 위는 밝은색으로 ❷ 어둡게 표현할 머리 옆은 옅은 분홍색으로 채색해 역광 처리합니다. 이때 투명 수채를 이용해 약하게 눌러주면 옅은 색이 자연스럽게 발린 듯한 효과를 표현할 수 있습니다. ❸ 그런 다음 주변 색과 어울리도록 이용해 세부 묘사를 합니다.

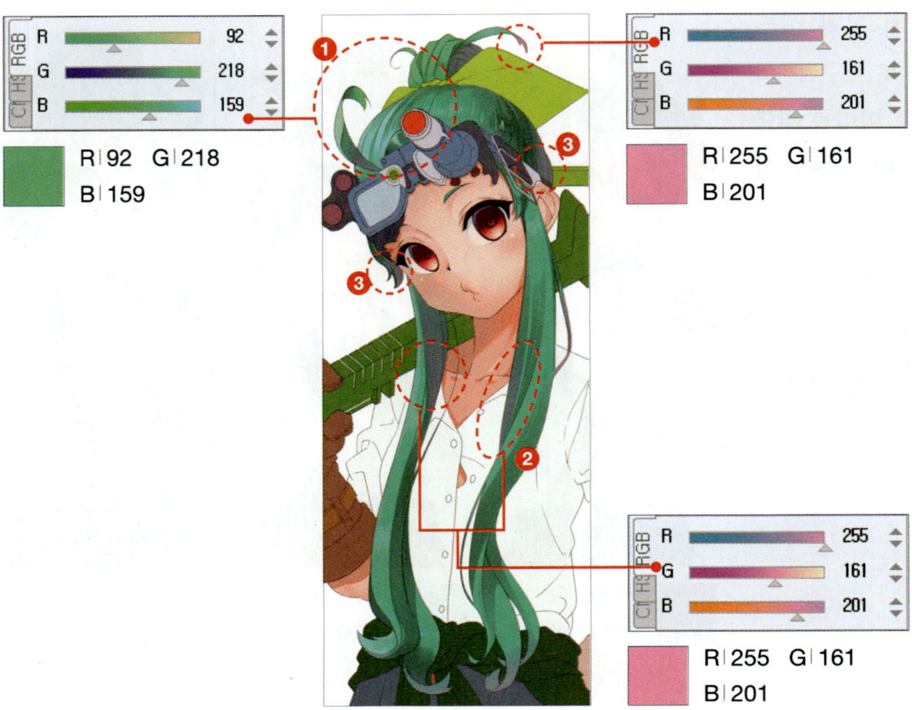

STEP 09 머리 리본 채색하기

31 채색표를 참고하여 머리 리본을 채색합니다. 각 레이어의 합성 모드와 불투명도에 유의하며 채색합니다.

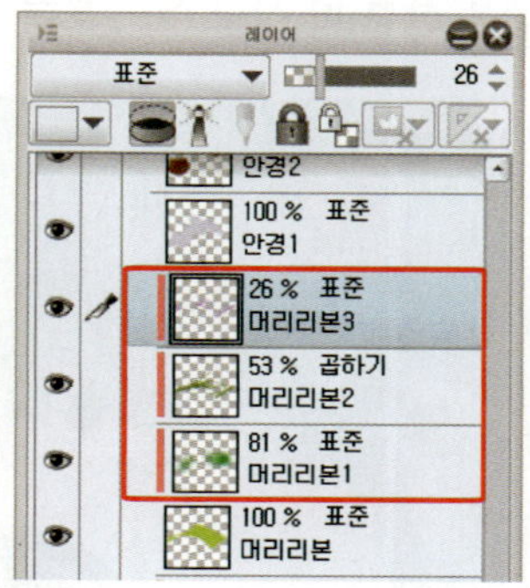

머리 리본 채색표

81 % 표준
머리리본1

R | 88 G | 195
B | 1

53 % 곱하기
머리리본2

R | 104 G | 147
B | 0

26 % 표준
머리리본3

R | 219 G | 147
B | 255

레이어 불투명도를 조절하여 자연스럽게 표현합니다. '머리리본2' 레이어는 레이어 합성 모드를 [곱하기]로 바꿉니다.

STEP 10 안경 채색하기

32 안경의 질감은 메탈로 설정했습니다. 메탈 종류의 질감을 표현하려면 빛과 그림자가 명확하게 구별되도록 채색해야 합니다. 또한, 면의 방향(결)에 맞춰 재질감(옅은 하이라이트와 명암)을 표현해 메탈의 느낌을 한층 더 살릴 수 있도록 합니다.

안경은 총 10 영역으로 나누어 채색했습니다. 레이어 수가 많아 자칫 헷갈릴 수도 있으니 각 레이어의 합성 모드와 불투명도에 유의하며 실습하세요.

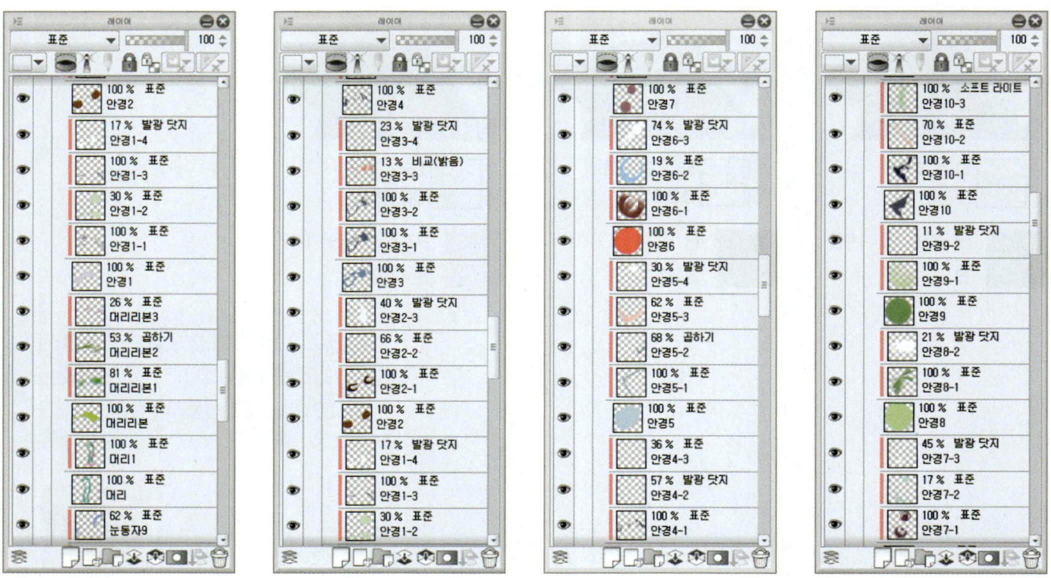

안경 1 채색표

100 % 표준
안경1-1

R | 148 G | 135
B | 167

30 % 표준
안경1-2

R | 219 G | 255
B | 209

100 % 표준
안경1-3

R | 118 G | 105
B | 140

17 % 발광 닷지
안경1-4

R | 255 G | 255
B | 255

안경 2 채색표

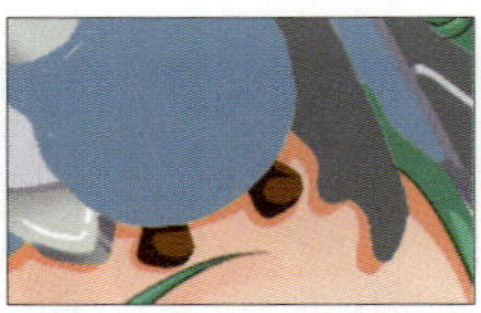

100 % 표준
안경2-1

R | 105 G | 45
B | 20

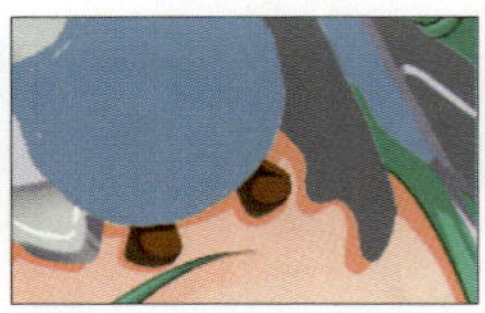

66 % 표준
안경2-2

R | 119 G | 83
B | 66

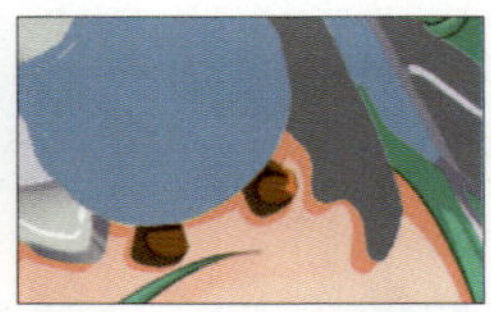

40 % 발광 닷지
안경2-3

R | 255 G | 255
B | 255

안경 3 채색표

100 % 표준
안경3-1

R | 88 G | 104
B | 139

100 % 표준
안경3-2

R | 59 G | 70
B | 66

13 % 비교(밝음)
안경3-3

R | 249 G | 141
B | 128

23 % 발광 닷지
안경3-4

R | 255 G | 255
B | 255

안경 4 채색표

100 % 표준
안경4-1

R | 64 G | 64
B | 64

57 % 발광 닷지
안경4-2

R | 140 G | 128
B | 113

36 % 표준
안경4-3

R | 255 G | 255
B | 255

안경 5 채색표

100 % 표준
안경5-1

R | 148 G | 178
B | 196

68 % 곱하기
안경5-2

R | 122 G | 151
B | 167

62 % 표준
안경5-3

R | 255 G | 204
B | 194

30 % 발광 닷지
안경5-4

R | 255 G | 255
B | 255

안경을 채색하는 레이어는 레이어 합성 모드와 불투명도를 조절하여 섬세하게 표현했습니다.

안경 6 채색표

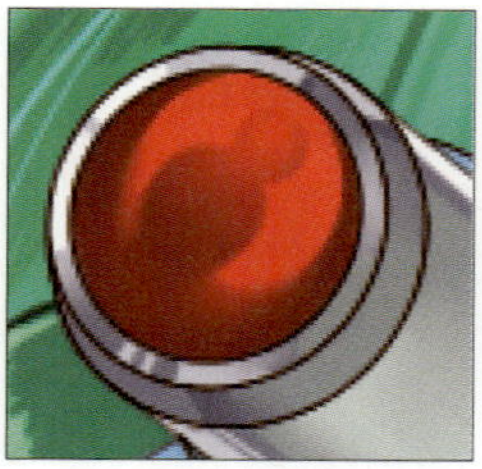

100 % 표준
안경6-1

R | 155 G | 45
B | 46

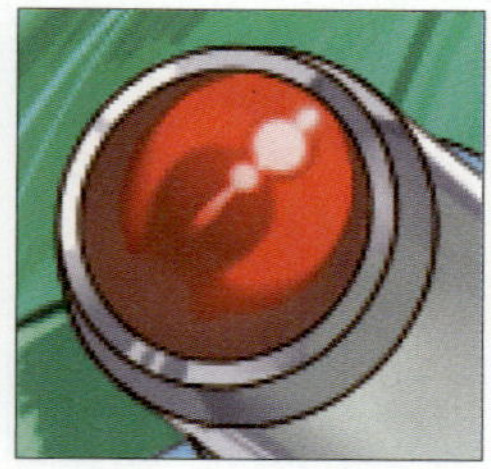

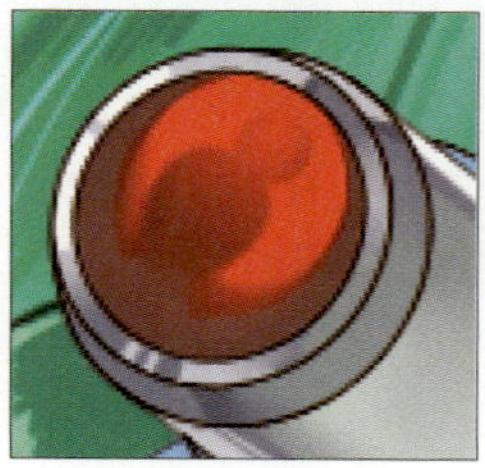

19 % 표준
안경6-2

R | 152 G | 211
B | 255

74 % 발광 닷지
안경6-3

R | 255 G | 255
B | 255

'안경6-2' 레이어는 색을 먼저 채색하고 레이어 불투명도를 19%로 바꿉니다.

안경 7 채색표

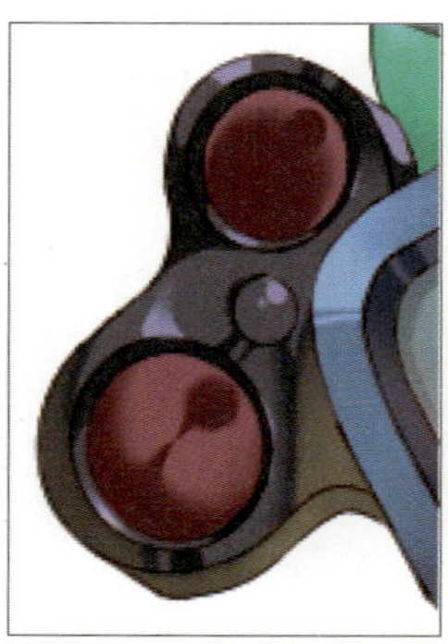

100 % 표준
안경7-1

R | 127 G | 49
B | 73

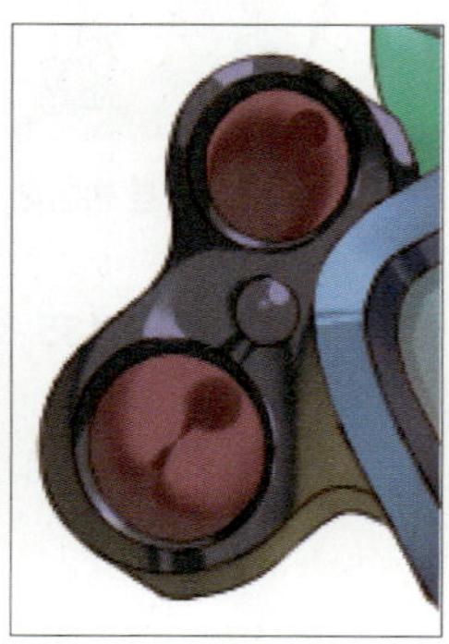

17 % 표준
안경7-2

R | 182 G | 255
B | 230

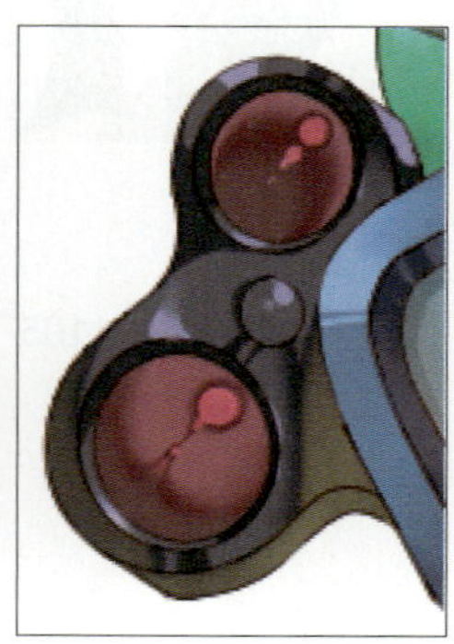

45 % 발광 닷지
안경7-3

R | 255 G | 255
B | 255

안경 8, 9 채색표

100 % 표준
안경8-1

R | 118 G | 167
B | 76

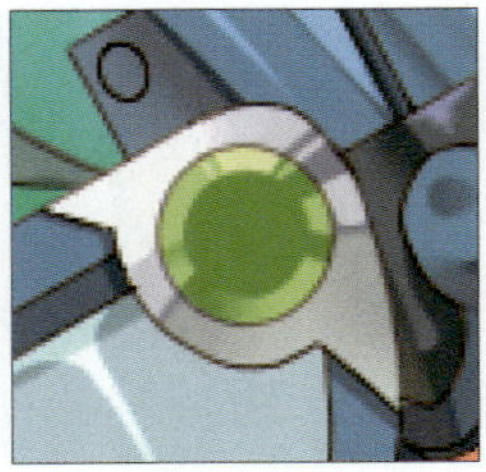

21 % 발광 닷지
안경8-2

R | 255 G | 255
B | 255

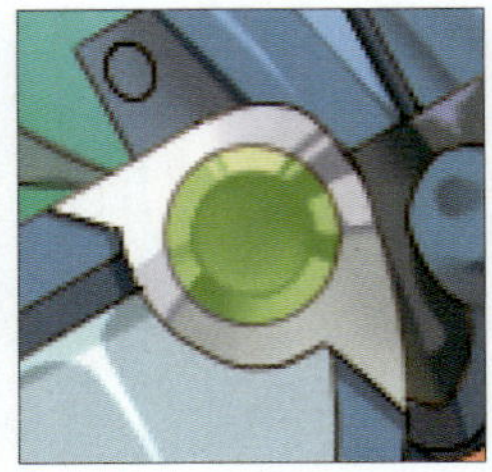

100 % 표준
안경9-1

R | 170 G | 208
B | 118

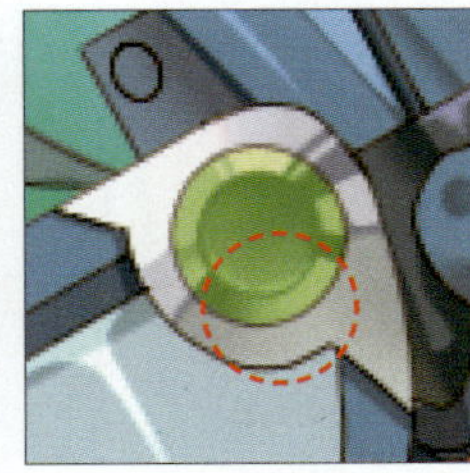

11 % 발광 닷지
안경9-2

R | 255 G | 255
B | 255

안경 10 채색표

100 % 표준
안경10-1

R | 52 G | 52
B | 83

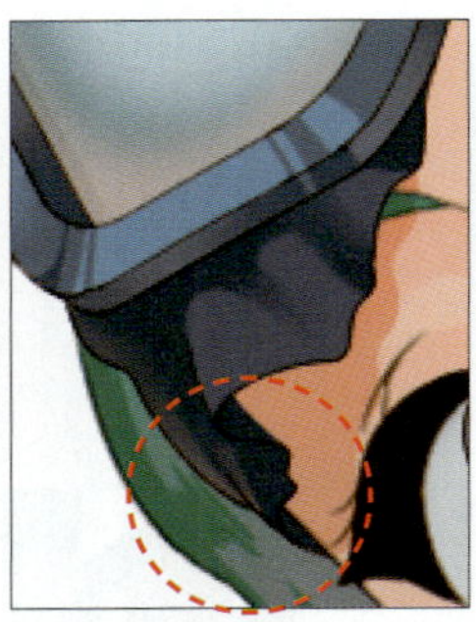

70 % 표준
안경10-2

R | 139 G | 105
B | 114

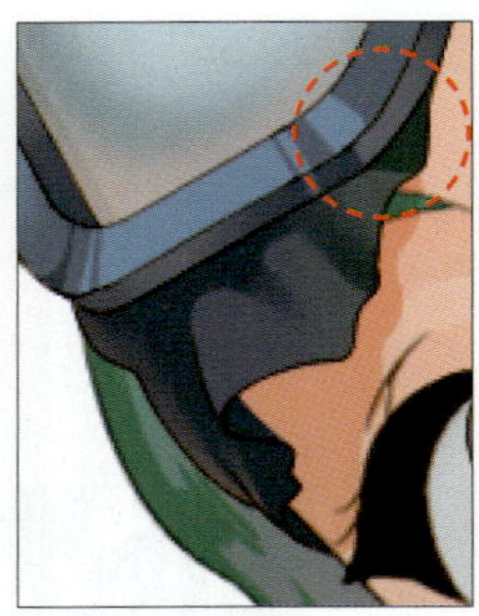

100 % 소프트 라이트
안경10-3

R | 85 G | 135
B | 95

STEP 11 셔츠 채색하기

33 셔츠는 옷 주름에 신경 쓰며 자연스럽게 표현합니다. ❶ '셔츠1' 레이어에 클리핑 마스크를 적용하고 ❷ 다음의 색을 이용해 ❸ 투명 채색으로 옷의 주름을 그립니다. 옷 주름의 위치와 접히는 정도에 따라 진하기를 다르게 주며 입체감을 표현합니다.

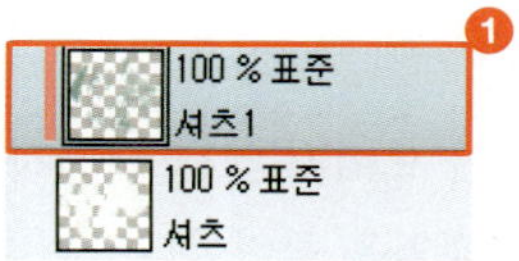

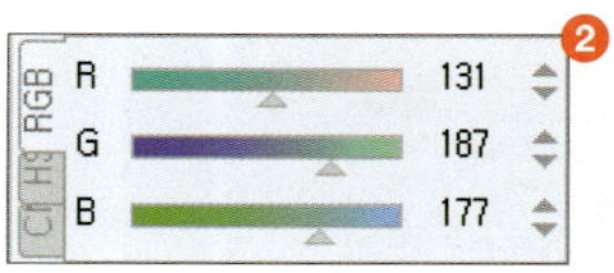

옷 주름을 투명 채색으로 표현하는 방법은 180페이지를 참고하세요.

34 셔츠에 두 가지 정도의 색을 추가해 다양한 색감을 표현하겠습니다. 단, 이 표현법은 옷에 직접 색을 입히는 게 아니라 옷 주름에 효과를 줘 다양한 색감을 표현하는 방식입니다. ❶ 우선 '셔츠1' 레이어의 클리핑 마스크를 해제하여 ❷ '셔츠' 레이어에 소속되지 않는 상태로 만듭니다.

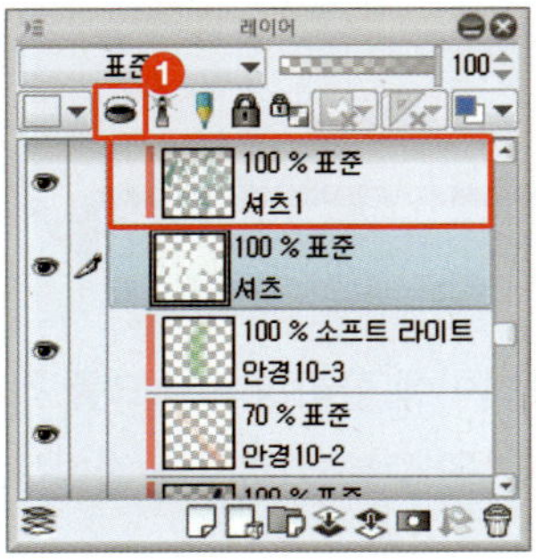

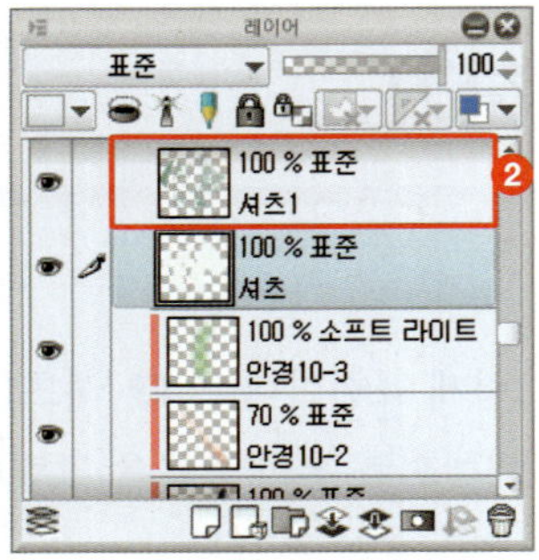

TIP '셔츠1' 레이어가 '셔츠' 레이어에 소속(클리핑 마스크)되어 있는 상태에서 '셔츠1' 레이어 위에 색을 입히거나 레이어 합성 모드를 적용하면 셔츠의 밝은 부분을 살리지 못하고 얼룩덜룩한 느낌이 생겨버립니다. 따라서 이때에는 '셔츠1' 레이어의 클리핑 마스크를 해제하고, 그 위에 생성한 레이어('셔츠1-1', '셔츠1-2' 레이어)들을 '셔츠1' 레이어(그림자)에 소속되게 하면 밝은 부분을 살리면서 그림자에 원하는 효과를 표현할 수 있게 됩니다.

35 ❶ '셔츠1' 레이어의 클리핑 마스크를 해제하면 셔츠 레이어에 소속되어 보이지 않던 터치자국들이 삐져나온 것을 볼 수 있습니다. ❷ Ctrl을 누른 채로 '셔츠' 레이어 섬네일을 클릭합니다.

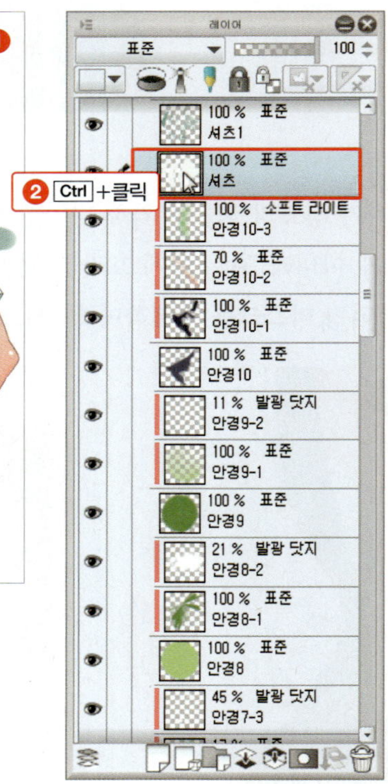

36 ❶ 선택 영역 도구 상자가 나타나, '셔츠' 레이어의 영역만 선택 영역으로 표시됩니다. ❷ 선택 범위 반전 ◪을 클릭하여 선택 영역을 반전시킵니다. ❸ 선택 영역이 반전된 상태에서 '셔츠1' 레이어를 클릭한 후 ❹ Delete를 누릅니다. 셔츠 바깥의 불필요한 채색 자국이 한 번에 지워집니다.

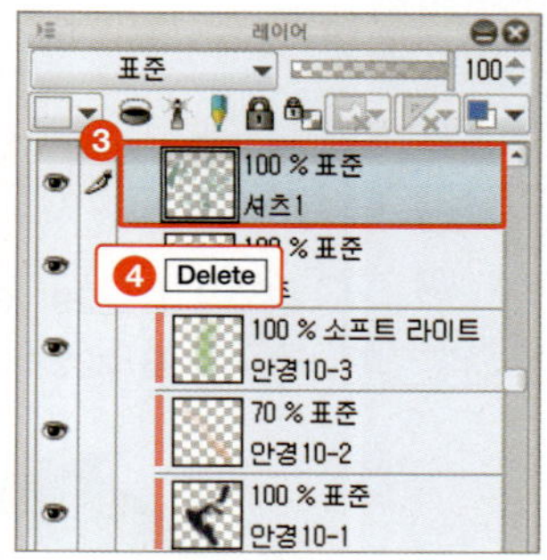

37 '셔츠1' 레이어의 가장자리도 깔끔하게 지워보겠습니다. ❶ '셔츠1' 레이어가 선택된 상태에서 Delete를 눌러 가장자리를 지웁니다. 이 효과는 주름('셔츠1' 레이어)에만 속하게 됩니다. ❷ 그런 다음 Ctrl+D를 눌러 선택 영역을 해제합니다.

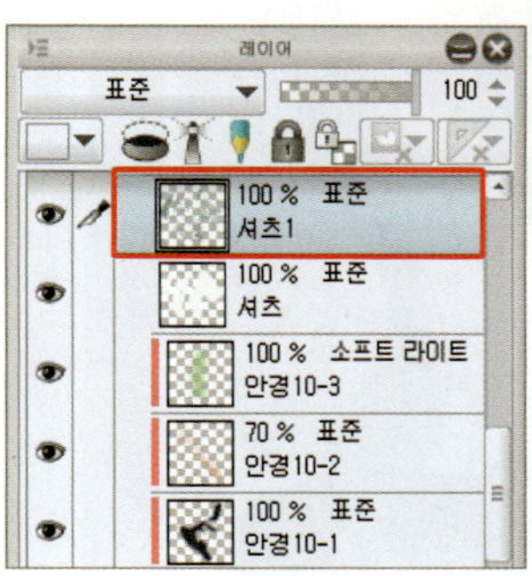

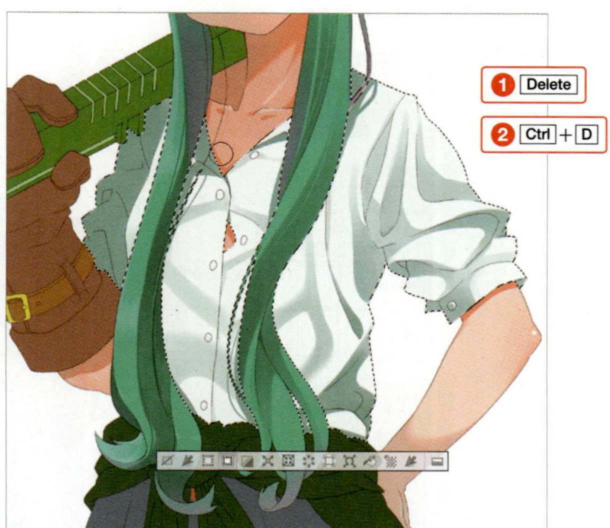

38 '셔츠1-1' 레이어와 '셔츠1-2' 레이어는 다음 색을 참고해 채색을 마무리합니다.

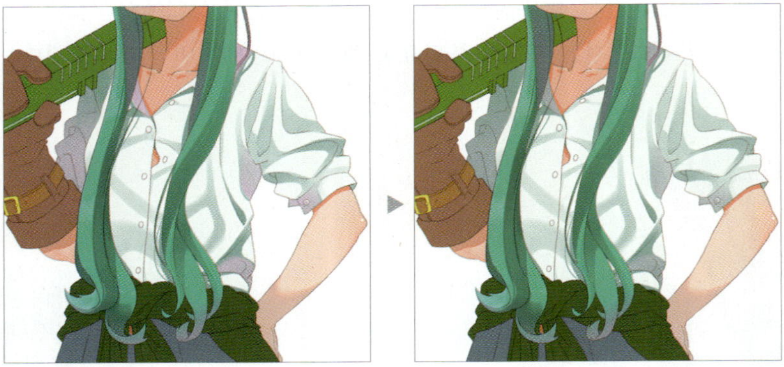

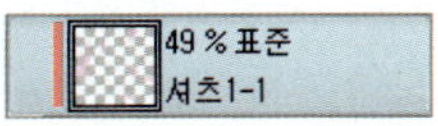

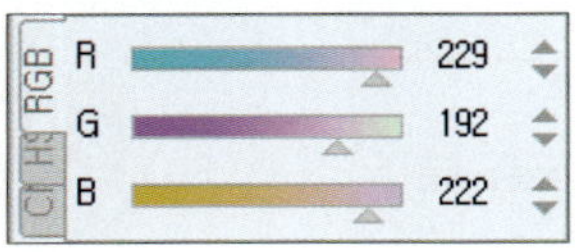

R | 229 G | 192
B | 222

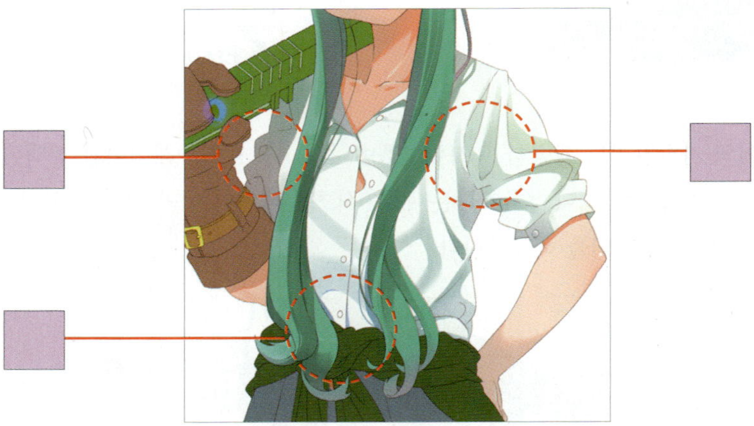

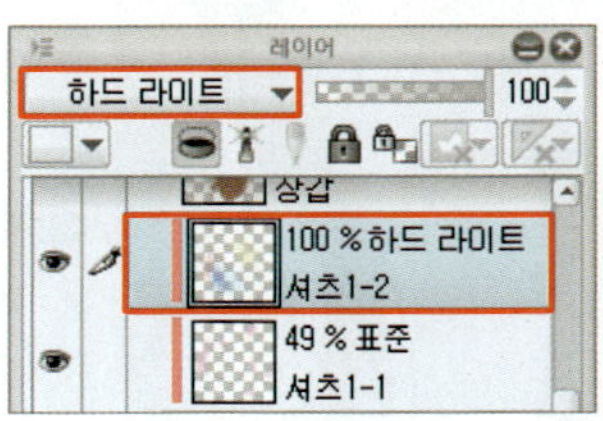

TIP 레이어 합성 모드를 [하드 라이트]로 바꿉니다.

STEP 12 장갑 채색하기

39 장갑에 텍스처를 입혀 채색해보겠습니다. ❶ 우선 인터넷에서 원하는 느낌의 텍스처를 구해옵니다. 이미지는 고해상도이고 클수록 좋습니다. 지금 채색할 장갑은 털 재질로 설정했기에 털 모양의 텍스처를 구해옵니다. ❷ 클립 스튜디오에 텍스처를 불러온 후 ❸ Ctrl+C를 눌러 텍스처를 복사하고 ❹ Ctrl+V를 눌러 그림에 텍스처를 붙여넣습니다.

TIP 텍스처는 말 그대로 질감을 뜻하며 미세한 요철처럼 재료 표면의 실제 느낌을 말합니다. 여기에서는 채색하는 대상에 텍스처를 입혀 좀 더 사실감 있게 표현했는데요. 옆 그림처럼 텍스처를 입힌 것과 입히지 않은 것을 비교해보면 텍스처에 따라 그림의 완성도가 크게 차이 나는 것을 확인할 수 있습니다.

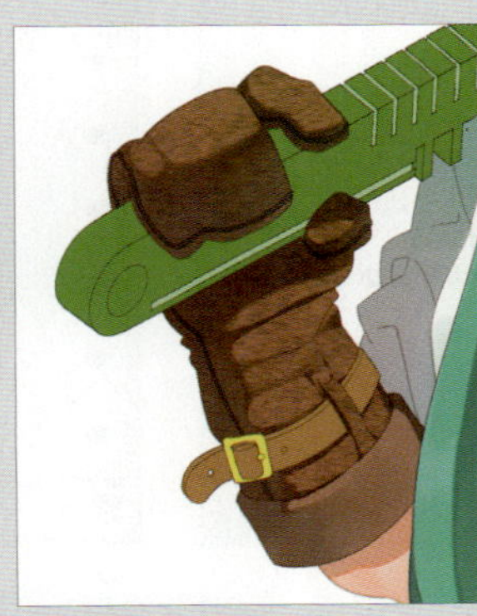
▲ 텍스처를 입힌 그림

▲ 텍스처를 입히지 않은 그림

40 ❶ 텍스처가 장갑의 크기와 비슷해질 때까지 복사, 붙여넣기 작업을 진행합니다. ❷ 텍스처가 적당한 크기가 되면 텍스처를 옮깁니다. ❸ 그런 다음 Ctrl 을 누른 채 복사한 텍스처 레이어를 모두 선택한 후 ❹ 마우스 오른쪽 버튼을 클릭하여 [선택 중인 레이어 결합]을 클릭합니다. ❺ 여러 개의 털텍스처 레이어가 하나의 레이어로 합쳐집니다.

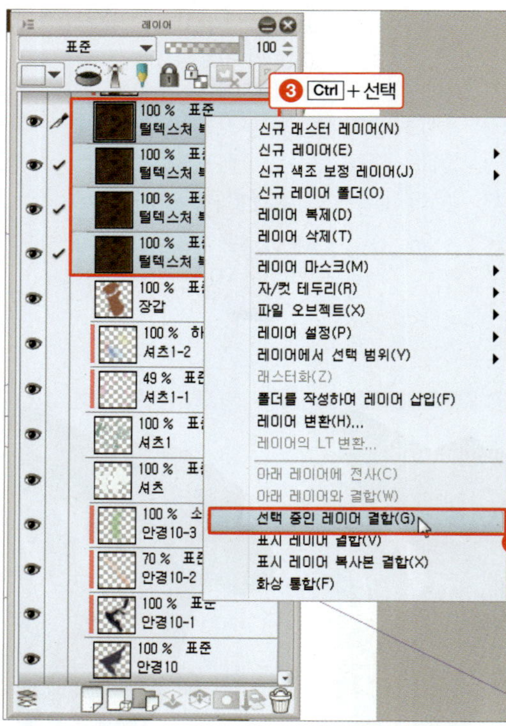

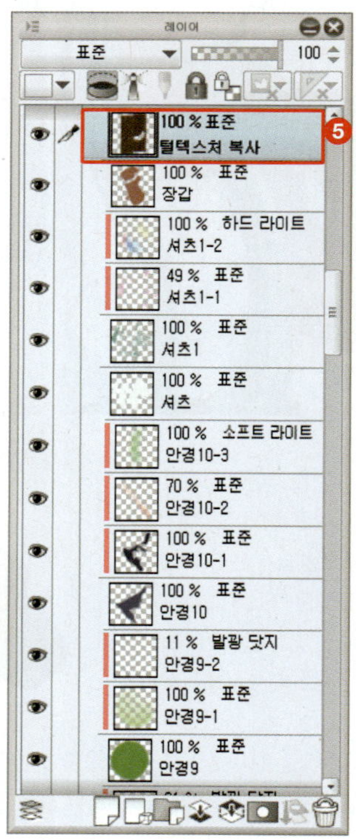

TIP 텍스처를 복사, 붙여넣기 하면 캔버스의 같은 위치에 붙여집니다. 텍스처를 변형하거나 옮기고 싶을 때는 Ctrl + T 를 눌러 자유 변형 모드로 바꾼 후 텍스처를 옮깁니다. 옮긴 후 Enter 를 눌러 적용합니다.

41 ❶ 합쳐진 레이어는 '장갑1'로 이름을 바꾸고 ❷ '장갑1' 레이어에 클리핑 마스크를 적용합니다. ❸ 그런 다음 원하는 부위만 표현되도록 넘치는 텍스처 부분은 지우개 도구 를 이용해 지웁니다.

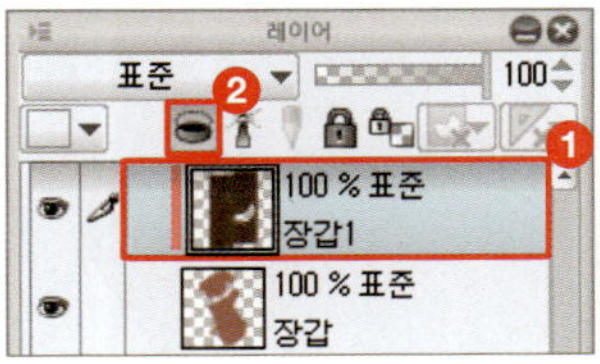

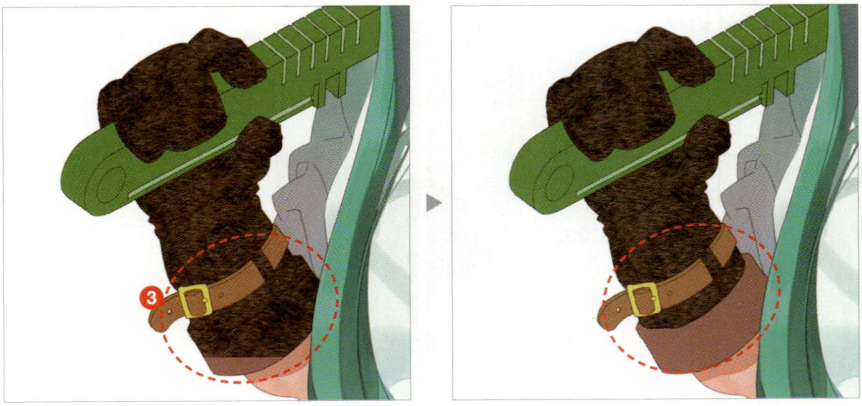

42 텍스처를 입힌 그대로 사용해도 되지만 색이 꽤 진하고 장갑과 어울리지 않으므로 적절한 느낌이 들도록 바꿔보겠습니다. ❶ 레이어 합성 모드는 [하드 라이트]로, ❷ 불투명도는 60%로 수정해 자연스러운 색감으로 바꿉니다.

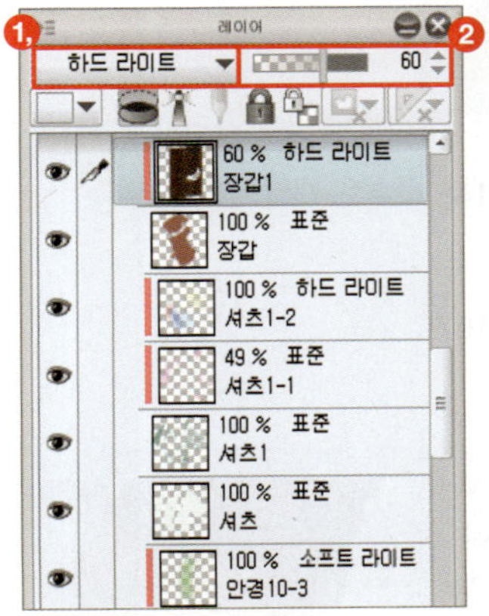

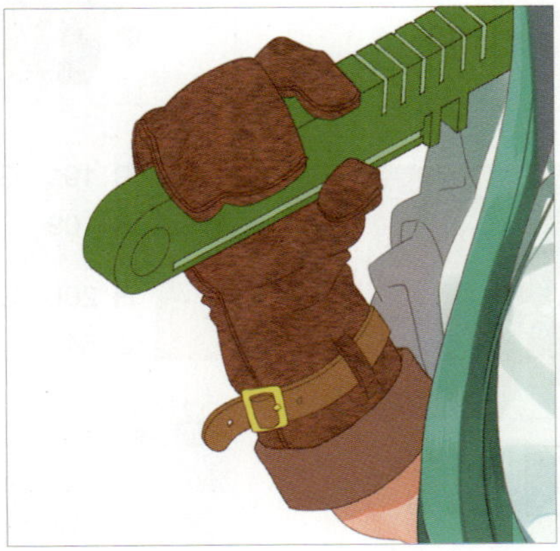

TIP 색을 바꿀 때 색 자체를 바꾸는 방법도 있지만 여기서는 한 레이어 안에 명암과 묘사가 완성되어 있으므로 앞서 배운 레이어 합성 모드와 불투명도를 조절하여 어색하지 않고 자연스럽게 바꿔줍니다. 자칫 색만 바꿨다가는 그다지 어울리지 않는 결과가 나올 수도 있기 때문입니다.

장갑, 장갑 벨트, 벨트 고리 채색표

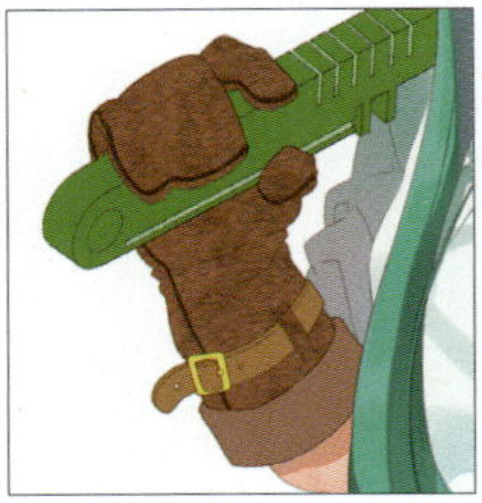

털 모양과 함께 그림자에도 모양을 표현합니다.

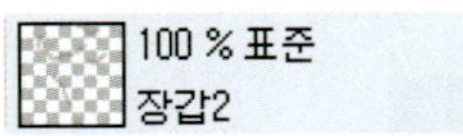

R | 116 G | 63
B | 49

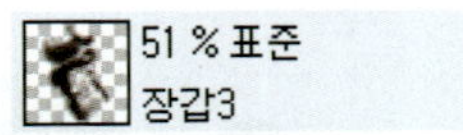

R | 78 G | 16
B | 9

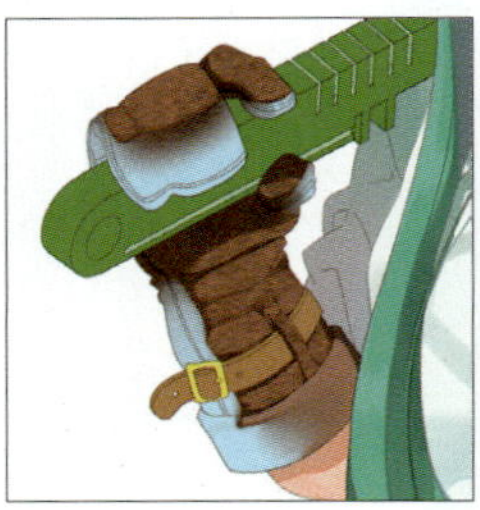

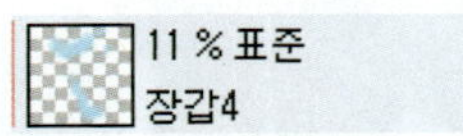

R | 184 G | 232
B | 255

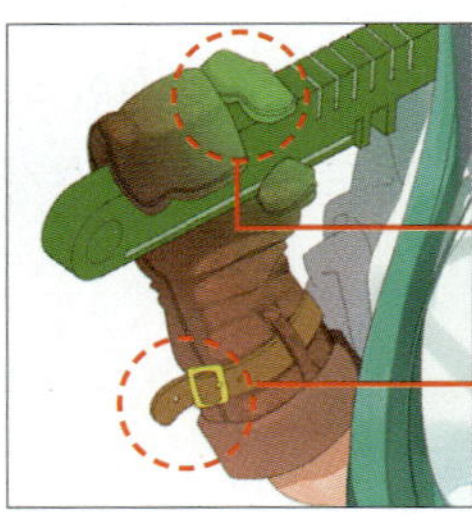

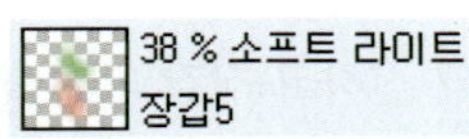

R | 100 G | 255
B | 123

R | 255 G | 184
B | 196

R | 143 G | 76
B | 23

R | 184 G | 111
B | 54

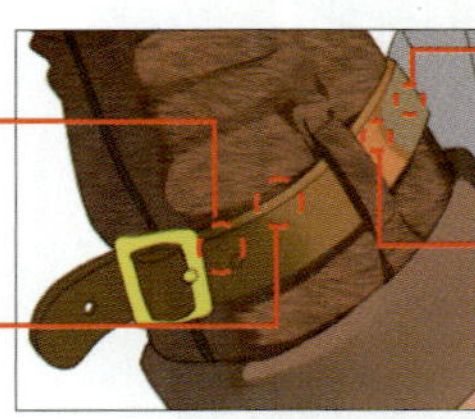

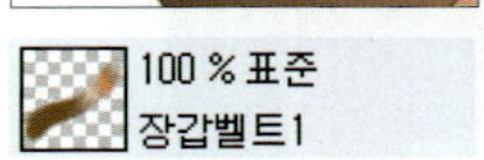

R | 191 G | 146
B | 109

R | 206 G | 107
B | 54

TIP 명암의 위치와 주변 영향을 받는 색 등을 생각하여 일단 짙은 색 먼저 발라 채색합니다. 그런 다음 재질이 가죽이므로 붓 터치 자국이 남게 채색합니다. 앞서 발라둔 색을 투명 수채 붓으로 풀어주면 효과적입니다.

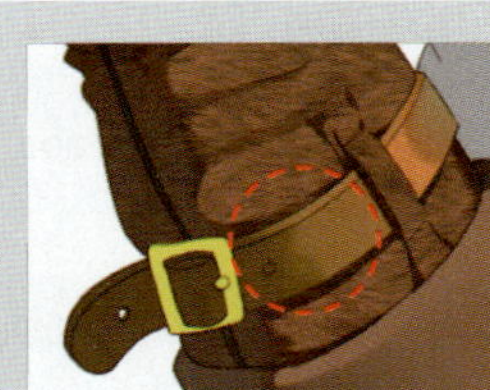

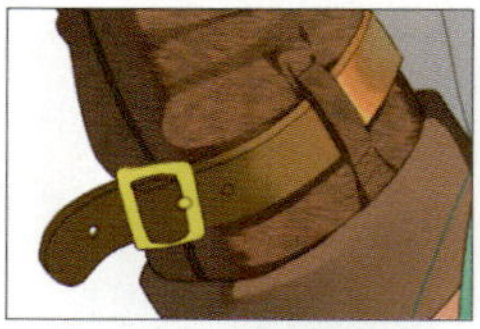

32 % 발광 닷지
장갑벨트2

R | 255 G | 255
B | 255

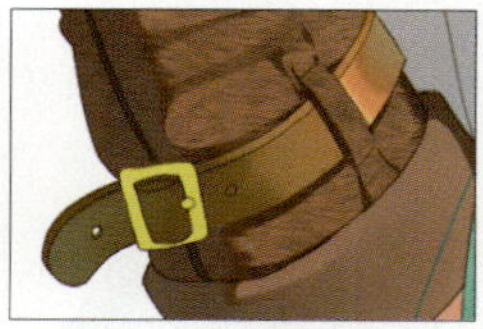

53 % 표준
장갑벨트3

R | 160 G | 253
B | 255

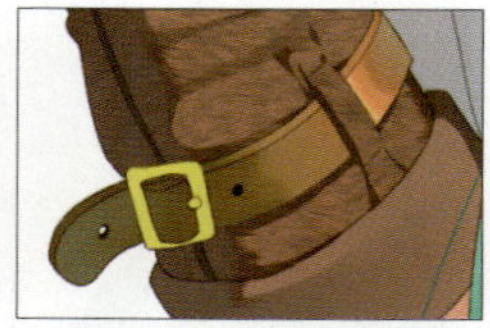

100 % 표준
장갑벨트4

R | 73 G | 22
B | 27

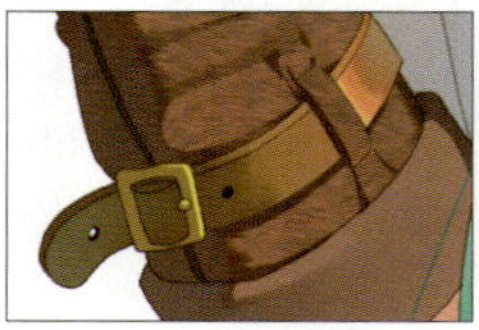

100 % 표준
벨트고리1

R | 177 G | 131
B | 49

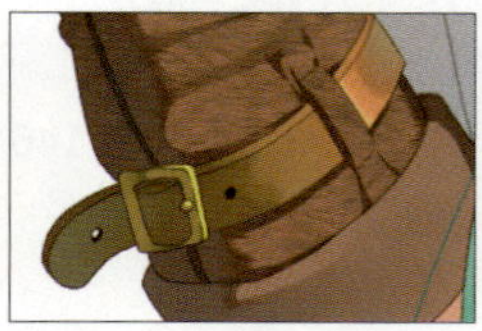

100 % 표준
벨트고리2

R | 138 G | 101
B | 32

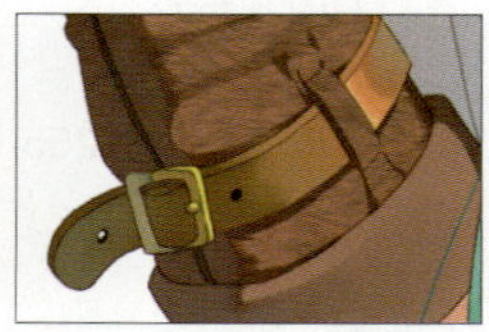

32 % 표준
벨트고리3

R | 187 G | 217
B | 250

STEP 13 외투 채색하기

43 채색표를 참고하여 외투를 채색합니다. 우선 외투는 소매와 밑단, 지퍼의 기본색을 채색한 후 그 위에 그림자를 채색하는 방식으로 진행합니다. 왜냐하면, 이렇게 기본색이 여러 개 겹쳐있을 때 레이어 합성 모드를 사용하면 한 색으로 통일감 있는 그림자를 만들어 줄 수 있기 때문입니다.

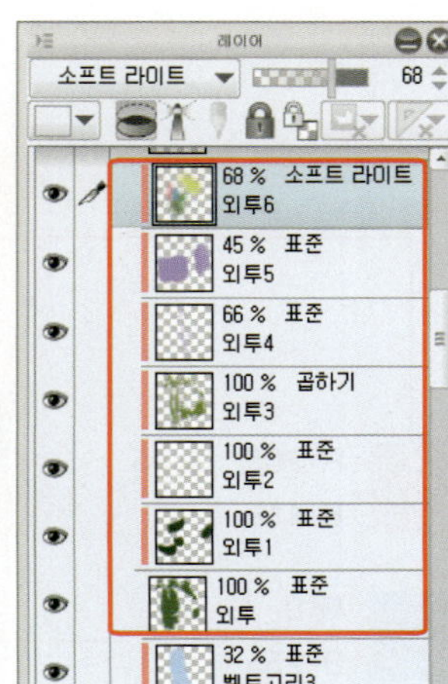

외투 채색표

100 % 표준
외투1

R | 37 G | 82
B | 15

100 % 표준
외투2

R | 255 G | 255
B | 255

100 % 곱하기
외투3

R | 121 G | 146
B | 48

66 % 표준
외투4

R | 129 G | 110
B | 152

45 % 표준
외투5

R | 198 G | 140
B | 255

68 % 소프트 라이트
외투6

'외투6' 레이어는 아래 그림처럼 네 가지 색을 섞어서 블렌딩했습니다. 아래의 표현 방법을 참고하여 채색하세요.

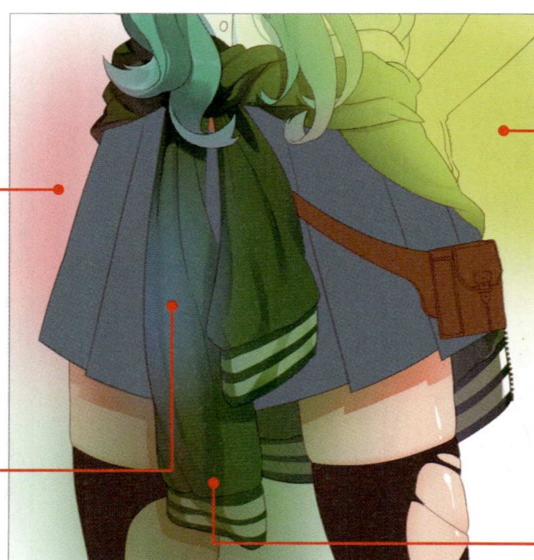

R | 255 G | 85
B | 118

R | 0 G | 207
B | 255

R | 248 G | 255
B | 85

R | 64 G | 118
B | 28

STEP 14 치마, 가방 채색하기

44 채색표를 참고하여 치마와 가방을 채색합니다. 이때 치마는 셔츠를 채색할 때의 느낌으로 채색하되, 캐릭터가 서 있는 포즈이므로 치마의 결이 세로 방향으로만 흐르게 하는 것이 중요합니다. 서 있는 포즈에서는 치마에 주름이 많이 생기지 않으므로 너무 과장되게 넣지 않도록 합니다.

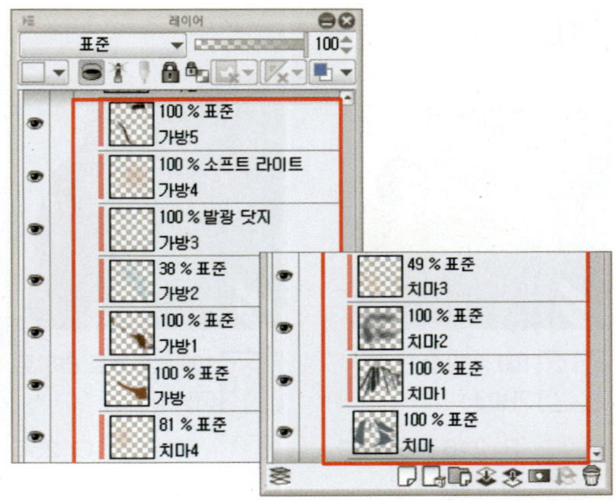

치마 채색표

100 % 표준 치마1	100 % 표준 치마2	49 % 표준 치마3	81 % 표준 치마4
R 48 G 78 B 89	R 47 G 74 B 49	R 255 G 176 B 145	R 255 G 176 B 145

TIP 먼저 '치마1' 레이어를 채색한 후 '치마2' 레이어는 에어브러시를 이용해 위 아래로 볼륨감을 줍니다. '치마3' 레이어는 역광을 표현하고 '치마4' 레이어는 에어브러시로 아래만 볼륨을 살짝 넣어 표현합니다.

가방 채색표

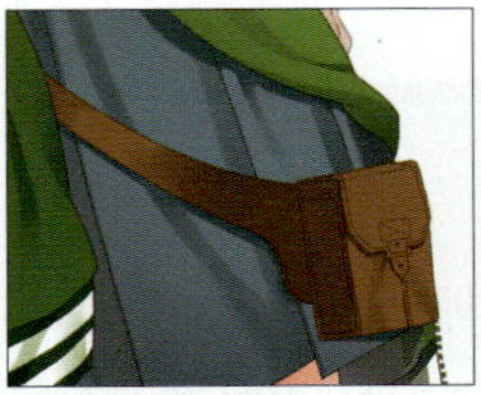

100 % 표준
가방1

R | 122 G | 58
B | 35

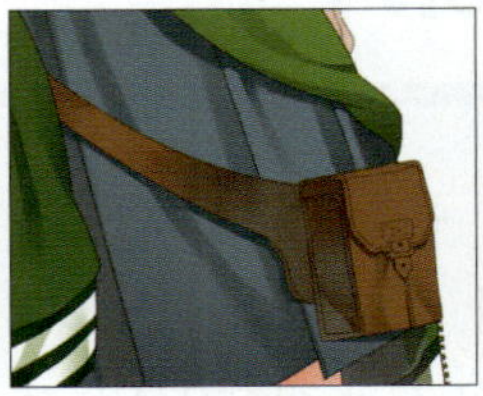

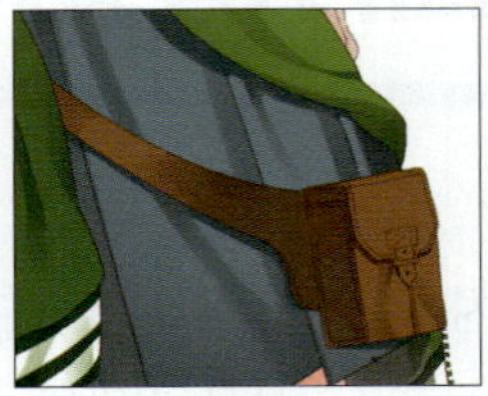

38 % 표준
가방2

R | 122 G | 103
B | 92

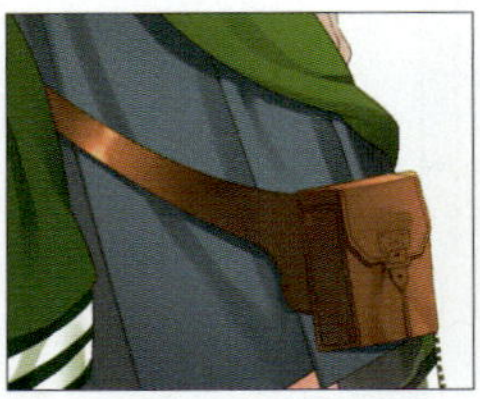

100 % 발광 닷지
가방3

R | 216 G | 182
B | 170

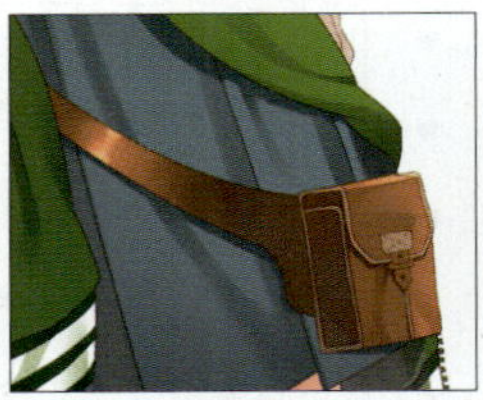

100 % 소프트 라이트
가방4

R | 255 G | 255
B | 255

R | 201 G | 143
B | 117

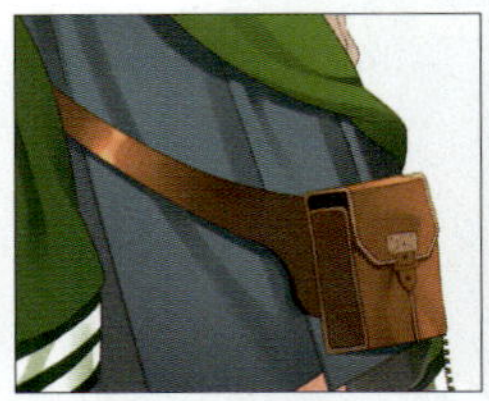

100 % 표준
가방5

R | 83 G | 44
B | 30

TIP '가방3' 레이어는 붓 도구로 살짝 터치하듯이 채색합니다. '가방5' 레이어는 가장 어두운 곳을 찾아 채색합니다.

'가방4' 레이어는 그림자가 채색되어 있는 상태이기 때문에 하이라이트는 기본색보다 옅은 색으로 채색하고, 가방 테두리 같은 곳을 채색할 때는 밝은 색으로 채색한 후 레이어 합성 모드를 [소프트 라이트]로 바꾸면 그림자와 자연스럽게 어울립니다.

STEP 15 스타킹 채색하기

45 채색표를 참고하여 스타킹을 채색합니다. 스타킹을 채색할 때 신경 써야 할 부분은 자연스럽게 돌아간 다리의 입체감과 과장된 하이라이트, 스타킹의 결입니다. 레이어의 합성 모드와 불투명도에 유의하며 채색합니다.

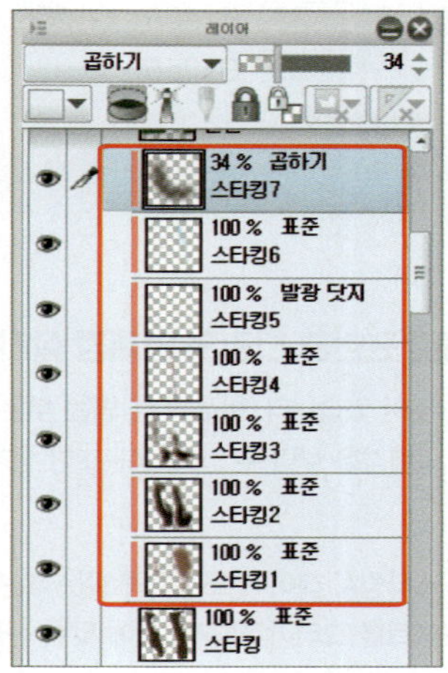

스타킹 채색표

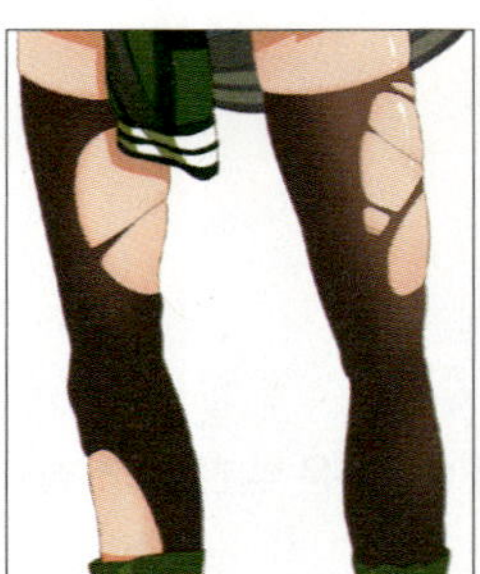

100 % 표준
스타킹1

R | 162 G | 96
B | 98

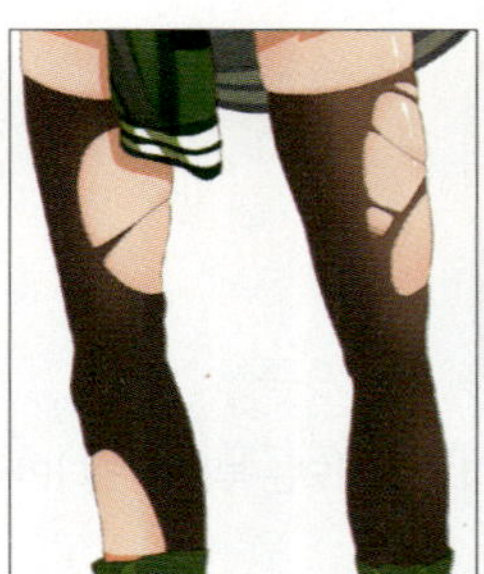

100 % 표준
스타킹2

R | 83 G | 39
B | 40

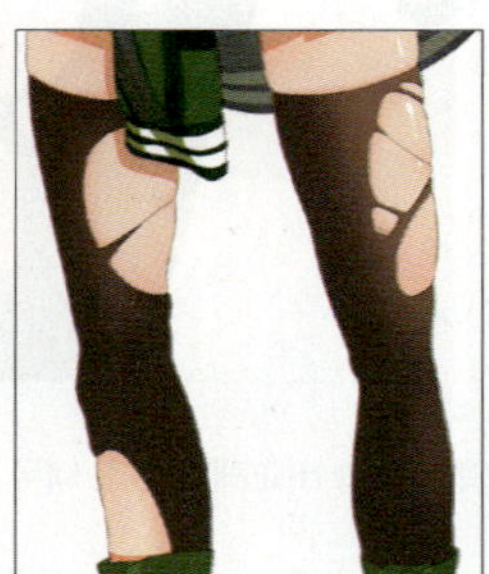

100 % 표준
스타킹3

R | 74 G | 26
B | 27

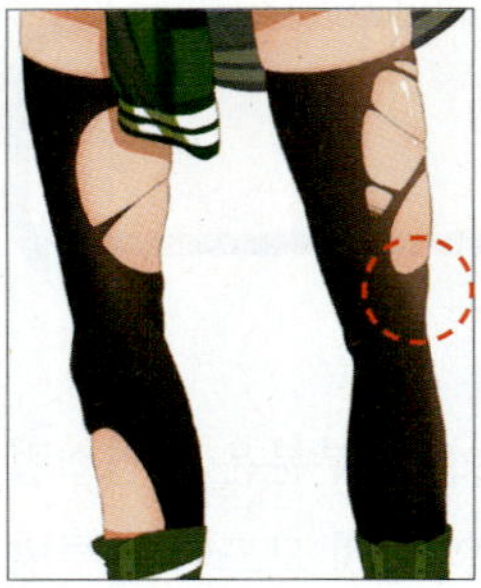

100 % 표준
스타킹4

R 164 G 101
B 103

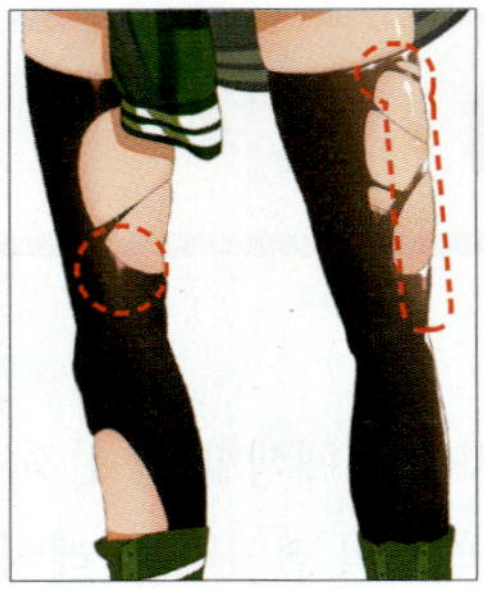

100 % 발광 닷지
스타킹5

R 255 G 255
B 255

60 % 표준
스타킹6

R 115 G 222
B 255

34 % 곱하기
스타킹7

R 83 G 40
B 40

TIP '스타킹 6' 레이어는 역광을 표현하기 위해 불투명도를 60%로 낮춥니다.

하이라이트 제대로 표현해 다리의 입체감 살리기

채색할 때 명심해야 하는 것이 있습니다. 바로 빛을 받는 부분과 받지 않는 부분을 확실하게 인식하고 제대로 표현해야 한다는 것이죠. 그래야만 그림의 입체감을 살릴 수 있습니다. 또한 여기에 하이라이트로 결을 표현해 질감을 살려주면 그림의 완성도를 더욱 높일 수 있습니다.

스타킹 채색 부분에서는 '스타킹4' 레이어 오른쪽의 밝은 부분을 더 부각해줘야 합니다. '스타킹5' 레이어의 합성 모드는 [발광 닷지]로 수정한 후 하이라이트를 그려야 합니다. 결에 맞춰 선을 몇 개 그어주는 것만으로도 스타킹의 질감을 표현할 수 있습니다. 아래 그림처럼 왼쪽 다리는 빛을 덜 받기 때문에 직접 빛을 받는 오른쪽보다는 옅은 하이라이트로 표현되어야 합니다.

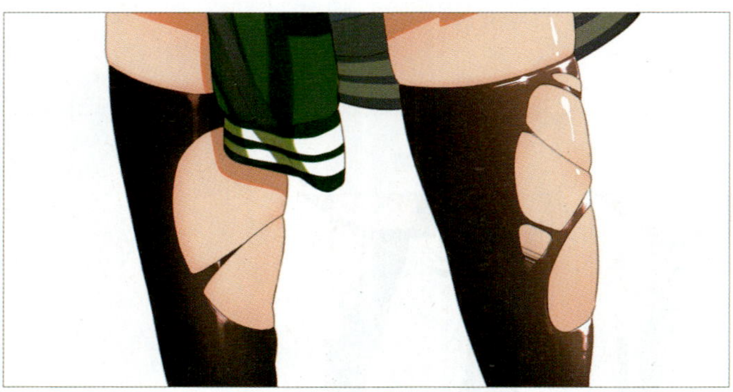

마지막으로 채색이 끝난 후 주변의 채색과 비교해봅니다. 너무 옅다고 생각되는 부분이 있다면 조금 더 어두운 부분을 짙게 칠해 자연스럽게 표현합니다.

STEP 16 신발 채색하기

46 채색표를 참고하여 신발을 채색합니다. 어둡게 표현되어야 할 곳과 레이어의 불투명도에 유의하며 채색합니다.

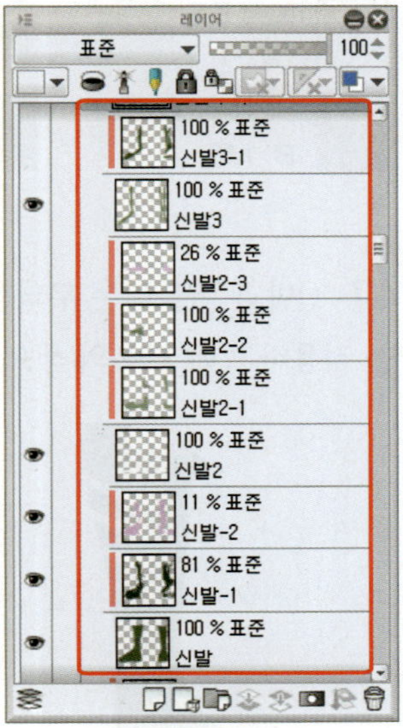

신발 채색표

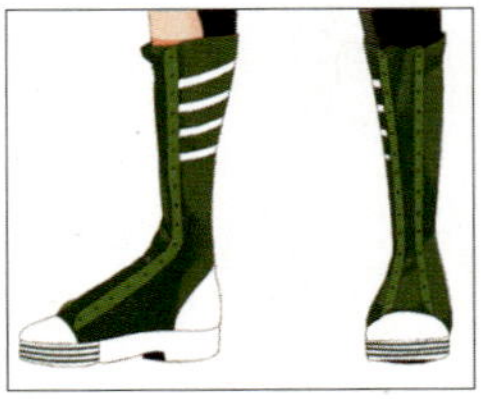

81 % 표준
신발-1

R | 57 G | 83
B | 39

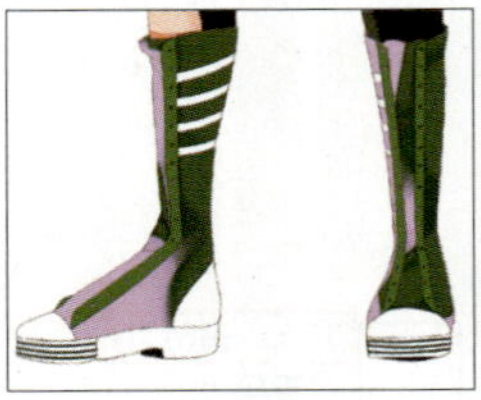

11 % 표준
신발-2

R | 248 G | 184
B | 255

TIP '신발-2' 레이어는 채색 후 레이어 불투명도를 11%로 낮춥니다.

100 % 표준
신발2-1

R | 157 G | 174
B | 146

100 % 표준
신발2-2

R | 140 G | 160
B | 127

26 % 표준
신발2-3

R | 245 G | 199
B | 254

100 % 표준
신발3-1

R | 75 G | 106
B | 56

47 신발과 어울리는 무늬를 채색해보겠습니다. ❶ '신발무늬-1' 레이어를 만들어 클리핑 마스크를 적용하고 ❷ 다음의 색으로 ❸ 밝은 부분을 묘사합니다.

100 % 표준
신발무늬-1 ❶

❷
R 185
G 190
B 182

R | 185 G | 190
B | 182

48 ❶ '신발무늬2' 레이어를 만든 후 ❷ 다음의 색으로 ❸ 스티치를 그립니다. ❹ 레이어 합성 모드는 [곱하기], 불투명도는 77%로 설정합니다.

❹ 77 % 곱하기
신발무늬2 ❶

❷
R 80
G 110
B 59

R | 80 G | 110
B | 59

신발 스티치(실밥 자국) 표현하기

'신발무늬2' 레이어에 그린 스티치 자국은 점선으로 이루어져 있습니다. 이건 점선을 일일이 그린 게 아니라 데코레이션 도구 의 [괘선]을 이용해 선 하나만 그어 표현한 것입니다.

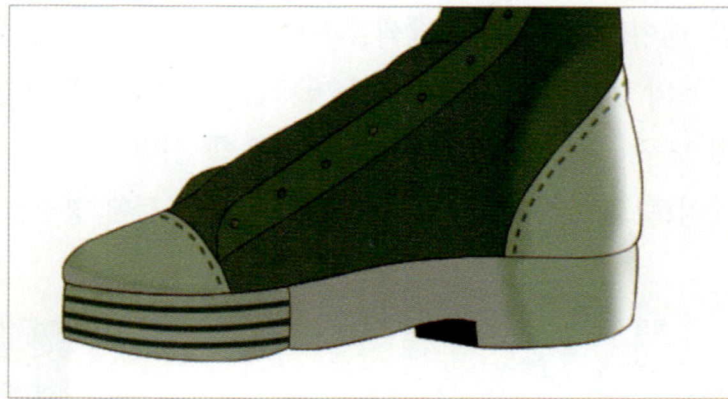

괘선 도구를 이용하면 손쉽게 스티치 자국을 표현할 수 있습니다. 데코레이션 도구 를 클릭하면 보조 도구 [데코레이션] 팔레트에 다양한 선택 옵션이 나타납니다. 여기서 [괘선] – [파선]을 클릭하면 스티치에 응용할 수 있는 점선을 사용할 수 있습니다. 크기를 조절해 펜 도구를 사용하듯이 그어주면 됩니다.

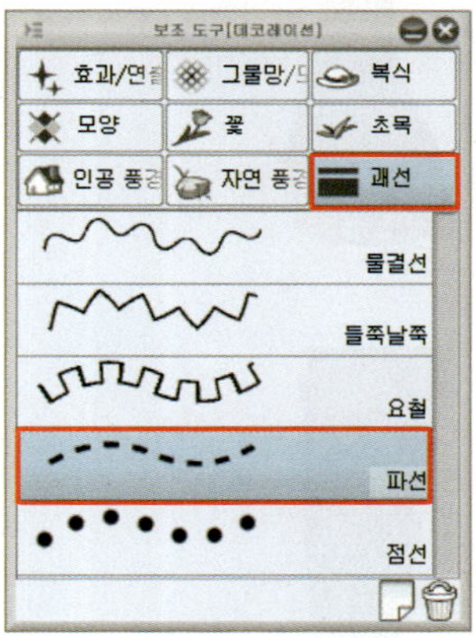

---

49 ❶ '신발무늬2-1' 레이어를 만든 후 ❷ 다음의 색으로 ❸ 하이라이트를 표현합니다. '신발무늬2' 레이어는 [곱하기] 합성 모드로 색이 더해져 있습니다. 따라서 그림자를 따로 칠하지 않고 하이라이트만 채색합니다. ❹ 레이어 합성 모드는 [발광 닷지], 불투명도는 66%로 설정합니다.

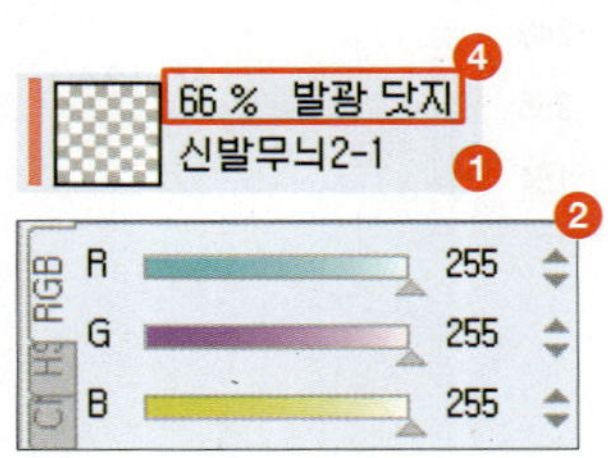

R | 255 G | 255
B | 255

50 신발에 조금 더 풍부한 색감을 표현하기 위해 선택 영역 활용법을 적용해보겠습니다. ❶ '신발' 레이어 맨 위에 '신발색감추가' 레이어를 새로 만듭니다. ❷ 그런 다음 Ctrl 을 누른 채 신발 레이어의 섬네일을 클릭합니다. ❸ '신발' 레이어 영역 안에서만 작업이 가능해집니다. ❹ 에어브러시 도구 를 이용해 다음의 색으로 ❺ 신발 옆 부분을 채색한 후 ❻ 레이어 합성 모드를 [소프트 라이트]로 바꿉니다. ❼ Ctrl + D 를 눌러 선택 영역을 해제합니다.

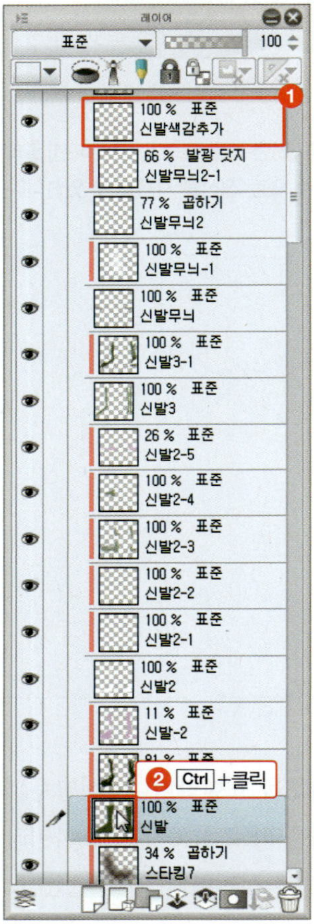

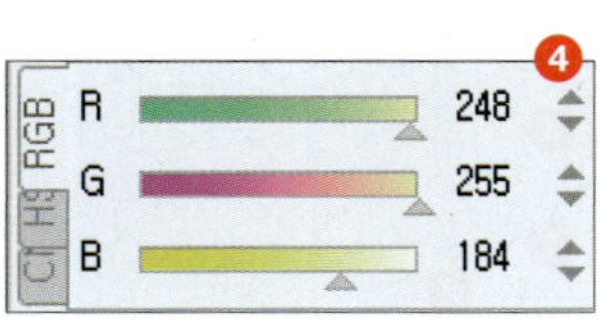

R 248 G 255
B 184

STEP 17 무기 채색하기

51 채색표를 참고하여 무기를 채색해보겠습니다. 무기의 질감은 안경과 같이 메탈로 정했습니다. 안경을 채색할 때와 마찬가지로 메탈의 질감이 느껴지도록 명암을 확실히 구분해 채색하는 것이 중요합니다. 레이어 합성 모드와 불투명도에 유의하며 채색합니다.

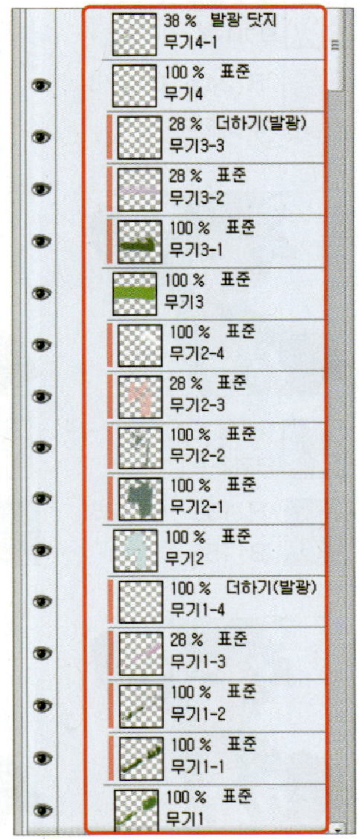

무기 채색표

100 % 표준
무기1-1

R 64 G 111
B 0

100 % 표준
무기1-2

R 51 G 88
B 0

28 % 표준
무기1-3

R 243 G 178
B 240

100 % 더하기(발광)
무기1-4

R 255 G 255
B 255

100 % 표준
무기2-1

R 133 G 165
B 156

100 % 표준
무기2-2

R 111 G 142
B 133

'무기2-2' 레이어는 기본 그림자부터 묘사합니다. '무기2-3' 레이어는 역광을 채색한 후 불투명도를 낮춥니다.

28 % 표준
무기2-3

R 255 G 204
B 207

100 % 표준
무기2-4

R 255 G 255
B 255

100 % 표준
무기3-1

R 110 G 135
B 18

28 % 표준
무기3-2

R 230 G 199
B 237

28 % 더하기(발광)
무기3-3

R 255 G 255
B 255

TIP '무기4' 레이어의 채색이 끝난 후 '무기4-1' 레이어를 만들고 클리핑 마스크는 적용하지 않습니다. 그런 다음 에어브러시 도구를 이용하여 '무기4' 레이어와 같은 색으로 무기 주변에 빛나는 효과를 줍니다. 레이어 합성 모드는 [발광 닷지], 불투명도는 38%로 설정합니다.

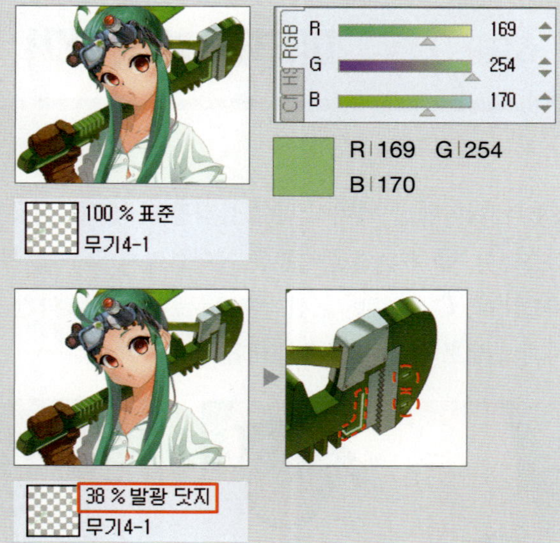

52 ❶ 신발의 색감을 추가한 **50** 단계처럼 Ctrl을 누른 채 '무기1' 레이어 섬네일을 클릭해 ❷ 해당 영역을 선택 영역으로 만듭니다. ❸ 그런 다음 멀어지는 모습의 원근감을 표현합니다. 에어브러시를 이용해 다음과 같은 색으로 ❹ 넓게 채색합니다. ❺ 레이어 합성 모드는 [스크린], ❻ 불투명도는 28%로 설정합니다.

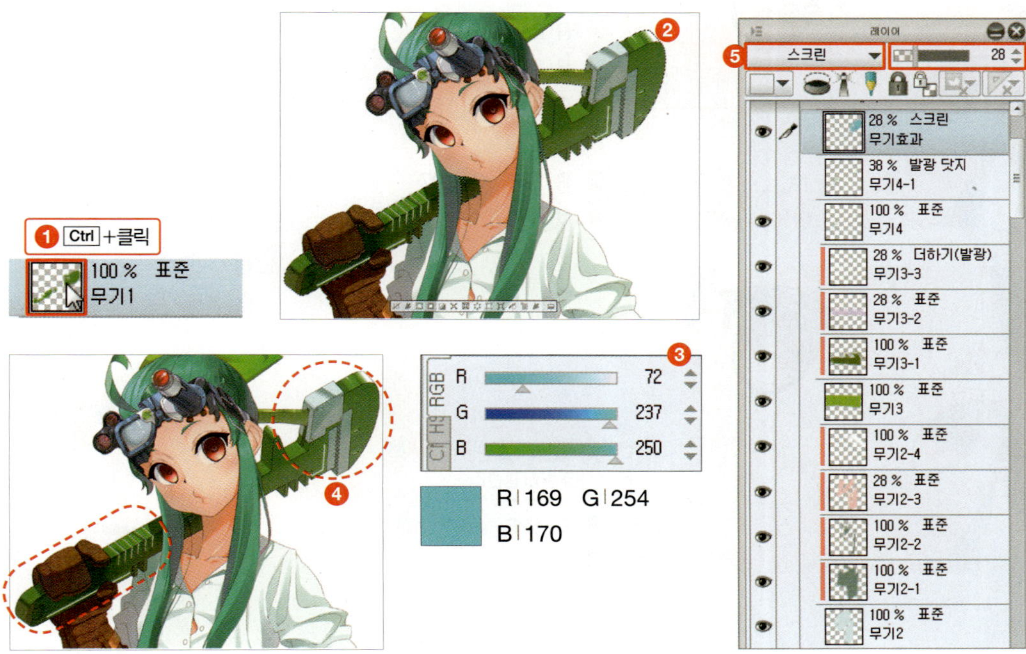

STEP 18 마무리 채색하기

53 '캐릭터펜선' 레이어 위에 클리핑 마스크를 적용한 레이어를 만들어, 마무리 채색을 진행해보겠습니다. ❶ 속눈썹 끝부분은 에어브러시 도구 를 이용해 피부색으로 부드럽게 이어지듯이 채색합니다. ❷ 코 주변의 선 색이 너무 진하므로 약간 옅은 색으로 채색합니다. ❸ 속눈썹의 중간을 본래의 색보다 조금 밝게 채색합니다.

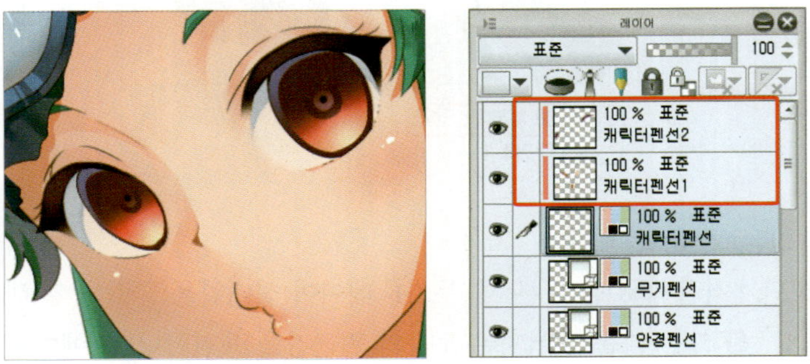

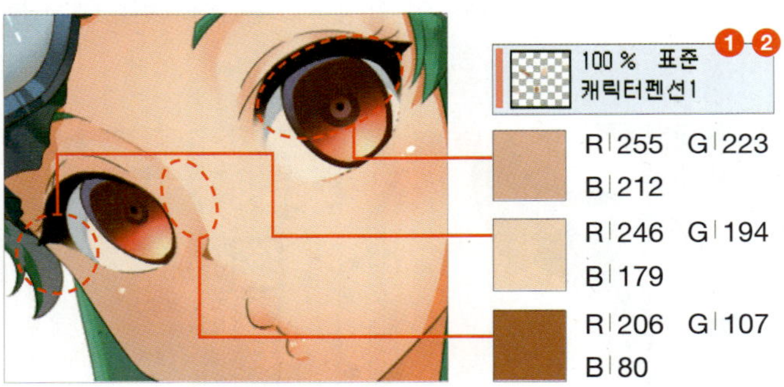

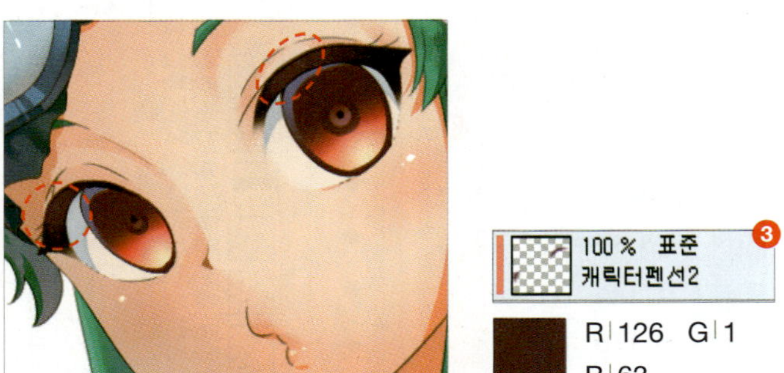

클리핑 마스크를 적용한 레이어를 이용하여 펜 선의 색을 부분적으로 바꿀 수 있습니다.

54 ❶ '안경펜선' 레이어 위에 '안경펜선1' 레이어를 만든 후 클리핑 마스크를 적용합니다. ❷ 그런 다음 표시된 부분에 ❸ 아래의 색으로 채색합니다.

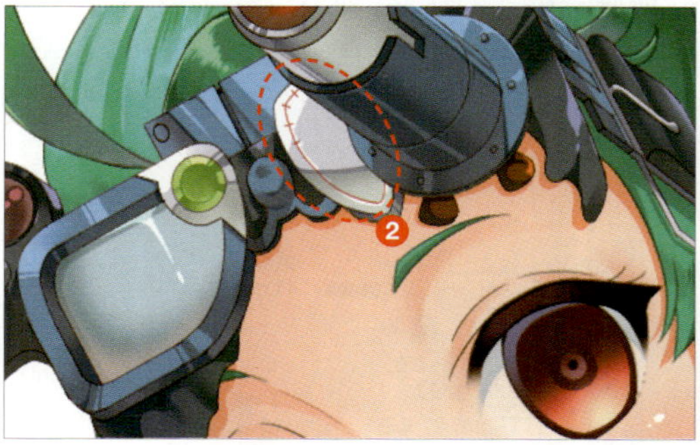

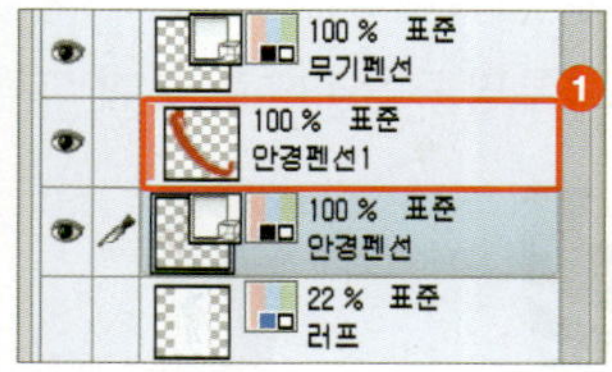

❸ R 222 G 0 B 9

55 눈동자의 하이라이트를 그립니다. ❶ '눈동자 하이라이트' 레이어를 만들고 ❷ 다음의 색으로 ❸ 펜 선은 신경 쓰지 말고 조금씩 삐져나가게 그립니다.

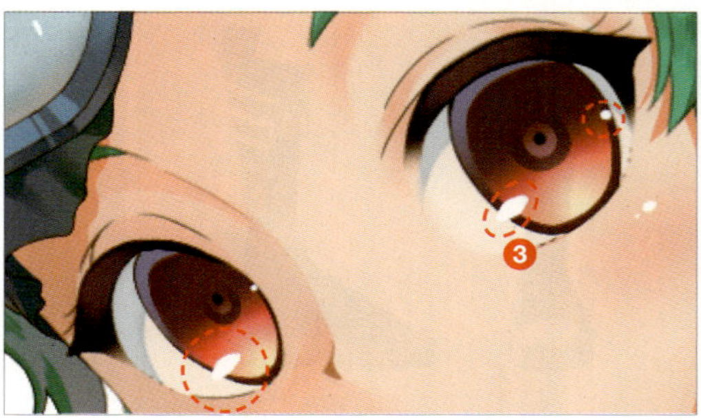

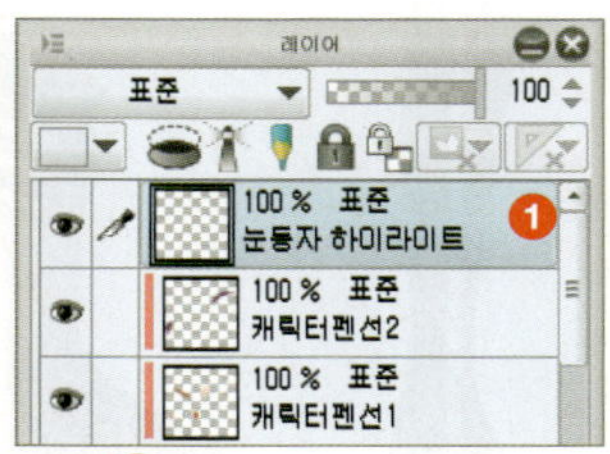

❷ R 255 G 255 B 255

56 이번에는 잔 머리카락을 그립니다. ❶ '잔 머리카락' 레이어를 만들고 ❷ 붓 도구 를 이용해 머리카락을 좀 더 섬세하게 표현합니다. 선을 그을 때는 그 부분에 어울릴 만한 색을 주변에서 스포이트 도구 로 찍어서 사용합니다.

57 마지막으로 신발 끈을 섬세하게 표현해 마무리합니다. ❶ '신발끈' 레이어를 만들어 ❷ 신발 끈의 기본색으로 채색합니다. ❸ '신발끈1' 레이어를 만들어 클리핑 마스크를 적용하고 ❹ 다음의 색으로 ❺ 상대적으로 아래에 있는 신발 끈을 채색합니다. ❻ '신발끈2' 레이어를 만들어 클리핑 마스크를 적용하고 ❼ 다음의 색을 이용해 ❽ 신발의 전체 그림자에 맞춰 그림자를 그립니다. ❾ 마지막으로 레이어 불투명도를 43%로 낮춰 그림을 완성합니다.

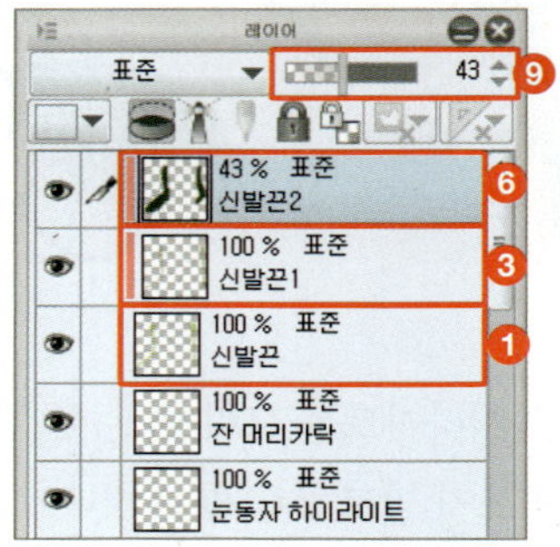

❷ R | 144 G | 194 B | 0

❹ R | 93 G | 124 B | 1

❼ R | 56 G | 76 B | 0

배운 기능을 활용한 4컷 만화

CHAPTER

05

실전!
웹툰 그리기

지금까지 미소녀 일러스트를 채색하는 다양한 방법을 알아보았습니다. 이번에는 앞서 배운 채색 방법을 활용할 수 있는 간단한 웹툰 구성에 대해 알아보겠습니다. 이 책에서 말하는 '만화'는 '웹툰'을 말합니다. 그러므로 꼭 극화(출판 만화)처럼 틀에 맞춰 그리지 않아도 됩니다. 기존 극화에서는 책을 기준으로 만화를 그리기 때문에 판형(규격)이 제한적이었습니다. 그러나 웹툰은 연재하는 사이트(플랫폼)마다 원하는 틀(규격, 사이즈)이 있지만, 작가의 의도대로 표현하는 것이 가능합니다.

STEP 01 컷 만들기

01 ❶ 캔버스 사이즈는 폭 150mm, 높이 364mm로 만듭니다. ❷ U를 눌러 도형 도구를 선택하고 보조 도구 [도형] 팔레트에서 [컷 테두리]를 클릭합니다. ❸ 그런 다음 도구 속성 [직사각형 컷] 팔레트에서 브러시 크기를 7.0으로 설정합니다.

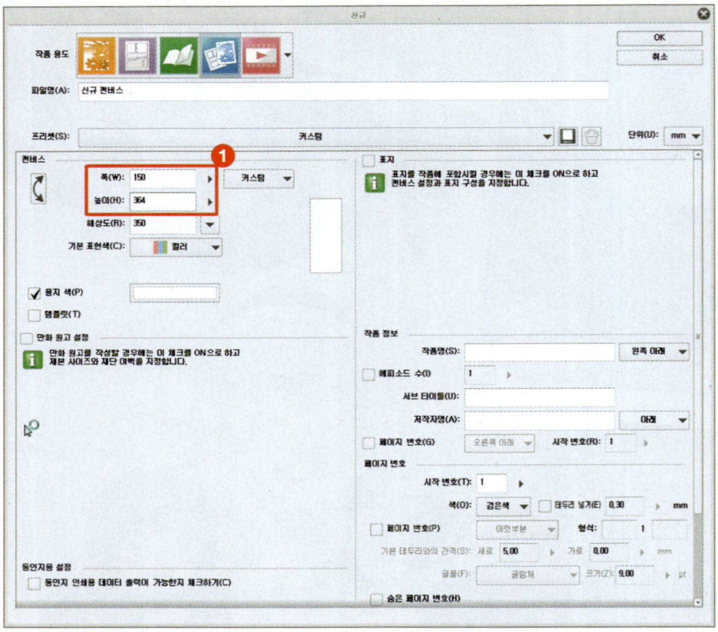

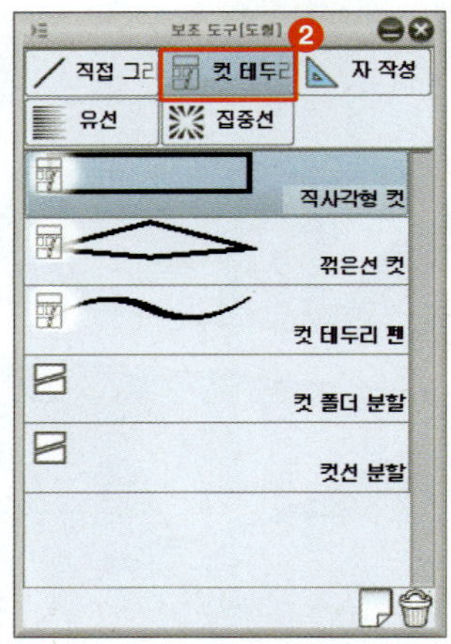

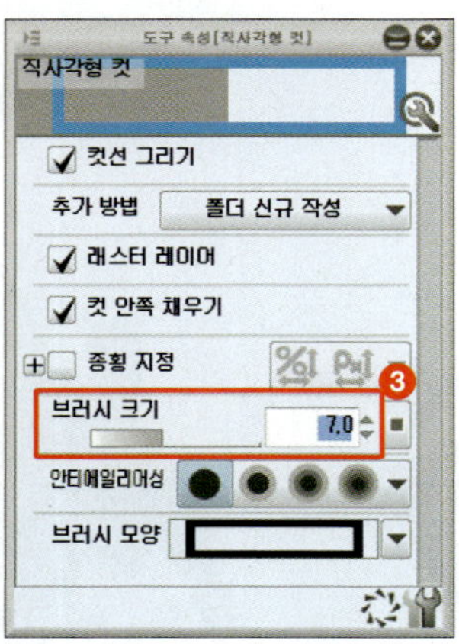

TIP 만화 컷을 만드는 방법은 두 가지입니다. [레이어]-[신규 레이어]-[컷 테두리 폴더]를 이용하는 방법과 도형 도구에서 컷 테두리를 사용해 직접 그리는 방법이 있습니다. 여기서는 좀 더 편한 컷 테두리를 사용해 그리는 방법으로 진행합니다.

TIP 도구 속성 팔레트 알아보기

도구 속성 팔레트에서 아래의 항목을 중점적으로 신경 씁니다.

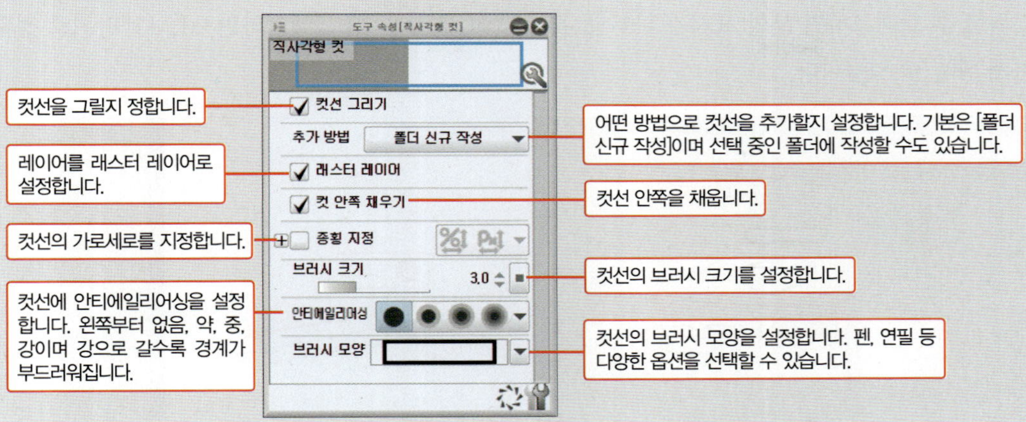

02 ❶ 캔버스 위를 드래그하여 메인 컷 테두리를 그립니다. ❷ 레이어 팔레트를 살펴보면 '컷 1' 레이어가 생성된 것을 확인할 수 있습니다.

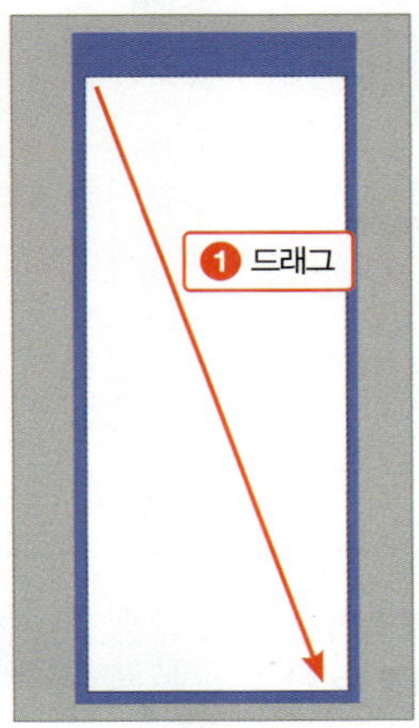

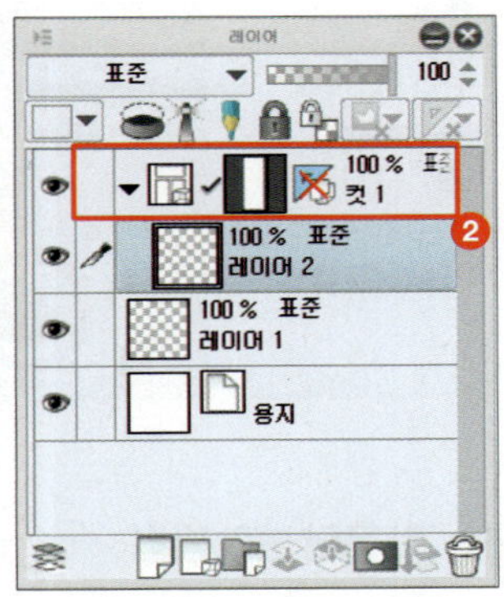

03 컷 테두리를 그렸을 때 생긴 '컷 1' 레이어는 지금 그린 컷의 폴더 레이어라고 생각하면 됩니다. '컷 1' 레이어 아래에 있는 '레이어 2' 레이어에서 그림을 그리면 컷 1의 프레임 안에서만 그려집니다.

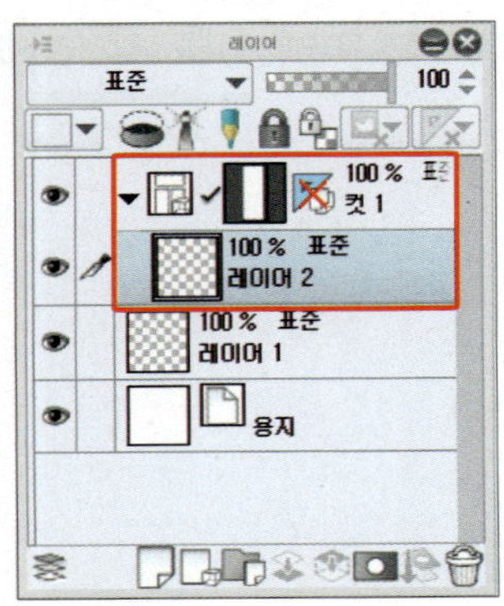

04 '컷 1' 레이어를 나누는 분할용 도구를 사용해보겠습니다. ❶ 컷 테두리 도구 [아이콘]를 클릭하고 ❷ 보조 도구 [도형] 팔레트에서 [컷 폴더 분할]을 클릭합니다. ❸ 그런 다음 분할하고 싶은 지점을 클릭한 후 드래그하면 분할 표시가 나타납니다. Shift를 누른 채 드래그하면 90°, 45° 단위로 정확하게 나눌 수 있습니다.

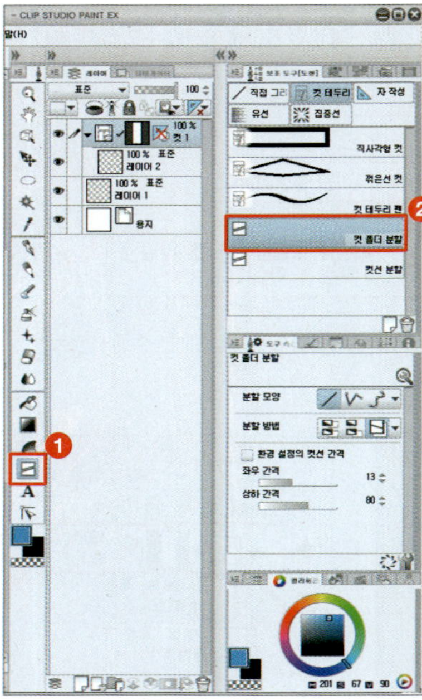

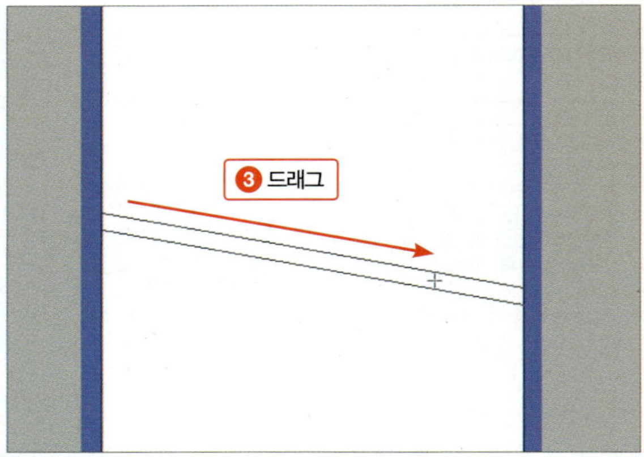

TIP [컷 폴더 분할] 메뉴가 보이지 않는다면 컷 테두리 보조 도구 팔레트에서 [컷 테두리 나누기]-[컷 폴더 분할]을 선택합니다.

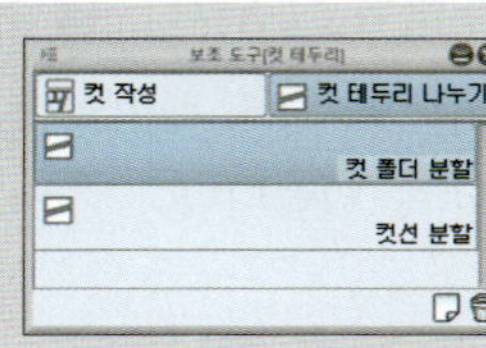

컷 폴더 분할 방법

컷 테두리 도구를 사용할 때 도구 속성 [컷 폴더 분할] 팔레트를 확인하면 분할 방법을 선택할 수 있습니다. 이 항목은 컷을 분할할 때 어떤 방식으로 나눌 것인가를 결정하는 항목입니다. 상황에 따라 자신에게 유용한 방식을 선택하여 사용합니다.

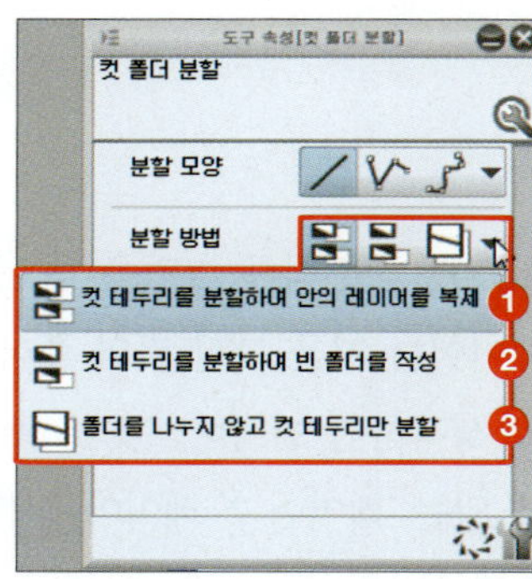

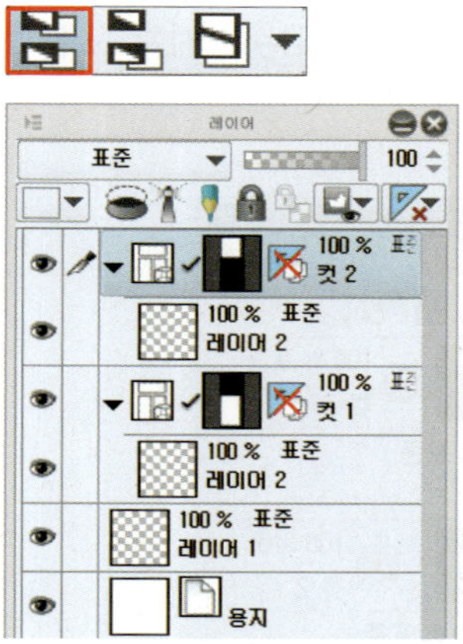

① 레스터 레이어가 들어있는 프레임을 따로 생성합니다.

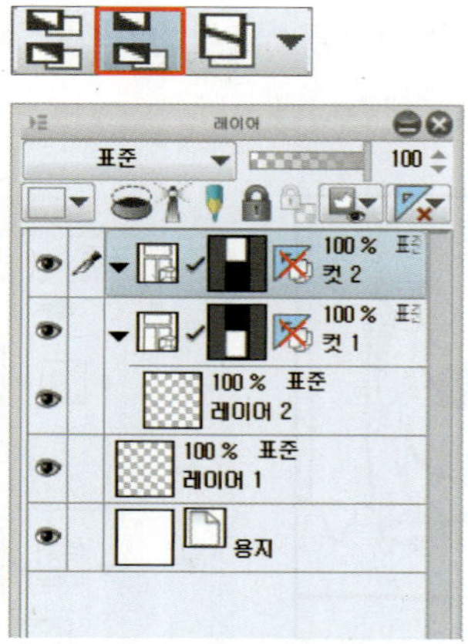

② 레이어를 별도로 생성하지 않고 프레임만 따로 생성합니다.

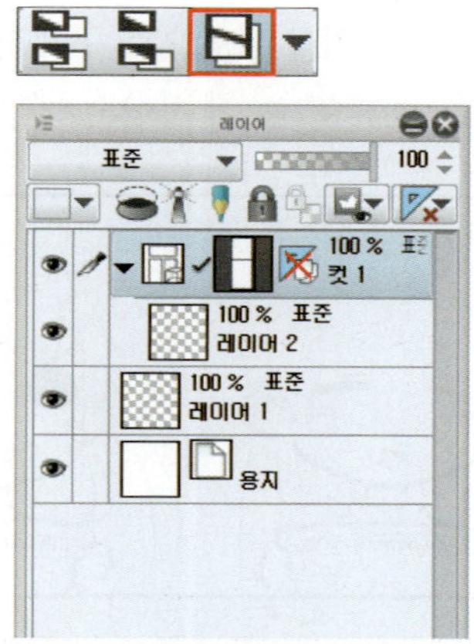

③ 별도의 프레임을 생성하지 않고 칸(컷 테두리) 나눕니다.

STEP 02 스토리에 맞는 스케치하기

05 만화를 그리기 전에 가장 기초적이고 중요한 스토리와 그 스토리에 맞는 연출입니다. 4컷 만화는 4컷 안에 스토리의 구성과 기승전결이 모두 포함되어 있어야 합니다. 이것을 명심하고 러프하게 만화를 구상합니다.

▲ 완성된 만화의 모습을 상상합니다.

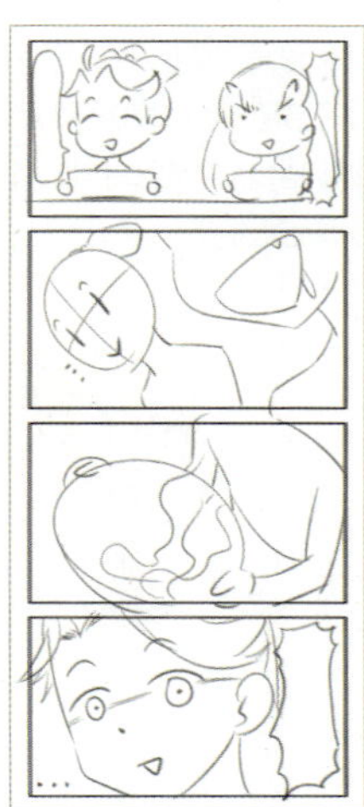

▲ 대략적인 흐름을 러프하게 그립니다.

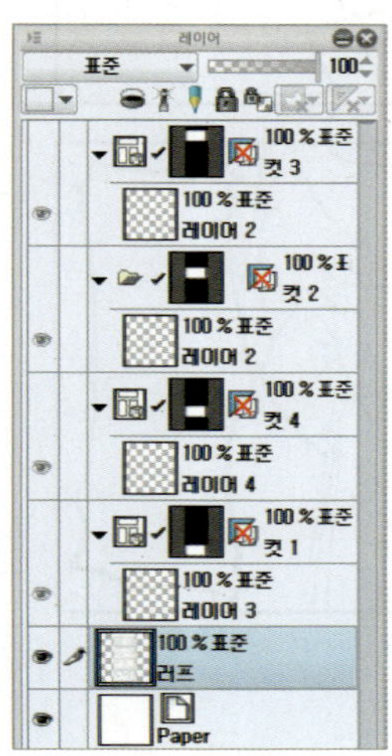

▲ 러프 스케치 레이어

06 러프 스케치를 바탕으로 구체적인 스케치를 선을 그립니다. 이번 작업에서는 스케치 느낌이 좋아 연필 도구 로 선 작업을 마무리 지었습니다.

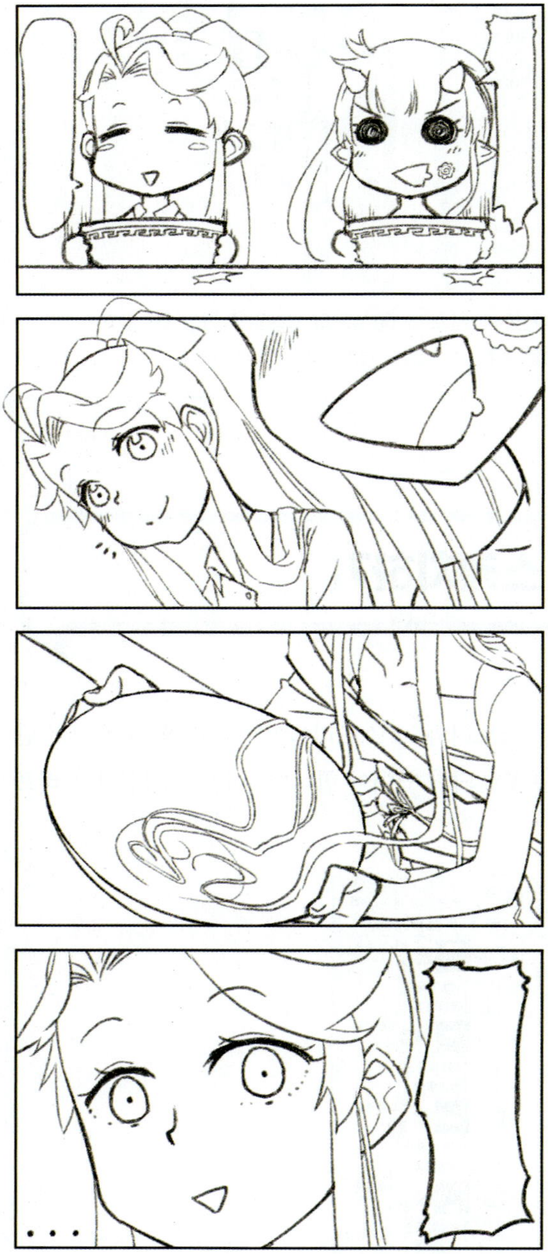

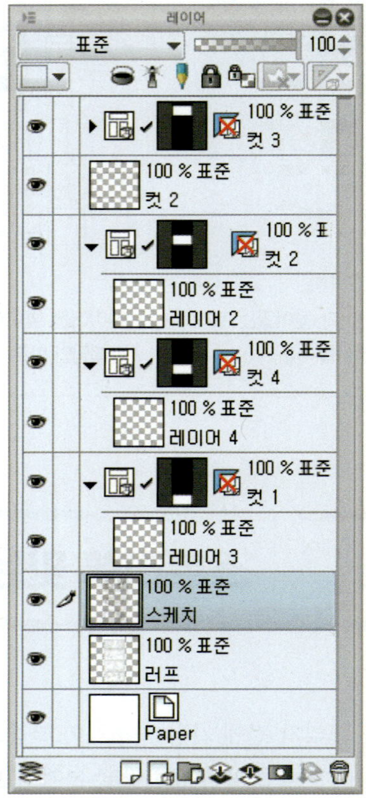

선 작업을 할 때는 '어떤 도구를 사용하면 결과물이 좋아질까?'를 항상 생각하면서 작업하는 것이 좋습니다.

컷 테두리 지우기

그림을 그리다 보면 선이 컷 테두리를 벗어나기도 합니다. 여기서 두 번째 컷을 살펴보면 캐릭터의 머리 부분이 컷 테두리를 벗어난 것을 확인할 수 있습니다. 깔끔한 만화를 완성하기 위해 컷 테두리를 지워야 하지만 '컷 2' 레이어가 벡터로 묶여있어 아예 건드릴 수가 없습니다.

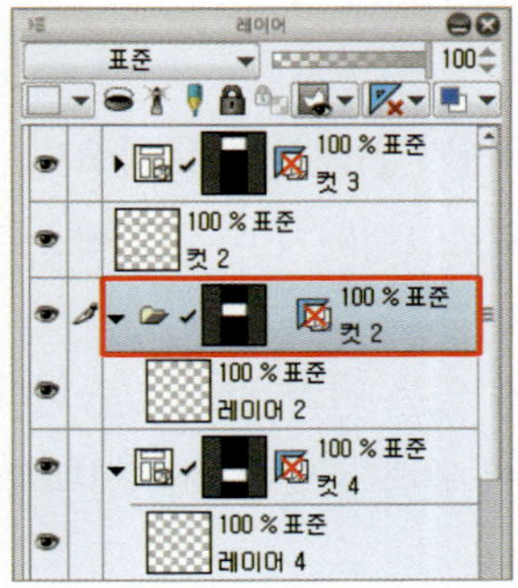

가장 간단한 방법은 테두리를 지우고 싶은 컷 레이어를 래스터 레이어로 만든 후 직접 컷 테두리를 지우는 것입니다. ① '컷 2' 레이어를 마우스 오른쪽 버튼으로 클릭한 후 ② [선택 중인 레이어 결합(G)]을 클릭합니다. ③ 컷 테두리가 사라지고 컷 테두리가 추출된 래스터 레이어가 생성됩니다.

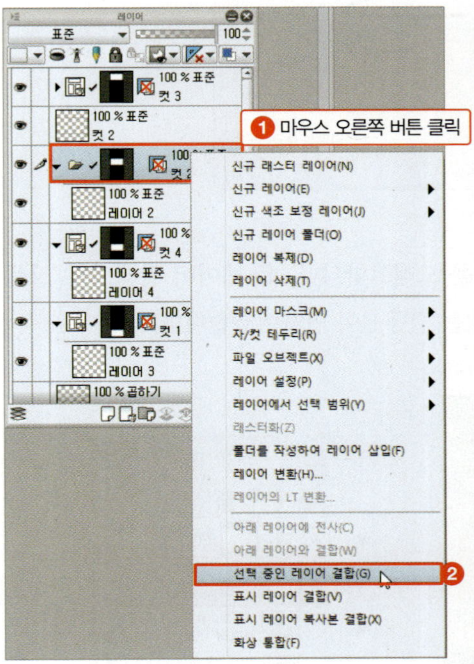

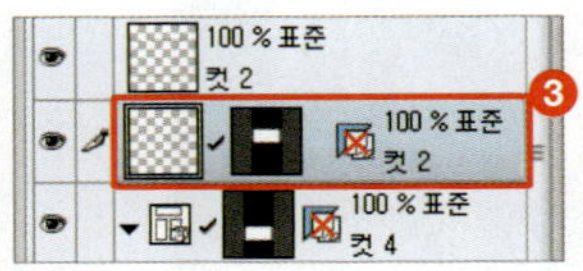

④ 컷 테두리 선이 추출되었으므로 지우개 도구 를 이용해 그림과 겹친 테두리를 지웁니다.

STEP 03 대사, 말풍선 입력하기

예제 소스 _ 말풍선.clip

만화를 제대로 마무리하기 위해서 가장 중요한 것은 말풍선의 위치입니다. 클립 스튜디오는 만화를 그리는 데 최적화된 프로그램이기 때문에 텍스트를 입력한 후 말풍선을 함께 그릴 수 있습니다.

01 ❶ 그림이 그려져 있는 만화 컷이 있습니다. ❷ 말풍선 도구 를 클릭한 후 보조 도구 [텍스트] 팔레트에서 자신이 원하는 말풍선을 선택합니다. 여기서는 [타원 말풍선]을 선택했습니다.

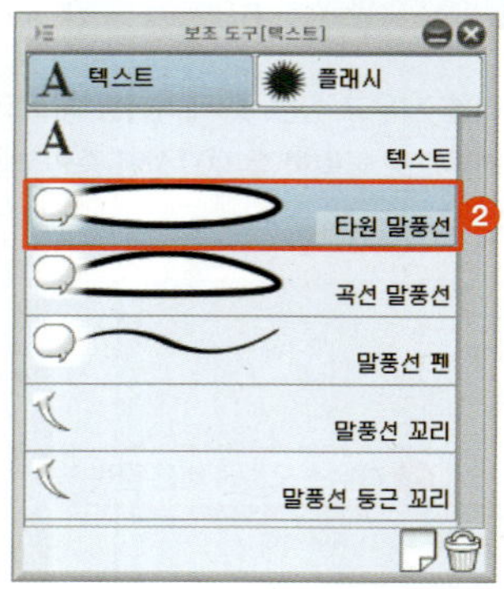

02 ❶ 적당한 곳에 말풍선을 그려 넣기 위해 캔버스를 드래그합니다. ❷ 레이어 팔레트에 '말풍선(Balloon 1)' 레이어가 새로 생기면서 그림과 어울리는 말풍선이 만들어졌습니다.

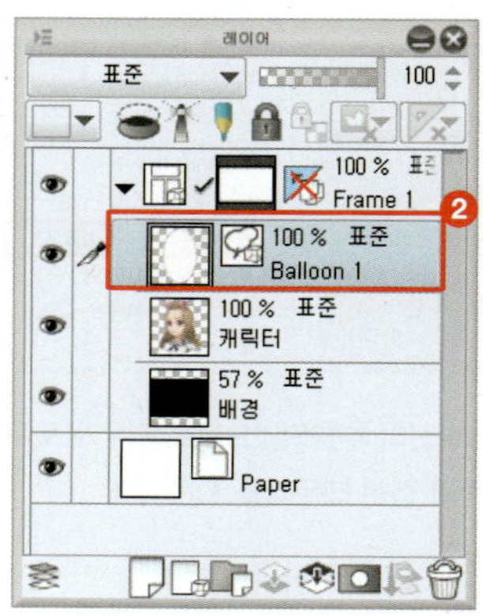

03 말풍선 크기를 조절하거나 위치를 바꿀 수도 있습니다. ❶ Ctrl을 누른 채 말풍선을 클릭하면 말풍선 크기나 형태를 변형하거나 위치를 바꿀 수 있습니다. ❷ 또한 도구 속성 팔레트의 추가 방법 항목에서 [선택 중인 레이어에 추가]가 선택되어 있을 때 ❸ 말풍선을 추가로 그리면 기존의 말풍선과 합쳐집니다.

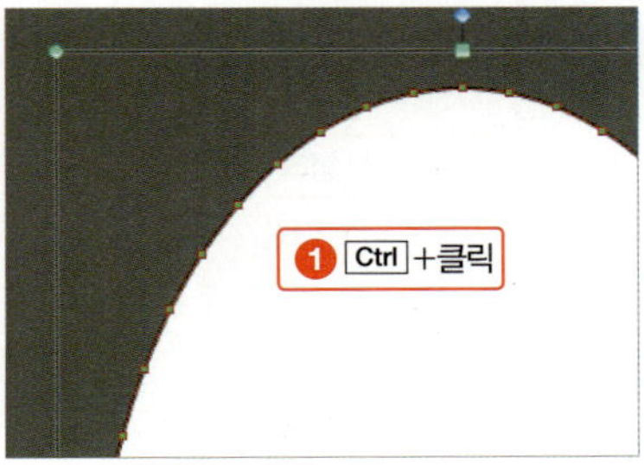

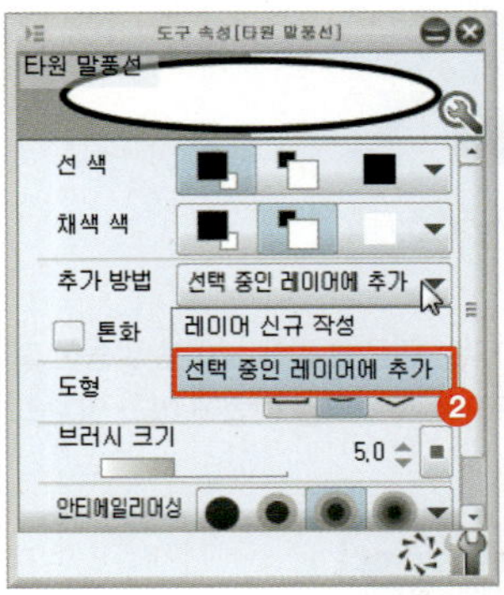

말풍선 그리기

텍스트 도구 [A]와 말풍선 도구 [말풍선]를 클릭하면 보조 도구 팔레트에서 텍스트와 다양한 말풍선 도구를 확인할 수 있습니다. 대사를 입력하고 말풍선을 만드는 순서에 맞춰 각 항목을 자세히 알아보겠습니다.

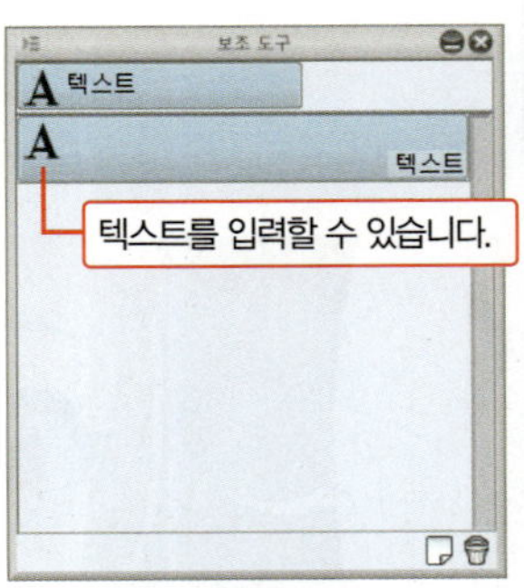

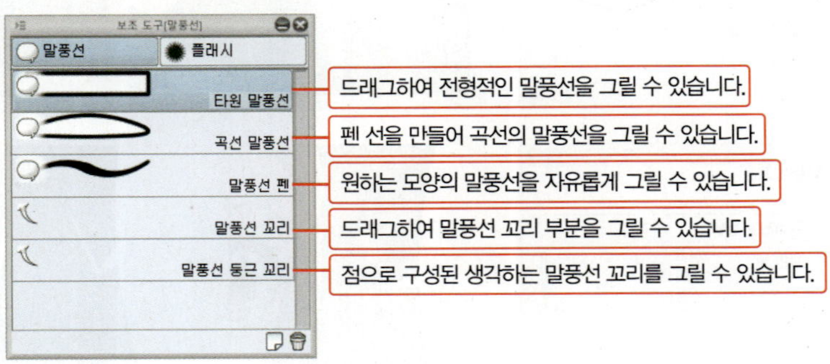

말풍선 | 말풍선은 말 그대로 대사를 적을 수 있는 풍선을 말합니다. 타원 말풍선은 정형화된 직사각형, 타원, 다각형의 말풍선을 만드는 도구입니다. 곡선 말풍선은 곡선을 이용해 말풍선을 만드는 도구입니다.

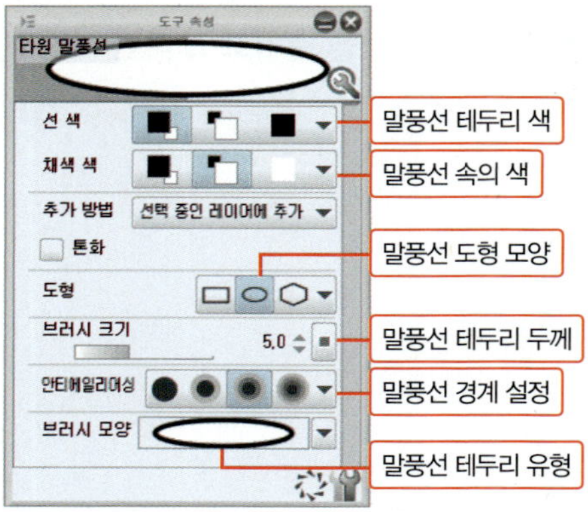

▲ 타원 말풍선 도구 속성

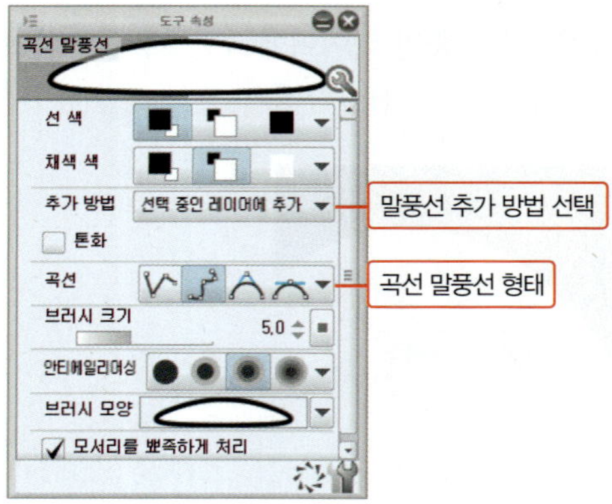

▲ 곡선 말풍선 도구 속성

TIP 도구 속성에 있는 선 색과 채색 색은 전경색과 배경색으로 지정하여 사용합니다.

말풍선 펜, 말풍선 꼬리 | 말풍선 펜은 직접 말풍선을 그리는 도구이고, 말풍선 꼬리는 말풍선 밑에 보이는 말풍선 꼬리입니다. 참고로 말풍선 꼬리는 대사를 하는 사람이 누구인지 표시하기 위해 꼭 필요한 도구이며, 구부리는 방법에 따라 말꼬리의 생김새가 정해집니다.

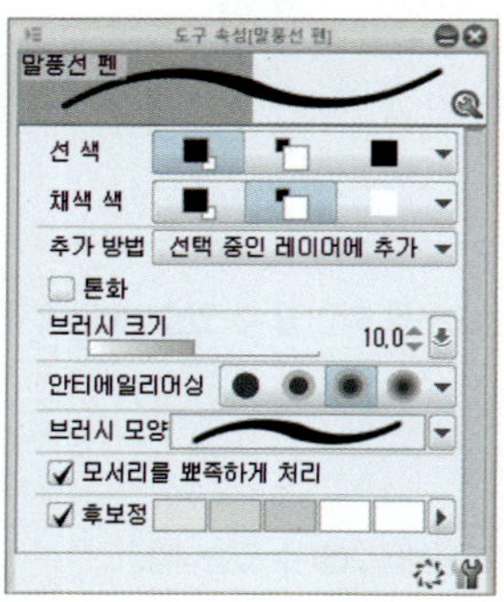

◀ 말풍선 펜으로 자유롭게 그리기

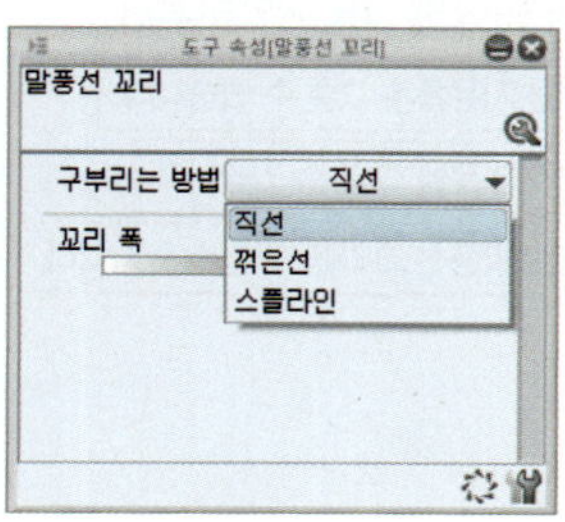

▲ 직선

▲ 꺾은선

▲ 스플라인

TIP 꺾은선과 스플라인은 적당한 모양이 만들어졌다 싶으면 Enter를 눌러줘야 말풍선 꼬리를 제대로 적용할 수 있습니다.

말풍선 꼬리를 수정할 수도 있습니다. Ctrl 을 누른 채 말풍선 꼬리를 클릭하면 변형 모드가 적용되어 모양을 자유롭게 변경하거나 위치를 옮길 수 있습니다.

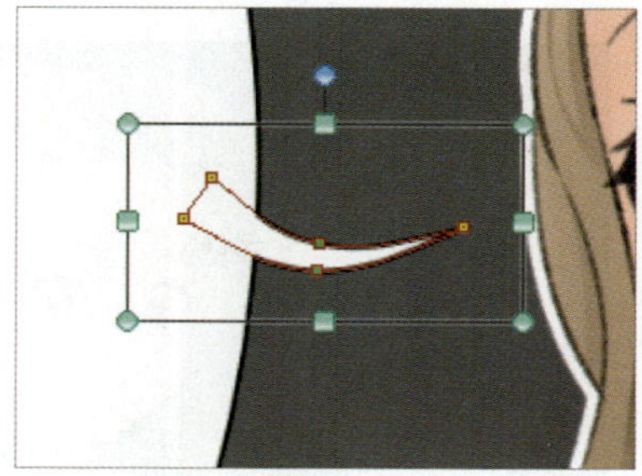

텍스트 | 텍스트는 대사를 입력하는 도구입니다. 간단한 설정만 파악하고 말풍선 안에 알맞은 대사를 입력하면 만화가 완성됩니다.

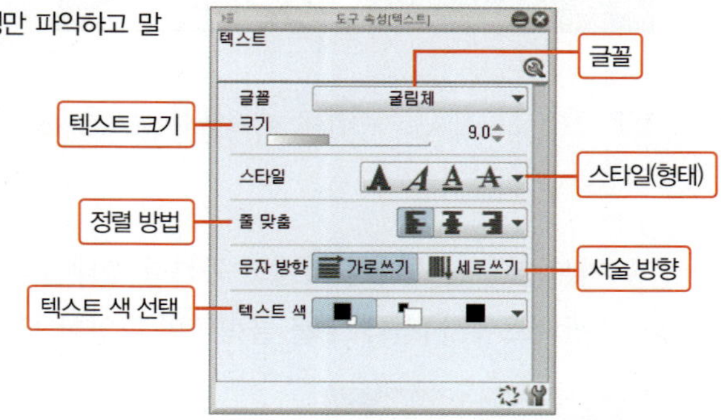

TIP 말풍선 안에 텍스트를 입력하면 도구 속성 팔레트에 '텍스트 편집 중'이라는 알림 문구가 나타납니다. 또한 팔레트 맨 아래에 문자 일람 항목이 생겨 단어와 기호를 입력할 수 있습니다.

---

04 ❶ 말풍선을 클릭하면 자동으로 가운데 정렬됩니다. ❷ 문자를 입력하면 세로 방향으로 입력되지만 ❸ 문자 방향을 가로로 바꿀 수도 있습니다.

TIP 문자 서술 방향은 도구 속성 [텍스트] 팔레트에서 설정합니다.

05 기본 말풍선 스타일 외에도 독특한 형태를 가진 말풍선을 선택할 수 있습니다. 보조 도구 [텍스트] 팔레트에서 [플래시]를 클릭하면 다양한 모양의 말풍선을 선택하여 사용할 수 있습니다.

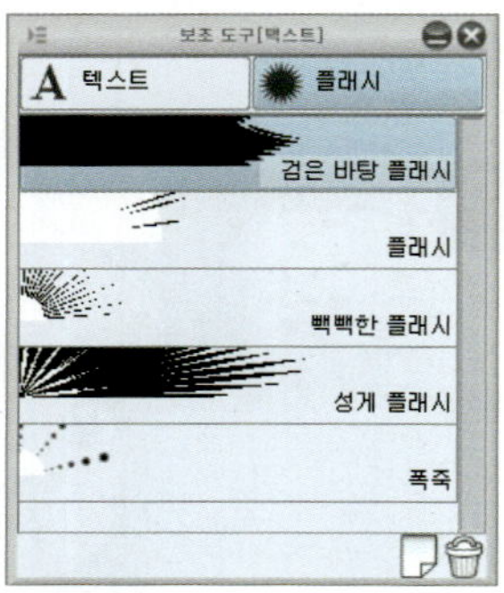

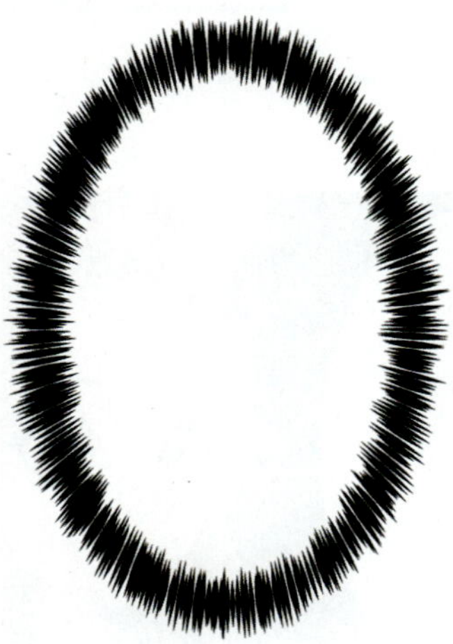

▲ 플래시

▲ 빽빽한 플래시

▲ 성게 플래시

말풍선 빠르게 그리기

웹툰 작업은 시간이 생명이며, 작업 속도는 빠를수록 좋습니다. 웹툰을 플랫폼에 연재한다고 가정한다면 평균 1주일에 한 편을 완성해야 합니다. 웹툰 1편은 60~70컷으로 구성되어 있는데, 이때 캐릭터의 대사를 말풍선 도구로만 처리한다면 작업 속도가 더딜 수밖에 없습니다. 이번에는 앞에서 설명한 말풍선 도구의 활용보다 효율을 더 중시한 기능, 말풍선 빠르게 그리는 방법을 알아보겠습니다.

경계 효과를 이용하여 말풍선 만들기

레이어 속성에 있는 경계 효과의 활용법을 알아보겠습니다.

① 먼저 레이어 속성 팔레트의 경계 효과를 클릭하면 ② 테두리 두께와 색을 설정할 수 있는 옵션 메뉴가 생깁니다. ③ 테두리 색은 흰색으로 기본 설정되어 있습니다.

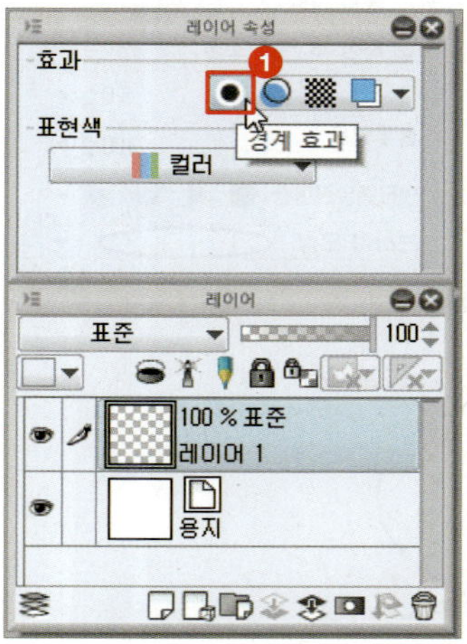

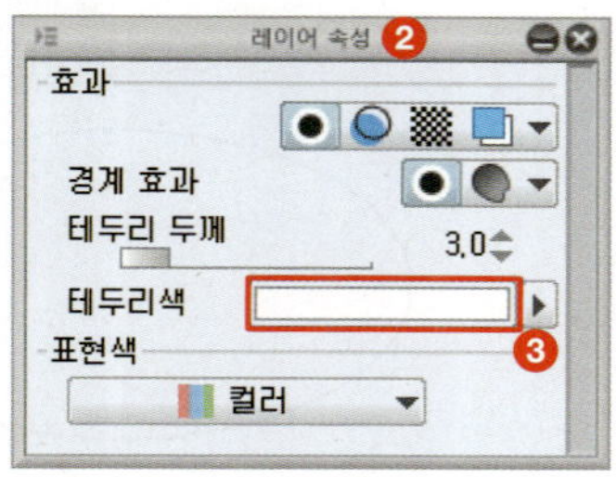

먼저 이해를 돕기 위해서 ④ 테두리 색을 빨간색으로 지정하고 흰색(전경색)으로 그림을 그립니다. ⑤ 그림처럼 흰 선에 빨간 테두리가 생깁니다.

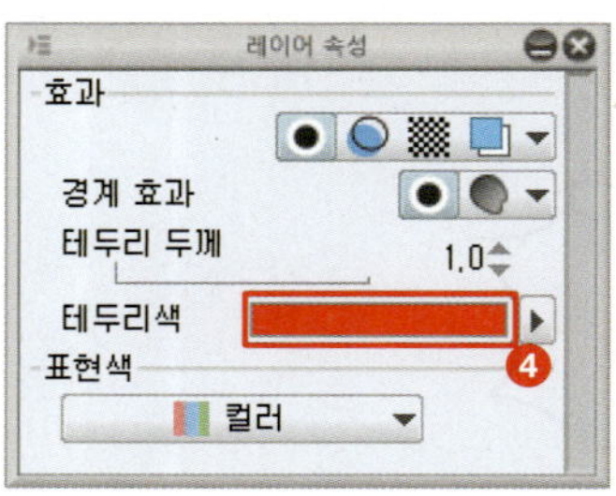

⑥ 테두리 두께의 수치를 올리면 ⑦ 그림과 같이 테두리의 두께가 두꺼워집니다.

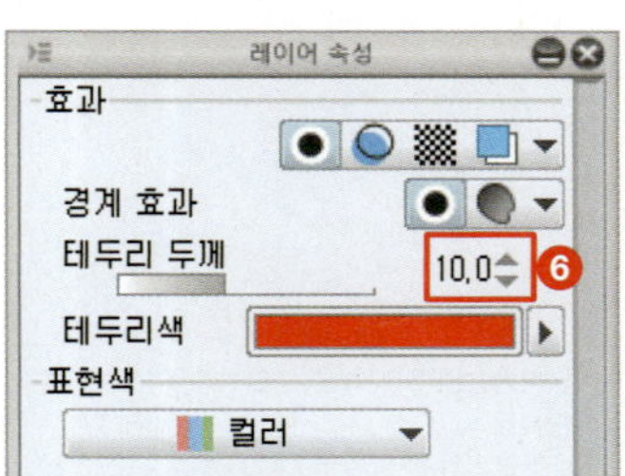

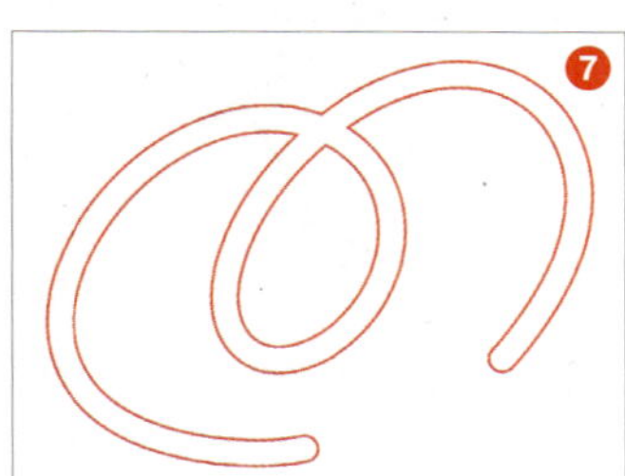

TIP 펜 도구를 이용해 그립니다.

⑧ 레이어 속성 팔레트에서 테두리색을 검은색으로 바꿉니다. ⑨ 그런 다음 도형 도구 를 선택하고 보조 도구 [도형] 팔레트에서 [타원]을 클릭합니다. ⑩ 도구 속성 [타원] 팔레트에서 선/채색 영역의 채색 작성을 클릭합니다. ⑪ 캔버스를 드래그하여 원을 그립니다. 검은색 테두리가 생겼는지 확인합니다. ⑫ 마지막으로 펜 도구 를 이용해 말꼬리를 그리면 말풍선이 완성됩니다.

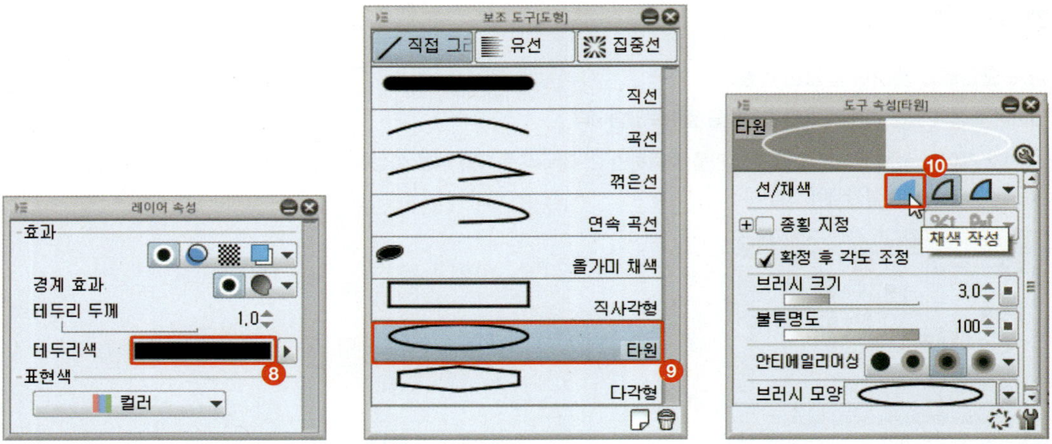

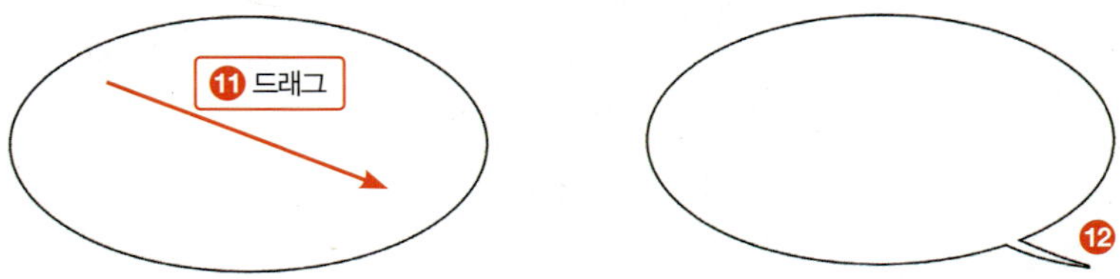

이와 같은 방식으로 말풍선을 그리면 원하는 위치에 원하는 모양의 말풍선을 빠르게 만들 수 있습니다. 타원 도구로 여러 개의 원을 겹쳐 그린다면 생각하는 모양의 말풍선을 만들 수도 있고, 상황에 따라서 소리치는 말풍선이나 기계적인 느낌의 말풍선을 만들 수도 있습니다.

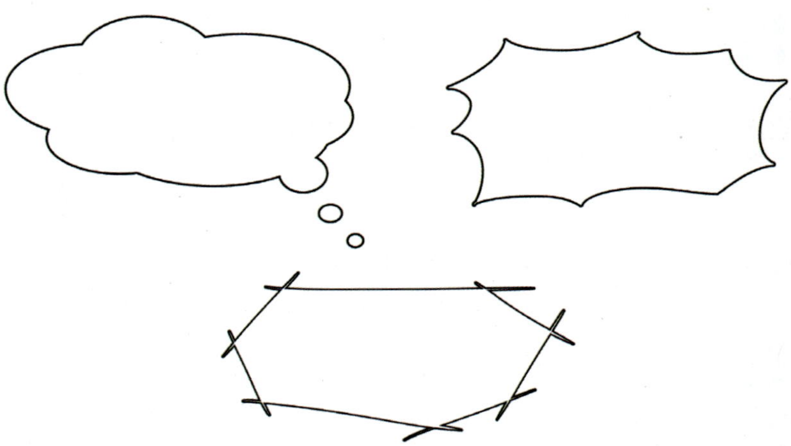

STEP 04 다양한 응용 기법 활용하기

예제 소스 _ 다양한 기법1.clip, 다양한 기법2.clip

만화를 구성하는 대부분의 효과는 펜 도구만으로도 완성할 수 있습니다. 그러나 펜 도구 외에도 특수 자(Ruler)나 톤(Tone), 톤 그라데이션(Tone Gradient) 등의 도구를 활용한다면 좀 더 만화적인 효과를 확실하게 표현할 수 있습니다.

01 방사선 그리기

❶ 도형 도구 단축키인 U를 누른 후 보조 도구 [도형] 팔레트에서 [자 작성]을 클릭하고 ❷ [특수 자]를 클릭합니다. ❹ 그런 다음 도구 속성 [특수 자] 팔레트에서 특수 자 항목을 [방사선]으로 선택합니다.

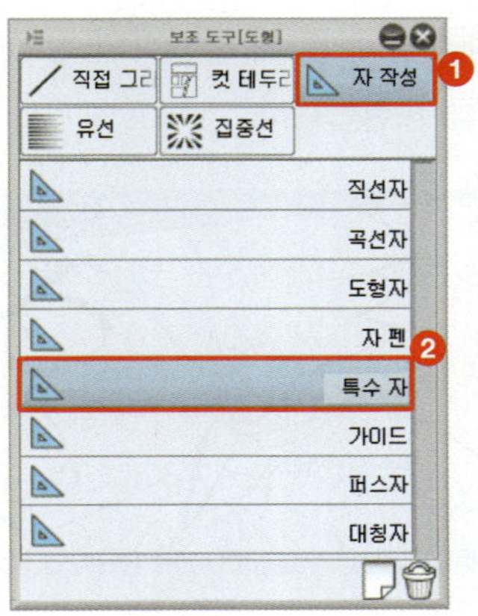

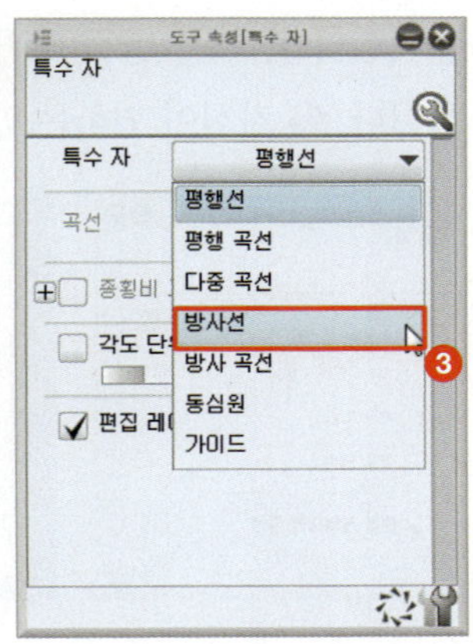

TIP 방사선은 어떠한 대상에 시선을 집중시키거나 한 점을 대상으로 속도감을 표현할 때 주로 사용하는 효과입니다.

02 ❶ 원하는 곳을 클릭하면 방사선을 그릴 수 있는 자가 생성됩니다. ❷ 필요에 따라 적당히 방사선을 그립니다.

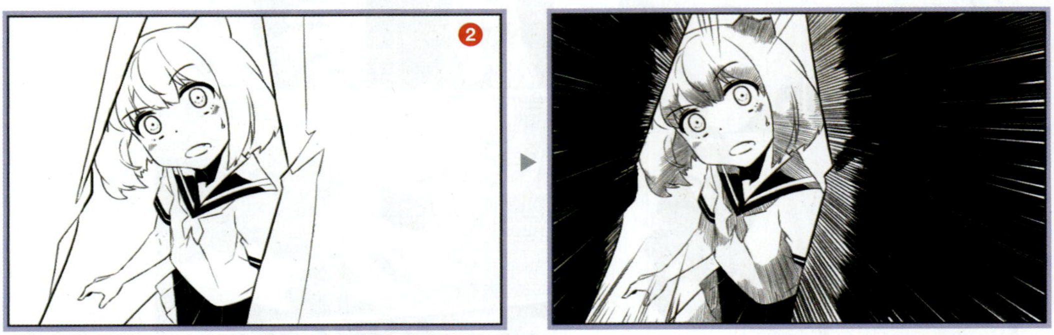

TIP 배경이 검은색일 때는 흰색 선을 사용한다면 더욱 효과적입니다.

03 평행선 그리기

❶ 특수 자 항목에서 [평행선]을 선택합니다. ❷ 그런 다음 원하는 평행선의 각도를 정해 캔버스를 클릭합니다. 자를 만들 때 Shift를 누른 채 클릭하면 정확하게 45° 간격으로 평행선을 만들 수 있습니다. ❸ 자신이 원하는 만큼 표현합니다.

TIP 평행선을 이용하면 일정한 각도의 선을 그을 수 있습니다. 평행선상의 속도감을 표현할 때나 우울한 느낌을 표현할 때 등 다양하게 사용할 수 있습니다.

04 두 번째 컷에서는 시선을 가운데로 집중시키고 얼굴 방향으로 속도감이 느껴지도록 묘사해보겠습니다. ❶ 그림자 부분은 전부 일정한 방향의 선으로 묘사하고 ❷ 검은색으로 칠한 부분은 군데군데 흰색으로 묘사합니다.

05 세 번째 컷은 직선상에서 속도감이 느껴지게 묘사합니다. ❶ 머리 끝부분의 외곽선을 완성하지 않은 상태에서 같은 방향의 두꺼운 선들로 마감 처리합니다. ❷ 그런 다음 듬성듬성 같은 방향의 선들을 그려 속도감이 도드라지게 표현합니다.

06 톤 그라데이션 만들기

❶ 그라데이션 도구 [icon]를 선택하고 보조 도구 [그라데이션] 팔레트에서 [그리기색에서 투명색]을 클릭합니다. ❷ 그런 다음 원하는 곳에 그라데이션을 그립니다. 평행선과 마찬가지로 Shift를 누른 채 클릭하면 일정한 각도의 그라데이션을 표현할 수 있습니다.

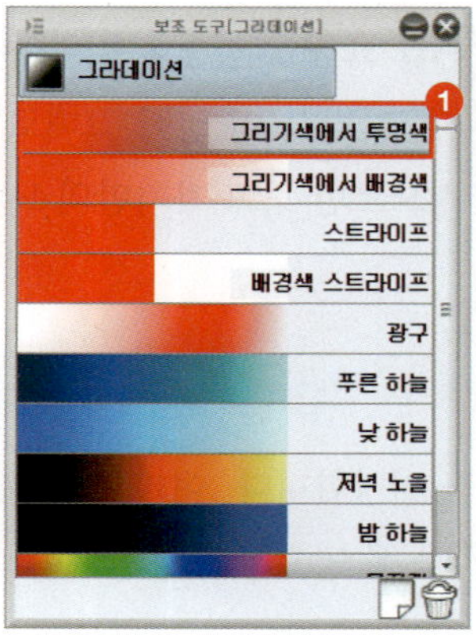

> **TIP** 톤 그라데이션은 말 그대로 같은 톤으로 이루어져 있는 그라데이션입니다. 그라데이션 도구를 응용하면 매우 쉽게 그라데이션을 만들 수 있습니다.

07 그라데이션을 적용한 레이어가 선택된 상태에서 레이어 속성 팔레트를 확인합니다. ❶ 효과 항목 중 톤을 클릭하고 ❷ 톤 선 수는 자신이 원하는 수치로 조절하여 완성합니다. 여기서는 60으로 설정했습니다.

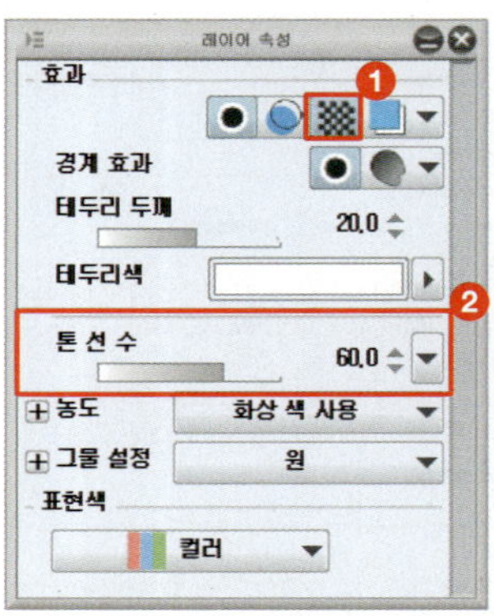

> **TIP 톤 선 수란?** | 선 수는 인쇄물에서 망점의 수를 말하며 '1인치를 구성하는 점의 개수'로 이해할 수 있습니다. 선 수가 높아지면 망점의 크기는 작아지고 개수는 많아져 이미지가 부드러워집니다. 반대로 선 수가 낮아지면 망점의 크기는 커지고 개수는 적어져 이미지가 거칠어집니다. 선 수는 인쇄물에서는 매우 중요한 개념이지만 디지털을 기반으로 한 웹툰 작업에는 그다지 중요하지 않습니다.

STEP 05 웹툰 그리기 A to Z

웹툰을 그릴 때는 작가의 그림 스타일이나 느낌, 그리고 이야기를 가장 잘 표현할 방법을 찾아야 합니다. 지금부터 실습할 예제는 저자가 실제 웹툰을 그리는 방법입니다. 따라서 이 방식 그대로 똑같이 따라 할 필요는 없습니다. 다만 '이렇게 그리는 방식도 있구나.' 정도로만 보고 자기만의 느낌을 '어떻게 웹툰으로 표현할 것'인지 생각해보세요.

01 페이지 설정하기

❶ [파일]–[신규]를 클릭합니다. ❷ 신규 대화상자가 나타나면 페이지를 설정합니다. 여기서는 폭 297mm, 높이 800mm로 설정했습니다. ❸ 그런 다음 웹툰을 연재할 때 꼭 필요한 기능인 [여러 페이지]를 클릭합니다.

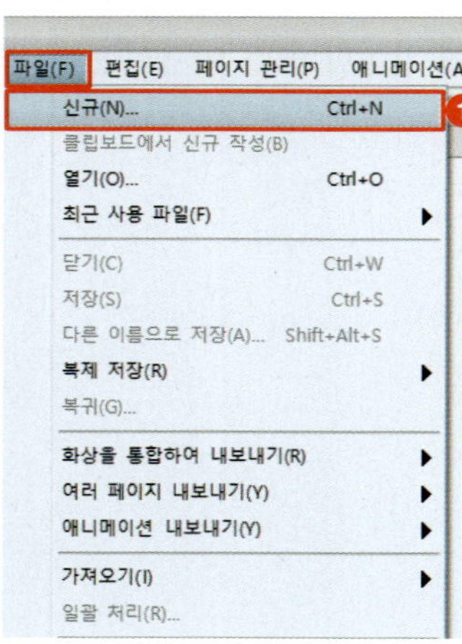

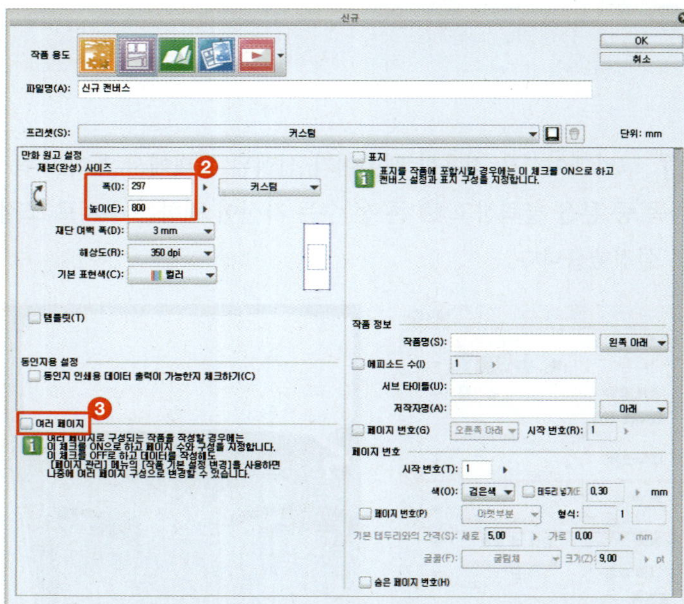

TIP 저자는 B4 사이즈 기준으로 높이를 800~1000(mm) 정도로 잡고 작업합니다. 페이지의 사이즈는 크면 클수록 좋습니다. 왜냐하면 웹툰을 매체에 투고할 때는 지정 사이즈로 압축되기 때문에 사이즈가 크면 클수록 압축했을 때의 밀도와 퀄리티가 상대적으로 좋아지기 때문입니다.

TIP 여러 페이지 기능은 EX 버전만 가능합니다.

02 ❶ 여러 페이지 항목 아래로 페이지 수와 책으로 제본했을 때의 철 위치, 시작 페이지의 방향을 설정할 수 있는 옵션이 나타납니다. ❷ 철 위치와 시작 페이지는 출판 만화에서 중요한 항목이므로 [좌철], [왼쪽부터]를 선택하고 ❸ 페이지 수는 원하는 페이지로 설정합니다. 여기서는 35로 설정했습니다.

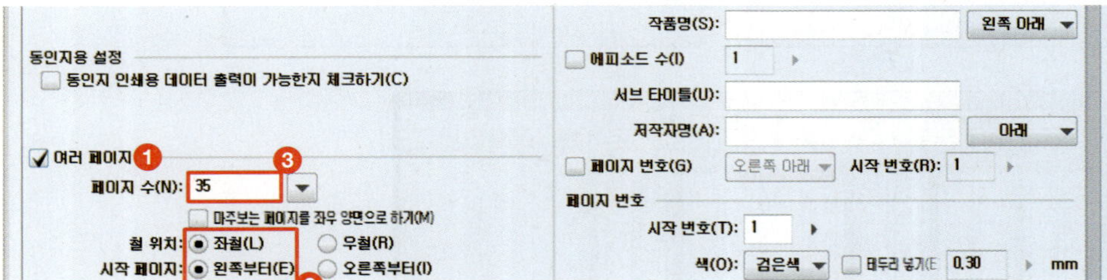

03 여러 페이지를 설정하면 저장위치를 따로 설정해야만 합니다. ❶ 파일명 오른쪽에 있는 [참조]를 클릭합니다. ❷ 폴더 찾아보기 대화상자가 나타나면 원고를 어느 위치에 저장할지 선택합니다. 여기서는 바탕화면에 저장하겠습니다. 바탕화면을 클릭하고 ❸ [확인]을 클릭합니다. ❹ 마지막으로 파일명에 '원고용'이라는 이름을 입력하고 ❺ [OK]를 클릭합니다.

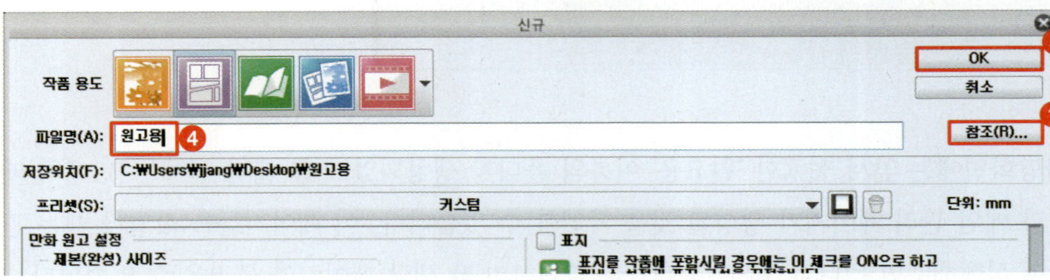

04 앞서 설정한 내용으로 새 파일을 만들면 잠깐의 로딩 시간이 지난 후 페이지 파일이 생성됩니다. 작업 화면에는 35페이지의 원고용 페이지가 생성된 것을 확인할 수 있습니다.

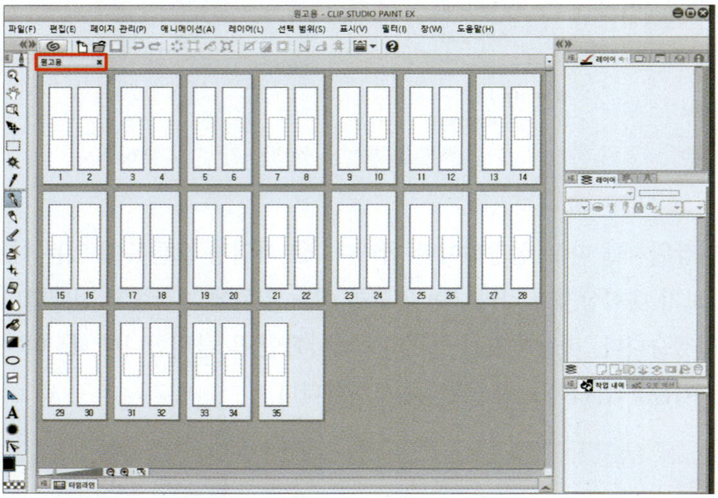

05 ❶ 바탕화면에는 앞서 설정한 '원고용' 이름의 폴더가 생성되었고 ❷ 폴더 안에는 35개의 페이지 파일과 메인 관리 페이지가 생성된 것을 확인할 수 있습니다. 이 페이지들을 작업할 때는 관리 페이지만 실행해주면 됩니다. ❸ Page001을 클릭하면 ❹ 해당 페이지만 불러올 수 있습니다.

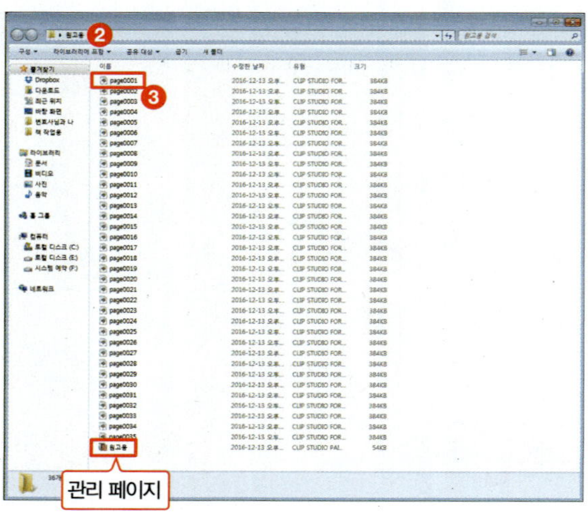

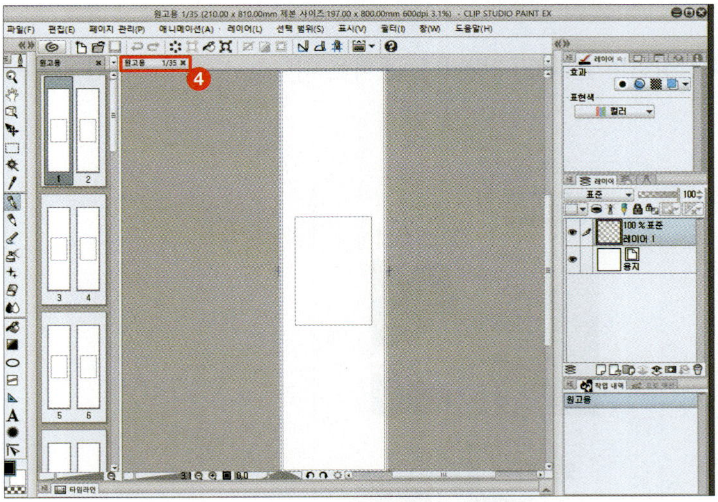

06 작업 화면에서도 손쉽게 페이지를 이동할 수 있습니다. ❶ 원하는 페이지를 더블클릭하면 ❷ 해당 페이지가 새 탭으로 열리며 그 페이지만 작업할 수 있습니다.

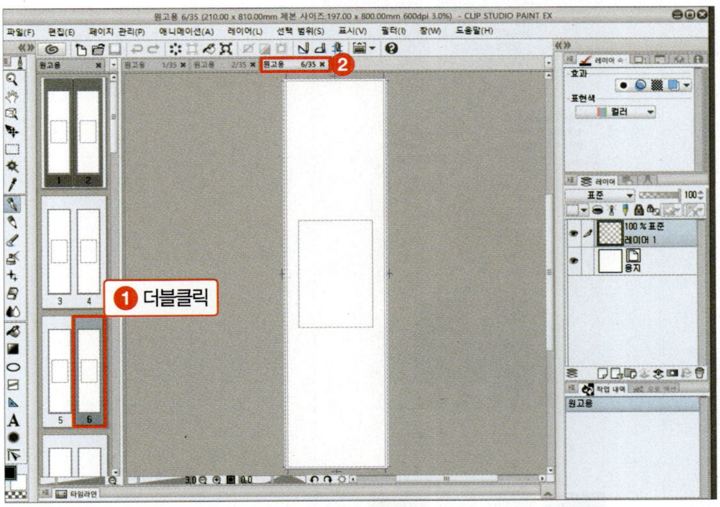

TIP 관리 페이지를 클릭하고 저장하면(Ctrl+S) 모든 페이지가 일괄적으로 저장됩니다.

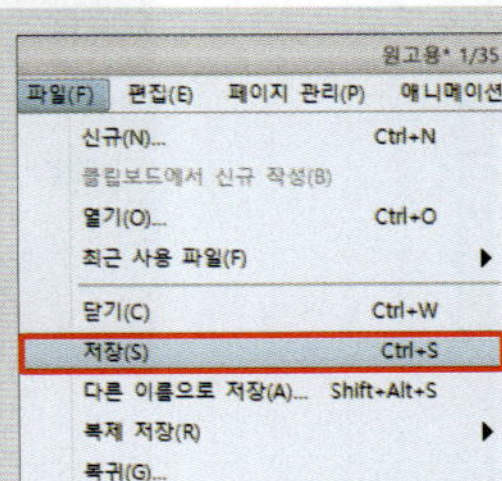

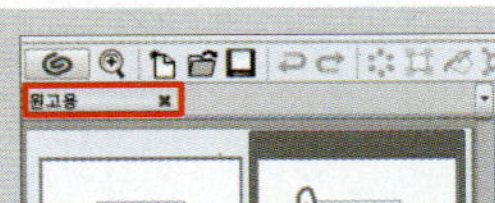

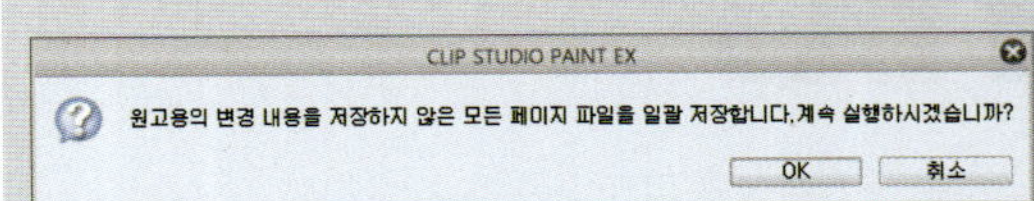

07 콘티 그리기

원고가 완성되면 어떤 느낌일지 상상하며 콘티를 그립니다. 콘티는 최대한 심플하고 본인이 알아보기 쉽게 그립니다.

▲ 콘티

▲ 완성된 웹툰

08 컷 만들기

앞서 설명한 컷 틀을 만드는 방식을 참고해 컷을 나눕니다. 웹툰에서는 일정한 컷보다는 좀 더 자유분방하고 난잡한 배치가 많으므로 콘티에서 짠 모양과 비슷하게 컷을 배치합니다.

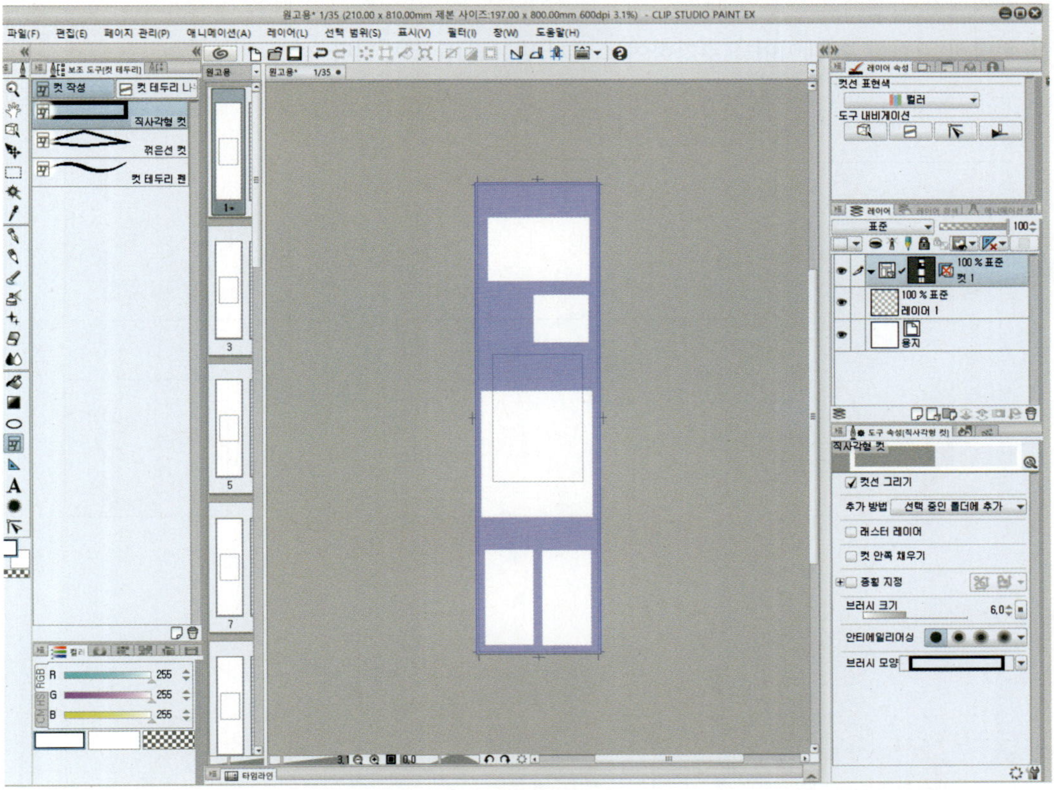

TIP 도구 속성 팔레트의 추가 방법 항목에서 [선택 중인 폴더에 추가]를 선택하면 한 레이어 안에 여러 컷을 만들어낼 수 있습니다.

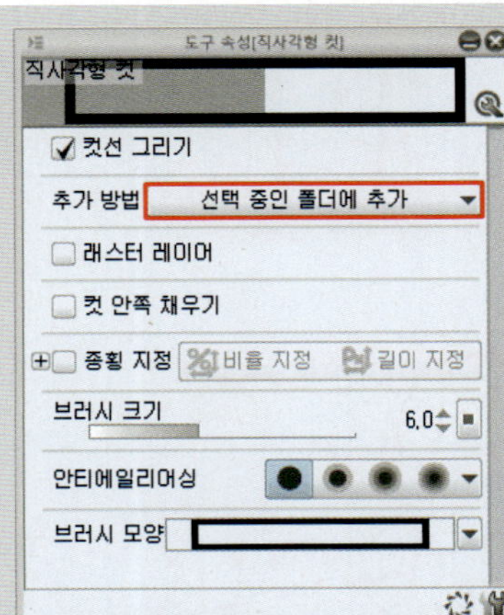

09 스케치하기

하위 레이어에 기본 인체를 그립니다. 만화 속 캐릭터가 옷을 입었다고 해도 그 밑의 인체를 제대로 그려놓지 못하면 굉장히 어색해 보일 수 있습니다. 따라서 이 단계에서는 시간이 좀 걸리더라도 캐릭터가 안정적으로 보일 때까지 인체를 잡아주도록 합니다. 그런 다음 레이어 색과 불투명도를 적당히 조절한 후 레이어를 추가하여 스케치(밑그림)를 그립니다.

10 펜 선 따기

G펜을 이용하여 컷 안에 레이어를 만들고 펜 선을 땁니다.

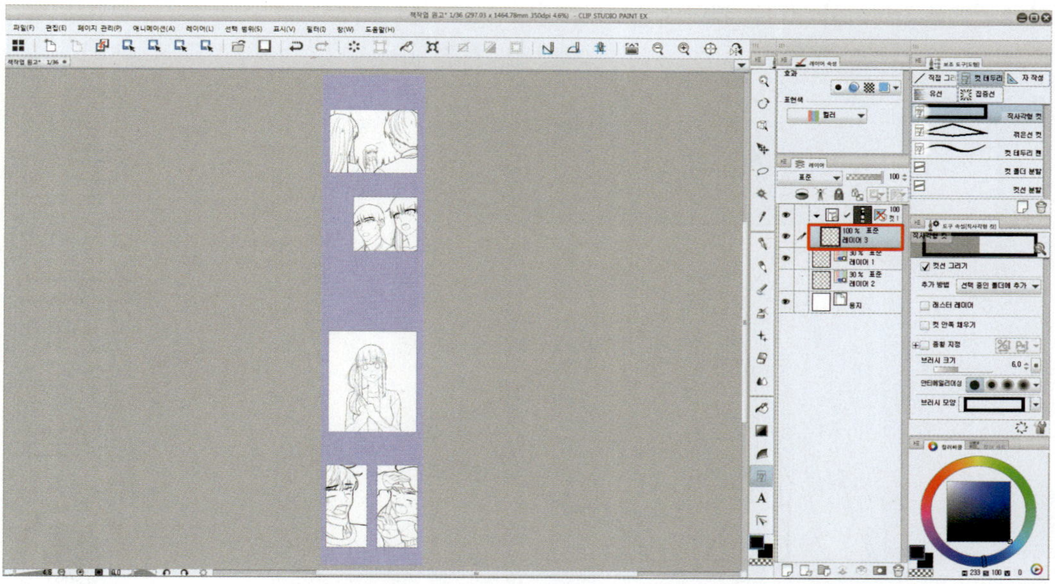

11 펜 선을 딸 때는 가장자리는 굵게, 내부의 선은 가늘게 따는 것이 좋습니다. 이때 조금 과장되게 표현해야 할 장면에서는 펜 선 두께를 극단적으로 굵게 사용하면 더욱 효과적입니다.

12 ❶ 벡터 레이어를 만든 후 ❷ 퍼스자(2점 투시자)를 이용해 배경을 그립니다. 배경을 그릴 때에는 실제로 존재하는 건물을 참고하는 게 좋습니다. 물론 캐릭터의 헤어 스타일이나 패션도 지금의 트렌드를 찾아가며 그리는 것이 좋습니다.

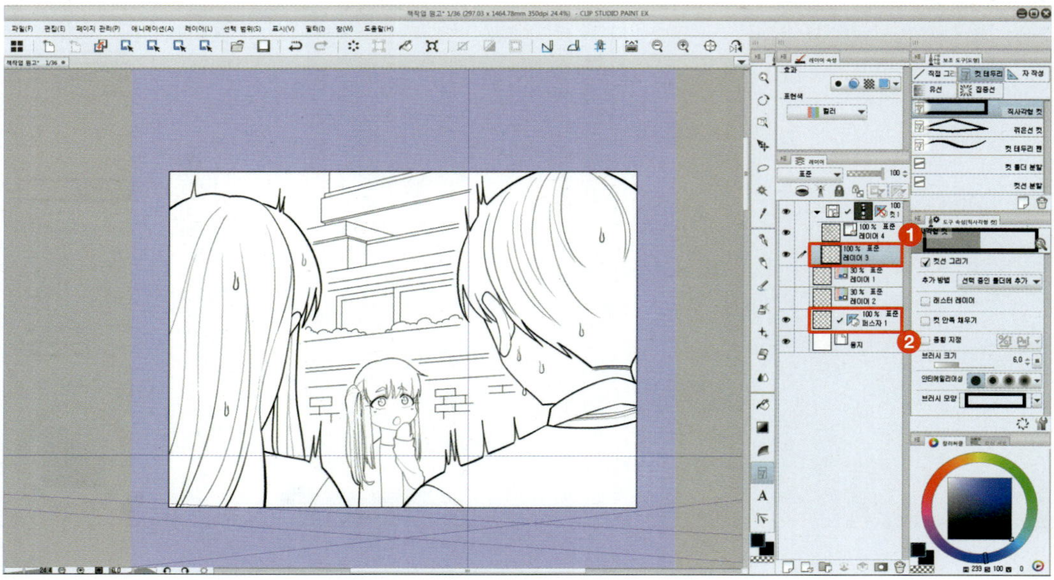

> **TIP** 배경을 그리는 데 필요한 이론은 CHAPTER 07을 참고하세요.

13 채색하기

여기에서는 빛과 그림자만 구분해서 채색하는 투톤 셀식 채색 방법으로 진행합니다.

▲ 피부

▲ 피부 그림자

▲ 눈, 눈동자, 입속

▲ 머리

▲ 머리 그림자

▲ 의상

▲ 의상 그림자

TIP 눈, 눈동자, 입속 채색은 한 레이어를 사용해 빠른 속도로 작업합니다. 그래야만 반복적인 작업을 수월하게 할 수 있습니다.

14 힘을 주고 싶은 컷이 있다면 시간을 조금 더 들여서 퀄리티를 올려주는 것도 좋습니다.

> **TIP** 앞서 말했듯이 웹툰을 연재한다면 그리는 작업에 많은 시간을 들일 수 없습니다. 그러므로 최소한의 레이어 사용으로 깔끔하고 완성도 높은 채색을 할 수 있도록 연구하는 것이 좋습니다.

15 빛의 방향에 유의하며 깔끔하게 캐릭터 채색을 완료합니다. 그런 다음 배경을 채색합니다. 배경이 과하면 캐릭터가 죽으므로 약하게 채색합니다. 배경 채색에는 어떠한 원칙이 있지는 않습니다. '이렇게 배색하는 것이 옳다.'는 것도 아니고요. 장면을 그릴 때 그 상황에서 표현하고 싶은 느낌과 연출에 맞게 채색합니다.

하늘을 빠르게 그리는 노하우

웹툰을 그리다 보면 하늘이 배경인 경우가 많습니다. 매번 하늘 사진을 배경으로 끼워 넣기엔 부자연스럽기 마련입니다. 이때 하늘을 빠르게 그리는 노하우를 익힌 후 자신의 작업물에 활용해보세요.

① 하늘색으로 배경을 채웁니다. ② 앞의 색보다 살짝 짙은 파란색으로 그라데이션을 만듭니다. ③ 붓 도구 의 보조 도구 [붓] 팔레트에서 [번짐 가장자리 수채]를 선택하고 ④ 흰색으로 살살 문질러 구름 모양을 만듭니다. 이때 브러시 크기는 적당히 크게 만듭니다.

16 만화 효과 적용하기

만화적인 표현 느낌을 효과적으로 표현할 수 있는 것들을 추가합니다. 빛이 퍼지는 듯한 느낌을 주는 짧은 선들은 방사선 자를 이용합니다. 그러면 규칙적인 방향으로 퍼지는 선을 쉽게 그릴 수 있습니다.

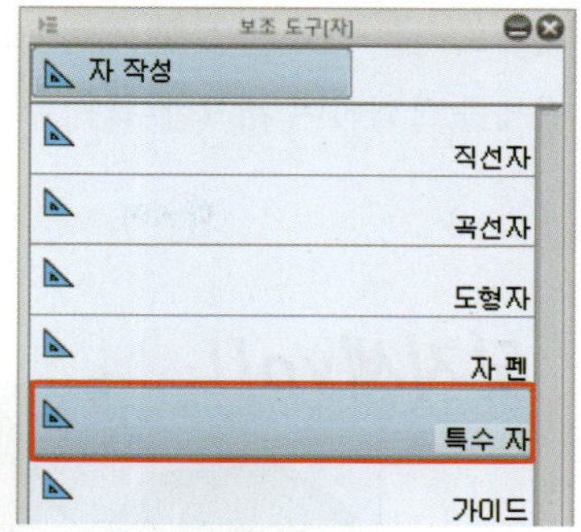

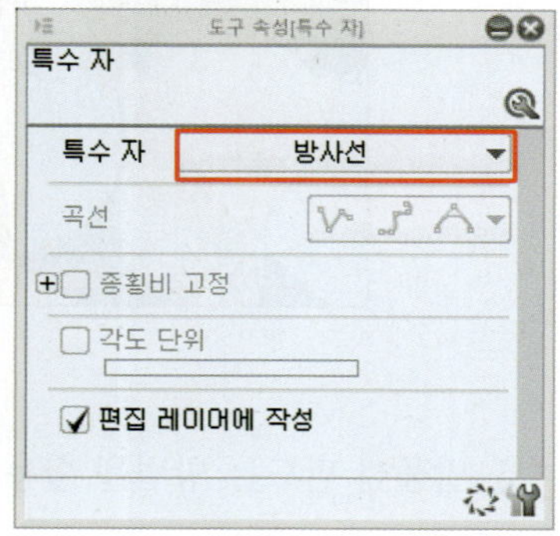

17 말풍선 넣어 마무리하기

대사를 구성할 때에는 말풍선을 그리기 전에 대사를 먼저 입력하여 만든 후 어느 위치에 말풍선을 배치할지 정하는 게 좋습니다. 여기서 사용한 폰트는 무료로 사용할 수 있는 '서울남산 장체'를 사용했습니다.

18 소리를 지르는 듯한 강한 느낌을 주려면 도구 속성 팔레트에서 스타일 항목의 볼드체, 이탤릭체를 클릭하여 체크합니다. 두껍고 기울인 듯한 느낌을 표현할 수 있습니다.

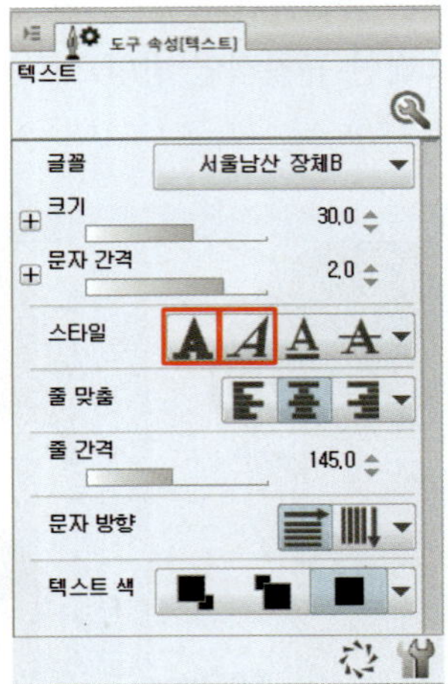

19 말풍선 만드는 방법을 활용하여 대사에 어울리는 다양한 말풍선을 그립니다.

20 말풍선을 만든 것과 같은 방식으로 의성어와 효과선을 그릴 수 있습니다. 펜 굵기의 차이가 없는 스푼펜을 사용하여 의성어와 효과선을 그립니다. 상황에 따라 의성어의 테두리 색을 바꿔주면 훨씬 다양한 느낌을 표현할 수 있습니다.

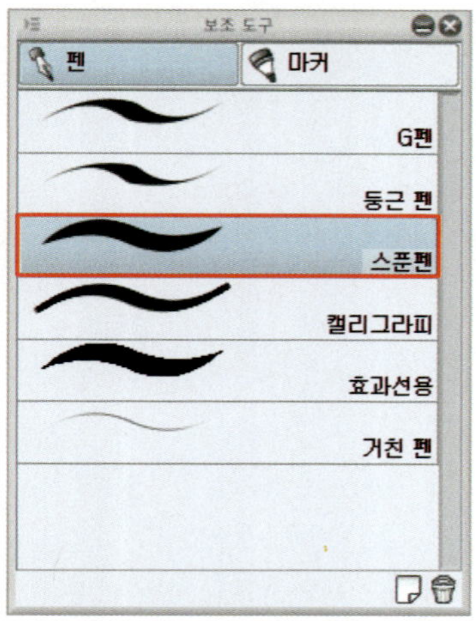

21 전체적인 디테일을 확인한 후 마무리합니다.

배운 기능을 활용한 만화

아.. 그게..
방긋
매점에 딸기우유가
다 팔렸더라구..
많이 컸다?
우리 미영이
담임한테 이쁨 받는다고
우리도 이뻐 해 줄 것 같지?
어디서 변명질이야?
기지배가
아.. 저기..
얘들아..?
음...?
이 년이 웃음이
나오나 보네?
야, 야
됐어
그냥
가 봐.
흑
흑
응.. 알겠어
소진아 ...고마워..
휴우
진심이야?

왔다.
우리가 준비 다 해놨어.
여기 와서 앉으면 돼.
자!
지금부터
'악마 소환 의식'
을 시작할게.
참!
이쪽은 우릴 도와줄
5반 김진배야.
이쪽 관련 매니아인데
나도 얘한테서 이 분야를 배웠어.
여어~
됐고, 빨리
시작이나 하지?
일단 방법은
간단해.
파
앗

청소 끝!!
꺄
아
혼자 야자하고 난 뒤
청소는 너무 상쾌해!!
룰루
랄라
파
직
?!
설마 그럴 리가..
푸
욱

CHAPTER

06

만화 그리기 전 꼭 알아두어야 할 캐릭터와 색

만화를 잘 그리기 위해서는 기본적으로 색에 대한 이해가 필요합니다. 가령 그림을 잘 그린다고 하더라도 단순히 '잘'만 그린다면 그 그림이 감각적이고 아름다워 보이진 않겠죠? 미소녀 캐릭터를 그리는 것도 마찬가지입니다. 캐릭터의 성격에 맞는 색을 적절히 활용해야 캐릭터가 살아납니다. 이번에는 미소녀, 더 나아가 다양한 캐릭터를 잘 그리는데 필요한 색의 기본 개념과 효율적인 배색 방법에 대해 알아보도록 하겠습니다. 책을 읽고 실습 예제를 함께 따라 하며 생동감 있는 캐릭터를 그리는 멋진 작업을 할 수 있기를 바랍니다.

©홍지수

STEP 01 캐릭터를 살리는 색채 전략

'색은 사람의 마음을 움직이게 하는 힘이 있다.'는 말을 들어보셨을 겁니다. 색은 사람의 감각을 지배하는 힘이 있습니다. 어떤 색을 사용하느냐에 따라 사람 느끼는 감정(Impression)이 달라지기 때문이죠. 이를 감정 효과라 하는데요. 마음을 움직이게 하는 힘을 가진 색을 섞은 배색 또한 색이 가진 힘을 발휘합니다. 같은 색이라도 어떻게 조합하느냐에 따라 색이 가진 힘이 강해지기도 하고 약해지기도 합니다. 만화나 일러스트레이션을 그리는 사람이면 누구나 배색을 효율적으로 하는 방법에 대해 고민할 겁니다. 내가 그린 캐릭터에 어울리는 색이 무엇인지, 어떻게 하면 색을 제대로 잘 쓸 수 있는지, 캐릭터의 성격과 상황에 맞는 배색 방법이 있는지, 공간과 배경을 매력적으로 보이게 하는 배색이 있는지 등 고민의 종류는 다양합니다.

그렇다면 색과 캐릭터의 관계는 어떨까요? 색에 따라 캐릭터는 매우 다양하게 변합니다. 어떤 색을 사용하느냐에 따라 성격, 감정, 분위기, 성별, 나이, 국적 등 캐릭터를 나타내는 모든 정보가 달라집니다. 자, 이제 색이 가진 힘을 통해 캐릭터를 완성하는 다양한 방법에 대해 알아보겠습니다.

만화 콘텐츠를 제작할 때는 디지털 채색 능력을 키우는 것이 중요합니다. 처음에는 좀 어려울 수 있으나 다양한 방법으로 반복 학습을 한다면 본인이 창작한 캐릭터의 성격과 이미지에 맞는 색을 훌륭하게 구현할 수 있을 것입니다.

색이 가진 감정 효과

캐릭터에 쓰인 색들로 인하여 캐릭터의 분위기가 어떻게 달라지는지 살펴보며 캐릭터를 표현하는 색의 중요성을 알아보겠습니다. 다음 그림은 중년의 평범한 남성입니다. 이 캐릭터에 색만 다르게 코디하였을 때의 느낌을 살펴볼까요? 그림만 보고 직업과 성격을 유추해보세요.

왼쪽에 있는 첫 번째 캐릭터는 컬러풀한 셔츠와 넥타이로 인해 조금 자유로운 직업을 가진 것으로 보입니다. 성격은 차분해 보이지만 쾌활하고 긍정적으로 보이네요. 그렇다면 두 번째 캐릭터는 어떻게 보이나요? 무채색 계통의 단조로운 배색으로 인해 신뢰감이나 믿음을 주는 직업을 가진 것으로 보입니다. 성격도 성실해 보이지 않나요? 마지막으로 세 번째 캐릭터는 어떻게 보이나요? 흔치 않은 보색 코디로 매우 개성적인 직업을 가진, 혹은 신뢰가 가지 않고 뭔가 수상한 느낌이 풍기며 사기성이 짙어 보입니다.

같은 캐릭터에 다른 색이 주어졌을 때 각각 다른 성격과 다른 직업으로 느껴지는 부분들이 너무 신기하지 않나요? 이렇듯 같은 캐릭터에 다른 색을 사용했을 때의 느낌은 생각보다 꽤 많이 다르다는 것을 알 수 있습니다. 우리가 어떻게 색을 설정하고 배색하느냐에 따라 캐릭터의 이미지는 큰 차이가 있습니다. 이를 통해 우리는 캐릭터와 색의 관계에서 색이 가진 영향력이 얼마나 중요한지 느낄 수 있습니다. 색을 제대로 사용하면 캐릭터의 감정을 효율적으로 표현할 수 있게 되는데, 그러기 위해서는 색의 구조를 정확히 이해해야 합니다.

STEP 02 색의 3요소

색의 3요소는 색을 이해하는 데 가장 기본이 되는 매우 중요한 개념입니다. 우리는 흔히 색(색채)을 표현할 때 파란색-노란색, 밝은 색-어두운 색, 연한 색-진한 색, 맑은 색-흐린 색 등의 말을 사용합니다. 이러한 말들은 색을 지각하는 데 필요한 성질들을 표현하는 말입니다. 우리가 색을 보고 느끼는 요인에는 빛의 파장 자체를 나타내는 색상(Hue), 밝고 어두운 정도를 나타내는 명도(Value), 색 파장의 순수한 정도를 나타내는 채도(Chroma)가 있습니다. 어떤 색을 지각할 때에는 항상 이 세 가지를 함께 느끼게 됩니다.

색상(Hue)

색상은 감각에 따라 구별되는 색의 명칭을 말합니다. 빨강, 노랑, 초록, 파랑 등 색을 구별하는 고유한 속성이라 이해하면 쉽습니다. 색상은 빨강을 중심으로 따뜻한 느낌을 주는 난색계, 파랑을 중심으로 차가운 느낌을 주는 한색계, 녹색이나 보라처럼 따뜻하거나 차가운 느낌을 주지 않는 중성계로 나뉩니다. 색과 색의 관계를 살펴볼 때에는 색상환을 사용하는데요. 색상환에서 거리가 가까운 색은 색상차가 작은 유사색, 거리가 비교적 먼 색은 색상차가 큰 반대색, 거리가 가장 먼 정 반대쪽의 색은 보색이라 합니다.

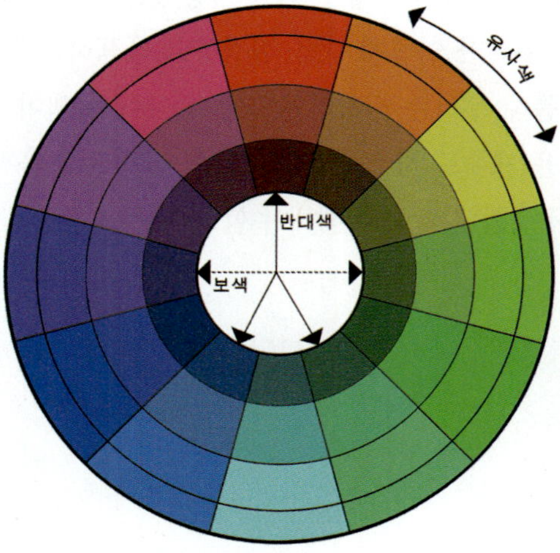

▲ 색상환 | 색을 식별하는 데 필요한 명칭이며 유사한 것끼리 둥글게 배열하였습니다.

▲ 난색계(활발함)

▲ 중성계(편안함)

▲ 한색계(시원함)

명도(Brightness)

명도는 색의 밝고 어두움을 말합니다. 어두운 회색, 밝은 회색처럼 명도는 어둡거나 밝은 것으로 표현합니다. 색은 어두운 회색도 검은색과 비교하면 밝아 보입니다. 이처럼 색은 다른 색과 대비해서 보기 때문에 색의 밝기는 상대 색에 따라 다르게 보일 수 있습니다. 물체의 표면이 모든 빛을 반사하면 흰색으로 보여 밝게 느끼고 모든 빛을 흡수하면 검은색으로 보이면서 어둡다고 느낍니다. 따라서 만화나 삽화 등 작품 안에서 밝기의 차이를 표현할 때에는 빛의 반사율을 고려해서 조정해야 합니다.

▲ 명도 스펙트럼 | 명도는 흰색에 가까울수록 높아지고, 검은색에 가까울수록 낮아집니다.

채도(Chroma)

채도는 색의 선명한 정도를 말합니다. 어떠한 색도 섞이지 않은 순수한 색을 채도가 높다고 표현하며 여기에 무채색(검은색, 회색, 흰색)을 섞으면 채도가 낮아집니다. 그래서 채도가 높으면 선명하게 보이고 채도가 낮으면 탁하게 보입니다. 같은 채도라도 색상(Hue)이 다르면 명도(Brightness)가 다르게 느껴지는데요. 가령 똑같은 채도의 노랑과 파랑이 있을 때는 노랑 쪽의 밝기가 더 강하게 느껴집니다. 이를 만화나 삽화에도 적용할 수 있는데요. 주변의 다른 색보다 채도가 낮으면 눈에 잘 띄지 않으므로, 생기 있는 인상을 주고 싶다면 채도가 높은 색을 고르는 것이 좋습니다.

▲ 침착함(약간의 저채도) ▲ 편안함(중채도) ▲ 활발함(약간의 고채도)

STEP 03 색으로 표현하는 캐릭터

캐릭터는 이미 정해놓은 성격이나 스타일 이외에도 배색에 따라 개성을 표현할 수 있습니다. 무엇보다 캐릭터를 표현할 때에는 성격과 감정에 맞게 색을 사용하는 것이 중요합니다. 앞서 말했듯이 색은 사람의 마음을 움직이게 하는 힘을 갖고 있습니다. 따라서 사람들은 자기도 모르는 사이에 색에 대한 선입견을 갖고 있습니다. 이를테면 파랑은 남자답고 분홍은 여자답다는 식입니다. 색에 대한 일반적인 선입견을 알아두면 배색을 적용하는 데 큰 도움이 됩니다. 또한 색을 적절히 사용하면 캐릭터의 감정을 더욱 풍부하게 살릴 수도 있습니다. '분노'라는 감정을 표현하더라도 어떤 색을 사용하고 배색하느냐에 따라 감정의 폭이 다르게 표현됩니다. 독창적인 캐릭터를 만들었다면 그 캐릭터만의 색을 설정해야 합니다. 똑같은 얼굴이라고 해도 캐릭터를 표현하는 색이 제멋대로면 그 캐릭터의 성격이 제대로 전달되지 않습니다. 이는 만화나 일러스트레이션 등 모든 그림 작업에서 주의해야 할 사항입니다.

배색할 때 색의 비중 정하기

캐릭터를 배색할 때 너무 많은 색을 사용하면 캐릭터에 대한 인상이 모호해집니다. 제한된 색을 규칙적으로 배색해야 인상을 강하게 남기는 매력적인 캐릭터가 됩니다. 배색은 주조색, 보조색, 강조색에 따라 색을 결정합니다.

- 기조색 | 어떠한 느낌을 떠올렸을 때 상징적으로 떠오르는 색을 기조색이라고 합니다. 중심이 되는 느낌이며 색상이 아닌 톤 중심, 색상 중심으로 나타날 수도 있습니다.
- 주조색 | 배색의 기본이 되는 색으로 가장 많은 면적을 차지합니다.
- 보조색 | 주조색을 보완하여 배색을 가능하게 하며 배색을 구체적이고 실천적으로 보이게 합니다. 주조색과 유사한 색을 사용하기도 하고 동일한 색상 내에서 선택하기도 합니다. 꼭 한 가지 색을 선택할 필요는 없지만 주조색과 어울리는 색을 선택하여 캐릭터의 느낌을 제대로 표현해야 합니다.
- 강조색 | 가장 작은 면적을 사용해 배색의 효과를 극대화할 때 사용합니다. 배색의 지루함을 덜거나 서로 어울리지 않는 주조색과 보조색을 조화롭게 하기 위해서 사용합니다. 강조색을 주조색과 보조색의 관계보다 더 큰 속성의 차이를 보이도록 하여 신선하고 일시에 정리되는 느낌을 갖도록 하는 것이 효과적입니다.

어떤 색을 선택할까

빨강(Red) | 시각적인 반응이 가장 빨리 오는 색으로 특정 부분을 강조하거나 위험을 알리는 신호에 자주 사용합니다. 과거에는 흥분, 긴장, 위험 등 자극적인 효과에만 치우쳐 공포, 분노를 불러일으키는 색으로 인식되었으나 최근에는 열정, 에너지처럼 적극적이고 긍정적인 의미로 받아들여지고 있습니다. 태양, 불, 피, 장미, 딸기, 사과, 입술, 정열, 사랑, 혁명, 흥분, 분노, 폭발 등이 연상됩니다.

파랑(Blue) | 맑고 시원한 색이라 많은 사람이 좋아하는 색입니다. 밝을수록 고요하고 편안한 인상을 표현하고 어두워질수록 신뢰와 믿음, 안정적인 인상을 표현합니다. 세련된 색이지만 지나치게 사용하면 우울하거나 차가운 인상을 주기도 합니다. 물, 하늘, 바다, 신뢰, 믿음, 냉정, 이성, 정직, 젊음 등이 연상됩니다.

노랑(Yellow) | 명도가 높은 색이라 시선을 집중시키는 역할을 합니다. 사교적이고 친근한 느낌을 표현할 수 있어 사람들의 관심을 끌거나 도움을 유도할 때 사용하면 효과적입니다. 긍정적인 이미지가 있어 쾌활한 분위기를 표현하기도 합니다. 병아리, 레몬, 해바라기, 개나리, 금, 기쁨, 희망, 명랑, 미숙, 질투, 설렘, 부 등이 연상됩니다.

초록(Green) | 나무가 우거진 숲이 떠오르는 색입니다. 상쾌하고 편안하며 안정적인 느낌을 표현하며 평화로운 이미지를 나타냅니다. 밝은 색과 배색하면 산뜻하고 경쾌한 느낌을, 흰색과 배색하면 싱싱함, 어두운 색과 배색하면 성숙하고 신비로운 느낌을 표현할 수 있습니다. 나무, 숲, 이끼, 채소, 생명, 휴식, 시작, 성장, 희망, 평화, 신선 등이 연상됩니다.

분홍(Pink) | 빨강에서 채도와 명도를 조절하면 분홍을 표현할 수 있습니다. 부드럽고 로맨틱한 느낌을 주기 때문에 여성스러움이나 달콤함을 표현할 때 주로 사용합니다. 사랑스러운 느낌을 주지만 때로는 유치하거나 수줍고 가냘픈 인상을 표현하기 때문에 캐릭터에 알맞게 사용해야 합니다. 톤의 차이를 주어 옅은 분홍이나 진한 분홍을 표현할 수 있어 순수함부터 도발적인 느낌까지 나타낼 수 있습니다. 꽃, 소녀, 행복, 낭만, 달콤함, 낭만 등이 연상됩니다.

갈색(Brown) | 가을이 연상되는 갈색은 지적인 느낌과 함께 풍성함, 안정 등을 표현합니다. 조화로운 배색은 세련된 인상을 주지만 그렇지 않은 배색은 진부하고 지루해 보일 수 있습니다. 자연스럽고 내추럴한 느낌을 주기 때문에 수수함부터 클래식하고 고상한 분위기까지 표현할 수 있습니다. 흙, 대지, 목재, 낙엽, 결단, 성실, 검소함 등이 연상됩니다.

흰색(White) | 모든 색을 반사하는 본연의 성질 때문에 청결하고 순수한 이미지를 표현합니다. 아무 색이 없는 상태이기 때문에 시원하고 환한 느낌부터 화려하고 경쾌한 느낌까지 표현할 수 있습니다. 아무것도 없는 기본 상태(無)이기에 시작, 기본, 성스러움이 느껴지기도 합니다. 숭고함과 진실을 상징하기 때문에 신뢰감을 주기도 하지만 지나치게 사용하면 공허하고 빈약해 보일 수도 있습니다. 구름, 눈, 솜, 천사, 진주, 우유, 순수, 순결, 축복, 진실, 소박, 정직 등이 연상됩니다.

검은색(Black) | 무난하다고 생각하기 쉬운 색이지만 실제로는 매우 복잡하고 다양한 느낌을 표현합니다. 명도가 없는 가장 어두운 상태의 색이기 때문에 무겁고 꽉 찬 느낌을 주기도 합니다. 과거에는 흰색과 대비되어 부정적인 의미로 인식되었으나 현재는 세련되고 모던한 이미지로 받아들여지고 있습니다. 잘못 사용하면 경직되거나 어둡고 칙칙한 느낌을 줄 수 있어 배색을 잘 활용해야 합니다. 어둠, 밤, 숯, 위엄, 품위, 지배, 죽음, 침묵, 권력, 공포 등이 연상됩니다.

STEP 04 조화로운 배색을 위한 실전 노하우

색의 3요소에 맞추어 미소녀를 그리기를 위해서는 배색의 중요성이 강조됩니다. 먼저 배색의 기본은 색을 구성하고 있는 3요소인 색상, 명도, 채도의 배합입니다. 앞서 색상, 명도, 채도, 색상환을 이해했다면 색상 배색을 실전에 활용해보겠습니다.

배색 이론은 대부분 색채 학자와 연구기관이 정리하고 있지만 여기에서는 공통된 기본 개념만 알기 쉽게 설명합니다.

색상 배색

비슷한 색이나 전혀 다른 색을 배합하는 배색 방법입니다. 동일 색상, 유사 색상을 배합하거나 반대 색상을 배합해서 배색을 만드는데요. 배색 방법 중 가장 쉽고 많이 쓰이기 때문에 작품에 쉽게 적용하고 응용할 수 있습니다.

동일 색상 배색 | 동일 색상을 사용하되 명도, 채도 차이가 있는 배색 방법입니다. 부드러우며 은은한 느낌을 연출할 수 있습니다. 차분함, 시원함, 솔직함, 정적임, 간결함을 표현할 때 활용하면 좋습니다.

유사 색상 배색 | 색상환의 인접한 색상을 배합하는 배색 방법입니다. 톤의 차이를 두어 명쾌한 배색을 보여주는데요. 협조적, 온화함, 상냥함, 건전함을 표현할 때 활용하면 좋습니다.

보색 색상 배색 | 색상환의 반대한 색상을 배합하는 배색 방법입니다. 매우 강한 효과가 나타나는 배색이라 화려하고 개성적이며 대담한 이미지를 전달합니다. 강함, 예리함, 동적임, 화려함, 자극적인 느낌을 표현할 때 활용하면 좋습니다.

명도 배색

다양한 색을 사용하되 명도 차이를 두는 배색 방법입니다. 동일한 명도의 색이나 명도의 차이가 있는 색을 배합하여 배색합니다.

동일 명도 배색 | 동일한 명도로 색상 차이를 두는 배색 방법입니다.

인접 명도 배색 | 명도 차이가 적은 색을 배합하는 배색 방법입니다. 우리에게 가장 익숙한 배색 방법이라 할 수 있습니다.

대조 명도 배색 | 명도 차이가 큰 색을 배합하는 배색 방법입니다. 매우 강한 배색 방법이라 자주 사용하지는 않습니다.

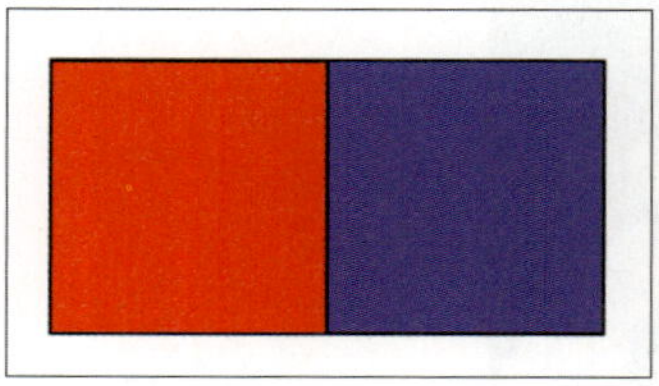

▲ 동일 명도 배색

▲ 인접 명도 배색

▲ 대조 명도 배색

채도 배색

다양한 색을 사용하되 채도 차이를 두는 배색 방법입니다. 채도를 동일하게 만들거나 채도 차이가 있는 색을 배합하여 배색합니다.

동일 채도 배색 | 동일한 채도로 색상 차이를 두는 배색 방법입니다.

인접 채도 배색 | 채도 차이가 적은 색을 배합하는 배색 방법입니다. 가장 많이 쓰이는 배색 방법입니다.

대조 채도 배색 | 채도 차이가 큰 색을 배합하는 배색 방법입니다.

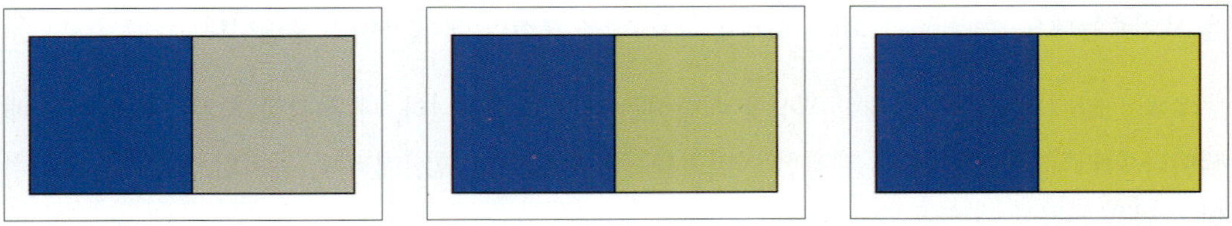

▲ 대조 채도 배색 ▲ 인접 채도 배색 ▲ 동일 채도 배색

배색 연출하기

다양한 배색 방법을 통해 캐릭터와 어울리는 배색을 연출해보세요. 자연스럽고 조화로운 배색을 원한다면 동일 계열 색이나 유사한 색을 선택합니다. ① 동일 색상 배색은 같은 계열끼리 명도에 차이를 크게 준 조합으로 통일감이 있는 이미지를 만들 수 있습니다. 색이 가진 이미지를 정확하게 전달하고 싶을 때 효율적으로 활용할 수 있습니다. ② 유사 색상 배색은 비교적 색 차이가 작기 때문에 통일감을 살리거나 조화롭게 표현할 때 활용할 수 있습니다. ③ 보색 색상 배색은 반대 색을 선택하여 개성 있거나 톡톡 튀는 느낌을 표현할 때 활용할 수 있습니다.

> **TIP** 동일 색상 배색이나 유사 색상 배색을 진행할 때에는 명도 차이를 크게 주어야 합니다. 명도의 차이가 작으면 눈에 잘 띄지 않는 그림이 되어 작품의 완성도가 떨어집니다.

▲ ① 동일 색상 배색 ▲ ② 유사 색상 배색 ▲ ③ 보색 색상 배색

색상 배색을 응용하여 입체 모형에 적용해보겠습니다. 가장 윗면과 중간 톤의 옆면은 동일 색상과 인접 색상을 적절히 사용하여 표현합니다. 색감이 훨씬 풍부해지고 깊이감을 더 할 수 있습니다. 가장 중요한 어두운 부분은 끝으로 갈수록 보색을 활용한 색을 사용하고 채도를 조절한다면 좀 더 완성도 있는 입체적인 색감을 연출할 수 있습니다.

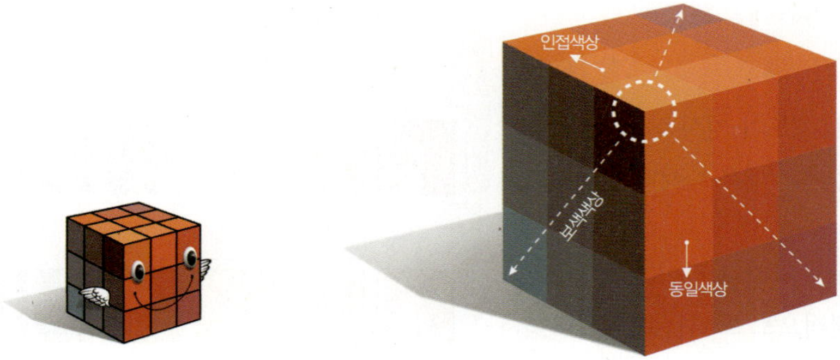

STEP 05 톤과 배색 이해하기

색을 이야기할 때 '톤이 어둡다.' 혹은 '톤이 밝다.' 라는 말을 자주 사용합니다. 그렇다면 이때 말하는 톤이란 무엇일까요? 톤(Tone)은 밝다, 어둡다, 진하다, 연하다, 얕다, 깊다 등 색의 상태를 나타내는 말로써 명도와 채도를 합친 의미로 사용합니다. 예를 들어 밝은 노랑이라 하면 이 속에는 명도의 밝기와 채도의 선명함이 포함되어 있습니다. 즉 톤은 명도에서 느껴지는 이미지와 채도에서 느껴지는 이미지를 합하여 인식합니다.

TIP 톤은 다른 색이라도 같은 이미지나 인상을 줄 수 있는 것이 특징입니다. 예를 들어 밝은 노랑이나 밝은 파랑 모두 밝고 긍정적인 이미지를 나타내듯 '밝은 톤'은 밝고 따뜻한 이미지를 나타내며 '어두운 톤'은 점잖고 원숙한 이미지를 나타냅니다.

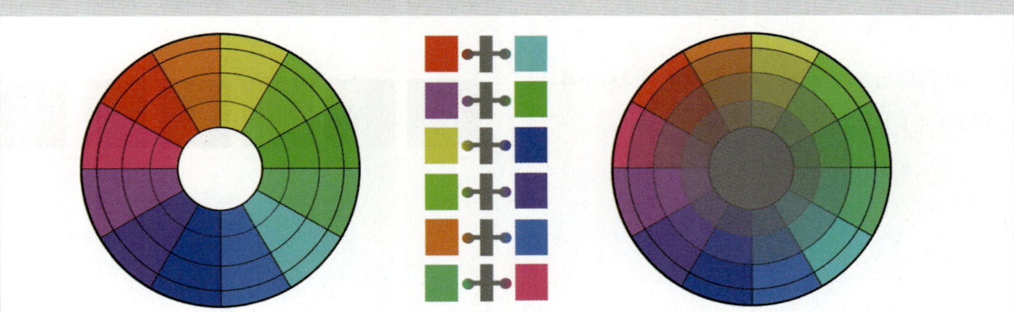

▲ 톤은 명도와 채도의 인상을 합하여 인식합니다.

채도 배색

앞서 채도 차이를 두어 배색하는 채도 배색에 대해 설명했습니다. 동일 채도, 인접 채도, 대조 채도 배색의 방법이 있습니다. 이번에는 채도 배색 중 톤에 따른 다양한 배색 방법에 대해 알아보겠습니다.

비비드 톤(Vivid tone) | 채도가 가장 높아 선명하고 화려해 보이는 톤입니다. 매우 화려해 보입니다.

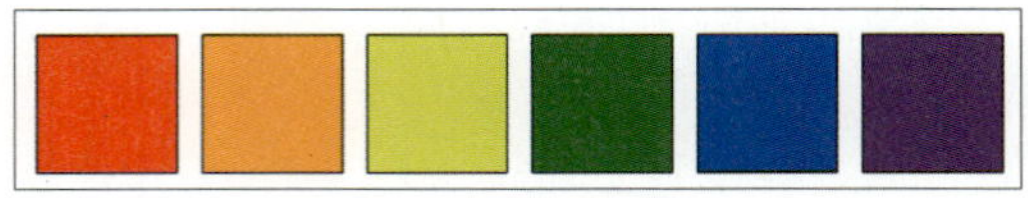

스트롱 톤(Strong tone) | 강하고 깊이가 있는 색을 사용하여 매우 정열적으로 보이는 톤입니다.

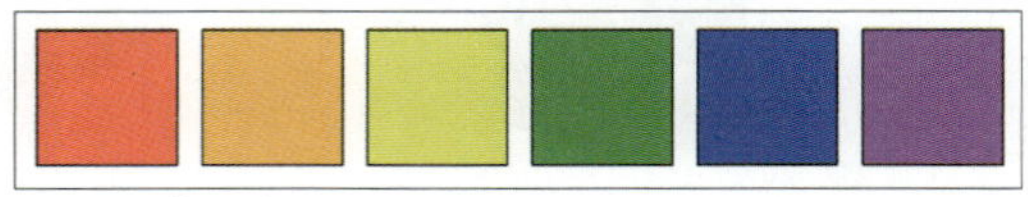

브라이트 톤(Bright tone) | 밝고 따뜻한 이미지의 톤입니다.

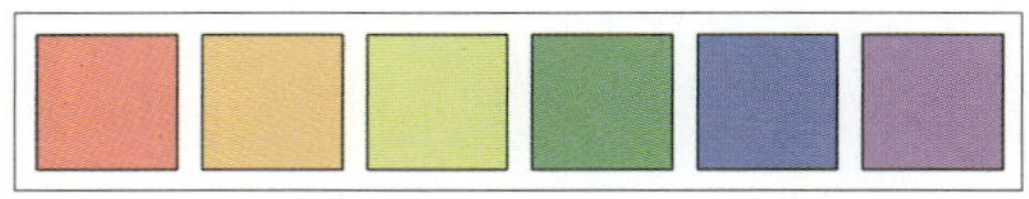

덜 톤(Dull tone) | 밝지 않고 깊은 인상이 느껴지는 톤입니다.

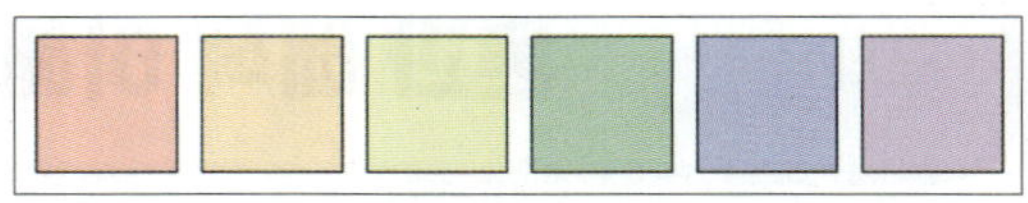

라이트 톤(Light tone) | 산뜻하고 경쾌하고 밝아 보이는 톤입니다.

다크 톤(Dark tone) | 고상하고 원숙하며 무게가 느껴지는 톤입니다.

페일 톤(Pale tone) | 경쾌하고 연한 이미지로 부드럽게 보이는 톤입니다.

그레이시 톤(Grayish tone) | 세련되고 차분하여 원숙한 인상이 느껴지는 톤입니다.

톤 온 톤 배색

톤 온 톤(Tone on Tone)이란 톤을 겹친다는 의미로 같은 색에 톤을 바꾸어 반복하는 배색 방법입니다. 즉 동일한 색(같은 계열의 색상)을 사용하여 톤으로 명도 차이를 둔 배색으로서 빨강에 분홍, 감색에 옅은 남색 등을 배색할 수 있습니다. 패션과 그래픽 분야에서 기본이 되는 배색으로 자연 속에서 흔히 볼 수 있습니다. 낙엽, 나무의 빛과 그림자 등 자연의 조화로움을 색으로 표현해 통일감을 나타낼 수 있습니다.

톤 인 톤 배색

톤 인 톤(Tone In Tone)이란 톤을 맞춘다는 의미로 다양한 색에 채도를 맞추는 반복하는 배색 방법입니다. 즉 여러 색을 함께 매치하되 비슷한 채도의 색들을 모아 배색하는 것입니다. 톤 온 톤 배색이 색을 고정시킨 후 톤으로 변화를 준 것에 비해 톤 인 톤은 톤을 고정시킨 후 색의 차이로 배색합니다. 원래는 가까운 색의 배합을 톤 인 톤이라 불렀으나 지금은 어떠한 색을 배합해도 톤이 같으면 톤 인 톤 배색이라 부릅니다.

▲ 톤 온 톤 배색

▲ 톤 인 톤 배색

> **TIP 토널 배색** | 톤 인 톤 배색 중에서 덜 톤(Dulltone)과 그레이시 톤(Grayishtone) 등 탁색 계열의 톤을 배합한 배색 방법입니다. 톤을 갖추었다는 의미로 색상, 명도, 채도 모두 중간 정도의 통일감을 갖고 있어 조심스럽고 점잖으며 침착한 인상을 줍니다. 전체적으로 수수하고 소박한 인상을 표현합니다.

톤 배색을 활용해 캐릭터 스타일링하기

톤 온 톤과 톤 인 톤 배색을 응용하여 캐릭터에 어울리는 패턴을 만들어보겠습니다.

① 밝고 선명한 비비드 컬러끼리, 혹은 여리고 흐린 파스텔 컬러끼리 매치합니다. 서로 다른 색을 섞기 때문에 자칫 복잡해 보일 수는 있지만 색의 채도를 맞추어 매치하면 오히려 세련된 느낌을 표현할 수 있습니다.

② 높은 채도의 색을 선택하면 캐릭터가 더욱 생기 있어 보입니다. 반대로 낮은 채도의 색을 선택하면 캐릭터가 중후한 매력을 풍길 수도 있습니다.

③ 톤 온 톤 배색을 적용할 때보다 톤 인 톤 배색을 적용할 때가 신중하면서도 센스가 필요합니다. 아직 톤 배색이 서툴다면 톤 온 톤 배색으로 좀 더 편하게 적용해보세요.

④ 자, 이번에는 톤 인 톤 패턴, 톤 온 톤 패턴을 활용해 캐릭터의 연령을 다르게 표현해보겠습니다. 톤 인 톤 배색을 응용하여 만들어진 패턴이 있습니다. 똑같은 디자인이지만 색을 다르게 적용하여 캐릭터를 다르게 표현합니다. 패턴의 색만 바꾸어 적용합니다.

▲ 톤 인 톤 배색

▲ 톤 온 톤 배색

⑤ 이번에는 패턴을 응용하여 좀 더 스타일리쉬하게 적용해보겠습니다. 같은 캐릭터지만 나이대를 다르게 표현합니다. 패턴은 같지만 소품이나 의상의 일부분에 변화를 주며 연령대에 맞는 스타일로 표현합니다. 10대, 30대, 50대로 표현해보았습니다.

▲ 톤 인 톤 패턴

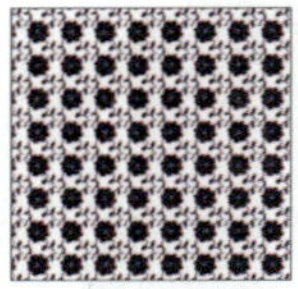

▲ 톤 온 톤 패턴

▲ 톤 인 톤 패턴

▲ 톤 온 톤 패턴

높은 연령을 표현하려면 안경과 같은 소품을 사용해도 좋습니다. 혹은 노숙해 보이거나 진중해 보이는 어두운 색, 다크 톤 배색을 사용하는 것도 좋습니다.

STEP 06 미소녀 캐릭터의 컨셉 표현하기

앞서 색과 배색의 개념을 알아보고 다양한 방법을 통해 캐릭터에 어울리는 배색까지 적용해보았습니다. 그러나 막상 캐릭터의 이미지에 맞는 색을 적용하는 것은 간단하지 않습니다. 이번에는 교복을 입은 미소녀 캐릭터에 형용사 키워드(성격이나 컨셉)와 어울리는 색을 부여해볼 텐데요. 이때 배색을 제대로 활용하여 캐릭터의 이미지를 제대로 표현해보겠습니다. 다양한 이미지 배색을 통해 자신이 원하는 이미지의 캐릭터를 충분히 만들 수 있다고 생각하세요. 그런 다음 각 캐릭터 이미지에 맞는 요소를 가감하여 실습하다 보면 어느새 자신이 원하는 미소녀를 만날 수 있을 것입니다.

이미지 스케일 이해하기

이미지 스케일은 색이 가지는 감정 효과, 연상과 상징, 공감각 전달 과정 등을 체계적으로 분석하고 조사하여 특정한 언어로 객관화시켜 구성한 이미지 감성 공간을 말합니다. 즉 빨강과 파랑, 노랑과 초록 등과 같이 각각의 색에서 느껴지는 이미지의 차이를 같은 공간 안에 있는 거리의 차이 또는 그 색이 위치한 영역과 같은 시각적 정보로 한눈에 비교해볼 수 있게 제시한 것입니다.

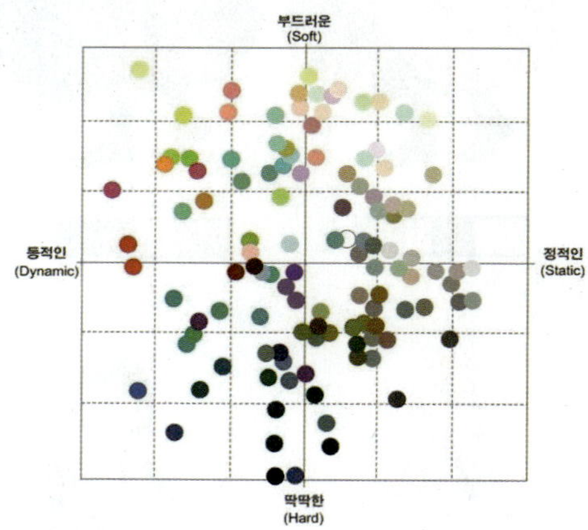

배색 이미지 스케일은 이미지의 미묘한 차이를 표현할 수 있는 최소의 기본 단위인 3색 배색을 이용하여 만들어졌습니다. 비슷한 느낌의 배색을 함께 묶어 각각의 그룹에 귀여운, 맑은 등의 키워드를 부여한 후 몇 개의 그룹을 만들어서 배색이 가진 특징을 알기 쉽게 하였습니다.

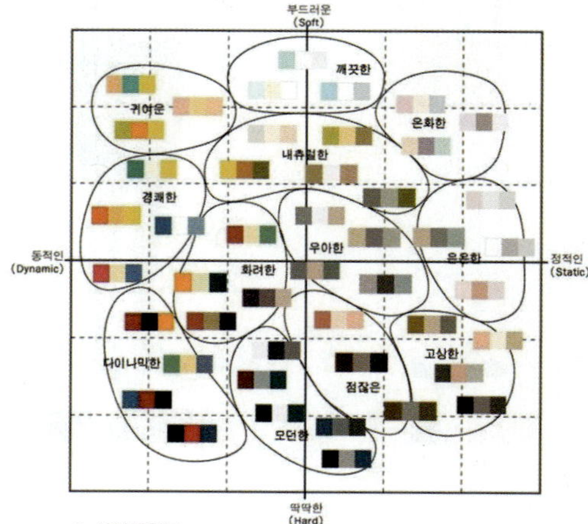

© 산업자원부

Classic

점잖으면서 중후한 느낌은 깊이감과 품격이 느껴지며 클래식한 분위기를 풍깁니다. 어울리는 색은 깊이감이 있는 어두운 색조가 주를 이루는데, 난색 계통을 중심으로 짙은 갈색, 암적색, 흐린 노랑, 암녹색 등 중후하고 격조 있는 색을 사용합니다. 톤으로 보면 딥 톤, 덜 톤, 그레이시 톤이 주를 이루며 배색은 따뜻한 색을 위주로 배색합니다. 이때 대비는 약하게 하는 것이 클래식한 이미지 표현에 효율적입니다.

Natural

자연스러운 이미지를 연출할 때에는 꾸미지 않은 본연의 모습 그대로의 순수함을 어필해야 합니다. 내추럴한 이미지는 자연스러운 색을 기본으로 하여 주황 계열을 중심으로 소박하고 편안함을 느끼게 하는 색을 주조색으로 정합니다. 여기에 흐린 노랑, 상아색, 황록색, 노랑, 초록, 갈색, 탁한 녹색 계열을 더해 조화로움을 더합니다. 라이트 그레이시 톤, 덜 톤을 자유롭게 활용하고 무거운 분위기가 느껴지는 장식이나 화려한 색을 피합니다. 전체적인 이미지를 포근하고 온화한 쪽으로 유도하면 효율적입니다.

Elegance

여성스럽고 우아한 이미지를 표현하려면 분홍, 자주, 보라, 톤은 부드러운 라이트 그레이시 톤을 사용합니다. 고상하고 세련되며 부드러우면서도 우아한 이미지이기 때문에 화려함과는 다릅니다. 채도가 낮은 부드러운 색조와 약간 어두운 톤의 보조색을 배색하면 섬세한 느낌을 효과적으로 표현할 수 있습니다. 이때 대비를 약하게 하면 좀 더 고상하고 우아한 이미지가 됩니다. 보라, 암적색, 흐린 갈색 등의 배색은 좀 더 고풍스러우면서도 우아한 이미지를 표현할 수 있습니다.

Romantic

사랑스럽고 로맨틱한 이미지에 어울리는 색은 가볍고 감미로운 느낌을 주는 색을 중심으로 페일 톤, 라이트 톤을 사용합니다. 분홍은 로맨틱 이미지의 대표적인 색으로 부드럽고 고요한 이미지를 지니고 있으며, 페일 톤을 중심으로 가볍고 부드러운 느낌을 연출하면 좋습니다. 따뜻한 분홍, 노랑 등을 주조색으로 선택하고 명도와 채도를 약간씩 낮춘 색들을 선택하면 온화하고 여성적인 이미지를 더욱 잘 표현할 수 있습니다.

Pretty

귀엽고 소녀다운 이미지입니다. 로맨틱한 이미지보다는 조금 더 화려하고 발랄한 이미지입니다. 달콤한 느낌을 잘 표현할 수 있도록 따뜻한 계열의 밝고 부드러운 노랑, 주황, 노란 연두, 분홍 등을 사용하면 좋습니다. 로맨틱한 이미지보다는 명도와 채도를 살짝 낮추는 것이 좋습니다. 소프트 톤, 라이트 톤, 페일 톤 등을 효율적으로 사용하는 것이 좋으며 차가운 계열인 파랑, 보라, 녹색 같은 색을 함께 사용하면 더욱 발랄한 이미지를 표현할 수 있습니다.

Gorgeous

호화로운 상류층의 이미지로 고급스럽고 화려한 분위기를 연출할 수 있습니다. 선명하고 깊이 있는 톤으로 배색하면 정성 들여 꾸민듯한 느낌을 연출할 수 있습니다. 고저스 이미지에 어울리는 색은 낮은 채도의 따뜻한 색을 중심으로 흐린 노랑, 자주, 빨강, 주황, 진한 노랑, 진한 보라 등이고 톤은 스트롱 톤, 덜 톤, 딥 톤 등이 무거운 톤들이 주를 이룹니다. 배색은 깊이감이 느껴지는 톤을 사용하는 것이 좋고 다크 톤이나 덜 톤 등으로 조화시키면 감각 있는 화려함을 표현할 수 있습니다.

Dandy

남성적인 멋과 함께 침착하며 세련된 이미지로 안정감, 도시적인 이미지를 가지고 있기도 합니다. 품위를 중시하고 화려함이나 아름다움에 치우치지 않는 절제된 세련미를 기본으로 하여 깔끔한 이미지의 고품격을 선호하는 고급스러운 스타일이라 할 수 있습니다. 댄디 이미지에 어울리는 색은 짙은 감색을 기본으로 검은색, 회색이 가장 어울립니다. 톤은 그레이시 톤, 다크 그레이시 톤, 딥 톤의 어두운 색을 사용하면 세련된 감각을 제대로 표현할 수 있습니다.

Modern

단어 그대로 도회적 감성을 표현합니다. 대비가 강한 배색을 사용하면 진취적이고 개성적인 이미지나 차갑고 딱딱한 느낌까지 표현할 수 있습니다. 배색을 할 때는 차가운 색을 기조로 하여 명암 대비를 주는 것이 좋은데, 가끔 과감한 색을 사용하면 독특해 보일 수는 있지만 촌스러워질 수도 있으니 조심해서 사용해야 합니다. 무채색 계열과 파랑 계열의 차가운 색을 중심으로 명확한 느낌을 강조하면 효율적이고 딥 톤과 다크 톤을 사용하여 표현하는 것이 좋습니다.

Casual

자유분방하고 활동적이며 생동감이 느껴지는 이미지입니다. 유쾌하고 명랑한 분위기의 감각이 요구되므로 비비드 톤, 스트롱 톤이 주를 이루며 밝고 선명한 색 위주의 강한 배색이 적합합니다. 이때 색은 2~3가지로 한정시켜 젊고 밝은 느낌으로 연출하는 것이 좋습니다. 자칫 강렬한 색을 많이 사용하게 되면 엉뚱한 이미지가 나올 수 있으므로 조심해야 합니다. 밝고 선명한 색, 채도가 높은 색이 잘 어울리며 부드럽고 청명한 색으로 배색하면 캐주얼한 느낌을 가장 잘 표현할 수 있습니다.

Ethnic

이국적인 느낌이 강하고 아프리카나 중남미 지역의 자연환경과 생활 풍습이 느껴지는 이미지입니다. 민족의상이 가지는 독특한 색이나 패턴에서 해당 지역에 대한 향수가 느껴지기도 합니다. 에스닉 이미지에 어울리는 색은 어둡지만 선명한 빨강, 주황, 초록, 갈색, 보라, 비비드 톤과 딥 톤, 다크 톤을 사용하는 것이 좋습니다. 강한 대비를 중심으로 배색하면 화려하고 강렬한 이미지로 표현할 수 있지만 낮은 채도의 색을 사용하면 차분하게 가라앉은 느낌을 표현할 수 있습니다.

TIP 이미지 배색을 활용하여 캐릭터의 성격과 상황에 맞는 감성을 표현해보세요. 스스로 설정한 캐릭터 성격에 맞는 채색을 진행하여 자주 응용해봅시다!

색을 이용해 캐릭터의 희로애락 감정 표현하기

캐릭터는 만화 속에서 다양한 감정을 표현합니다. 즐거움, 분노, 슬픔, 기쁨 등의 감정을 표정과 대사로 표현하는데요. 이때 캐릭터의 색도 감정을 표현하는 데 큰 비중을 차지합니다. 이번에는 색을 다양하게 활용(배색, 패턴, 색의 이미지 등)하여 캐릭터의 감정을 표현해보겠습니다.

① 캐릭터에 디테일을 주고 자신이 만들고자 하는 이미지를 표현합니다. 이때 막연한 이미지로 표현하기보다는 캐릭터의 감정과 이어지는 자료를 활용하여 캐릭터를 표현합니다. 이렇게 하면 캐릭터를 좀 더 구체적으로 표현할 수 있습니다.

② 감정을 표현할 수 있는 자료를 조사합니다. 자료의 종류로는 이미지가 적합하며 이를 기초로 캐릭터를 표현하면 더욱 멋진 캐릭터로 접근할 수 있습니다.

즐거움 분노 슬픔 기쁨

슬픔

기쁨

즐거움

분노

공포

즐거움

기쁨

분노

STEP 07 캐릭터를 표현할 빛과 그림자

캐릭터를 자연스럽게 표현하기 위해서는 입체감, 그리고 빛과 그림자가 매우 중요한 역할을 합니다. 빛으로 생기는 명암 차이를 어떻게 표현하느냐에 따라 캐릭터를 사실적으로 표현할 수도 있고 부자연스러운 그림이 될 수도 있습니다.

빛을 많이 받는 부분은 밝으며 그렇지 않은 부분은 어둡습니다. 어두운 부분 중에서도 반사광을 어떻게 표현하느냐에 따라 입체감을 강조할 수 있습니다. 다음 페이지의 공처럼 색을 사용하여 채색할 때도 명암의 기본 원리를 잊지 말아야 합니다. 그래야만 입체감과 덩어리감을 잘 표현할 수 있습니다.

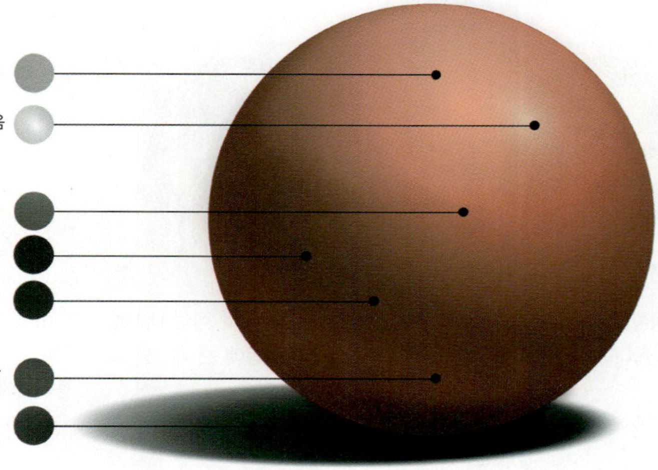

빛과 그림자의 관계

자연광의 그림자 크기는 빛이 비치는 각도와 관계가 있습니다. 지면과 빛의 방향이 작은 각을 이룰수록 그림자의 크기가 커집니다. 인공광의 그림자 크기는 광원의 위치와 관계가 있습니다. 대상과 광원이 가까울수록 그림자의 크기가 커집니다. 빛의 방향이 같다면 자연광보다 인공광의 그림자 크기가 커집니다. 또한 광원의 위치에 따라 그림자의 형태도 달라집니다. 캐릭터를 표현할 때 빛의 위치가 꽤 중요한 비중을 차지하는데요. 빛의 작은 변화만으로도 그림의 분위기를 드라마틱하게 변화시킬 수 있습니다. 표현하려는 대상에 빛을 주는 방법은 매우 다양하지만, 상황에 맞는 표현을 해야 작품을 더욱 돋보이고 극적인 연출을 할 수 있습니다.

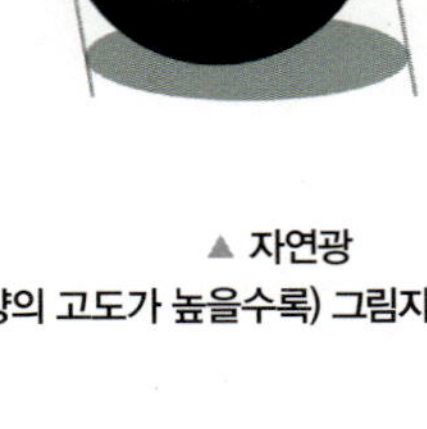

▲ 자연광
(태양의 고도가 높을수록) 그림자가 작아진다.

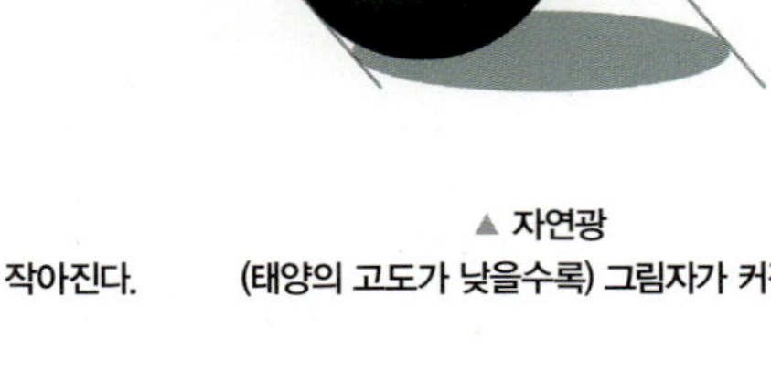

▲ 자연광
(태양의 고도가 낮을수록) 그림자가 커진다.

▲ 인공광

빛의 방향에 따른 인물의 입체 표현

가장 일반적인 상황입니다. 빛은 관찰자의 눈으로부터 나옵니다.

빛이 대상의 오른쪽에서 직접 대상을 비춥니다. 대상의 얼굴에 큰 계단형 그림자를 만들어냅니다.

빛이 대상의 왼쪽 위에서 비춥니다. 이 각도는 인물이나 사물을 효과적으로 연출하기에 좋습니다.

빛이 대상의 약간 뒤에서 비춥니다. 남은 빛을 이용해 강력하고 효과적인 표현을 할 수 있는데, 드라마틱한 효과를 위해 빛을 과감하고 예리하게 표현합니다. 이런 각은 특이하고 아주 흥미로운 곡선을 만들어 낼 수 있으며 다이내믹한 구성을 할 수 있습니다.

대상의 다른 표면에서 튀어나올 수 있는 곳에 빛이 위치할 수 있습니다. 반사된 빛은 이 빛이 떨어지는 어느 곳이든 비출 수 있습니다. 뒤에서 비추는 빛은 위로 반사되고 얼굴 아래 부위를 살짝 비추고 있습니다.

관찰자의 시선을 인물이나 사물에 주목시키기 위해서 대상 위에 그림자를 표현하여 공간의 상황을 이해할 수 있도록 연출합니다. 이러한 요소는 대상의 머리, 빛으로부터 눈을 가리는 대상의 손, 또는 다른 물건들로 연출할 수 있습니다.

빛의 종류에 따른 인물 표현

▲ 인공광(백열 전구)

배경에 보이는 것을 바탕으로 유추해보면 노랗고 작은 등이 떠오릅니다. 캐릭터 뒤에서 나오는 빛은 넓지 않고 좁은 범위에 비추므로 빛과 가까운 부분은 밝지만 빛과 멀어지면 약간 어두워집니다.

▲ 인공광(촛불)

촛불은 빛에서 가까운 곳만 밝게 비추고 멀어지면 급격히 어두워집니다. 빛이 닿는 부분은 밝은 주황색을 띠며 빛이 닿지 않는 부분은 어두운 주황색으로 표현됩니다. 대비가 강하기 때문에 빛의 위치를 확실히 정하고 그려야 합니다.

▲ 인공광(형광등)

형광등은 인공광 중에서도 밝고 균일하게 공간을 비춥니다. 천장에 달린 형광등은 앞과 뒤에서 인물을 비춥니다. 따라서 인물이 만드는 그림자 형태에 주의하며 그려야 합니다. 이때 사물의 색감은 약간 푸르스름해집니다.

▲ 자연광(맑음)

자연광에서는 빛이 닿는 부분과 그림자가 되는 부분을 명확하게 그려야 합니다. 그림자 색을 푸르게 하면 청결하고 깨끗한 느낌이 듭니다. 또한 얼굴에 빛이 들어오는 모습은 그 인물의 밝은 정신 상태를 보여줍니다. 전체적으로 진하고 선명한 색감으로 표현합니다.

▲ 자연광(석양)

빛이 강하기 때문에 그림자 대비도 강해집니다. 얼굴에 닿는 빛도 태양 빛을 반사하여 주황색이 되고, 그림자 색도 검은색이 아니라 주황색이라는 것을 기억해야 합니다. 석양은 붉은빛이나 주황빛이 어우러진 색이 특징입니다.

▲ 자연광(흐림)

흐린 날씨는 빛도 약하고 그림자 색도 흐린 것이 특징입니다. 전체적으로 뿌연 인상이며 회색빛을 띤 것처럼 보입니다. 구름에 가려진 태양의 위치를 의식하여 빛과 그림자를 그립니다. 태양이 숨어 있는 흐린 날씨에는 빛도 약하고 그림자 색도 흐리게 표현해야 합니다.

STEP 08 피부색과 캐릭터 표현

캐릭터가 어떤 성격을 가졌는지 혹은 캐릭터의 역할이 어떤 작품에서 어떤 역할로 나올지에 따라 캐릭터를 그리는 방향이 결정됩니다. 본격적으로 캐릭터를 그리기 전에 어떤 인물인지 또는 사람이 아닌 다른 형태의 결합인지 결정해야 하고 성격, 감정, 이야기의 흐름에 따라 확실하게 설정해 두는 것이 좋습니다. 이러한 캐릭터의 특성에 따라 피부색은 다양하게 바뀔 수 있습니다. 인종, 성별, 나이에 따라서도 피부의 색을 다양하게 표현할 수 있습니다. 또한 이야기 전개, 자연광, 인공광에 따라서도 다양하게 연출할 수 있습니다. 이때 조명에 따른 강한 빛과 명암, 음영 등을 넣어주면 장면에 더욱 어울리는 캐릭터를 연출할 수 있으며 스토리와 장면에 맞게 유연하게 대응할 수 있습니다. 다음 그림에서 다양한 피부색에 따른 캐릭터의 이미지 변화를 확인할 수 있습니다.

▲ 약한 핑크빛 이미지

▲ 약한 노란빛의 이미지

▲ 일반적인 여성 이미지

▲ 일반적인 이미지에 핑크빛을 더함

▲ 핑크빛의 약간 어두운 이미지

▲ 핑크빛의 어두운 이미지

▲ 약간 어두운 피부 이미지

▲ 어두운 피부 이미지

▲ 많이 어두운 피부 이미지

▲ 흑인 이미지

▲ 시체 이미지

▲ 커스텀 이미지

STEP 09 하이라이트와 눈 표현

캐릭터를 제대로 표현하려면 눈을 제대로 표현해야 합니다. 눈은 감정을 모두 담고 있는 매우 중요한 요소이므로 하이라이트를 적용하는 다양한 방법을 통해 눈을 표현합니다. 캐릭터의 국적이나 성별과는 별개로 감정을 드러내는 효과를 알아보겠습니다.

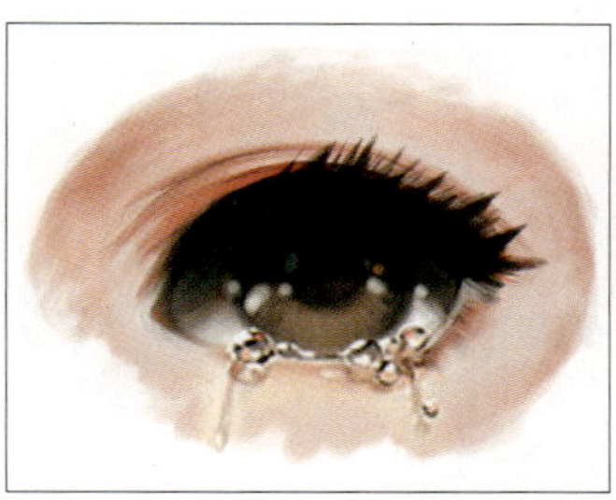

▲ 하이라이트 적당히 있음
눈물을 흘려 애절함

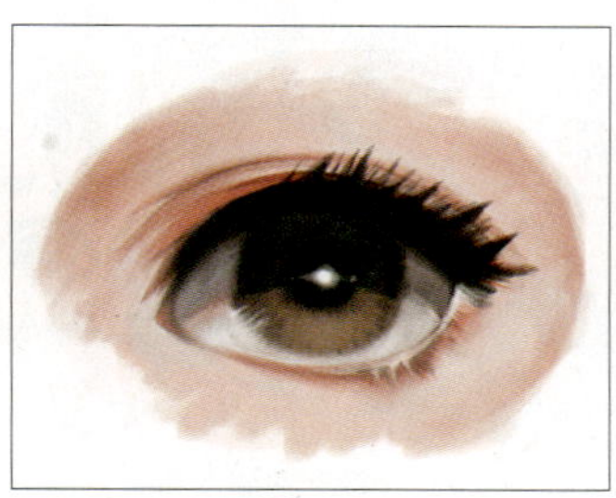

▲ 하이라이트 적음
무표정하고 무심한 인상을 줌

▲ 하이라이트 위치가 아래
기분이 저조함

▲ 하이라이트 위치가 위
활기차고 긍정적인 인상

▲ 하이라이트 많음
촉촉하며 빛을 많이 받은 눈빛

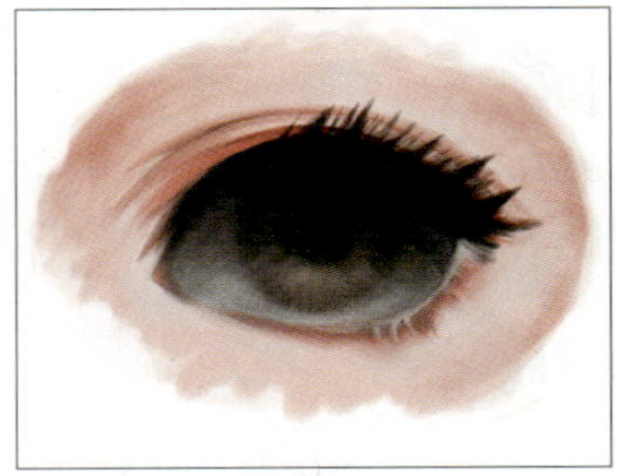

▲ 하이라이트 없음
희망이 없어 보이는 눈빛

피부색과 눈을 제대로 표현해야 한다는 것은 두 말할 것도 없이 중요한 사항입니다. 눈을 표현할 때에는 하이라이트에 유의하며 채색하고, 피부색은 캐릭터의 성격이나 이미지에 유의하며 채색합니다. 다음에 이어지는 갤러리를 참고하여 완성도 있는 캐릭터를 완성하세요!

다양한 눈 연출 갤러리

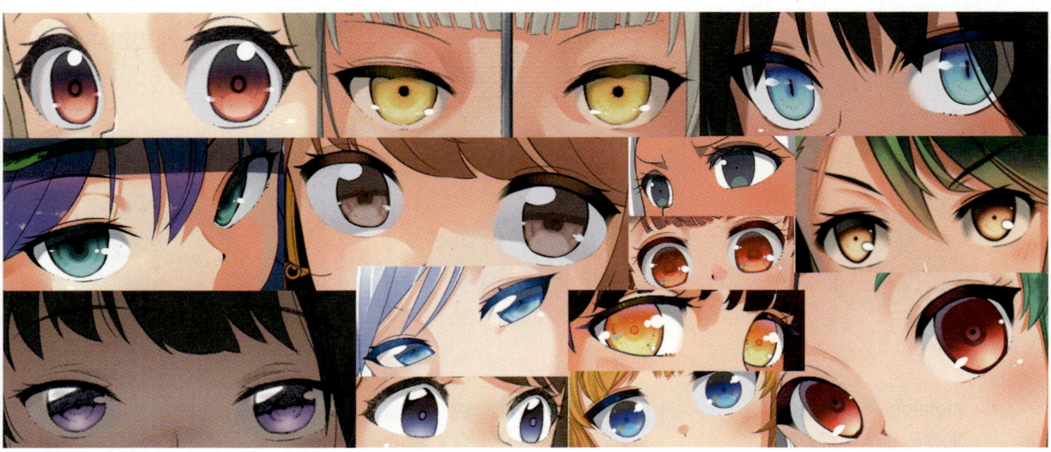

눈과 피부색을 표현한 미소녀 갤러리

CHAPTER

07

배경을 그릴 때 꼭 알아두어야 할 공간 연출과 색

배경 그리기를 어려워하는 사람들이 많습니다. 왜냐하면 배경을 어떻게 그리느냐에 따라 만화의 이미지가 달라지고 완성도도 크게 차이 나기 때문입니다. 가령 컷 안에 캐릭터만 그리게 되면 어떤 세계관에서 무슨 활동하는 캐릭터인지 파악하기가 어렵습니다. 이때 적절한 배경을 그려 넣게 되면 캐릭터에 대한 추가 설명을 하지 않아도 자연스레 캐릭터와 세계관을 이해할 수 있습니다. 하지만 엉뚱한 배경을 그려 넣게 되면 캐릭터에 대한 모호함은 물론 만화의 완성도까지 떨어집니다. 그만큼 배경은 만화에 중요한 요소입니다. 배경을 잘 그리려면 평소에 다양한 배경을 그려보고 만화에 적용해보는 것이 좋습니다. 특히 직접 촬영한 사진을 트레이싱하여 활용해도 좋은데요. 이때 배경의 공간과 색에 대한 이해가 뒷받침되어야 캐릭터와 자연스럽게 융화된 한 컷을 완성합니다. 단, 배경을 표현할 때에는 정확하게 묘사하되 캐릭터를 방해하지 않아야 합니다.

©정보람

STEP 01 입체 표현 이해하기

배경을 그릴 때 투시도를 이해하는 것은 입체적인 공간을 표현하는 데 매우 도움이 됩니다. 투시도는 또 다른 말로는 '원근법', 혹은 '투시도법'이라고 합니다. 3차원인 물체를 평면에 그린 후 입체감과 원근감을 표현하는 것인데요. 그림이 평면적이고 입체감이 없다면 투시도를 정확하게 설정하지 못한 것이 원인일지도 모릅니다.

투시도

원래 투시도는 건물의 조감도 등을 입체적으로 그린 도면, 즉 건축 투시도를 가리키는 말이지만 최근에는 그림의 입체 표현에 널리 사용합니다. 공간에 대한 이해를 넓히기 위해서는 투시도 개념을 꼭 이해해야 하며 공간, 사물, 인체 등을 그리는 데에도 투시도 개념이 필요합니다. 앞서 클립 스튜디오의 기능 중 '퍼스자'를 익히며 배웠던 소실점도 투시도와 같이 이해할 수 있습니다.

투시도법에는 1점 투시, 2점 투시, 3점 투시가 있으며, 소실점은 실제로 평행인 선이 원근법에 따라 교차하는 것처럼 보일 때 생기는 점입니다. 이때 소실점 개수는 어느 정도의 입체감을 표현해야 하는지에 따라 투시도(소실점)를 구별해서 사용합니다. 쭉 뻗은 길이 원근법에 따라 한 지점에서 만나는 것에 따라 소실점 개수를 설정할 수 있으며 소실점의 개수가 증가하면 수평의 원근뿐 아니라 수직의 원근도 다양하게 표현할 수 있습니다. 눈높이는 소실점을 통과하는 수평선이라고 생각하면 됩니다. 배경을 그릴 때도 어떤 투시도를 사용하느냐에 따라 연출 기법이 달라집니다.

물체의 깊이를 표현할 때에는 1점 투시, 수평 방향의 원근을 표현할 때는 2점 투시, 수평수직 방향의 원근을 표현할 때는 3점 투시를 사용하는 것이 효율적입니다.

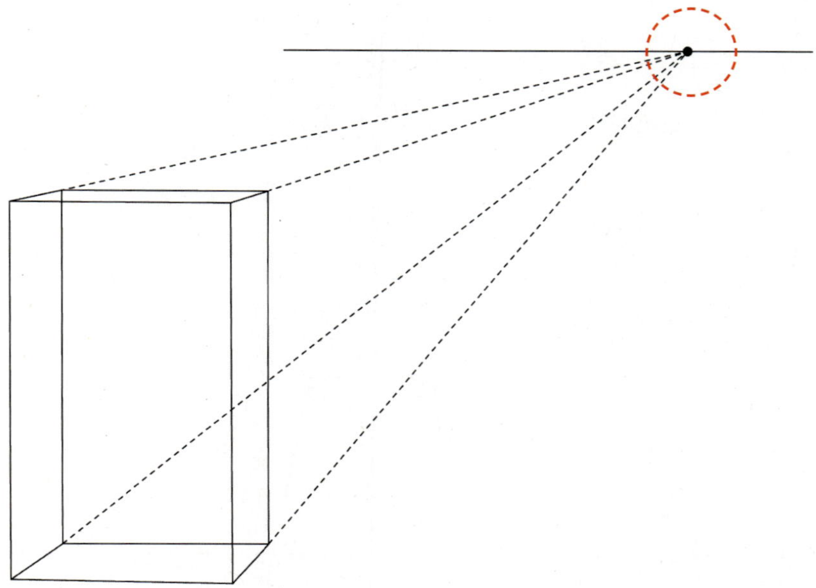

▲ 1점 투시도(소실점 1개) | 모든 선은 하나의 소실점을 향합니다.

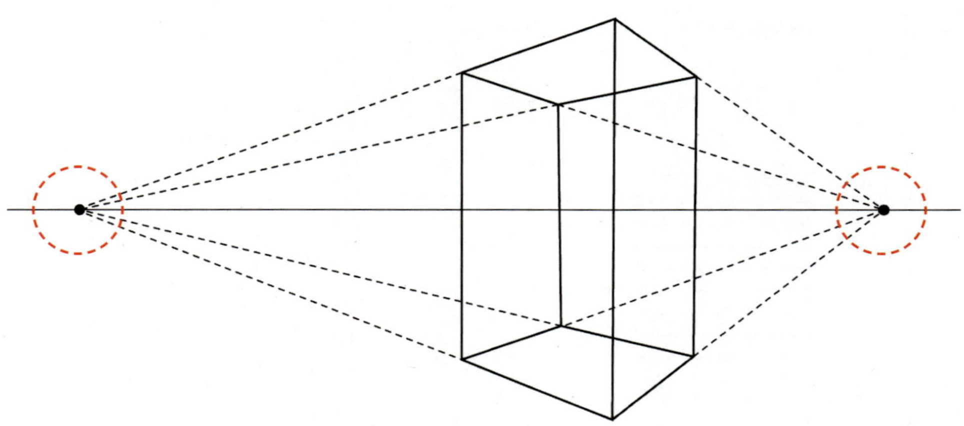

▲ 2점 투시도(소실점 2개) | 2개의 소실점이 평행선 위에 위치합니다.

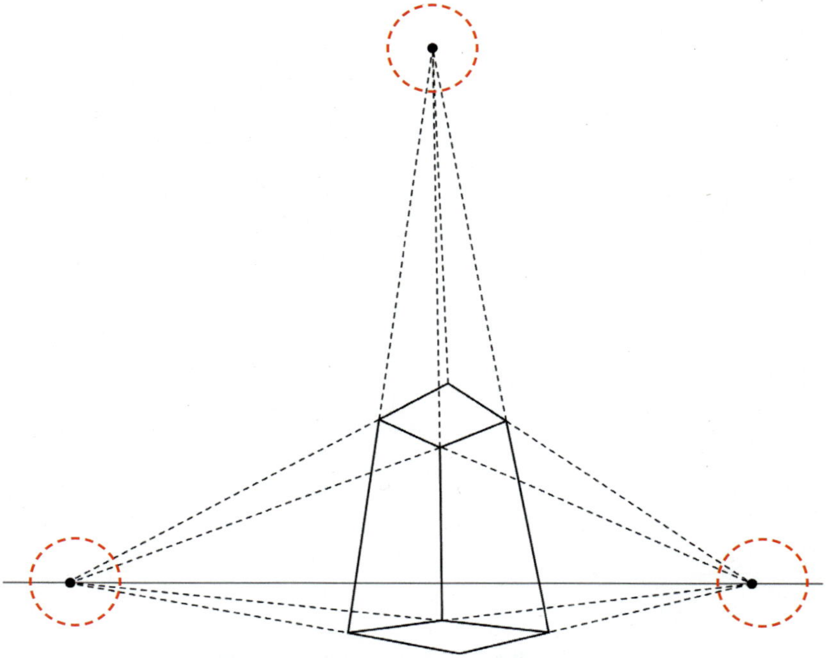

▲ 3점 투시도(소실점 3개) | 세 번째 소실점을 아이레벨보다 위에 배치하면
하이 앵글 구도가 되고, 아래에 배치하면 로우 앵글 구도가 됩니다.

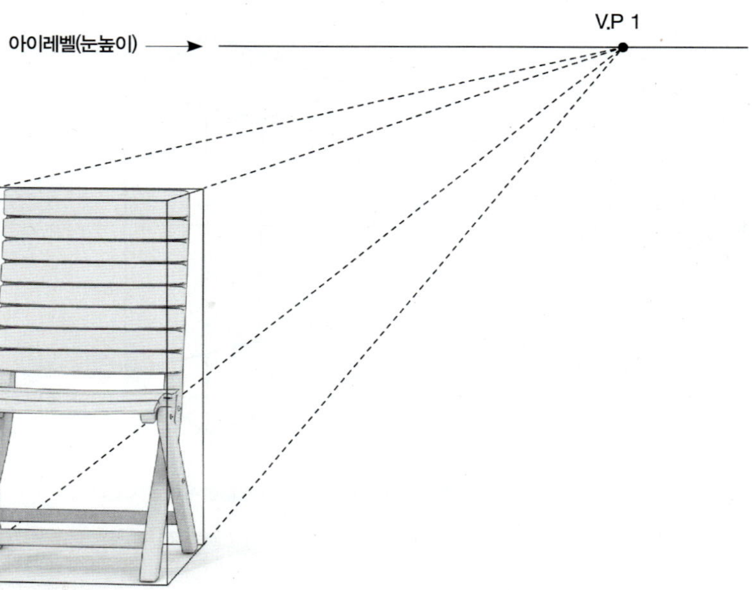

▲ 1점 투시도 이용해 의자 그리기 | 의자가 눈앞에 있는 듯 자연스럽게 표현합니다.

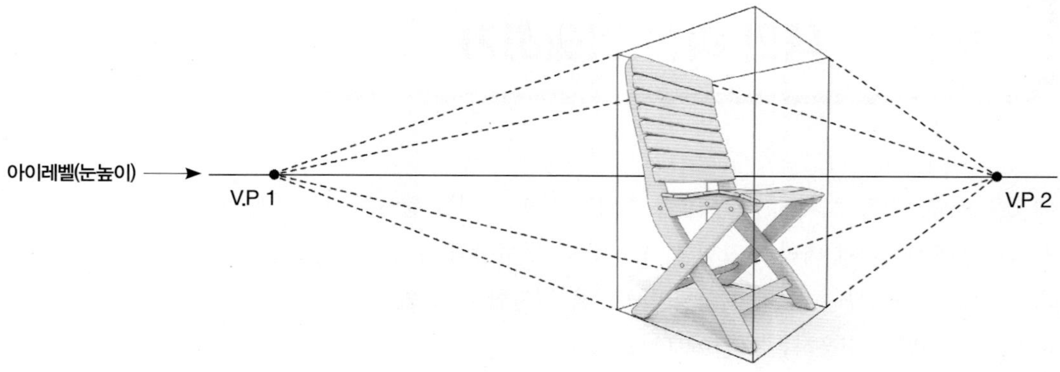

▲ 2점 투시도 이용해 의자 그리기 | 의자를 살짝 비튼 것처럼 원근법을 표현합니다.

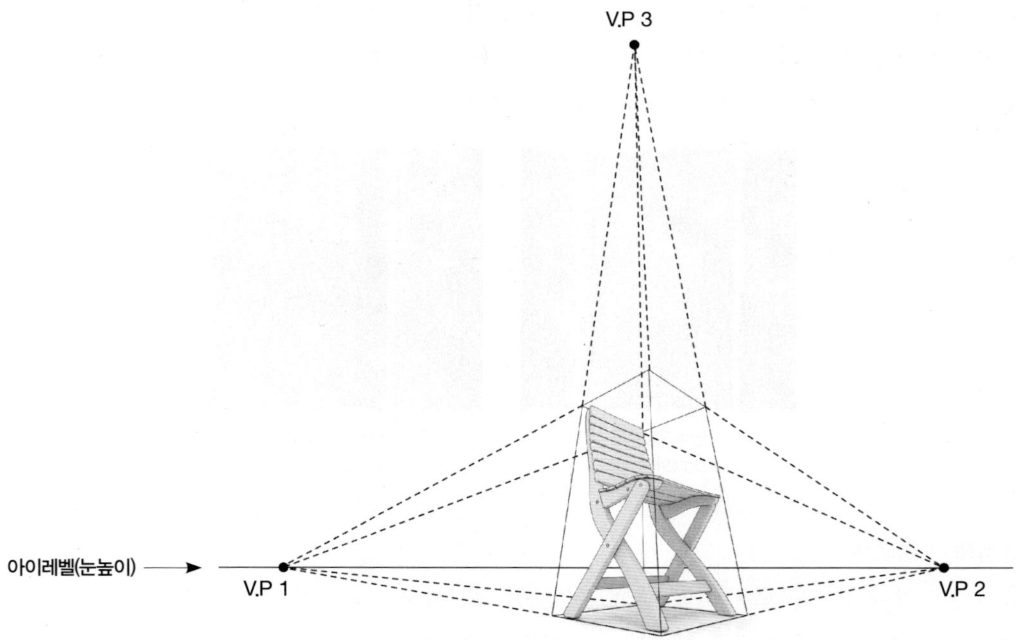

▲ 3점 투시도 이용해 의자 그리기 | 3D 그림처럼 의자의 높이와 공간감을 표현합니다.

STEP 02 색의 속성 이해하기

배경을 매력적으로 보이게 하는 방법 중에는 색의 속성을 활용하는 방법도 있습니다. 어떤 색을 적절히 활용하는가에 따라서 그림 실력이 한층 더 향상될 수 있으며, 배경을 표현할 때 색을 잘 살리는 방법을 이해하면 좀 더 매력적인 공간을 연출할 수도 있습니다. 이번에는 색의 속성을 이해해 배경에 어떻게 적용하는지 알아보겠습니다.

진출색과 후퇴색

같은 면적을 가진 색이라도 어떤 색은 튀어나와 보이기도 하고 어떤 색은 들어가 보이기도 합니다. 아래 그림을 보면 가운데 부분이 어떻게 인식되나요? 난색계의 배색에서는 앞으로 튀어나와 보이고 한색계의 배색에서는 뒤로 들어가 보일 것입니다. 이런 원리에 근거해서 난색계의 색은 진출색, 한색계의 색은 후퇴색이라고 합니다.

▲ 난색계 : 진출색
튀어나와 보인다.

▲ 한색계 : 후퇴색
들어가 보인다.

확장색과 수축색

크기나 모양이 같아도 색에 따라 팽창되어 보이기도 하고 수축되어 보이기도 합니다. 주로 난색 계통인 빨강, 노랑, 흰색 등은 팽창되어 보이고 한색 계통인 파랑, 보라, 검정은 수축되어 보입니다. 이는 옷을 고를 때 유용한 개념으로 흰색 옷보다는 검은색 옷이 더 날씬하고 말쑥해 보입니다. 다음 페이지의 그림에서 두 사각형의 크기는 서로 같습니다. 그러나 흰 바탕에 검정 사각형이 검정 바탕의 흰 사각형보다 더 작아 보입니다. 이렇게 배경색과의 대비는 확장과 수축에 영향을 끼칩니다. 또한 명도와 채도와 높을수록 팽창되어 보이고 낮을수록 수축되어 보입니다.

▲ 팽창되어 보인다.

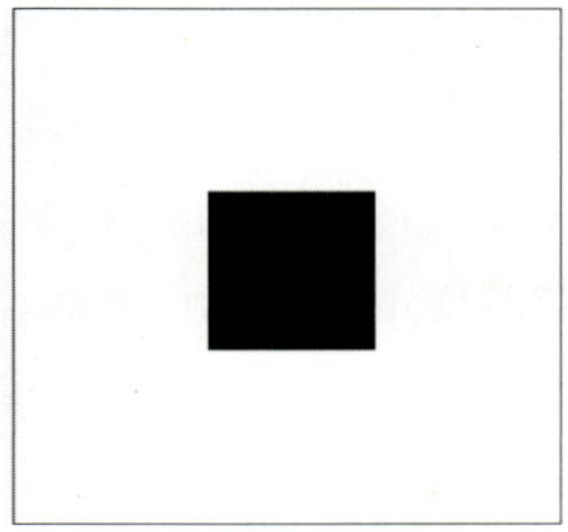

▲ 수축되어 보인다.

공기원근법

공기원근법이란 멀리 있는 것일수록 대기의 영향을 받아 색상, 명도, 채도가 연해지는 대기의 성질을 이용한 원근법입니다. 즉 멀리 있는 물체가 뿌옇고 흐리게 보이는 것입니다. 아래에 있는 그림을 보겠습니다. 왼쪽 그림은 멀리 있을 것 같은 산이 진하게 표현되어 부자연스럽습니다. 그러나 오른쪽 그림은 멀리 있을 것 같은 산이 연하고 배경에 스며들 것 같이 자연스럽게 표현되었습니다. 또한 하늘 표현도 다릅니다. 왼쪽 그림은 하늘이 높아질수록 흰색으로 밝아져 부자연스러운 반면 오른쪽 그림의 하늘은 높아질수록 진해져 하늘의 높이감과 깊이감을 느낄 수 있습니다.

그라데이션 방향

아래의 두 그림은 그라데이션 방향을 바꾸어 표현한 그림입니다. 어떻게 보이시나요?

두 그림의 차이는 매우 재미있게 나타납니다. 왼쪽 그림은 높은 하늘에 있는 것처럼 느껴지고 오른쪽 그림은 바닷속에 있는 것처럼 느껴집니다. 이는 진한색은 무겁고 연한색은 가볍다고 생각하는 색의 연상 작용에 의한 인상 때문입니다. 무거운 색을 위로 배치하면 그림의 중심이 위로 올라가기 때문에 공간의 확장성이 느껴지고 반대로 색을 아래에 배치하면 무게 중심이 내려가기 때문에 공간의 안정감이 느껴집니다. 이처럼 그라데이션 방향을 바꾸는 것만으로도 전혀 다른 이미지를 연출할 수 있습니다. 배경은 단일한 색으로 표현되는 법이 없으므로 반드시 그리려는 배경의 환경을 고민하여 색상이나 색조의 그라데이션을 표현하도록 합니다.

복잡하게 얽혀 있는 심리는 어떻게 표현해야 할까요? 심리에 영향을 끼치는 확장색, 수축색, 중량감, 경연감, 거리감 등은 우리의 감각과 심리에 다양한 영향을 끼칩니다. 따라서 캐릭터 하나를 그릴 때도 머리카락, 의상, 소품 등에 어떤 색을 사용하느냐에 따라 다양한 상황을 연출할 수 있습니다. 이때, 배경과 캐릭터의 조화도 중요합니다. 밝고 떠들썩한 공간에 어두워 보이는 인물이 있으면 어쩐지 위화감이 들듯이, 색을 배치하고 섞을 때는 전체적인 느낌을 고려해야 합니다. 색을 자연스럽게 배치하고 섞는 배색 노하우는 270페이지를 참고하세요.

STEP 03 빛 이해하기

빛은 어디에나 있습니다. 빛이 있어야만 눈으로 사물을 확인할 수 있기 때문이죠. 이번에는 공간 안에서 빛을 어떻게 활용하고 이해해야 하는지 알아보겠습니다. 더 나아가 실내 공간에서 인공 빛과 자연의 빛을 어떻게 적용해야 하는지도 알아보겠습니다.

형광등, LED 등이 있는 실내 공간의 색 연출하기

배경 또는 공간에서 색을 구성하는 데 필수적인 요소는 빛을 내는 광원과 빛을 받아낼 수 있는 물체입니다. 광원은 햇빛이나 형광등 같은 조명을 말하며 조명에 따라 실내 공간의 연출도 달라집니다. 물체는 다양한 색(Color)과 다양한 재질(Material), 질감(Texture)을 가지고 있습니다. 재질이란 유리, 도자기, 천, 플라스틱과 같이 빛이 투과되거나 막히는 성질을 말하며 질감은 딱딱하거나 말랑말랑하거나 촉촉하거나 거칠거나 하는 물체의 표면을 만졌을 때 느낄 수 있는 성질을 말합니다. 어떤 재질은 주변 색에 영향을 주기도 하고 주변 색에 영향을 받기도 합니다. 이것을 확장시

켜서 생각해보면 숲에 들어갔을 때는 초록빛, 바닷물에 들어갔을 때는 푸른빛이 물체 전반을 감싸는 원리를 이해할 수 있게 됩니다.

빛과 공간, 반사와 간섭

공간과 재질, 그리고 빛의 관계에 대해 알아보겠습니다. 인공 빛인 형광등이나 LED 등을 사용하는 실내 공간을 연출하려면 색은 어떻게 적용해야 할까요? 아래 그림은 실내 공간을 구성한 것입니다. 왼쪽에는 빨간벽, 오른쪽에는 파랑벽, 노랑의 바닥이 있고 흰색 주전자가 가운데 있습니다. 세 그림의 흰색 주전자가 각각 어떻게 보이시나요?

위 그림에 보이는 것과 같이 각 벽면에 해당하는 색들이 흰색 주전자에 반사되어 영향을 미치고 있습니다. 빛은 파장으로 형성되어 있기 때문에 지속적으로 반사되고, 그렇게 반사된 빛과 공간의 색도 서로 긴밀하게 섞이게 됩니다. 빛이 반사되는 부분만큼 빛의 간섭이 일어난다고 생각하면 쉽습니다. 또한 왼쪽과 오른쪽 그림의 주전자는 재질이 다르게 표현되어 있습니다. 앞서 말했듯이 빛을 흡수하는 재질이 있는가 하면 빛을 강하게 반사하는 재질, 빛이 투과하는 재질도 있습니다. 재질에 따라 밝고 어두운 영역에서 색이 형성되는 원리가 다릅니다.

이렇게 주 광원과 별개로 물체에 전반적인 영향을 주는 상황을 환경으로 이해할 수 있습니다. 따라서 배경과 공간의 색에 중요한 부분은 광원, 재질, 환경이므로 이 부분을 많이 이해하고 실습할 수 있도록 합니다.

클립 스튜디오로 공간 연출하기 : 실내 공간의 색 연출하기-1

예제 소스 _ 공간 연출 큐브.jpg, 공간 연출 실내 테이블.jpg

매력적인 공간을 만들기 위한 과제입니다. 클립 스튜디오로 아래에 있는 공간을 자연스럽고 매력적으로 연출해보세요. 앞서 배운 빛과 공간, 반사, 간섭의 개념을 이해한 후 색을 적용합니다.

① 왼쪽 벽, 오른쪽 벽, 바닥의 색을 톤 인 톤 배색으로 연출합니다.
② 가운데 정육면체 큐브는 흰색이되, 벽 색에 영향을 받도록 연출합니다.
③ 각각의 벽이 가운데 큐브에 얼마나 자연스럽게 연결되는가에 중점을 두고 공간을 연출합니다.

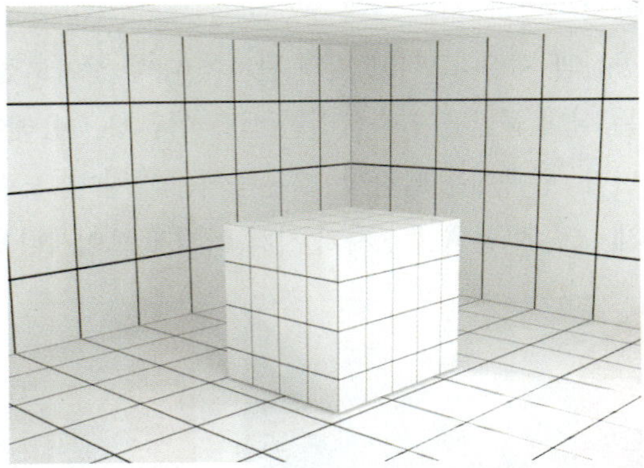

이번에는 좀 더 실력을 업그레이드할 수 있도록 실내 공간을 연출해보겠습니다. 벽면에는 인테리어용 액자나 창문으로 구성할 수 있는 요소도 있습니다. 테이블과 의자의 색을 잘 구성하여 멋진 공간으로 연출해보세요.

① 실내 공간을 톤 인 톤 배색으로 연출합니다.
② 전체 공간의 색을 자연스럽게 연결해 매력적인 공간으로 연출합니다.

다양한 실내 공간 연출 갤러리-1

색채 작업을 할 때 많은 사람이 공간 안에서 색을 어떻게 적용하고 해석해야 하는지 어려워합니다. 왜냐하면 공간의 구조적인 파악과 동시에 빛, 재질과 같이 다양한 요소들을 함께 해석해야 하기 때문이죠. 빛은 공간 속에서 산란과 간섭을 만들어내고 있으며 이러한 현상을 통하여 한 공간에서는 여러 가지의 색들이 자연스럽게 어울립니다. 하지만 공간을 만든다, 공간을 채색한다고 하면 보통 한 가지 색으로만 국한하여 인식하고 채색하는 경우가 많습니다. 이것은 우리가 인지하는 색의 범위가 매우 제한적이기 때문입니다.

공간 속에서 빛의 산란과 간섭에 의한 색상의 다양한 범위를 이해하고 여러 번 실습하고 응용하면서 공간 속에서의 색을 어떻게 하면 잘 활용할 수 있을지 고민해보시기 바랍니다.

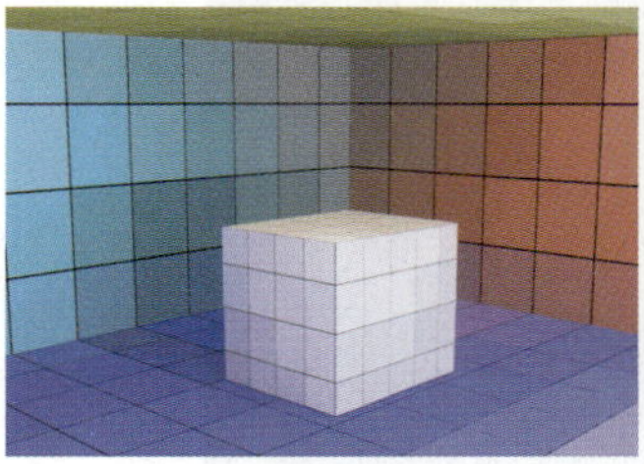

공간에서 색은 다양하게 쓰입니다. 한 벽면을 한 색으로 채우면 No Good이죠. 빛의 반사, 산란, 간섭 현상을 잘 이해하고 톤인톤 배색으로 자연스럽고 매력적인 공간으로 연출해보세요.

자연광이 있는 실내 공간의 색 연출하기

이번에는 자연광(태양광)이 비치는 실내 공간의 색 관계를 알아보겠습니다. 자연광은 시간의 흐름에 따라 색이 다르게 느껴집니다. 아래 그림은 오후의 빛을 표현했습니다. 그림을 자세히 보면 빛을 표현한 색이 다르다는 것을 확인할 수 있습니다. 대체로 보통 자연광의 색은 노랑+빨강 계열의 색온도를 띄고 있는데요. 아래 그림에는 노랑 계열의 색이 사용되었습니다.

색온도

색온도란 색의 온도를 표현하는 것으로 단위는 'K=캘빈(Kelvin)'입니다. 붉은색일수록 수치가 낮고, 푸른색일수록 수치가 높습니다. 정오 즈음이 가장 높고 저녁이 될수록 낮습니다. 그리려는 배경이 어느 정도의 색온도를 지녔는지 생각하면 색감을 결정하기 쉬우며, 색온도는 자연광과 밀접하다고 생각하면 색 선택에 도움이 됩니다. 태양의 색온도는 지구 위도에 따라서도 달라지며 위도가 높을수록 색온도가 높고 위도가 낮을수록 색온도가 낮아집니다. 위도가 높은 곳은 색온도가 높아 태양의 색이 푸르게 보이며 파랑이나 초록 계열이 아름답게 보입니다. 위도가 낮아지면 색온도도 낮아져 태양의 색이 붉게 보이며 빨강과 노랑 계열의 색이 아름답게 보입니다. 태양의 색이 다르다는 것은 물체가 보이는 방식도 달라진다는 뜻이며 색온도는 그림의 전체적인 색감을 결정할 때 아주 큰 도움이 됩니다.

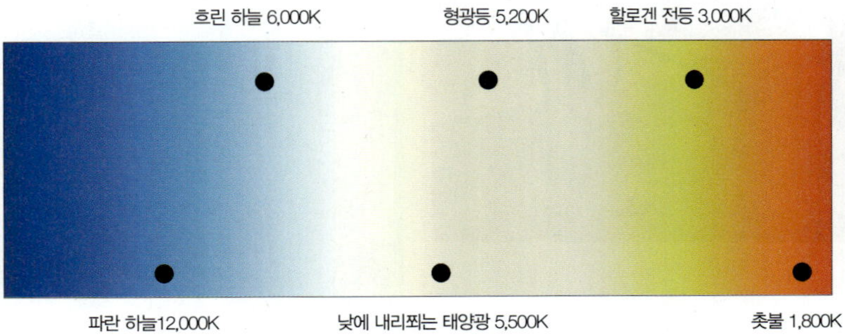

▲ 색온도 분포도

TIP 아래 그림은 실내에 자연광이 비치는 공간을 구성한 것입니다. 각 벽면의 색들이 흰색 상자에 어떤 영향을 주는지 확인해보세요. 상자 아랫부분은 바닥색의 영향을 많이 받고 있고 상자 왼쪽은 왼쪽 벽면의 초록색의 영향을 받고 있네요. 상자 윗부분은 천장의 붉은색의 영향을 받고 있습니다.

클립 스튜디오로 공간 연출하기 : 실내 공간의 색 연출하기-2

예제 소스 _ 실내 공간 밤.jpg, 실내 공간 낮.jpg

이번에는 자연광이 비치는 공간을 연출해보겠습니다. 왼쪽은 밤의 실내 공간, 오른쪽은 낮의 실내 공간입니다. 두 곳을 다음 설정들 중 하나씩을 선택해서 연출해보세요. 주어진 스케치에 다양한 특성(성별, 나이, 시간, 성격)을 응용하여 매력적인 공간으로 연출합니다.

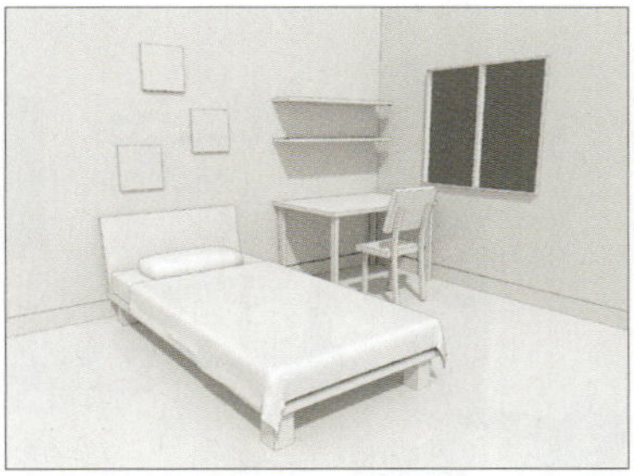

▲ 밤

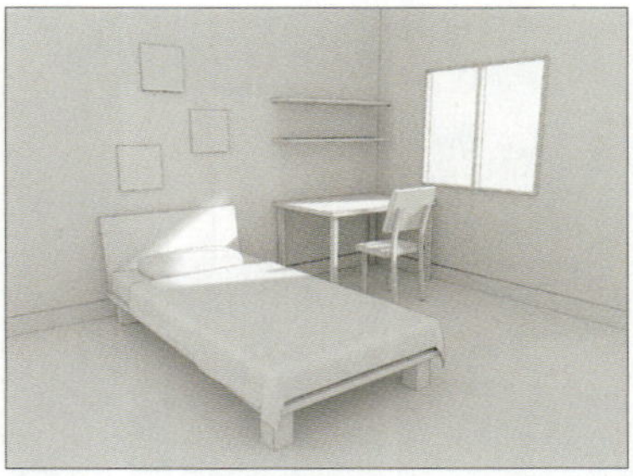

▲ 낮

- 성별 : 남자, 여자
- 나이 : 10대, 20대, 30대, 40대, 50대, 60대
- 시간 : 밤, 낮
- 성격 : 백수 / 발랄하고 상큼한 / 멍때리기의 최강자 / 노량진 장수생 10년 차
  / 연예인 / 종교인 / 변태감성 충만한 / 범죄자 / 엄마가 보고 싶은
  / 이중인격자 / 고양이를 사랑하는 / 금수저 / 흙수저 / 유리 멘탈
  / 오늘 이별한 / 굉장히 예민한 / 유리 같은 / 온라인 게임 중독자
  / 오타쿠 / 귀여움의 끝을 달리는 / 불안함으로 가득한 / 자연을 사랑하는
  / 집착에 쩔어 있는 / 내일 결혼하는 등등

① 성별, 나이, 시간, 성격 등 4가지 특성의 키워드를 조합하여 문장을 완성합니다.

② 자신만의 독창적인 방식으로 공간을 표현합니다.

③ 특성에 맞는 색을 제대로 반영하되, 창의적으로 표현하고 자연스럽게 연출합니다.

다양한 실내 공간 연출 갤러리-2

공간의 성격을 표현하는 방법은 캐릭터, 소품, 조명, 벽지 패턴 등 다양한 요소를 활용할 수 있습니다. 하지만 이러한 세부적인 요소들을 크게 묶어주는 것은 색입니다. 똑같은 공간 속에서 색 차이만으로도 다양한 분위기와 스토리텔링을 이어나갈 수 있습니다.

색이 작품에 미치는 영향은 매우 큽니다. 여기에서는 캐릭터의 성향과 그 공간에 맞는 색을 연구하여 본인이 표현하고자 하는 전체적인 컨셉을 보다 구체적이고 확실하게 연출할 수 있도록 합니다.

▲ 불안함으로 가득 찬 20대 남자의 밤

▲ 멍때리기의 최강자 10대 여자의 밤

▲ 50대 백수 남자의 낮

▲ 고양이를 사랑하는 10대 여자의 밤

▲ 10년 차 노량진 장수생 30대 남자의 낮

▲ 변태 감성 40대 남자의 낮

▲ 이중인격자 60대 여자의 낮

▲ 오늘 이별한 30대 남자의 밤

키워드를 뽑을 때는 의도하지 않은 채 뽑아보세요. 그런 다음 실습 예제 스케치 위에 다양한 색으로 공간을 연출하는 겁니다. 더 좋은 아이디어로, 참신한 스토리텔링으로 공간을 연출해보세요.

STEP 04 날씨 이해하기

앞서 공간의 색이 달라지면 그 속에 있는 물체의 색도 달라진다고 배웠습니다. 그러나 물체가 본래 가지고 있는 고유의 색은 바뀌지 않습니다. 따라서 물체를 채색할 때 완전히 공간의 색으로 칠하는 것이 아니라 본래의 색을 기준으로 하여 공간의 색이 스며들었다는 정도로만 가미해야 합니다. 이번에는 이러한 색 조화를 통해 자연과 도시 색의 범위를 이해하고 이를 활용하여 자연과 도시의 모습을 연출해보겠습니다.

날씨에 따른 색의 변화

자연과 도시 환경은 숲과 건물을 어떻게 표현하느냐에 따라 구분할 수 있습니다. 그러나 외향적인 표현 방식과 함께 색 연출도 굉장히 중요하게 진행되어야 합니다. 자연이 지닌 색의 범위와 도시가 지닌 색의 범위는 많은 부분을 함께 공유하고 있습니다. 구체적으로 자연의 색 범위는 채도가 높고 초록과 파랑 계열을 많이 포함하고 있는 반면, 도시의 색 범위는 대체로 채도가 낮고 무채색 계열로 이루어져있습니다. 자연의 색을 알아보려면 날씨에 따른 색의 변화를 이해하는 것이 필요합니다. 하늘의 색을 통해 시간이 지남에 따라, 혹은 날씨에 따라 색이 어떻게 변하는지 알아보겠습니다.

아침
해질녘
저녁

▲ 아침, 해질녘, 저녁의 기조색(공간색) : 비가 내리는 날 외에는 이 기조색의 영향을 받게 됩니다. 색은 그라데이션으로 표현되었으나 기본적인 파랑, 갈색, 짙은 청록이 주를 이룹니다.

날씨에 따른 하늘의 색 변화를 살펴보겠습니다. 하늘의 색은 늘 여러 색으로 구성되므로 그라데이션으로 표현합니다.

맑은 날 | 맑은 날 아침에는 연한 하늘색을 띠다가 저물녘을 거치면서 진한 주황색으로 변합니다.

비가 갠 날 | 구름 사이로 보이는 하늘은 하늘색에서 주황색으로 변합니다. 비구름은 아침부터 낮 동안 평범한 회색으로 보이지만, 저물녘에는 석양의 영향을 받아 살짝 주황색으로 물듭니다.

흐린 날 | 하늘의 색은 흐린 회색에서 검은색으로 변합니다. 지평선에 가까운 안쪽은 태양 빛에 영향을 받으므로 밝게 설정해야 합니다. 낮에는 흰색, 저녁에는 주황색을 더해 표현합니다.

비 내리는 날 | 비 내리는 날의 하늘은 온종일 흐리고 빛이 쏟아지지 않습니다. 회색을 기조로 삼은 후 기조색을 바탕으로 시간대를 표현합니다. 회색에서 검은색으로 이어지는 그라데이션으로 무거운 분위기를 연출합니다.

큰 비가 내리는 날 | 비가 퍼붓는 하늘은 아침부터 저녁까지 색의 변화가 없습니다. 서서히 검은색을 강하게 하여 저녁에서 밤으로 이어지는 미묘한 변화를 표현합니다. 빗방울의 반사광을 고려해서 부분적으로 표현하면 더 좋은 분위기를 연출할 수 있습니다.

클립 스튜디오로 공간 연출하기 : 실외 공간의 색 연출하기

예제 소스 _ 해가 뜨기 직전의 새벽.jpg, 해가 뜬 후의 오전.jpg, 해가 지기 직전의 오후.jpg

이번에는 색 활용의 난이도를 좀 더 높여 시간에 따른 실외 공간을 표현해보도록 하겠습니다. 실외 공간을 잘 표현하려면 어떤 것들을 고려해야 할까요?

① 먼저 환경에 따른 공간의 색을 고려해야 합니다. 인공적인 환경인지 자연적인 환경인지, 바다인지 숲인지 사막인지에 따라 그 특색에 맞게 색을 입혀야 합니다. 환경마다 기조색이 다르기 때문에 그리는 환경에 따른 색 변화는 매우 중요합니다. 이에 따른 계절색이나 색온도도 매우 중요한 영향을 미칩니다.

② 거리에 따라 색의 느낌이 달라집니다. 따라서 원근의 배경은 깊이를 더욱 사실적으로 표현하며, 거리가 달라지면 같은 색도 시각적으로 다르게 표현해야 합니다. 원근감에 따라 색이 어떻게 달라지는지에 대해 고려한 후 색을 적용합니다.

③ 마지막으로 실외 공간을 연출할 때에는 캐릭터, 장면의 목적, 장소의 이미지가 배경의 색에 큰 영향을 끼치므로 캐릭터의 이미지나 성격 등이 배경에 반영될 수 있도록 설정합니다. 그런 다음 캐릭터와 배색의 연관성도 중요하게 생각해야 합니다.

이러한 중요한 요소에 유의하며 예제를 통하여 실외 공간을 다양하게 표현해보시죠.

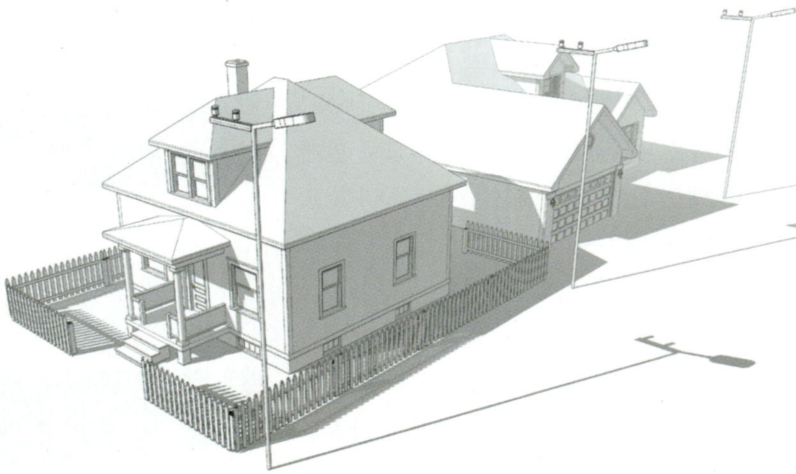

▲ 해가 뜨기 직전의 새벽

▲ 해가 뜬 후의 오전

▲ 해가 지기 직전의 오후

- 해가 뜨기 직전의 새벽
- 해가 뜬 후의 오전
- 해가 지기 직전의 오후

- 성격 : 범죄 현장 / 이별했어요 / 교통사고 / 살인사건 / 폭행사건 / 길냥이 / 기다리는 사람 / 오늘 결혼하는/ 떠돌이 강아지 / 산책 / 만취한 사람 / 프로포즈 / 고요한 / 죽음을 앞둔 / 화목한 / 퇴근길 / 출근길 / 상냥한 / 찌들어 있는 / 지저분한 / 매우 깔끔한 / 우울한 / 새 차 뽑은 날 / 오늘부터 연애 시작 / 몽롱한

다양한 실외 공간 연출 갤러리

실외 공간을 제대로 표현하기 위해서는 시간에 따른 자연환경의 색 변화를 이해해야 합니다. 이는 크게 3가지로 나눌 수 있는데요. ① 해가 뜨기 직전의 새벽 ② 해가 뜬 후의 오전 ③ 해가 지기 직전의 오후입니다. 같은 공간에서 시간에 따른 자연환경의 색 변화는 우리가 살아가는 생활 속에서 변하지 않는 색의 법칙입니다. 이러한 법칙을 활용하여 공간을 표현한다면 정확하고 자연스러운 배경을 연출할 수 있습니다.

▲ 해가 뜨기 직전 화목한 새벽

▲ 해가 뜨기 직전 오늘부터 연애 시작 새벽

▲ 해가 뜬 후 매우 깔끔한 오전

▲ 해가 뜬 후 상냥한 오전

▲ 해가 지기 직전 살인사건이 생긴 오후

▲ 해가 지기 직전 교통사고가 난 오후

다양한 날씨 공간 연출 갤러리

같은 거리, 같은 건물, 같은 공간이라 할지라도 제대로 된 공간을 연출하기 위해서는 날씨를 고려해야 합니다. 맑은 날과 비 오는 날, 아침이나 저녁 무렵 등 그리고자 하는 장면의 날씨와 시간대에 따라 색은 다르게 표현되어야 합니다. 일단 하늘의 색이 달라집니다. 그리고 구름의 색, 물체의 색(건물이나 사물 등)이 달라지며 비나 눈이라도 내리면 이를 표현하는 효과들이 추가되어야 합니다. 그 밖에도 강한 햇살을 표현하는 광선을 고려해야 합니다.

▲ 맑은 날

▲ 비 오는 거리

▲ 해가 지기 전 맑은 날

▲ 큰비가 내리는 거리

▲ 약간 흐린 날

▲ 약간 맑은 날 비 오는 거리

캐릭터 + 공간 연출 작업 갤러리

앞서 예제 소스 스케치를 통해 클립 스튜디오로 색을 적용해보며 공간 연출 트레이닝을 해보았습니다. 그러나 제대로 된 만화를 그리기 위해서는 캐릭터와 공간을 함께 연출하는 것이 중요합니다. 이제는 실력을 한층 더 끌어 올릴 수 있는 예제를 통해 다양한 연출을 표현해봅시다. 아래 보기를 참고하여 캐릭터와 주변 환경을 자유롭게 설정한 후 연출해보세요.

1. 캐릭터 설정

- 성별(남/여)
- 나이(10~60대 중 자유 선택)
- 직업(자유 선택)
- 기분(자유 선택)

* 자유 선택은 본인이 원하는 특성을 자유롭게 만들어 진행하는 것을 의미합니다.

2. 주변 환경 설정

- 실내, 실외(자유 선택)
- 시간(오전/오후/저녁/밤/새벽 중 자유 선택)
- 날씨(맑음/흐림/비 중 자유 선택)

앞서 보여드린 과정을 총괄적으로 응용하여 자신만의 캐릭터와 공간을 자유롭게 연출해보세요. 캐릭터가 가지고 있는 특성과 주변 환경의 느낌을 한 공간에 자연스럽게 연출하기 위해서는 각 요소에 대한 색 표현이 매우 중요합니다.

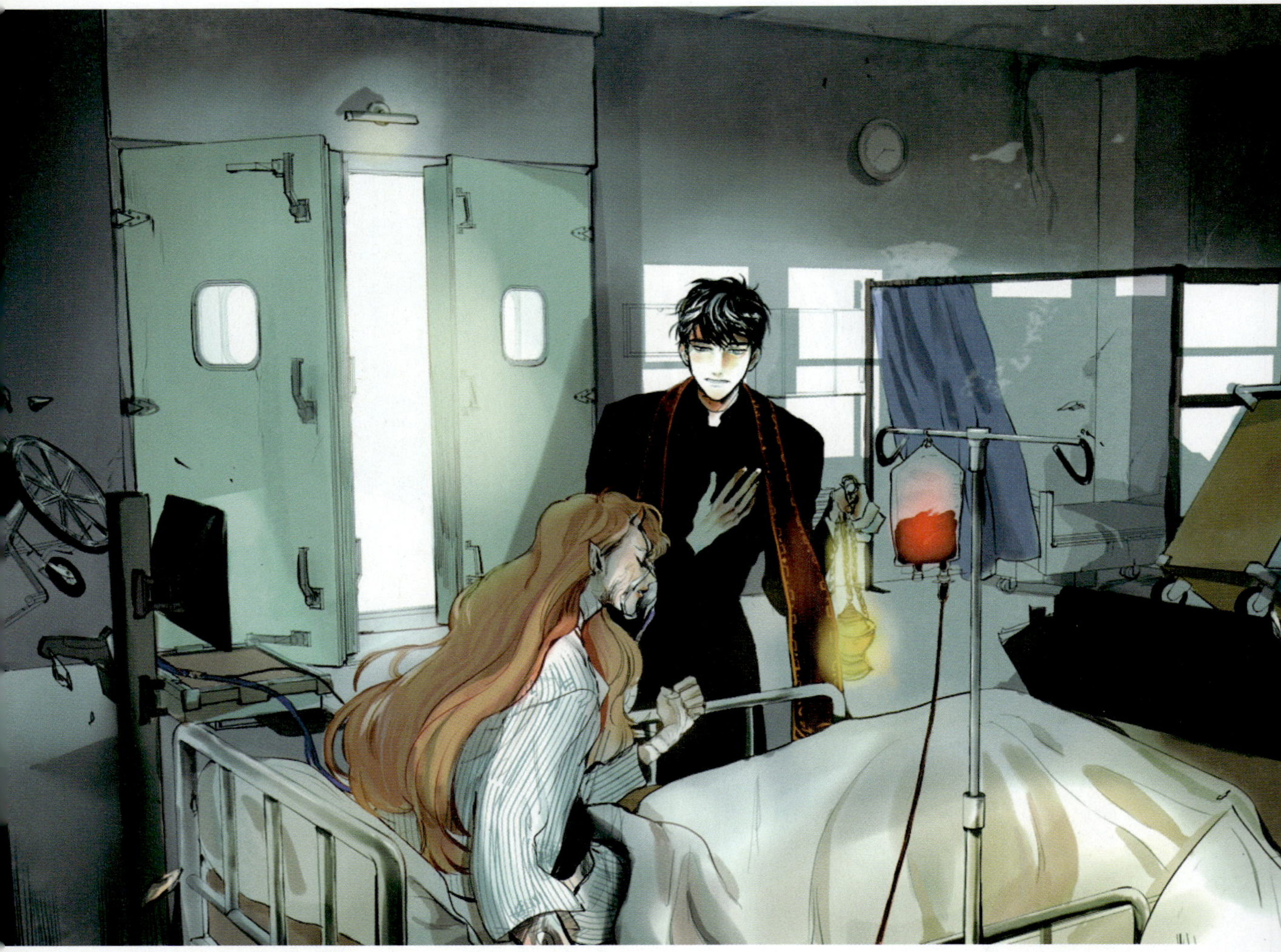

GWAJE
PANDEMIC
PANDEMIC

INDEX

INDEX